皮书系列

皮书系列

广视角·全方位·多品种

皮书系列

皮书系列

皮书系列

皮书系列

皮书系列为“十二五”国家重点图书出版规划项目

皮书系列

皮书系列

皮书系列

皮书系列

皮书系列

皮书系列

权威·前沿·原创

皮书系列

皮书系列

皮书系列

皮书系列

皮书系列

中国文化创新报告（2012）No.3

ANNUAL REPORT ON CHINA'S CULTURAL INNOVATION(2012)No.3

文化部文化科技司
武汉大学国家文化创新研究中心

顾　问／蔡　武　王文章　冯天瑜
主　编／于　平　傅才武

社会科学文献出版社
SOCIAL SCIENCES ACADEMIC PRESS (CHINA)

图书在版编目(CIP)数据

中国文化创新报告.3，2012/于平，傅才武主编. —北京：社会科学文献出版社，2012.5
（文化创新蓝皮书）
ISBN 978-7-5097-3318-9

Ⅰ.①中… Ⅱ.①于… ②傅… Ⅲ.①文化事业-研究报告-中国-2012 Ⅳ.①G12

中国版本图书馆CIP数据核字（2012）第076655号

文化创新蓝皮书
中国文化创新报告（2012）No.3

文化部文化科技司
武汉大学国家文化创新研究中心
顾　　问／蔡　武　王文章　冯天瑜
主　　编／于　平　傅才武

出 版 人／谢寿光
出 版 者／社会科学文献出版社
地　　址／北京市西城区北三环中路甲29号院3号楼华龙大厦
邮政编码／100029

责任部门／皮书出版中心（010）59367127　　责任编辑／桂　芳
电子信箱／pishubu@ssap.cn　　责任校对／刘佳雨
项目统筹／邓泳红　桂　芳　　责任印制／岳　阳
总 经 销／社会科学文献出版社发行部（010）59367081　59367089
读者服务／读者服务中心（010）59367028

印　　装／北京季蜂印刷有限公司
开　　本／787mm×1092mm　1/16　　印　　张／26
版　　次／2012年5月第1版　　字　　数／447千字
印　　次／2012年5月第1次印刷
书　　号／ISBN 978-7-5097-3318-9
定　　价／79.00元

文化创新蓝皮书编委会

主编简介

于　平　文化部文化科技司司长，博士，北京大学、武汉大学、北京师范大学、上海戏剧学院等多所高校特聘教授。1970～1980年任江西省歌舞团舞蹈演员。1980～1985年就读于江西师范大学南昌分院中文系并留校任教。1985～1988年就读于中国艺术研究院研究生部，1988年获硕士学位后任教于北京舞蹈学院，1992年任副教授，1995年任教授，1996年4月被评为文化部优秀专家并享受国务院专家津贴，1998年被评为“国家有突出贡献的中青年专家”。1996年任北京舞蹈学院副院长（主持院务工作），2001年6月调任文化部艺术司副司长，2004年4月任文化部艺术司司长，2009年3月起任文化部文化科技司司长。主要著作有《中国古代舞蹈史纲》、《中国古典舞与雅士文化》、《中外舞蹈思想概论》、《中国现当代舞剧发展史》、《舞蹈文化与审美》、《舞蹈形态学》、《高教舞蹈综论》、《舞台演艺综论》等。

傅才武　武汉大学国家文化创新研究中心、国家文化财政政策研究基地主任，武汉大学中国传统文化研究中心教授，博士生导师，全国文化馆服务标准技术委员会委员、全国文化艺术资源服务标准技术委员会委员。2007年被授予武汉大学优秀博士后称号。1989～2004年先后在湖北省文化厅、湖北省文物局从事研究工作。2004～2008年先后任华中师范大学文化产业研究所所长、湖北长江出版集团战略研究所所长、华中师范大学国家文化产业研究中心副主任。近五年主持和协助主持（执笔）完成国家社会科学基金艺术项目和文化部、财政部、国家文物局委托的公共文化政策调研课题30多项，在《文艺研究》、《新华文摘》等核心期刊上发表论文40多篇。主要著作有《中国人的信仰与崇拜》、《艺术教育管理学》、《近代化进程中的文化娱乐业》、《文化市场演进与文化产业发展》、《转型期艺术表演团体改革模式研究》（副主编、执笔）、《中国农民工文化生活调查报告》（执行主编、执笔）、《中国艺术节的模式与经验（第一届至第七届）》（第二主编）、《中国艺术节的模式与案例：第八届艺术节》（第二主编）等。

摘 要

本报告围绕我国“文化创新”这一重大问题，集中了国内数十位专家学者的最新研究成果，主要反映了2011年以来我国在文化财政政策、文化理论、文化市场、艺术科研管理、文化科技等方面的最新进展，在此基础上讨论了我国建设文化强国战略、文化产业发展与公共文化服务体系建设对于文化制度创新、理论创新、政策创新的紧迫要求，是目前我国文化领域最权威的研究成果之一。

全书逻辑上分为文化理论创新和实践创新研究两大部分，结构上包含了总报告、理论创新篇、行业创新篇、技术创新篇、文化案例篇等。总报告从宏观角度对近年来我国文化创新的最新进展进行了全面的归纳总结，并就国家文化创新的整体情况进行了基本评判。理论创新篇集中了我国高校研究机构中青年学者群体和文化部门一线管理者关于近年来我国文化发展重大问题的最新研究成果，就当前我国建设社会主义文化强国战略目标下如何建构有中国特色的社会主义文化理论体系、推进文化与科技融合、转变文化产业发展方式、建立公共文化服务绩效评估指标体系等重大理论问题进行了深入的阐述。行业创新篇涉及当前我国文化产业和文化事业多个方面的创新发展问题，特别是对近年我国艺术科研规划管理、文化市场、纪录片产业、动漫业等方面的最新发展予以了高度关注，并就提升文化领域的行业创新、推进文化行业标准化工作提出了政策建议与实践总结。文化案例篇则聚焦于当前省域范围内的文化创新与发展，对诸如北京、山西、安徽、福建、广东、辽宁、山东等多个省市的文化创新实践活动进行了系统总结与探讨。

本书是关于国家文化创新的多层次、多视角研究成果，既有宏观表述，又有区域性解读和微观分析，收录的文化创新典型案例为本书提供了鲜活素材和现实的标本，也为文化行业提供了可供借鉴的经验模式。

Abstract

This book centers on the issue of cultural innovation, and mainly reflects the latest progress of culture fiscal policy, culture theories, culture market, art research management, and culture science and technology in China since 2011, with the collection of dozens of national experts and scholars' latest research achievements. And based on this, the report puts forward the urgent demands of China's strategy of constructing culture power, the development of culture industry and the construction of public culture service system from cultural innovation in system, theory and policy. This book is by far one of the most authoritative research achievements in the culture field.

This book is logically devided into two parts, cutural theory innovation and cultural practice innovation, and structurally contains general report, theoretical Innovation reports, industry Innovation reports, Cultural Case Analysis, etc. The general report makes a comprehensive summary of China's latest progress in cultural innovation in recent years from a macroscopic view, and carries out a basic evaluation of the overall situation of national cultural innovation. The theoretical Innovation reports focuses on the latest research achievements of the major issues of cultural development in recent years, which were carried out by the young and middle-aged scholars of university research institutions and the first-line managers from culture departments. And it puts forward profound elaborations on major theoretical issues, such as how to construct the socialist culture theory system with Chinese characteristics, how to promote the integration of culture and science & technology, how to transform the pattern of cultureal industry development, and how to build up performance evaluation index system of public culture service, under the national strategical goal of becoming a culture power with Chinese characteristics. The industry Innovation reports involves several innovative development issues of China's culture industry and cultural institutions, particularly paying high attention to latest development of China's art research planning management, culture market, documentary industry, and animation industry, and brings forward several political suggestions and practical summaries so as to enhance the industry innovation in cultural field and advance the standardized work of cultural industry. The Cultural case Analysis focuses on the current cultural innovation and development within provinces recently, like the systematical summary and exploration on innovative practical activities of Beijing, Shanxi, Anhui, Fujian, Guangdong, Liaoning, Shandong, etc.

This book is a multi-level and multi-angle research achievement on national cultural innovation, involving macro statement, regional interpretation and micro analysis. The typical cultural innovation cases included in this report not only provide fresh materials and realistic samples for this report, but also offer referential empirical modes.

目 录

BⅢ 行业创新篇

BⅣ 技术创新篇

B V 文化案例篇

B VI 附录

CONTENTS

BⅢ Industry Innovation Reports

B IV Techonological Innovation Reports

B V Cultural Case Analysis

BⅥ Appendix

序言　文化自觉与文化复兴

冯天瑜*

一

19 世纪中叶以后的百余年来，现代化浪潮自西徂东，日渐迅猛地推进，经历着“三千年未有之变局”的中国文化，面临“现代性”的反复拷问：

> 从器物层面到制度层面，再到观念层面，中国文化迎受现代化的能力如何？
>
> 中国固有的“内圣外王”之学，历经工业文明的激荡，是否可以开出新“内圣”，以提升人的精神世界，成就健全的“现代人”；建设新“外王”，以构筑可以持续发展的制度文明与物质文明，跻身现代世界强国之林？

在严峻的民族危机压迫下，在文化现代性的追问下，中国人为着追求社会的现代转型做出长时期的努力，这种努力始终围绕着文化的“体”与“用”两层级的关系展开。

在文化自成体系的传统中国（秦汉至明清），器物文化—制度文化—观念文化彼此契合，大略形成以下三个交融互摄的层次：

> ——小农业与家庭手工业相结合的自给自足经济辅以小市场商品交换
>
> ——宗法社会、君主集权下的官僚政制（官僚通过考选产生）
>
> ——儒表法里的政治文化、儒释道三教共弘的精神世界

* 冯天瑜，武汉大学中国传统文化研究中心主任，教授，博士生导师。

这种文明形态在中古足堪领先世界，却无法创造近代科技及工业文明（科技史家、英国学者李约瑟曾就这种历史现象提出深问，这便是著名的“李约瑟问题”）。延宕至清中叶，由工业文明装备起来的“高势位”的西方列强浩荡东行，从体用两层面对中国固有传统提出尖锐挑战，中国文化首次遭遇危机，文脉深厚的中国不愿意也不可能对西方的形上之道与形下之器照单全收，而是有所吸纳、有所排拒，涌现多种体用观，昭显了中国人通往文化自觉的坎坷而又不懈的心路历程。

（1）“中体中用”论

固守文化本位的论者（如同治间大学士倭仁、光绪间大学士徐桐等）从保守角度坚执“道器一体”，主张器物—制度—观念都一仍其旧，力主读“孔孟之书，学尧舜之道，明体达用，规模宏远也，何必令其学为机巧，专明制造轮船洋枪之理乎!”① 这种迂阔之见，似乎爱国情切，捍卫道统的正气凛然，却无补危局，被国人抛弃。

（2）“中体西用”论

清末改革派信奉“变易—不易”的二重易理，主张变器以守道，如前述觉醒者几乎皆以“道中器西”、“中主西辅”立论。冯桂芬（1809～1874年）在建议“采西学、制洋器、筹国用、改科举”的同时，主张“以中国之伦常名教为原本，辅以诸国富强之术”②。

光绪帝师傅孙家鼐（1827～1909年）1896年在《遵旨开办京师大学堂折》中称：

> 应以中学为主，西学为辅；中学为体，西学为用。③

后此，洋务大吏张之洞（1837～1909年）1898年撰《劝学篇》，对“不知本”的“躁进者”和“不知通”的“顽固者”两线作战，提出“中学为内学，西学为外学”④，“旧学为体，新学为用”⑤，从学理和实行两层次阐发“中体西

---

① 张盛藻奏折，《洋务运动》（二），第29页。

② 冯桂芬：《校邠庐抗议》，上海书店出版社，2002，第57页。

③ 《戊戌变法》（二），第426页。

④ 《劝学篇·会通》。

⑤ 《劝学篇·设学》。

用”说，令“中学为体，西学为用”成为清末民初时人乐道的“流行语”。

清末改良主义者和洋务派力倡“中体西用”，较之文化自闭的“中体中用”是一大突破，其实效则是机器工业、近代商业、近代文教、近代官制军制警制的引入，中国获得文化新质。“中体西用”论是近代中国影响力最为深广的体用观。

（3）“西体西用”论

“变器不变道”的“中体西用”论，虽然在器物层面及部分制度层面助推了中国的近代化进程，却未能触动专制制度和宗法意识的内苑禁地，政治及观念领域变革滞后，国人陷入“体用两橛”境地。以译介西学著称、兼通中西的严复（1854～1921年）对“中体西用”论力加批评，他指出：

> 故中学有中学之体用，西学有西学之体用，分之则并立，合之则两亡。①

又联系洋务运动实践，批评其“盗西法之虚声，而沿中土之实弊”②，无以救中国。严复1896年设计“以自由为体，以民主为用”范式，试图融通体用，但该说依凭西学的体与用，实为一种“西体西用”论。

后之陈序经（1903～1967年）倡言“全盘西化”③、“走出东方”④；胡适（1891～1962年）也有“全盘西化”之倡，他又将“西化”诠释为“世界化”，故“全盘西化”即为“充分世界化”⑤。

“全盘西化”论强调学习来自西方的现代文明的重要性、必要性，但此论使本民族文化传统在现代化进程中缺位，没有找到中西文化相互涵化的路径。因此，“西体西用”论无助于形成健全的文化自觉，难以促成文化复兴。

（4）“西体中用”论

为救正“中体西用”论的迷失，晚近有学人提出“西体中用”论，李泽厚

---

① 《与外交报主人书》，《严复集》第3册，中华书局，1986，第558页。

② 《严复集》第1册，中华书局，1986，第48页。

③ 陈序经：《中国文化的出路》，商务印书馆，1934。

④ 《走出东方——陈序经论著辑要》，中国广播电视出版社，1995。

⑤ 胡适：《充分世界化与全盘西化》，《全盘西化言论三集》，岭南大学学生自治会，1936年10月。

（1930 年～）多次阐扬此说①。李氏把社会存在，即人们的衣食住行、经济形态、科学技术归之为“体”，而现代经济方式主要来自西方，故应当以西学为“体”，为当下中国所“用”。李氏“西体中用”论大略走的是唯物史观路径，强调经济基础的本体地位和第一性的决定作用，然此说失之粗糙，且有脱离“体—用”之辨原有范畴含义的倾向，也没有克服体用割裂之弊。

（5）“中西互为体用”论

鉴于以上诸说的偏颇，美籍华裔学者傅伟勋（1933～1996 年）著文阐述“中国本位的中西互为体用论”②，指出在现代化进程中，“体”、“用”两面都发生着中西文化的交融与互动，傅氏又强调“以中国文为本位”，显示出对中国文化的执著信念。然而，此论尚有待深入的学理论证，更需要践行性展开的检验。

总之，寻觅新的世界条件下中国文化“道—器”融通、“体—用”协调的健全发展路径，是一个复杂的认识过程与实践过程，有待今人及后人努力探寻，借用屈原（约前 340～前 278 年）大夫的名言——“路漫漫其修远兮，吾将上下而求索。”

二

文化自觉的前提之一是文化比较。近代世界从分散走向整体，交往渐多的列国愈益注意作“国力”比较。从文化学角度论之，“国力”也即由广义文化构成的力量，包括硬实力与软实力。

硬实力主要由器物文化（经济、科技水平、军事实力等）体现，也可以称之文化的物质力量；软实力主要由制度文化、观念文化体现，是运用说服力和吸引力而不是通过胁迫来影响他人的能力，亦可称之“文化力”③，指文化的精神力量。

有些文化成果在某一时代即达到极致，不一定都“与时俱进”，如荷马史诗，就神话的想象力与丰富性而言，是后世无法企及的典范；又如唐诗、宋词、

① 见李泽厚《中国现代思想史论》，东方出版社，1987。

② 见傅伟勋《中国大陆讲学三周后记》，刘志琴编《文化的危机与展望——台港学者论中国文化》（下册），中国青年出版社，1989。

③ 高占祥等学者使用“文化力”一词，从狭义文化论之，与经济力量、军事力量相对而言。

元曲，在韵文成就上，晚代无可比肩，今人的律诗、词、曲写得再好，也只能输与李、杜、苏、辛、关、王三分。就书法而论，晋唐宋已达巅峰，王羲之、柳公权、怀素、米芾的墨宝，是后世引颈仰视的极品。故文化的某些种类，在某一时代可能已经达到极点，不能以简约的进化观加以推断：后代一定比前代高明。

文化的民族性的比较也需要谨慎。艺术领域的水墨国画与西洋油画，昆曲、评弹与西洋芭蕾、歌剧，《红楼梦》与《安娜·卡列尼娜》，饮食文化的中餐与西餐、筷子与刀叉，皆各擅胜场，各美其美，难分轩轾。如果有人硬要对上述种种中外文化事项一较高低，判定取舍，则是泯灭文化多样性、丰富性的荒唐之举。

然而，文化的可比性又是不可忽视的。就不易比较的“软实力”而言，仍有可以审核优劣的事项。国际上颇有信誉的斯科尔科沃—安永新兴市场研究所在评定诸国软实力时，给出了10项内容，诸如：

> 移民（外国出生的移民总数），大学（全球一流大学的数量），传媒出口（出口电影、音乐和书籍等产品赚取的版税），政治自由，偶像力量，最受仰慕的公司，法治，入境游，二氧化碳排放，选民的参选率。①

此10项内容其间虽有西方标准左右之嫌，但不乏可资比较的客观标准。以此10项内容衡量，按百分制计分，2010年的十余个受测评国排行略为：美国（87分）、法国（49.5分）、德国（43.2分）、英国（43分）、加拿大（39分）、日本（38分），上述诸发达国家“软实力”列前1~6位，而中国（30.7分）、印度（20.4分）、俄国（18分）、巴西（13.8分）等新兴市场国家软实力有所提升，分列第8~11位，但与发达国家比存在明显差距。②

早于此一统计，社会科学文献出版社2004年出版的《中国文化产业国际竞争力报告》，陈列各国文化产业国际竞争力指数，可视作软实力的参照指数。该报告展示：美国的文化产业国际竞争力指数为0.87，位居15个受测评国之首，

---

① 彼得·约翰松、朴胜虎、威廉·威尔逊《新兴市场软实力不断提升》，2011年12月19日〔英〕《金融时报》。

② 彼得·约翰松、朴胜虎、威廉·威尔逊《新兴市场软实力不断提升》，2011年12月19日〔英〕《金融时报》。

中国的文化产业国际竞争力指数为0.22，低于0.5这一文化产业国际竞争力指数的平均值。可见中国的软实力尚处弱势，亟待提升。

作文化比较又不能以经济水平一断高低。GDP处于落后状态的民族，可能在文化的某些领域攀登高峰，如18世纪至19世纪中叶的德意志，经济水平低于英吉利、法兰西，却担任了哲学的“第一提琴手”（从康德、费希特到黑格尔、费尔巴哈）；又如19世纪的俄罗斯，经济及社会发展水平落后于西欧，却创造了文学极品（从普希金、屠格涅夫到陀斯妥耶夫斯基、托尔斯泰）；中国20世纪30～50年代的GDP远低于今日，而由梅兰芳（1894～1961年）、程砚秋（1904～1958年）、周信芳（1895～1975年）、马连良（1901～1966年）代表的京剧水平，齐白石（1863～1957年）、黄宾虹（1865～1955年）、张大千（1899～1983年）代表的绘画水平，却非时下艺坛可比，这便是文化与经济、社会发展的“不平衡”、“不对称”现象。

三

以工业文明为基石的现代化进程，给人类带来的不是利好面的“一方直进”，而是如章太炎（1869～1936年）所说的“俱分进化”——“善亦进化，恶亦进化”、“乐亦进化，苦亦进化”，是“双方并进，如影之随形”的矛盾过程。①

就人与自然的交互关系而论，以“征服自然”、“向自然索取”为指针的工业文明在造就巨大财富的同时，也带来始料未及的环境破坏。

就人与人的关系而论，工业文明取得了社会契约化、法治化、民主化的进展，却又带来社会的失衡和人的异化。

为着人与自然、人与社会、人与自身的和谐发展，单单依凭近代意义的科学与民主，显然是不够的，还要深入发掘元典关于协调阴与阳、柔与刚、利与义等对立统一关系的富于睿智的精义，并在实践中探讨其在现实生活中的运用。因此，传统思想的现代转换，是一个偕时而进、不断深化的过程。

正确认识传统思想在现代转型中的作用，必须克服直线进化史观带来的蔽

---

① 《俱分进化论》，《章太炎全集》（四）。

障。统观人类文化的进程便会发现，文化的演化是一个否定之否定的螺旋式上升过程。在一个螺旋圈层内部，作为终结的第三阶段（“合”）综合着前两个阶段（“正题”与“反题”），履行着在新的更富有内容的统一中扬弃其片面性的功能。宗教改革对希伯来元典的重演，唐宋古文运动在文体上对先秦两汉的复归、思想上对原始儒学的复归，明清之际进步思想对先秦诸子的复归和对三代之制的崇仰，均为例证，而中国现代思想家对元典精神则进行了又一次辩证式复归，更为显例。今日的思想界在现代文明基础上，在全球化的时代条件下，正对元典精神酝酿着新的创造性复归。这是我们考察传统思想现代转化时应予关注的一个方面。

总之，以周正的态度认识文化的古今转换与中外对接，看待东亚智慧与西方智慧的优长与缺失，把握其同中之异与异中之同，努力谋求二者在各种不同层面的互补互动，达成整合与涵化，方有可能创造健全的新文明，赢得中华民族的文化复兴。

总 报 告

General Report

B.1

观念革命、技术创新与制度嬗变：重建新时期文化创新发展的逻辑结构

本书课题组 傅才武 陈 樱 执笔

摘 要：2011 年是我国“十二五”的开局之年，也是我国文化发展开启新航程的一年。这一年，我国文化创新持续推进，文化立法取得实质性突破，财政投入持续增加，体制改革全面深入，文化产业快速发展，公共文化服务建设成效显著。2011 年 10 月，十七届六中全会胜利召开并通过《中共中央关于深化文化体制改革推动社会主义文化大发展大繁荣若干重大问题的决定》，标志着我国文化改革与发展迎来新的历史起点。该决定的颁布引发了全社会对文化建设与发展的观念革命，全国上下掀起文化建设的新高潮，另外，持续的文化科技创新也为文化发展提供了强劲动力，国家文化发展战略的确立和文化科技的进步推动我国文化发展进入整体性文化制度创新的轨道。

关键词：文化创新 观念革命 制度嬗变

2011 年是我国“十二五”的开局之年，也是我国社会经济高速、平稳发展的一年。2011 年国内生产总值达到 47.2 万亿元，比上年增长 9.2%；公共财政收入 10.37 万亿元，增长 24.8%，这一年我国巩固和扩大了应对国际金融危机冲击的成果，实现了“十二五”时期的良好开局。在外部良好环境下，我国文化建设稳步推进，公益性文化事业投入显著增加，公共文化服务体系建设卓有成效，文化体制改革继续全面推进，文化产业继续保持快速发展。

一 2010～2011 年：参与文化繁荣发展的历史进程，助推文化改革发展的趋势

（一）文化立法工作持续推进，文化发展法制环境不断改善

从理论上说，我国文化体制改革的进程最终体现为文化立法的进程，同时由文化立法推动的文化制度建设与文化制度创新代表了我国文化体制改革的深刻度，成为评价我国文化制度创新的指示标。2010～2011 年我国文化立法工作持续推进。2010 年，根据《国务院办公厅关于做好规章清理工作有关问题的通知》的要求，文化行业各部门对规章和规范性文件进行了全面清理，对部分法律法规做出了修改、废止、宣布失效等处理，截至 2010 年 12 月 31 日，清理后的文化部现行有效规范性文件 149 部，新闻出版总署 251 部，广电总局 301 部。经过这次清理，文化法律法规中不适应经济社会发展要求、法律法规相互不一致、规章之间的相互不协调等突出问题得到有效解决，法制环境明显改善。《中华人民共和国非物质文化遗产法》在 2011 年 2 月 25 日经第十一届全国人民代表大会常务委员会第十九次会议通过，并于 2011 年 6 月 1 日起正式施行。2011 年 12 月，国务院法制办发布《中华人民共和国电影产业促进法（征求意见稿）》，启动了文化产业行业法立法的破冰之旅，文化行业立法取得实质性进展。

2011 年，历时 8 年的文化市场综合执法改革基本完成，成为我国文化体制改革和文化制度创新中具有里程碑意义的大事。在中央政府的主导下，全国 99% 地市级城市和 90% 县区级政府组建了综合执法机构；省级文化市场管理工作领导小组的组建率达到 93%。《文化市场综合行政执法管理办法》于 2011 年 12 月 6 日审议通过，自 2012 年 2 月 1 日起开始施行，包含了文化（文物）、广

播影视和新闻出版（版权）等部门的综合性执法体系最终得以确立，极大地改变了长期以来我国文化市场管理体制上“上面三国演义、下面春秋混战”的局面，初步形成“统一领导、统一协调、统一执法”的协作机制。

（二）财政投入持续增长，使我国文化改革发展能力不断加强

2011 年，我国财政文化经费投入稳步增长。全国公共财政文化体育与传媒共投入 1890 亿元，完成预算的 110%，执行数比上年增加 348 亿元，增长 23%。其中中央财政投入达到 416 亿元，增长 32%。同时，在财政超收中还追加了 55 亿元用于文化遗产保护、农村文化建设、扩大广播电视直播卫星公共服务和组建国家级有线电视网络公司等。

2011 年，全国文化部门预算为 38.78 亿元，比 2010 年增加 5.78 亿元，增幅达 18%。中央财政补助地方专项资金 35.97 亿元，其中，为推动实施全国美术馆、公共图书馆、文化馆和乡镇综合文化站的免费开放，中央财政安排了基层公共文化服务体系保障经费 18.22 亿元。此外，为文化部转企改制的顺利进行，安排了国有资本经营预算 3.68 亿元。

国家公共投入的持续增长，形成了我国文化体制改革和文化繁荣发展的物质基础。公共文化投入的持续增长，使文化事业体系的公共服务能力不断加强。截至 2010 年底，全国公共图书馆总流通量 3.28 亿人次，书刊文献外借 1.39 亿人次和 2.64 亿册次。全国文物机构共举办陈列展览 30156 万个，参观人次达 5.21 亿人次。全国群众文化机构共举办展览 11.74 万个；组织文艺活动 57.68 万次；组织各类理论研讨和讲座 1.22 万次；举办各类训练班 35.87 万次，培训 1805.62 万人次。2010 年全国艺术表演团体共组织政府采购的公益演出 5.67 万场，基本完成了国家广播电视“村村通”工程 20 户以上村庄广播电视的全覆盖，使公共文化机构服务能力显著提升。

2011 年，在国家持续公共投入的支持下，国家美术馆工程、中国工艺美术馆工程、国家图书馆一期改造工程、中央歌剧院剧场工程等顺利推进，国家博物馆新馆完工并投入使用。甘肃大剧院、天津文化中心、上海当代艺术博物馆等一批地方重点文化设施建设也进展顺利。全国乡镇综合文化站建设全部规划项目基本建成并投入使用。首批 31 个地级市（区）和 47 个项目获批国家公共文化服务体系示范区（项目）创建资格。文化信息资源共享工程全年资源建设总量达

28.4TB，服务1.6亿人次。公共文化设施免费开放工作开始全面推进，全国文化文物部门博物馆、纪念馆和爱国主义教育基地已全部免费开放，美术馆、公共图书馆、文化馆（站）的免费开放也陆续推进，全国公共文化服务水平明显提升。

同时，公共投入支持了文化产业的改革发展。2010年底，全国文化系统执行企业会计制度的文化机构2010年营业收入1244.14亿元，实现利润403.39亿元。我国核心文化产品进出口总额达到143.9亿美元。

（三）文化体制改革全面深入，多个领域取得实质性突破

1. 国有文艺院团改革取得实质性突破

国有文艺院团改革一直是我国文化体制改革的重点，2011年，我国正式确立了“增量改革”的整体战略路径，即在省级设立国有演艺集团公司，在原来政府文化行政部门之外，设置业务相对独立并具有独立法人地位的演艺公司，这成为体现中国特色的文艺院团渐进改革模式的典型样本。2011年5月，文化部会同中宣部联合下发了《关于加快国有文艺院团体制改革的通知》，进一步明确了改革的路线图、时间表和任务书，推动了改革的全面实施。在文化部的主导下，国有文艺院团改革确立了“转企一批”、“合并一批”、“划转一批”、“撤销一批”、“保留一批”这“五个一批”的改革路径，并通过中央文化产业发展专项资金、配置流动舞台车、落实非物质文化遗产保护资金、支持“走出去”等举措，对转制的院团进行政策资金倾斜。截至2011年底，全国文化系统2102家国有文艺院团已完成和正在完成转制，撤销和划转的院团达1176家，另有300家院团已确定改革路径。河北、山西、江苏、安徽、陕西、重庆、贵州、宁夏等8省（区、市）已经基本完成国有文艺院团转企改制任务。2011年，全国共有11个省（区、市）组建了省级演艺集团公司。目前，全国共组建演艺集团公司50余家。

部分改制的国有文艺院团已经彰显出明显的市场效益，文化生产力得到了提高。转制后的中国东方演艺集团有限公司，2011年经营收入达到1.3亿元，居国有院团前列；演职员工人均收入13万元，同比增长109.6%；演出场次突破400场，同比增长241.8%，已成长为我国演艺业发展的重要领军企业。① 宁夏银

① 《国有文艺院团改革：响鼓重锤迎收官》，新华网，2012年2月14日。

川艺术剧院有限公司依托原创舞剧《月上贺兰》与旅游景点合作，已演出近400场，收入1400万元。

2. 经营性文化事业单位转企改制取得重大突破

截至2011年上半年，全国共注销经营性文化事业单位4000多家，核销事业编制18万个以上。出版发行、影视制作等领域改革任务基本完成，应转制的419家地方出版单位已完成转制402家，应转制的2412家发行单位已经全面完成改革任务；29家电影制片厂已完成转制27家，地方362家电影公司已完成327家，460家电影院已完成411家，全国广电系统内需转制的57家电视剧制作机构已完成52家，38家省级党报党刊发行机构已完成32家。①

非时政类报刊社转企改制工作稳步推进。中央各部门各单位首批转企改制的非时政类报刊出版单位名单已经初步拟定，其中列入首批名单的报刊737种（报纸95种，期刊642种），涉及报刊出版单位共计602家。湖南、山西、江苏等15个省市的改革实施方案已经得到中央有关部门批复。截至2011年底2012年年初，已有1600多家非时政类报刊出版单位登记或转制为企业；省级党报发行机构已经全部完成转企改制。②

3. 国有文化资产监管体制建设取得重要突破，“文资办”模式基本确立

随着经营性文化单位转企改制的不断推进，政府与文化企业之间的关系日益从行政关系转变为以资产、产权为纽带的法律关系，国有文化资产监管日渐成为我国文化体制改革的核心问题。改革与完善政府文化资产管理制度成为文化制度创新的重要内容。

尽管2005年中共中央下发《中共中央国务院关于深化文化体制改革的若干意见》（中发［2005］14号），强调了文化体制改革中资产管理的重要性和必要性，在政策层面上确立了国有文化资产监管的原则要求，但在技术层面上应设立的资产管理体制，却一直没有形成基本模式。随着文化改革的不断深入，文化企业国有资产的管理问题日益紧迫，中央相继出台了多个管理规定，如2007年9月《关于在文化体制改革中加强国有文化资产管理的通知》、2008

① 周玮、黄小希、白瀛：《党的十六大以来我国文化体制改革成就综述》，2011年10月31日《中国联合商报》。

② 张贺：《中国出版业将迈入“后改制时代”》，2012年2月16日《人民日报》。

年9月《关于中央出版单位转制和改制中国有资产管理的通知》、2008年10月《关于印发文化体制改革中经营性文化事业单位转制为企业和支持文化企业发展两个规定的通知》以及2011年10月中国共产党第十七届六中全会通过的《中共中央关于深化文化体制改革推动社会主义文化大发展大繁荣若干重大问题的决定》，都对国有文化资产管理体制建设提出了明确的目标要求和改革路径设计。

在中央的主导下，各地就文化企业国有资产的管理体制进行了有益的探索。上海、深圳、山东、江苏、湖南、重庆等地探索形成了专设政府办事机构、党政联合管理机构和资产管理公司三种管理模式。中央层面的国有文化资产管理体制在2011年开始取得实质性进展。2011年，中央机构编制委员会办公室下发了《关于设立中央文化企业国有资产监督管理领导小组办公室的批复》（中央编办复字［2011］289号），2011年7月29日，财政部印发《关于设立中央文化企业国有资产监督管理领导小组办公室的通知》（财人［2011］39号），设立中央文化企业国有资产监督管理领导小组办公室，承办中央文化企业国有资产监督管理领导小组的日常工作。文化企业国有资产的监管在中央层面开始推进，将有效推动全国范围内国有文化资产管理体制的建立。

4. 文化产权交易机构快速成长，制度规范和行业监管有待加强

文化产权交易所（简称“文交所”）具有产权交易、企业投融资、文化企业孵化器和产权登记托管等功能，在文化艺术产品产权交易中起着重要的行业中介作用。2010年《关于金融支持文化产业振兴和发展繁荣的指导意见》对上海文化产权交易所、深圳文化产权交易所等交易平台作用的肯定，确立了“文交所”在文化领域的产业与法律地位。此后，各省市纷纷成立省级文化产权交易所。截至2011年年底，全国成立和筹建中的文化与艺术品交易所已经近40家。上海文交所自成立以来，各类文化产权挂牌项目已超过10000宗，交易已完成300余宗，交易金额超过152亿元，交易规模居于全国前列。①

各地文交所如火如荼的发展也导致了行业管理问题，文化产权交易行业亟待加强行业监管。2011年11月，国务院发布了《关于清理整顿各类交易场所切实防范金融风险的决定》（国发［2011］38号），针对全国各类交易所的各类交易

---

① 《文交所：由“婴儿”到“成年”还需多久》，中国经济网，2011年12月2日。

活动进行规范和整顿，这一文件也对快速成长中的文交所起到了有效的整顿和规范作用。

（四）政策环境的持续优化强化了文化产业加速发展的趋势

1. 文化产业政策支持力度不断加大，政策环境日益优化

2011年，我国在贯彻落实《文化产业振兴规划》的部署中，通过不断营造良好的政策环境、搭建文化产业公共服务平台、实施文化产业发展规划，促进了文化产业的蓬勃发展。2011年，文化部《“十二五”时期文化产业倍增计划》编制工作基本完成（该计划已于2012年2月28日正式发布），并推动特色文化产业发展工程进入《国家“十二五”服务业发展规划》、西部文化产业有关门类进入《西部地区鼓励类产业目录》，同时出台了《动漫企业进口动漫开发生产用品免征进口税收的暂行规定》、《关于保险业支持文化产业发展有关工作的通知》等，为文化产业发展创造了良好的政策环境。

2. 文化产业投融资渠道不断拓宽，投融资体系日渐完善

2011年，我国首次将保费补贴纳入专项资金支持范围，全年共为约140个文化产业项目提供约5亿元的中央文化产业发展专项资金。金融机构融资力度不断加大，全年完成重点文化企业信贷项目68个，涉及金额188.91亿元，贷款余额97.32亿元。文化企业上市融资步伐不断加快，一批符合条件的文化企业筹备上市。发布了第一批试点保险产品和试点保险机构，保险业支持文化产业发展获得制度支持，在制度创新上获得突破。

3. 产业基金成为促进文化产业发展的重要力量

自2004年以来，我国文化产业基金作为新型金融产品和政策手段，发展迅速，业已形成综合类文化产业基金与影视专项投资基金、艺术品专项投资基金、动漫专项投资基金、网游专项投资基金等专项类文化产业基金两种主要类型。2004年至2011年11月期间，我国共出现了111只文化产业基金。其中，已经披露规模的基金数量为82只，规模合计1298.95亿元。人民币基金有76只，规模为1191.11亿元，平均每只的规模为15.67亿元；美元基金有6只，平均每只规模折合为17.97亿元。[①] 文化产业基金已成长为推动文化产业发展的重要力量。

① 姚轩杰：《我国文化产业基金达111只》，2011年12月13日《中国证券报》。

4. 文化产业园区与文化产业基地引导示范作用不断增强

2010 年 6 月，文化部出台了《关于加强文化产业园区基地管理、促进文化产业健康发展的通知》，文化产业园区和基地建设朝着更加健康、规范的方向发展。2011 年，文化部命名了第三批 2 个国家级文化产业示范园区和 4 个试验园区，并评选了全国十大最具影响力国家文化产业示范基地，文化产业骨干企业的示范引领作用明显增强。

5. 文化产业公共服务平台作用明显增强

2011 年，第七届中国（深圳）国际文化产业博览交易会、2011 年中国义乌文化产品交易博览会、第六届中国北京国际文化创意产业博览会、第四届中国东北文化产业博览交易会等文化博览会、展会的成功举办进一步提升了会展作为文化产业交易平台和公共服务平台的作用。同时，文化部“文化产业投融资公共服务平台”在促进行业内投融资服务方面也开始发挥作用，文化产业投融资获得了专业性服务平台的支撑。

二 文化与科技的融合创新趋势形成了文化改革发展的强劲动力

文化的大发展大繁荣离不开科学技术的强大支撑，文化与科技的融合创新是文化改革发展的引擎。2011 年，借助于公共政策平台和文化产业发展机制，我国文化与科技呈现出融合创新趋势，成为推动文化发展的新动力。

（一）2010～2011 年文化科技创新的实践进展

1. 文化部与科技部建立“部际会商”机制，文化与科技融合创新的体制机制初步形成

2011 年 7 月 26 日，文化部与科技部部际会商第一次会议在国家博物馆举行，标志着文化部与科技部关于推进文化与科技融合的部际会商制度初步确立。根据会商议定的共识，科技部、文化部将在“十二五”期间整合与集成科技与文化的优势资源，在发展规划编制、计划组织实施、研究开发应用、促进产业发展等方面加强会商、协调和合作，共同组织实施一系列专项行动计划，构建促进文化与科技融合的文化创新体系，建立推进文化与科技融合创新的体制机制。当

前，科技部、文化部将主要致力于制定《国家科技与文化融合联合行动计划（2011～2015年）》，联合认定“科技与文化融合示范基地”，启动了“文艺演出院线服务关键支撑技术研发与应用示范”等重大项目。科技部、文化部的“部际会商”机制已在文化与科技融合的项目组织实施方面取得了实质性进展，“文化资源数字化关键技术及应用示范”、“文化演出网络化协同服务及应用示范”两个项目已列入2012年度国家科技支撑计划。

2. 文化标准化建设继续推进，标准化建设取得重要进展

建立和完善我国文化行业的标准，既是完善我国文化市场管理体系的重要内容，也是对外文化交流中获得文化市场竞争优势的重要途径。相比于其他行业，我国文化行业的标准化建设较为薄弱。2011年，我国文化标准化建设继续推进，并取得重要进展。全国动漫游戏产业标准化技术委员会成立，文化部举办了文化行业标准化工作培训班，“公共文化服务促进社会管理服务指南”、“乡镇图书馆业务统计与评估指南”、“文化娱乐场所音响设备技术规范”等首批文化行业标准化研究项目获准立项，文化部颁布实施了《舞台灯光系统工艺设计导则》、《舞台灯具通用技术条件》等7项文化行业标准。同时，经过三年多的文化标准化建设探索，文化部科技司在2011年7月颁布了《文化行业标准化工作管理办法（暂行）》，以此来加强文化行业标准化管理，推进文化行业标准化工作。

3. 国家文化科技提升计划、文化部科技创新项目、国家文化创新工程等项目齐头并进，成为文化与科技融合创新的“抓手”

2011年，国家文化科技提升计划、文化部科技创新项目、国家文化创新工程三个部级项目共立项56个，验收结项19个。三个项目各有侧重，互为补充，初步形成了促进文化与科技融合创新的带动机制。

2011年国家文化科技提升计划收到全国各地的选题建议165项，涉及公共文化服务、文化传播、文化产业、非遗保护与开发等重点应用领域，最终确定了“城市公共文化移动服务集成平台建设与研究”、“全国少年儿童阅读推广服务平台”、“国家非物质文化遗产保护与传承技术体系的构建”、“中国传统绘画材料关键技术研究与应用”、“近现代文献脱酸关键技术集成研究与示范”、“国家文化宏观决策支持系统研究及应用”、“基于文艺演出院线业态的服务协同共性技术研发与应用示范”等涉及文化中心工作中关键技术、核心技术、共性技术问题的12个选题为2011年度国家文化科技提升计划的选题（见表1）。

表 1　2011 年度“国家文化科技提升计划”项目立项名单

序号	项目名称	申报单位	项目研制单位
1	城市公共文化移动服务集成平台建设研究	上海市文化广播影视管理局	上海图书馆上海科学技术情报研究所 上海市群众艺术馆
2	全国少年儿童阅读推广服务平台	国家图书馆	国家图书馆 湖南省少年儿童图书馆
3	国家非物质文化遗产保护与传承技术体系的构建	湖北省文化厅	华中师范大学 武汉数字媒体工程技术有限公司
4	近现代文献脱酸关键技术集成研究与示范	江苏省文化厅	南京博物院 南京工业大学材料科学与工程学院 南京图书馆 南京澳润微波科技有限公司
5	中国传统绘画材料关键技术研究与应用	中国艺术科技研究所	中国艺术科技研究所 北京齐大森国画材料有限公司
6	国家文化宏观决策支持系统研究及应用	文化部政策法规司	文化部政策法规司 中国艺术科技研究所 北京中数创新技术有限公司 中国传媒大学信息工程学院
7	分布式的中国文化对外公共文化传播与服务平台的研究及示范	中外文化交流中心	中外文化交流中心 中国传媒大学信息工程学院 无锡吧视网络技术有限公司
8	基于文艺演出院线业态的服务协同共性技术研发与应用示范	中国对外文化集团公司	中国对外文化集团公司
		江苏省文化厅	江苏省演艺集团有限公司 东方宇阳信息科技(北京)有限公司
9	三维(3D)影像数据处理前沿技术应用研究	辽宁省文化厅	沈阳四维数码科技有限公司
10	快速创意可视化工具与体感技术集成研究及示范	文化部文化市场司	北京邮电大学 北京递归科技有限公司 北京文睿创想信息咨询中心
11	基于绿色光源的舞台功能灯具研究与示范应用	中国艺术研究院	中国艺术研究院 北京星光影视设备科技股份有限公司
12	中国古代青铜器铸造工艺及展示研究	中国国家博物馆	中国国家博物馆 北京大学 北京以诺视景数字艺术有限公司

2011 年的文化部科技创新项目继续保持着强劲的发展势头，受到文化系统内科研人员和社会各界的关注和积极响应。全年共收到项目申报 143 项，最终立项 30 项（见表 2）。

表 2　2011 年度“文化部科技创新项目”立项名单

序号	类别	项目名称	承担单位	申报部门
1	公共文化服务	基层多功能流动文化服务站的开发与应用	赣州市文化和广播电影电视局	江西省文化厅
2		公共文化服务体系建设中社区居民公共文化消费模式研究——以上海市为例	上海对外贸易学院	上海市文化广播影视管理局
3		数字图书馆云平台建设及其在公益性数字文化建设中的应用研究	国家图书馆信息网络部	国家图书馆
4		古籍纸张近红外光谱无损检测系统研究	国家图书馆古籍馆	国家图书馆
5		缩微文献长期保存保护研究	国家图书馆缩微文献部	国家图书馆
6		少数民族语言数字资源建设与检索平台	新疆维吾尔自治区图书馆、广州图创计算机软件开发有限公司	新疆维吾尔自治区文化厅
7		玉树地震灾区藏文文献遗产整理保护研究	西南民族大学	四川省文化厅
8	文化市场与文化产业	中国艺术品市场征信体系及其建设研究	中国艺术品市场研究院	湖南省文化厅
9		基于微机械传感器的人体动作信息捕捉技术开发及系统研制	兰州交通大学艺术设计学院	甘肃省文化厅
10		假唱综合识别技术体系的研究	中国传媒大学信息工程学院	中国艺术科技研究所
11		创意产业知识管理系统及其应用研究	中国美术学院设计艺术学院	中国美术学院
12		多媒体非接触互动展示技术在文化展览场馆中的研究与应用	安徽省科普产品工程研究中心	安徽省文化厅
13		传统艺术元素在文化产业园中的应用效果研究	合肥工业大学	安徽省文化厅
14		多媒体人体信息自动播放的互动视听影像装置系统研究	华东师范大学传播学院	上海市文化广播影视管理局
15		开发引擎和软件平台 Web-Game 统一开发运营平台	完美世界（北京）网络技术有限公司	北京市文化局
16		中国文化播火工程	精伦电子股份有限公司	中外文化交流中心
17		“中国形象”的海外生成——近 20 年国际艺术大展分析研究报告	中央美术学院	中央美术学院

续表

序号	类别	项目名称	承担单位	申报部门
18	文化遗产保护	实验性数字博物馆信息服务协同关键技术研究与应用	中国美术学院上海设计学院、江苏无锡博物院、上海新领地创意设计有限公司	中国美术学院
19		唐卡的数字化保护及图像信息资源库建设	西北民族大学	甘肃省文化厅
20		运用现代科技手段研究唐琴斫制工艺	浙江省博物馆工艺部	浙江省文化厅
21		湖北国家地理标志特产的非物质文化遗产地理信息系统	咸宁学院	湖北省文化厅
22		齐国服饰在现代纺织服装领域的传承及应用研究	山东理工大学	山东省文化厅
23		新农村建设中非物质文化遗产的传承与保护	山东建筑大学	山东省文化厅
24		陶胎漆器工艺研究	山东轻工业学院	山东省文化厅
25		维吾尔族模制法土陶烧造技艺	新疆大漠土艺馆	新疆维吾尔自治区文化厅
26	演艺科技	数字化舞台技术研究	中央歌剧院、北京理工大学软件学院	中央歌剧院
27		交互式多媒体电子音乐光敏控制装置	中央音乐学院中国现代电子音乐中心	中央音乐学院
28		传统古丝弦原材料处理及制作工艺研究	吉林省文化科技研究所	吉林省文化厅
29		击弦式古钢琴研发	中央音乐学院	中央音乐学院
30		低音胡琴和倍低音胡琴	北京市京港雪平提琴厂	中央民族乐团

“国家文化创新工程”是一项旨在推动创新理论研究、创新人才培养、创新平台建设的项目。2011 年，“国家文化创新工程”项目以“依靠基层，支持共建”为基本思路，共有 98 个项目参与申报，其中 27 个是联合当地人民政府共同申报的项目。项目涵盖了公共文化服务、图书馆建设与服务、文化产业、文化市场、艺术创作与演出、文化遗产保护与利用、技术手段创新、教学实践与人才培养以及陶瓷工艺创意等方面，体现了文化行业内的科技创新热情。经过评审，由江苏省吴江市人民政府参与共建的“吴江市戏曲文化生态保护区建设”，由浙江省龙泉市人民政府参与共建的“古代龙泉青瓷呈色机制研究及在现代日用瓷中

的推广运用”，由安徽省蚌埠市人民政府参与共建的“中国汉族代表性民间歌舞——安徽花鼓灯文化生态保护工程”等12个项目获得立项，与地方政府共建的重点项目占2/3，体现出当前地方政府参与文化创新的积极性。

（二）文化科技创新的趋势与影响

在世界文化领域，科技创新业已成为文化发展的重要引擎。当前国家文化建设进入大发展大繁荣的历史机遇期，文化与科技的融合创新不仅关系到我国文化现代化的进程，也关系到我国文化产业在国际范围内的地位和竞争力。国际经验表明，现代科学技术在文化行业的广泛应用使文化行业具有了超越物理“疆域”的能力，能够使一国的文化产业通过全球一体化的文化市场达成“无障碍”式的全球传播和影响力。在更为宏大的层面上，文化科技创新不仅仅是国家文化发展的引擎和支撑力量，而且还具备更为深远的意识形态价值和国家安全意义。

具体而言，现代科技与文化的汇流融合不仅生发了新兴的文化业态，而且文化行业的科技创新还能够带动传统产业的转型与升级，创造出新的盈利模式和丰厚的价值回报。当前，世界范围内由现代信息技术、网络技术、数字技术与文化内容整合汇流所生发和带动起来的数字内容产业茁壮成长，电视、报纸、杂志、广播、网络、手机短信、楼宇液晶电视、公交移动电视、3G或4G移动声讯和移动音像服务等，实现了与互联网的连接，并形成了新的业态和赢利模式。数字出版、数字影音、数字游戏、互联网服务、通信业务等已经成为业界发展的热点和前沿，引领着文化产业的结构升级与转型，深刻地影响到国家的文化与经济发展形态，改变了国家文化发展的前景。① 以动漫产业为例，从1995年美国推出世界上第一部电脑三维动画《玩具总动员》，到2009年的电脑三维巨制《阿凡达》，再到2012年《大闹天宫》3D版，三维动画技术在动漫产品中的运用不仅推动着动漫产业的行业变革，也给动漫产业带来了丰厚回报。再如电影产业，从放映机的发明开创电影时代开始，电声技术催生了宽银幕电影和立体电影，激光技术的应用使球幕电影的视觉效果吸引了众多消费群体，而电影和信息技术

① 参见赵子忠《2008年数字内容产业发展报告》，载张晓明、胡惠林、章建刚主编《2009年中国文化产业发展报告》，社会科学文献出版社，2009，第242页。

的结合则推动电影进入了数字时代，每一次技术革新都促进了电影产业的升级换代。①

从当前我国文化科技创新的实践进展看，文化科技创新已经上升到国家战略层面，国家文化科技创新体系建设也纳入了国家的战略部署之中。文化与科技的融合创新在欧美的示范、市场的激励和政策的推进下，日益成为当前文化发展中的重要影响因素，成为政府和市场主体关注的重点领域。各级政府推动建立符合文化发展和科技发展规律的新型文化科技体制，制定文化科技创新规划，加强文化科技创新的投入，实施文化科技创新项目带动计划，加强文化标准化体系建设，力图规划建设一个政府主导下市场共同参与的文化科技创新体系，以探索形成国家文化建设的高新科技发展道路。

三 十七届六中全会《决定》所蕴含的观念革命与理论创新价值，成为指导我国文化改革发展的强大思想力量

2011 年 10 月，中国共产党在第十七届六中全会上首次将文化问题作为主要议题加以讨论，并通过了《中共中央关于深化文化体制改革推动社会主义文化大发展大繁荣若干重大问题的决定》（以下简称《决定》），将当前我国文化发展的时代紧迫性和战略重要性提升到历史新高度，引发了当代中国社会发展转型时期的一场观念革命。

（一）《决定》推动了对当代文化建设战略性价值的认识革命

1.《决定》的颁布体现了党和国家对当代文化发展战略价值的认识高度

在当今世界大发展、大变革、大调整的时期，我国的现代化建设已经进入建设全面小康社会的关键时期和深化改革开放、加快经济发展方式转型的攻坚时期，在当代中西文化深度交流和局部冲突的国际大背景下，文化已日渐成为中华民族凝聚力和创造力的重要源泉、成为国家综合国力竞争的关键因素、成为经济社会发展的重要支撑。

---

① 朱峰：《科技创新与文化创新双轮驱动的路径》，《前线》2011 年第 11 期。

近代鸦片战争以来的160年间，中华文化经历了一个“中心—沉沦—边缘化—奋起—再中心化”的轮回。改革开放以来，伴随着我国经济持续发展并在2010年成为世界第二大经济体，中华文化开始了再度进入世界文明中心的进程。十七届六中全会对文化议题的讨论以及《决定》的颁布，标志着党和国家在当代世界文明发展进程中对中华民族文化建设的清醒认识，体现了党和国家对于中华文化与世界文明发展关系的深入把握，“充分体现了我们党对领导文化改革发展历史责任的审时度势、高瞻远瞩的自觉担当，直面现实、赢得主动的自信抉择，解放思想、转变观念的战略部署，抓住机遇、加快发展的科学决策，乘势而上、再创辉煌的自强举措。”① 《决定》中“文化强国”战略的确立，更是体现了中华民族高度的文化自觉和文化自信。

2. 《决定》的颁布体现了当代“文化改革发展”的价值主题

长期以来，我国的文化建设内含于与物质文明建设相对应的精神文明建设体系，一直缺乏相对独立的“话语体系”，因而也缺乏相对独立的自我品格。《决定》的颁布施行，体现了党和国家关于文化建设的路径由精神文明建设的整体性道路到“文化改革发展”的具体战略路径的转向，透露出党和国家在对文化建设的指导上确立了更加务实的战略思想。党中央曾于1986年和1996年先后两次在中央全会上专题研究社会主义精神文明建设问题。1986年9月召开的党的十二届六中全会审议通过了《中共中央关于社会主义精神文明建设指导方针的决议》，1996年10月召开的党的十四届六中全会又审议通过了《中共中央关于加强社会主义精神文明建设若干重要问题的决议》。这两次重要会议及其决议成为指导我国社会主义文化事业建设的重大决策部署，对“精神文明”的高度强调成为党和国家历来文化建设的主旋律和中心思想。

从党的十四届六中全会开始，伴随着国际国内经济政治形势的深刻变化，文化“话语权”日渐扩大，引发了对文化建设价值认知的革命。顺应这一发展趋势，党的十四届六中全会突出强调了文化市场发展和文化事业活力，党的十五大明确提出了“有中国特色社会主义的文化建设”的指导思想，党的十六大确立了小康社会的文化发展目标，党的十七大提出了“推动社会主义文化大发展大

① 方江山：《一件具有里程碑意义的大事——党的十七届六中全会重点研究文化改革发展问题的意义》，《中国党政干部论坛》2011年第11期。

繁荣”的国家战略，并作出了文化改革与发展的系统决策和全面部署。在党的十八大召开之前，十七届六中全会提出了“深化文化体制改革、推动社会主义文化大发展大繁荣”的时代命题。从近年来党和国家政策文件中对文化话语指称的变化来看，文化建设已经从“精神文明建设”的语系中独立出来并成为具备独立性的话语体系，党和国家对我国文化建设的战略价值的定位业已发生革命性变化，进一步深化了经济、政治、文化与社会“四位一体”科学协调发展的时代主题。

3.《决定》的颁布强调了文化建设在“四位一体”科学发展体系中的战略地位与价值作用

21世纪以来，中国特色社会主义事业建设开始逐渐由“一手抓改革开放，一手抓打击犯罪；一手抓经济建设，一手抓民主法制；一手抓物质文明，一手抓精神文明”的“两手抓”时代进入社会主义经济建设、政治建设、文化建设、社会建设“四位一体”新阶段。党的十七大确立经济、政治、文化、社会“四位一体”科学协调发展的总体战略部署，文化建设成为中国特色社会主义事业总体布局的重要组成部分，与经济建设、政治文明建设和社会建设相辅相成、相互支撑、互为条件。“文化建设不仅对经济增长的直接贡献越来越大，而且对提升经济发展质量的作用日益突出；文化建设是推进政治建设、发挥政治制度优势的深厚土壤；文化建设既是推动社会发展的重要手段，也是社会文明进步的重要目标”。[①] 十七届六中全会的召开以及《决定》的通过，进一步提升了社会主义文化建设在社会主义事业总体布局中的中心地位，文化建设将被纳入经济社会发展的总体规划、纳入国家发展战略的整体布局之中，与政治、经济、社会建设一同推进，社会主义文化建设开始由认识和观念革命向全面的行动革命迈进。

（二）《决定》集中体现了当代中国文化理论创新的成果

《决定》为“深化文化体制改革、推动社会主义文化大发展大繁荣”的国家战略提出了基本目标和实现路径，体现出党和国家“立足顶层、系统决策”的

---

① 刘延东：《充分认识新形势下推进文化改革发展的重大意义》，2011年10月31日《人民日报》。

战略远见和理论创新价值。

1.《决定》作为新时期文化改革实践和文化理论创新成果进一步完善了中国特色社会主义理论体系

改革开放以来，以毛泽东思想、邓小平理论、“三个代表”重要思想以及科学发展观为核心的中国特色社会主义理论体系，是中国共产党数十年来带领人民不懈探索实践的智慧和经验结晶，对于在全面建设小康社会的过程中加强社会主义文化建设、实现中华民族文化的伟大复兴，具有重大而深远的意义。2011 年《决定》的颁布，是党和国家对新时期社会主义文化建设的系统总结，是从国家整体上明确文化建设与经济建设、政治建设、社会建设和生态文明建设的关系，明确文化建设在建设中国特色社会主义中的地位和作用。

文化部部长蔡武指出：“党的十六大以来，以胡锦涛同志为总书记的党中央对文化发展规律的把握更加深刻，提出了一系列新论断新要求，系统回答了新时期文化的发展与民族和国家命运的关系，文化建设在中国特色社会主义事业全局中的地位和作用，中国特色社会主义文化发展的方向和目的，文化建设的主要功能、发展路径和动力，文化建设要遵循的方针和原则，文化发展的领导力量和依靠力量等重大问题，进一步丰富和发展了马克思主义文化观，为当代中国文化发展提供了思想准绳和理论指导”。①《决定》是当代中国特色社会主义理论体系的重要组成部分。其“坚持社会主义先进文化前进方向，建设社会主义核心价值体系，增强社会主义意识形态的吸引力和凝聚力，建设和谐文化，弘扬中华文化，建设中华民族共有精神家园，建设公共文化服务体系、推动文化产业成为国民经济支柱性产业”等一系列的文化理论创新成果，构成了当代中国特色社会主义理论体系的基本内容。

2.《决定》的颁布使我国的文化理论创新获得广域的探索空间和明确的创新方向

长期以来，“摸着石头过河”的改革模式决定了我国文化理论创新往往滞后于现实的改革实践，文化理论创新在推进文化体制改革、促进文化发展方面缺乏主动性和实践超越性，对实践的理论指导明显不足。在 2006 年《中共中央国务院关于深化文化体制改革的若干意见》、2007 年《中共中央办公厅国务院办公厅

① 蔡武：《辉煌的成就、宝贵的经验》，2011 年 11 月 4 日《人民日报》。

关于加强公共文化服务体系建设的若干意见》、2009 年《文化产业振兴规划》等一系列国家文化发展宏观政策的政策导向和推动下，2011 年党的十七届六中全会以文化专题的方式，对近年来我国各个文化领域的“主动式”改革发展经验进行了理论归纳和总结，而且在国家战略层面上进行了整体统筹，我国的文化建设终于从地方探索性改革为主向顶层设计、系统整体性改革的模式转变，因此，文化改革发展进入崭新的历史时期。在国家“文化强国”战略目标的导向下，社会主义核心价值体系建设、公共文化服务体系建设、文化产业与文化市场建设、文化遗产保护、文化传播体系建设等国家重大文化工程进入政策执行系统，我国的文化理论研究有了明确的指向，并借助于 30 多年来的改革实践积累，获得了广阔的探索空间，具备了进行持续创新的条件和环境，文化理论创新被赋予新的生机和活力，能够更好地指导文化改革发展的实践。

3.《决定》所蕴含的文化理论创新成就将成为当代中国文化改革发展的行动指南和思想库

改革开放以来，我国文化理论界立足于经济社会的发展需要，相继产生了“精神文明论”、“先进文化论”、“文化国力论”、“文化产业论”、“和谐文化论”、“公共文化服务论”、“文化创新论”等诸多创新性理论成果，特别是党的十六大确立的文化事业与文化产业的分途发展战略，不仅在理论上引发了全社会对文化价值认知的观念革命，而且从实践层面上确立了“公共属性与产业双重属性”的政策路径，由此引起了公共文化政策领域的理论创新与公共文化管理模式的变革。在“十二五”时期，不断适应国家经济、政治与社会发展变化而进行的公共文化政策创新仍然是推动文化改革发展的主要动力。并且，“十二五”时期我国的文化体制改革、文化产业与文化事业建设、文化遗产保护都进入了关键性的历史机遇期，随着我国文化建设环境与经济、政治和社会环境契合程度的逐步提高，文化改革发展必然要更加依赖于经济、政治和社会环境的配套支持，必然要求公共文化政策和公共管理模式具有更高的灵活性、包容性和管理上的技术性。而要实现这一目标，必须以立足当下、以解决当前现实问题为基点的文化理论创新成果作为基础支撑。正是在这一意义上，《决定》所蕴含的文化理论创新成就将成为“十二五”及下一个十年我国文化建设的行动纲领和思想库。

四 对策建议：推动文化制度的嬗变

（一）理论创新与技术进步为文化制度创新准备了条件

从根本上说，推动文化制度创新是实现我国文化大发展大繁荣的基本手段和关键环节。得益于改革开放以来长期的理论准备和技术进步的驱动，当前我国文化制度创新具备了现实的可能性、可行性和紧迫性。

党的十六大报告提出，实践基础上的理论创新是社会发展和变革的先导。通过理论创新推动制度创新、科技创新、文化创新以及其他各方面的创新，不断在实践中探索前进，永不自满，永不懈怠，这是我们要长期坚持的治党治国之道。1949 年以来我国在文化领域的理论创新成果，集中体现在党的十七届六中全会通过的《决定》中，其中关于当前及今后一个时期内我国文化体制改革、现代文化市场体系建设、文化产业发展、文化遗产保护、公共文化服务、现代文化传播体系、文化人才队伍建设和加强党对文化工作的领导等原则立场，业已成为当前国家文化制度创新的基础。

同时，信息技术和数字技术的发展也成为推动制度创新的基础力量。现代新技术在文化领域的应用，要求文化行业从组织结构到管理模式和商业模式发生适应性变革，这必然要引发文化领域的制度创新。无论是新经济增长理论强调的“技术创新决定论”，还是新制度经济学派主张的“制度创新决定论”，以及中间派的“技术创新与制度创新互动关系论”，技术与制度之间交替发展、相互促进的关系无法否认。① 改革开放以来我国文化技术的进步不仅催生了动漫、网络游戏等文化新业态，也使传统的出版、广电、文娱行业在内容传播、载体平台、消费习惯上发生了根本性变化，而且随着高新技术发展，文化行业与科技融合的力度将不断增强，技术影响文化行业的程度和广度将会持续增加。新中国成立之初基于技术一体化和市场一体化的传统文化制度基础结构已逐步为现代技术力量所

---

① 参见周小亮《技术创新与制度创新的互动关系：理论比较分析与现实理论假说》，《福建论坛（人文社会科学版）》2008 年第 3 期；周建军：《技术与制度互动——基于传统增长理论的创新研究》，《社会科学家》2005 年第 1 期；段云龙：《技术创新与制度创新互动关系理论研究述评》，《生产力研究》2010 年第 5 期；等等。

解构，基于新的技术环境的文化行业制度加速结构化和体系化。各地加速建立广播电视网络公司、演艺集团公司、出版传媒公司、动漫网游公司等的制度创新正是这一发展趋势的表征。而这一文化产业领域出现的制度创新趋势，将成为推动公共文化领域和宏观管理领域制度创新的基础。

（二）推动国家文化制度的创新嬗变

1. 深化文化体制改革，推动国家宏观文化管理体制创新

深化文化体制改革，是推进我国文化大发展大繁荣的根本途径。十七届六中全会后，我国文化体制改革进入一个重要的战略机遇期。一方面，世界范围内民族国家竞争态势的变化迫使我国不得不加快文化体制改革的步伐，通过文化体制改革解放和发展文化生产力，尽快建设成为世界上的文化强国，深化文化体制改革业已面临着强大的外部环境压力；另一方面，改革开放以来我国经济持续30年的高速增长，为文化体制改革提供了物质基础，使深化文化体制改革成为可能。可以预期的是，从“十二五”到“十三五”的关键10年，我国文化体制改革将进入最重要的战略机遇期，国家宏观文化管理领域的制度创新将成为主要议题。

国家宏观文化管理体制创新的主要方略有二：一是要明确树立国家文化发展由文化生产型体系向文化创新型体系演进的战略思路，重构适应市场经济体制的新型宏观文化管理体制。文化生产型体系是传统计划体制下，国家对文化行业实行以生产为中心，以统一安排、计划调配为手段的计划生产管理体系。文化创新型体系是以文化创新能力建设、国家文化软实力建设为目标配置资源并提供管理服务的激励管理体系。文化生产型体系向文化创新型体系演进，是当前国家文化发展在价值取向、目标定位、运行环境变化上的内在要求和必然结果，也是适应世界文化市场体系发展和文化竞争高级化趋势的因应策略。二是要立足于国家文化发展的“顶层”设计，重构新型的国家文化管理体制结构。新的历史条件下，国家文化管理体制的构建必须立意宏大、着眼高远，从国家发展战略的“顶层”设计思路出发，统领与整合国家各项文化发展战略，规划构建关照各个文化行业系统的整体性文化管理体制，推动国家文化管理职能体系由“行业分工—专业分类—生产型管理”系统向“业务建设—全景架构—创新型文化生产激励体系”转变。

2. 结合文化发展实践进展，推动文化立法进程

西方文化强国的经验表明，完善的文化立法是推动文化发展的先决条件。与美国、英国、法国、日本、韩国等国家相比，我国在文化立法方面的建设相对滞后。除《文物法》、《非物质文化遗产保护法》、《知识产权法》等寥寥几部法律外，我国大部分的文化行业都缺乏法律保障，现行的行业法规、规章和规范性文件效力层次不高，不具有权威性和稳定性，而且部门规章和规范性文件之间常常出现职权交叉、职能混淆的现象，极大地降低了文化行业的管理效率，成为阻碍文化繁荣发展的消极因素。

因此，"十二五"时期结合文化发展的实践进展，加快文化立法的进程已经成为推动我国文化繁荣发展的战略性任务。2011 年，《中华人民共和国电影产业促进法（征求意见稿）》出台，2012 年初文化部已先后形成《公共图书馆法》初稿、征求意见稿等文本，体现了当前我国文化立法的实际进展。在此基础上，建议加快推进《出版法》、《广播法》、《新闻法》、《电视法》、《演出法》等行业法律的立法进程，并着手研究制定《文化产业投资担保法》、《文化艺术基金管理条例》等。

Conceptual Revolution, Technology Innovation and Institutional Evolution: Reconstruction of Logical Structure of Cultural Innovative Development in New Era

General Report Study Term　Fu Caiwu　Chen Ying

Abstract: 2011 witnessed the beginning of China's the twelfth five-year plans and the new sailing of China's cultural development. In this year, China's cultural innovation process promoted continuously, to name but a few: a substantial breakthrough in cultural legislation, a continuous increase in financial input in culture, deeply structural reform, rapid development of culture industry and remarkable achievement in public cultural service construction. The 17th the sixth plenary session's decisions on culture development marked that China's cultural reform and development is embracing a new historical point. The decisions on one hand lit the whole society's the conceptual revolution on cultural construction and development and resulted in a new culture-constructing hurricane all over China; On the other hand, sustained cultural technology innovation provides cultural development with strong power. The establishment of the national cultural development strategy and the advance of cultural technology help China's cultural development enter a full-speed cultural institutional innovation era.

Key Words: Cultural Innovation; Conceptual Revolution; Institutional Evolution

理论创新篇

Theoretical Innovation Reports

B.2 科技强文助力文化强国建设

于 平*

摘　要： 党的十七届六中全会提出了建设社会主义文化强国的总体目标与2020年文化改革发展的奋斗目标。而无论是向“总体目标”挺进还是将“奋斗目标”落实，“科技强文”都是一个重要举措和强劲动力。本文在学习领会中央领导相关讲话及分析世界文化发展新趋势的基础上，指出了科技强文对于文化强国建设的重要性与必要性。

关键词： 科技强文　文化强国　文化建设

努力建设社会主义文化强国，是党的十七届六中全会在《中共中央关于深化文化体制改革推动社会主义文化大发展大繁荣若干重大问题的决定》（以下简称《决定》）中提出的战略目标。作为文化大发展大繁荣的战略目标，建设社会

* 于平，博士，文化部文化科技司司长，北京大学、北京师范大学、武汉大学国家文化创新研究中心兼职教授，博士生导师。

主义文化强国是与我国国家现代化进程紧密关联的一个过程。为此，《决定》不仅提出了建设社会主义文化强国的总体目标，而且提出了到2020年文化改革发展的奋斗目标。无论是向“总体目标”挺进还是将“奋斗目标”落实，“科技强文”都是一个重要举措和强劲动力。所谓“科技强文”，指的是我们文化建设中文化与科技的融合创新与融合发展，指的是充分发挥科技进步在我国当代文化建设中的驱动作用、支撑作用和提升作用。

一

自我国进入改革开放的新时期以来，从邓小平同志到江泽民、胡锦涛总书记，都一以贯之地强调“科学技术是第一生产力”。胡锦涛总书记更是明确指出：“只有把科学技术摆在国家发展的战略地位，才能赢得发展的战略主动权。”

生产力决定生产关系，生产力发展的内驱力及前瞻性体现出生产关系乃至社会制度的先进性水准。这是马克思主义的基本原理。在我国进入改革开放的新时期以来，在强调“发展是硬道理”的同时强调“科学技术是第一生产力”，我以为是具有前瞻视野并且极具现实意义的。所谓“第一生产力”，可以理解为各生产领域具体生产力的原初驱动力，是生产力不断发展的革命性因素，也是生产力不断攀升的先进性标志。文化建设，在某种意义上也可以理解为文化产品的生产和提供文化产品的服务。前者可视为一种特殊的制造业，而后者属于服务业。二者都有包含着生产者、生产工具和生产对象（材料）的“生产力”。对于这种具有特殊意义的“文化生产力”，是否也会遭遇、也需正视“科学技术”这个“第一生产力”呢？答案自然是肯定的。文化产品的生产是精神产品的生产，或者说是通过精神品质来提高产品附加值的生产，这是毋庸置疑的。但精神产品的一个重要品质，就是它要对受众的精神境界和社会的意识形态产生影响，而“产生影响”的先决条件是实现“有效传播”。实现有效传播，一方面与传播手段相关联，另一方面也与产品形态相关联，甚至也会关联到产品形态传递出的价值取向。精神产品的价值取向，可能关系到科技进步对社会伦理的冲击与调节，它与“第一生产力”的关系是较为间接、较为曲折的关系；对于实现有效传播的另两个方面——传播手段和产品形态，“科学技术”这个“第一生产力”显然正发挥着越来越重要的作用。

二

胡锦涛总书记指出："在世界新科技革命推动下……科技发展从来没有像今天这样深刻地影响着社会生产生活的方方面面，从来没有像今天这样深刻地影响着人们的思想观念和生活方式，从来没有像今天这样深刻地影响着国家和民族的前途命运。"

2008 年 12 月 15 日，胡锦涛总书记在"纪念中国科协成立 50 周年"大会上发表了重要讲话，上述内容便是这个重要讲话的一个重要方面。从这段话中我们可以看到，科技发展对于国家和民族前途命运的影响是需要我们予以高度重视的现实。因为我们正置身于一个全球化进程中的"国家公关时代"，这个时代的"国家形象"或者说"国家文化形象"建构，并不以是否文明古国、是否文化资源大国论短长。那么，在这个"国家公关时代"，我们建设"文化强国"的短板是什么呢？很显然既包括传统文化的现代转型，也包括现代文化的业态创新。正如胡锦涛总书记所说，科技发展对当今世界的深刻影响，是从我们社会生产生活的方方面面，到我们的思想观念和生活方式。面对这种被科技发展深深影响并迅速改变着的当今世界，文化建设怎么可能胶柱鼓瑟、守株待兔、画地为牢、刻舟求剑呢？应对科技发展对当今世界的深刻影响和迅速改变，我们文化建设最好的办法就是提高文化产品和文化服务的科技含量，就是通过文化与科技的融合，不断拓展并衍生出时代新兴的价值观念、行为方式、活动领域和产业业态。可以说，置身现代信息社会中文化建设的一个重要特征，就是一方面以科技创新支撑文化创意，一方面以文化创意引导科技创新。正如李长春同志所说："数字技术、网络技术的迅猛发展和广泛应用，极大地增强了文化的创造力和传播力，催生了一系列新兴文化业态和新的表现形式……这是文化产业中最具活力和潜力的部分，反映了文化产业未来发展的方向。"事实上，这也是我们当代文化建设中最具活力和潜力的部分，代表着文化生产力的前瞻视野和强劲动力。

三

我们注意到，《决定》在论及文化改革发展的"动力"或"引擎"时，主要提到了两个方面：一是要加快推进文化体制改革，为文化繁荣发展提供强大动力；二是强调科技创新是文化发展的重要引擎，要深入实施科技带动战略。

作为我们当下文化改革发展的两个“动力”之一，体制改革是解放生产关系，是为社会主义市场经济体制下进行文化建设而盘活存量，是为传统业态的产品生产观念及生产方式松绑；科技创新则是发展生产力，是为加入 WTO 之后势必放开的国内文化市场催生增量，是为新兴业态的产品生产样式及生产领域开道。我们注意到，《决定》是在“推动文化产业成为国民经济支柱性产业”的论述中来强调“推进文化科技创新”的，而推动文化产业的跨越式发展，既是满足人民群众多样化精神文化需求的重要途径，又是转变经济发展方式从而形成新的经济增长点的重要支撑。实际上，推动文化产业成为国民经济支柱性产业的实质，就在于推动文化与科技的一体化，而这是当今世界发达国家文化建设的显著特征。发达国家把这种在国民经济发展和增长中发挥重要作用的文化产业视为“创意经济”，这种明显带有文化建设意味并且是带有新文化建设取向的“文化创意经济”，通常发生在知识经济高度发达的阶段。它以文化创意为核心，以知识产权保护为通道，通过现代科技手段物化文化创意，形成高文化附加值和高技术含量的产品和服务，在提升国民经济竞争力的同时提高国民生活的幸福指数。

四

作为新的经济发展方式，也作为新的文化建设理念的“文化科技一体化”，要义是文化与科技的融合创新与融合发展。这种融合创新与融合发展将分别为文化产业、科技产业注入新的活力，建构新的实力。

有学者在研究科学世界图景和科学思维方式的变革后指出：在迄今为止的三次科学革命中，第一次产生了实体实在论和实体思维，第二次形成了场能实在论和能量思维，第三次则带来了信息系统复杂综合的世界图景和信息思维。20 世纪影响卓著的科学哲学大师波普尔奠定了第三次科学革命的哲学基础，这就是他将信息从现实世界中分离出来，使之成为与物质、意识并列的构成世界的第三要素，也即学界通常所说的“世界 3”。当今世界，“世界 3”的重要作用已为现代社会的“网络化生存”所证实。这个我们时常称之为“虚拟世界”的图景，常常在现实世界中发散出“超现实力量”，一直被视为润物无声的如水的文化，居

然也会如火一般去燎原造势。“软实力”的文化在信息时代比实体实在论、场能实在论更有实力，这是我们当代文化建设不得不正视的现实。然而，文化与科技的融合创新与融合发展，远不如“牛奶兑水”般的水乳交融来得浅显、简易，二者的融合是大跨度的领域跨越和大差异的异质思维，学者们从学理上认为在此过程中要高度关注融合对象的异质性与丰富性，关注融合过程的层级性与复杂性，更要关注融合目标的前沿性与高端性。也就是说，文化与科技的融合创新与融合发展，目标是文化建设领域的前沿发展和高端创新。

五

“文化科技一体化”是当代发达国家发展文化的一个显著特征，也因此这些国家的学者大多倾向于把科技看成一种文化因素，特别是将其视为文化发展中的驱动因素。哈贝马斯通过描述现代文化生产的工业化趋势，更认为科技是发生在当代社会前沿和高端的文化现象。

在大文化观的视野中，科技作为人类认识自然、改造自然的知识体系，也被视为广义文化的一种形态。但通过对这种特定文化形态之作用的审视，我们的文化学者也不得不承认，人类文化发展史在某种程度上也可视为科技对文化产生影响从而助力文化发展的历史。这种状况在文化发展由渐变而突变的时期表现得尤为突出。综合学者们的看法，科技对文化发展的影响，一是改变了文化的体验方式，二是扩大了文化的消费需求，三是丰富了文化的生产要素，四是提升了文化的构成品质，五是激活了文化的原始创新，六是催生了文化的新兴业态，七是增强了文化的传播能力，八是改善了文化的储存效果……这仅仅是择其硕者而言。平心而论，当代文化建设应由衷感激科技进步对文化发展的影响，与其纠结于科技理性会否损伤人文精神，莫如思索人文精神如何借助科技理性的翅膀飞得更好更高更远。一方面，科技使文化以前所未有的规模和效率进入生活，扩大了文化的覆盖面并增强了其渗透力，使得当前的文化研究相对于产品构成而言更注重传播效应的研究，比如对高新技术支撑的公共文化服务体系的传播效应研究，对影响“网络文化生态”新生代的新兴文化业态的传播效应研究，以及融入广义文化行业的高科技文化衍生产品的传播效应研究。另一方面，我们还需要高度关注“文化科技一体化”进程中用户角色的重大转变，这便是“用户创造内容”

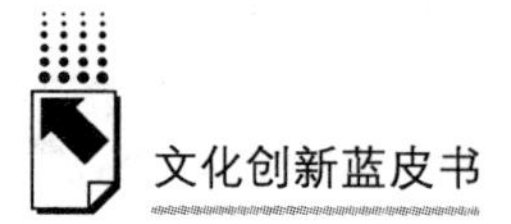

（user-generated-content，UGC）现象的发生；作为数字化、网络化两大信息革命的重要成果，“用户创造内容”及“在线社群”（online community）的成员互动，可能将深度改变我们既往文化创造的理念，我们将为这种蕴含能动创造性的文化体验去进行文化创造。这也许是比较完全意义上的“大众化”或“民主化”文化创造进程。

六

在文化强国建设中实施科技带动战略，就要敏锐把握世界文化发展的新趋势，紧紧抓住信息化迅速而深入发展的历史机遇，认真学习和充分吸收国际先进科技成果，有效利用全球科技资源，为建设国家文化创新体系贡献智慧和力量。

2011 年 7 月，科学技术部、文化部部际工作会商第一次会议在京举行。科学技术部部长万钢和文化部部长蔡武共同签订了工作会商议定书。这个工作会商机制旨在深入贯彻党的十七大精神，积极探索文化与科技融合发展的体制机制，逐步完善融合发展的政策保障，有效集成融合发展的优势资源，全面构建融合发展的创新体系，扎实推进融合发展的专项行动……会议提出了 11 项相应的具体举措，其中包括：联合研究、制定并发布《国家科技与文化融合联合行动计划（2011～2015）》，联合认定“科技与文化融合示范基地”；在国家科技计划中优先启动“文化资源数字化关键技术及应用示范”、“文艺演出网络化协同服务及应用示范”等重大项目；支持数字技术、信息技术、网络技术在公共文化服务和新型文化产业领域中的集成应用，并优先在国家科技与文化联合行动中安排相关项目；在国家软科学研究计划中设立科技与文化融合的研究方向并给予重点支持等等。我们欣喜地看到，《决定》不仅从理论上阐明了“推进文化科技创新”的重大意义，而且从实践上确定了具体举措，其中“依托国家高新技术园区、国家可持续发展实验区等建立国家级文化和科技融合示范基地，把重大文化科技项目纳入国家相关科技发展规划和计划”，就是对我们工作思路的重大支撑和全力推进！在学习贯彻十七届六中全会精神的热潮中，我们也在进一步思考与谋划文化与科技融合发展的战略重点。它包括建立健全以企业为主体、市场为导向、产学研相结合的文化创新体系；包括研究掌握一批推动文化发展、文化传播的核心技术、关键技术、共性技术和前沿技术；包括不断推进原始创新、集成创新和

引进消化吸收再创新，提升传统文化业态并发展新兴文化业态；包括全面运用现代科技提升公共文化服务能力、支撑文化市场监管能力、增强文化遗产保护及传承能力、提升文化产品的创造和传播能力……当代文化建设的实践已经充分表明，凡是能够融入科技元素、借助科技力量推动的文化样式，就会得到迅速发展并产生巨大效应，进而形成产业规模并占据市场要津。这足以证明，作为文化发展重要引擎的科技创新，已经成为当代文化建设不可或缺的重要方面并成为当代前沿文化和高端文化本身。

Technology Support in Construction of Becoming a Culture Power

Yu Ping

Abstract: The Sixth Plenary Session of the Seventeenth Central Committee brought forward a general goal of becoming a socialist culture power and set the target of cultural reform development in 2020. But no matter moving forward towards the general goal, or reaching the target, technology is and will always be an important measure and a powerful driving force. This paper points out the importance and necessity of the function of technology in construction of becoming a culture power, on the basis of understanding related speeches of central leaders and analyzing the new trend of worldwide culture development.

Key Words: Technology Support; Culture Power; Culture Construction

B.3

发挥市场在文化资源配置中的积极作用

——中国特色社会主义文化理论创新的一个重大突破

韩永进*

摘　要： 本文在回顾我们党对于文化理论的认识不断深入的基础上，对党的十七届六中全会提出“发挥市场在文化资源配置中的积极作用”的论断做了高度的肯定，认为这既是我们党长期探索得出的科学结论，又反映了我们党对中国特色社会主义规律、中国特色社会主义市场经济规律、中国特色社会主义文化发展规律的认识达到了一个新高度，是中国特色社会主义文化理论创新的一个重大突破。

关键词： 市场　文化资源　配置　理论创新

党的十七届六中全会，是我们党的历史上一次十分重要的会议。全会审议通过的《中共中央关于深化文化体制改革推动社会主义文化大发展大繁荣若干重大问题的决定》（以下简称《决定》），以邓小平理论和“三个代表”重要思想为指导，深入贯彻落实科学发展观，全面总结我们党领导文化建设的成就和经验，深刻分析文化建设面临的形势和任务，在集中全党智慧的基础上，阐述了中国特色社会主义文化发展道路，确立了建设社会主义文化强国的战略目标，提出了新形势下推进文化改革发展的指导思想、重要方针、目标任务、政策举措。《决定》充分体现了中国共产党对肩负历史使命的深刻把握、对国内外形势的科学判断、对文化建设的高度自觉，充分反映了全国各族人民共同愿望，是当前和今后一个时期指导我国文化改革发展的纲领性文件。《决定》内容十分丰富，理

* 韩永进，文学博士，文化部政策法规司司长，主要从事文化政策研究。

论上有新概括，政策上有新突破，举措上有新实招。特别是提出了“发挥市场在文化资源配置中的积极作用”这一新的理论概括，反映了我们党对中国特色社会主义规律、对中国特色社会主义市场经济规律、对中国特色社会主义文化发展规律的认识达到了一个新高度。

一

随着中国特色社会主义事业的全面发展，特别中国特色社会主义文化事业的发展，我们在对文化与市场关系的认识上，先后提出和确立了“文化市场”与“文化产业”。

1982 年 9 月召开了中国共产党第十二次全国代表大会，标志着拨乱反正任务的基本结束和全面开创社会主义现代化建设新局面的开始。邓小平同志在开幕词中第一次提出了“建设有中国特色的社会主义”的新命题，确定了我国社会主义建设的根本指导思想，“把马克思主义的普遍真理同我国的具体实际结合起来，走自己的道路，建设有中国特色的社会主义，这就是我们总结长期历史经验得出的基本结论。”这个命题使探索建设中国特色社会主义文化道路，特别是探索中国特色社会主义文化体制改革道路都成为建设中国特色社会主义的一个有机组成部分。党的十二大以后，我国改革开放全面展开。农村经济体制改革取得了突破，我国经济体制改革的重点由农村逐步转向城市，特别是 1984 年 10 月 20 日召开的十二届三中全会，通过了《中共中央关于经济体制改革的决定》，突破了把计划经济同商品经济对立起来的传统观点，明确了我国经济是“公有制基础上的有计划的商品经济”。在这样的大背景下，随着经济体制改革的深入，随着文化功能日趋多样化和丰富，文化的产业属性逐步显现出来，以营业性舞会和音乐茶座为发端的文化市场日益活跃。在计划经济体制下，没有也不需要文化市场，即使有也是不合法和不被承认的。1987 年文化部、公安部、国家工商行政管理局发布了《关于改进舞会管理的通知》，正式认可营业性舞会等文化娱乐经营性活动。该通知为营业性舞会作了定性：举办营业性舞会是我国社会主义商品经济发展和人们物质文化生活水平日益提高的一种客观需求，它对活跃人们的业余生活、提倡文明健康科学的生活方式、创造安定活跃的工作和生活环境、改善人际关系，是有益处的。1988 年文化部、国家工商行政管理局发布《关于加强文化市场管理工作的通知》，正式提出文化市场的概念，同时明确了文化市场的管理范围、任务、原则和方针。这标志着在我国“文化市场”的地位正式得到承认。1989 年国务院批准在文化部设置文化市场管理局，归口管理文化市场，拟订文化市场发展规划，研究文化市场发展态势，指导文化市场稽查工作。全国文化市场管理体系开始建立。

1992 年邓小平同志视察南方的重要谈话发表和党的十四大的召开，标志着我国改革开放和现代化建设进入了一个新阶段。江泽民总书记的《加快改革开放和现代化建设步伐，夺取有中国特色社会主义事业的更大胜利》报告，以邓小平同志建设有中国特色社会主义的理论为指导，认真总结十一届三中全会以来十四年的实践经验，确定此后一个时期的战略部署。十四大确立了社会主义市场经济的改革目标。“实践的发展和认识的深化，要求我们明确提出，我国经济体制改革的目标是建立社会主义市场经济体制，以利于进一步解放和发展生产力。”“社会主义市场经济体制是同社会主义基本制度结合在一起的。”“我们要建立的社会主义市场经济体制，就是要使市场在社会主义国家宏观调控下对资源配置起基础性作用，使经济活动遵循价值规律的要求，适应供求关系的变化；通过价格杠杆和竞争机制的功能，把资源配置到效益较好的环节中去，并给企业以压力和动力，实现优胜劣汰；运用市场对各种经济信号反应比较灵敏的优点，促进生产和需求的及时协调。同时也要看到市场有其自身的弱点和消极方面，必须加强和改善国家对经济的宏观调控。”十四大以后，党中央和国务院围绕建立社会主义市场经济体制的目标，相继作出了一系列部署，推动改革和建设加快发展。1993 年 11 月召开的党的十四届三中全会审议通过了《中共中央关于建立社会主义市场经济体制若干问题的决定》，该决定提出了我国市场经济的基本框架，制定了我国 1990 年代经济体制改革的行动纲领。“建立社会主义市场经济体制，就是要使市场在国家宏观调控下对资源配置起基础性作用。为实现这个目标，必须坚持以公有制为主体、多种经济成分共同发展的方针，进一步转换国有企业经营机制，建立适应市场经济要求，产权清晰、权责明确、政企分开、管理科学的现代企业制度；建立全国统一开放的市场体系，实现城乡市场紧密结合，国内市场与国际市场相互衔接，促进资源的优化配置；转变政府管理经济的职能，建立以间接手段为主的完善的宏观调控体系，保证国民经济的健康运行；建立以按劳分配为主体，效率优先、兼顾公平的收入分配制度，鼓励一部分地区一

部分人先富起来，走共同富裕的道路；建立多层次的社会保障制度，为城乡居民提供同我国国情相适应的社会保障，促进经济发展和社会稳定。这些主要环节是相互联系和相互制约的有机整体，构成社会主义市场经济体制的基本框架。”

自1994年开始，中国的改革开放迈开了更大的步伐，经济体制改革进入整体推进、重点突破阶段，开始了财政体制、税收体制、金融体制、外贸体制、外汇体制、计划体制、投资体制、价格体制、流通体制、住房和社会保障体制等多个领域的改革。正是在这样的背景下，2000年10月，中国共产党第十五届五中全会通过的《中共中央关于制定国民经济和社会发展第十个五年计划的建议》中，第一次在中央正式文件里提出了“文化产业”这一概念，要求完善文化产业政策，加强文化市场建设和管理，推动有关文化产业发展。“文化产业”概念的提出，标志着我们对于文化与市场关系的认识达到了一个新水平，对文化的性质功能的认识达到了一个新的高度。我们以前对于文化的认识，对于文化的功能作用的认识是比较单一的，文化只是和“事业”和“工作”联系在一起，文化属于意识形态，是喉舌，是阵地，是教育手段，是娱乐形式。而文化产业概念的提出，则反映了在市场经济条件下，文化除了上述属性依然存在外，还有其产业属性的一面，还有其价值规律发生重要作用甚至在一些文化产品资源配置上发挥决定性作用的一面。从1980年代“文化市场”地位的提出和承认，到现在“文化产业”地位的提出和承认，反映了我们对于文化自身发展规律的认识越来越深化，这是建立社会主义市场经济对文化发展的必然要求，这是坚持先进文化前进方向的必然要求。

二

发展社会主义的先进文化，必须立足于改革开放和现代化建设的实践，探索和实现社会主义先进文化与社会主义市场经济的结合，探索和实现发展社会生产力同提高全民族文明素质结合，在这个结合过程中，最核心的问题就是如何处理与市场的关系。在1996年《中共中央关于加强社会主义精神文明建设若干重要问题的决议》中，就提出了这样的命题：“在发展社会主义市场经济和对外开放条件下建设社会主义精神文明，是中国共产党人和中国人民一项艰巨的历史使命。”要求我们实现两个结合——“这种经济体制，不仅同社会主义基本经济制度政治制度结合在一起，而且同社会主义精神文明结合在一起。”因为经济体制的改革，不仅会引起人们经济生活的重大变化，而且会引起人们生活方式和精神状态的重大变化。在创立充满生机和活力的社会主义经济体制的同时，要努力在全社会形成适应现代生产力发展和社会进步要求的，文明的、健康的、科学的生活方式，摒弃那些落后的、愚昧的、腐朽的东西；要努力在全社会振奋起积极的、向上的、进取的精神，克服那些安于现状、思想懒惰、惧怕变革、墨守成规的习惯势力。这样的生活方式和精神状态，是社会主义精神文明建设的重要内容，是推进经济体制改革和物质文明文明建设的巨大力量。我们知道，在社会主义条件下发展市场经济，是前无古人的伟大创举，是中国共产党人对马克思主义发展作出的历史性贡献。由计划经济体制向社会主义市场经济体制的转变，实现了改革开放新的历史性突破，打开了我国经济、政治和文化发展的崭新局面。实践已经证明，发展社会主义市场经济有利于解放和发展社会主义社会生产力，增强社会主义国家的综合国力，提高人民的生活水平。社会主义市场经济的发展，特别是市场在文化资源配置中积极作用的发挥，激发了文化发展的无限生机和活力，也有利于增强人们的自立意识、竞争意识、效率意识、民主法制意识和开拓创新精神，使社会主义的优越性进一步发挥出来。同时，市场自身的弱点和消极方面也会反映到精神生活中来。在文化领域，不仅有市场自身弱点和消极的反映，更有一个如何摆正市场在文化发展中的位置、处理好与市场关系的问题。

处理好文化改革发展与市场的关系，必须要研究破解在社会主义市场经济条件下、在改革开放的时代背景下，文化与市场必然涉及的三对矛盾：一是一般市场经济理论（原理）与社会主义先进文化的矛盾；二是市场经济本身缺陷与社会主义先进文化的矛盾；三是物质新产品生产和精神产品生产异同的矛盾。

马克思明确把社会形态这一完整的社会系统区分为生产力、生产关系（经济基础）和上层建筑三个层面，又把上层建筑区分为法律的和政治的上层建筑与社会意识形态即观念的上层建筑两部分，同时，提出了社会存在与社会意识相互作用的基本原理。他 1859 年在《〈政治经济学批判〉序言》中有一段至理名言：“人们在自己生活的社会生产中发生一定的、必然的、不以他们的意志为转移的关系，即同他们的物质生产力的一定发展阶段相适应的生产关系。这些生产关系的总和构成社会的经济结构，即有法律的和政治的上层建筑竖立其上并有一定的社会意识形态与之相适应的现实基础。物质生活的生产方式制约着整个社会

生活、政治生活和精神生活的过程。不是人们的意识决定人们的存在，相反，是人们的社会存在决定人们的意识。”根据马克思主义经济基础与上层建筑相互关系的基本原理，社会主义市场经济体制的建立也必然要求建立与之相适应的上层建筑，实现从计划经济体制向社会主义市场经济体制的转变，必然会涉及经济基础和上层建筑的许多领域，必然会对人们的利益关系、社会关系、思想观念、思维方式、生活方式、文化娱乐方式等方面产生广泛深刻的影响。市场经济在世界历史上已有几百年的历史，而在中国真正开始提出实现计划经济体制向社会主义市场经济体制转变，也只有二十年的历史。构成市场经济理论基础的主要是西方经济学说。在西方经济学说中的基本理论就是三个假定：经济人假定、资源稀缺假定和保护个人产权假定。与此大致相对应的是三个原理：福利最大化原理、供求原理和等价交换原理。其中，最基础的一个原理就是经济人假定，把人看做理性的利己主义者。最有代表性的是亚当·斯密在《国民财富的性质和原因的研究》中所阐述的，人的本性中最重要的是利己主义，人的大部分行为都受利己心支配，而其行为结果不但利己，而且有利于社会。这就是“看不见的手”机制。市场经济是建立在这样的理论之上的，是建立在各经济主体对生产资料、财富、产品拥有所有权、支配权、经营权基础上的，在市场上各主体之间平等交换、自由竞争，通过利益上的盈亏推动不断提高资源配置和使用的效率效益，推动经济主体追求自身利益利润最大化。否则，人们就不会有劳动的积极性，政府也无法通过政策调节经济。与市场经济相适应的文化是利己主义、个人主义的文化，是享乐主义的文化。它要求把个人利益、经济主体利益、经济效益放在首位。我们所要建立的社会主义市场经济体制是同社会主义基本制度结合在一起的经济体制，实行的是以公有制为主体、多种所有制经济共同发展的基本经济制度，实行的是以按劳分配为主体、多种分配方式并存的分配制度，发展经济的根本目的是提高全国人民的生活水平和质量，满足人们多样化的物质文化需求。与此相应，我们要发展的先进文化是把社会利益、集体利益、国家民族长远利益放在首位的文化，是反对私有观念、反对剥削观念、反对不劳而获观念的文化。把社会主义先进文化性质、任务、要求与市场经济的文化性质、任务、要求结合起来，是一个艰苦的任务和一个复杂长期的过程。

从另一角度说，即使是完全的市场经济本身也存在许多缺陷，存在着“市场失灵”。单纯的市场不能独自很好完成资源配置的任务，导致垄断、通货膨胀、经济萧条、排斥政府对经济活动的合理干预；不能有效提供公共产品，不能解决公共产品和服务的供给；不能解决公平与效率的矛盾，效率优先于公平，贫富差距拉大，不考虑无谋生能力弱势群体的需求，某些人不付代价就可以得到来自外部的经济好处，即所谓“搭便车”现象；不可能解决好科技、环境保护等关乎长远发展的问题；等等。所有这些市场经济本身的缺陷给发展社会主义先进文化带来了负面影响。市场经济活动的趋利性，促使一些人对金钱物质贪得无厌，滋长出强烈的拜金主义，一切向钱看，不择手段追求金钱，甚至不惜违法犯罪；市场经济活动的需求消费性，促使一些人滋生了贪图安逸、追求享受的思想，勤俭节约、艰苦奋斗的精神被讽刺奚落，把享乐当做人生的最终目的，甚至挥霍无度，向往奢侈糜烂的生活；市场经济活动的个人主体性，促使一些人产生了个人利益至上的思想，把个人利益作为做事为人的唯一尺度，对自己有利的事就干，无利的事就不干，利己主义盛行，造成一些人社会责任感的丧失和同情心的淡漠，把人际关系视为赤裸裸的金钱交易关系；市场经济活动的自发调节性，诱使一些人走向自由主义和分散主义，爱国主义、集体主义、全局观念、纪律观念被遗忘。市场经济将商品观念逐步地渗透到文化活动中，通过提供新的文化生产手段、新的文化消费方式，提高了资源配置效率，改变着当代中国的文化格局。与此同时，在文化领域也出现了唯票房、唯收视率、唯发行量、唯码洋的情况，也出现了追求眼球效率而不择手段的现象。因此，如何在建立社会主义市场经济条件下，充分发挥市场机制的积极作用，同时有效地防止拜金主义、享乐主义、极端个人主义等腐朽思想和丑恶现象的滋长蔓延，帮助人们树立社会主义的共同理想，社会主义的荣辱观、价值观，如何在扩大开放、积极吸收世界优秀文明成果的同时，弘扬中华民族优秀文化传统，防止和消除文化垃圾，有效地抵御国际敌对势力对我进行的西化、分化的图谋，这是一个重大课题。

人类社会文明既包括物质文明、政治文明，也包括精神文明、社会文明和生态文明，缺少任何一个方面，社会都不可能健康发展。物质文明与精神文明是人类社会实践的两种相互联系的伟大成果，是社会生产和社会生活的两个密切相关的组成部分。但两种文明的生产是不同的，精神文化生产与物质生产相比主要有五个显著特征：一是活动性质不同，物质生产以体力劳动为主，精神文化生产以脑力劳动为主。文化本身属于上层建筑，特别是文化中的报纸、广播、电视等是

党、政府和人民的喉舌，在党和国家工作中有着极其重要的地位和作用。二是承担的任务不同，物质生产的产品主要是用来满足物质需要的吃穿用住行等物质产品，精神文化生产的产品主要是思想、文学、艺术、新闻、影视等满足精神需要的精神产品。三是生产主体和要求不同，一般讲，物质生产的主体是工人、农民，精神文化生产的主体是知识分子。精神文化生产要求特殊，要坚持政治家办报、办台的原则，政治上要与党中央保持高度一致，遵守纪律，要做到“政治强、业务精、纪律严、作风正”。四是生产特征不同。物质生产是按照确定的程序、目标进行的，是一种周期性、重复性的劳动，而精神文化生产本质上是从已知领域向未知领域的探索过程，探索性和创新性是其本质特征。同时，精神文化生产还有其独特的工作要求，新闻宣传要牢牢把握正确的舆论导向，成为全国安定团结的思想上的中心。文艺要弘扬主旋律，提倡多样化，为社会主义服务、为人民服务、为全党全国工作大局服务。五是经营目的不同，文化精神生产必须把社会效益放在首位，努力做到社会效益和经济效益的统一，在特殊情况下，宁可放弃经济效益也要确保社会效益。

三

“发挥市场在文化资源配置中的积极作用”，是我们党长期探索得出的科学结论。

首先，马克思辩证唯物主义和历史唯物主义原理是科学结论的理论基础，只有应用马克思主义的立场观点方法去观察问题、思考问题，才能得出科学结论。马克思主义原理既全面论述了经济基础和上层建筑的辩证关系，又全面论述上层建筑诸因素作用的性质。强调政治、法律、哲学、宗教、文学、艺术等上层建筑有各自的能动作用，而政治、法律等因素直接与经济基础发生联系，直接体现统治阶级的利益，是上层建筑的核心成分，在上层建筑中居主导地位。哲学、宗教等因素离经济较远，往往需要以国家和法律为中介反映和影响经济的变化。马克思主义原理还全面论述意识形态的相对独立性，强调意识形态是由经济基础决定的，但又有一定的独立性，有自己的特点和特殊发展规律，具体表现在三个方面：一是具有历史继承性。“每一个时代的哲学作为分工的一个特定的领域，都具有由它的先驱传给它而它便由此出发的特定的思想材料作为前提。”二是具有同经济发展的不平衡性。“经济上落后的国家在哲学上仍然能够演奏第一小提琴。”三是意识形态各种因素之间的相互制约性。意识形态的发展除受经济制约外，还不同程度受意识形态其他因素的影响，特别是受政治和法律观点的影响。马克思主义原理阐述了历史合力论。强调历史是无数单个意志合力的结果，社会历史的发展离不开人的活动，而人的活动又是在一定的思想动机、愿望、意志支配下进行的，而其中每一个意志又是由于许多特殊的生活条件才成为它所以成为的那样。人们的意向是互不相同的，甚至是相互冲突的，这样就产生了无数相互交错的力量，如同有无数力的平行四边形，由此就形成一种合力，即历史的最终结果。人类历史像自然界一样，是服从于其内在发展规律的，但这并不意味个人意志等于零。相反，每个人的意志在历史发展中都起一定的作用，都对合力有所贡献，因而是包括在合力之内的。

其次，我们在马克思主义的指导下，在文化理论和实践两个方面进行了不断的探索，并且取得了丰硕的成果。

我们强调必须坚持社会主义先进文化前进方向。中国特色社会主义文化是以培育有理想、有道德、有文化、有纪律的公民为目标，面向现代化、面向世界、面向未来的，民族的科学的大众的社会主义文化。它渊源于中华民族五千年文明史，植根于中国特色社会主义的实践。它反映我国社会主义经济和政治的基本特征，具有鲜明的社会主义性质。坚持以马克思列宁主义、毛泽东思想、邓小平理论和“三个代表”重要思想为指导，深入贯彻落实科学发展观，坚持为人民服务、为社会主义服务的方向，坚持百花齐放、百家争鸣的方针，弘扬主旋律，提倡多样化。坚持以科学的理论武装人，以正确的舆论引导人，以高尚的精神塑造人，以优秀的作品鼓舞人。大力发展先进文化，支持健康有益文化，努力改造落后文化，坚决抵制腐朽文化。贴近实际，贴近生活，贴近群众。社会主义文化是社会主义社会政治和经济的反映，必然会随着时代的发展而发展；文化创新是文化发展最主要的推动力，文化创新是充满强烈精神个性的创造性活动，要求有和谐宽松自由的环境；文化一方面可以满足社会的精神需求，另一方面又给予社会政治和经济伟大的影响和作用；文化具有继承性，必须继承一切优秀的历史遗产，借助以往丰富的文化资源，才能发展起来；文化具有物质性，文化的内容，无论是思想还是美学精神都必须借助物质载体——语言、戏剧、音乐、舞蹈、广播、影视、互联网等才能传播；文化具有过程性，其发展是一个从简单到复杂、

从单调到丰富的过程，无论是内容还是形式。

我们强调文化事业与文化产业协调发展，“两轮驱动、两翼齐飞”。中国特色社会主义文化具有双重属性，一方面具有意识形态属性，另一方面具有产业属性，我们党在理论上的一大创新就是根据这种双重属性将文化分为文化事业与文化产业两个方面，实行文化事业和文化产业两分开，实现两轮驱动、两翼齐飞。经过多年实践的探索，我们提出了新文化发展理念，明确了在文化发展思路上要一手抓公益性文化事业、一手抓经营性文化产业，一手努力构建覆盖城乡惠及全民的公共文化服务体系、一手壮大文化产业繁荣文化市场，一手抓繁荣、一手抓管理。2002 年，党的十六大第一次将文化分成文化事业和文化产业，强调要积极发展文化事业和文化产业。十六大以来，我们陆续提出了要正确区分文化事业与文化产业，坚持文化事业和文化产业协调发展，坚持一手抓公益性文化事业，一手抓经营性文化产业，做到“两手抓、两加强”。要根据文化事业和文化产业的不同特点，提出不同要求，设计不同的体制，制定不同的政策，明确市场在文化事业发展和文化产业发展中不同的地位和作用。强调发展文化产业是市场经济条件下繁荣社会主义文化、满足人民群众精神文化需求的重要途径，要按照全面协调可持续的要求，推动文化产业跨越式发展，使之成为新的经济增长点、经济结构战略性调整的重要支点、转变经济发展方式的重要着力点；强调满足人民基本文化需求是社会主义文化建设的基本任务，建立健全公共文化服务体系是人民群众基本文化权益的重要保障。要按照体现公益性、基本性、均等性、便利性的要求，坚持政府主导，加大投入力度，调整资源配置，推进重点文化惠民工程，加强公共文化基础设施建设，完善公共文化服务网络，促进基本公共文化服务均等化。我们提出了文化事业和文化产业的改革方向和目标：发展公益性文化事业要以政府为主导，增加投入，转换机制，深化劳动人事、收入分配和社会保障制度改革，增强活力，改善服务，实现和保障广大人民群众的基本文化权益；发展经营性文化产业要创新体制，转换机制，面向市场，壮大实力，满足人民群众多方面、多层次、多样性的精神文化需求。从一定意义上讲，繁荣文化事业主要靠政府，发展文化产业主要靠市场。文化产业具有经济功能，能通过满足人们的文化消费需求，创造出经济效益，起到增加就业、刺激消费、涵养税源等经济作用。文化产业具有文化功能，可以更好地满足人民大众的多层次多方面的文化需求，在文化普及、促进高雅艺术走近大众方面发挥独特作用。文化事业与文化产业的区别在于价值目标不同、机构性质不同、经济来源不同、运行机制不同、管理方式不同。但公益性文化也有充分利用市场规律的问题，经营性文化产业更有一个讲社会效益的问题。

我们强调坚持把社会效益放在首位，坚持社会效益和经济效益有机统一。早在 1985 年邓小平同志在中国共产党全国代表会议上的讲话中就提出了："思想文化教育卫生部门，都要以社会效益为一切活动的唯一准则。"我国提出建立社会主义市场经济体制之后，江泽民同志又指出："在发展社会主义市场经济条件下，处理好社会效益与经济效益的关系，是精神产品生产的一个很重要的问题。"随着社会主义市场经济体制的逐步建立，随着文化事业和文化产业的发展，我们多次强调发展各类文化事业和文化产业都要贯彻发展先进文化的要求，始终把社会效益放在首位，努力实现社会效益和经济效益的有机统一。2002 年，胡锦涛同志在全国宣传部长会议上的讲话中强调，"随着社会主义市场经济的发展，精神产品的生产流通也会受到市场经济规律的制约，也有一个提高经济效益的问题。但精神产品具有不同于物质产品的特殊属性，必须正确处理经济效益与社会效益的关系，坚持把社会效益放在首位，决不能唯利是图、见利忘义。"2005 年《中共中央、国务院关于深化文化体制改革的若干意见》进一步明确，"坚持把社会效益放在首位，努力实现社会效益和经济效益的统一。高度重视文化的意识形态属性，充分考虑文化的产业属性，把两者统一到文化体制改革的全过程。坚持一手抓繁荣、一手抓管理，努力为全社会提供丰富多彩的文化产品和服务，最大限度地发挥文化引导社会、教育人民、推动经济发展的功能。"2006 年的《国家十一五时期文化发展纲要》中，强调我国文化发展要坚持的方针原则就包括"坚持把社会效益放在首位，实现社会效益和经济效益的统一，最大限度地发挥文化引导社会、教育人民、推动发展的功能"。2007 年党的十七大提出"始终把社会效益放在首位，做到经济效益与社会效益相统一"。这次所作出的决定中强调建设社会主义文化强国必须要遵循的五条重要方针就有：坚持把社会效益放在首位，坚持社会效益和经济效益有机统一，遵循文化发展规律，适应社会主义市场经济发展要求，加强文化法制建设，一手抓繁荣、一手抓管理，推动文化事业和文化产业全面协调可持续发展。

正是在这些长期探索的基础上得出了"发挥市场在文化资源配置中的积极作用"这一科学的结论。

Maximize Market's Role Optimization in Resource Allocation

——A Major Breakthrough of Socialist Cultural Theory Innovation with Chinese Characteristics

Han Yongjin

Abstract: Based on the review of we Communist Party continually deepening the knowledge on cultural theory, this paper speaks highly of the statement of "Maximize market's role optimization in resource allocation." from the Sixth Plenary Session of the Seventeenth Central Committee and holds the thought that this statement is not only the scientific conclusion we Communist Party draws through a longtime exploration, but also reflects that we Communist Party's knowledge has reached a new hight about the laws of socialism with Chinese characteristics, the socialist market economic law with Chinese characteristics and the socialist culture development laws with Chinese characteristics, which is a major breakthrough of socialist cultural theory innovation with Chinese characteristics.

Key Words: Market; Culture Resource; Resource Allocation; Theory Innovation

B.4

“十二五”时期我国文化产业发展思路与政策体系研究

刘玉珠*

摘　要：近年来，党中央、国务院关于文化建设的一系列重大战略部署给文化产业发展带来了重大机遇，同时也赋予了文化产业工作很多新的任务，提出了更高的要求。在“十二五”时期，如何紧紧抓住文化产业面临的历史性机遇，推动文化产业又好又快发展，成为当前必须认真研究和思考的重大课题。本文回顾总结了“十一五”时期文化产业重要政策措施与成就，指出当前文化产业发展面临的机遇与挑战、存在的困难和问题，在此基础上提出了“十二五”时期文化产业的发展思路和政策体系。“十二五”期间，文化部文化产业司拟从完善政策法规体系、构建现代产业体系、打造公共服务平台、实施重大项目带动战略等思路入手，加快推动文化产业成为国民经济支柱性产业，不断增大文化产业对加快经济发展方式转变的贡献。

关键词：文化产业　发展思路　政策体系

发展文化产业是社会主义市场经济条件下更好满足人民多样化精神文化需求、繁荣社会主义文化的重要途径，是提高国家文化软实力的重要举措，是推动中华文化走出去的主导力量，是推动经济结构战略性调整的重要支点、转变经济发展方式的重要着力点。当前，随着人民群众文化消费需求的不断增长和科学技术在文化领域的广泛应用，文化产业生机勃勃，与相关产业的融合日益加深，对经济社会发展的拉动作用明显增强。

---

* 刘玉珠，文化部文化产业司司长，主要从事文化产业、文化市场的研究和管理。

“十一五”期间，我国文化产业增加值年均增长速度在20%以上，呈现快速增长的势头。人民群众文化消费活跃，社会力量投资文化产业热情高涨，文化生产能力大为提升，文化产品和服务丰富多样，新型文化业态不断涌现，演艺娱乐、艺术品、文化旅游、动漫游戏等行业蓬勃发展，文化产业凸显出成长为国民经济支柱性产业的巨大潜力。但也应该看到，目前我国文化产业发展水平还不高，集约化、规模化、品牌化程度偏低，文化活力和创造力还不强，区域布局不尽合理，政策体系还不完善。

近年来，党中央、国务院关于文化建设一系列的重大战略部署给文化产业发展带来了重大机遇，同时也赋予了文化产业工作很多新的任务，提出了更高的要求。在“十二五”时期，如何紧紧抓住文化产业面临的历史性机遇，推动文化产业又好又快发展，成为当前必须认真研究和思考的重大课题。

一 “十一五”时期文化产业政策与成就

“十一五”期间，在党中央、国务院的高度重视下，在国家文化产业政策的有力推动下，我国文化产业从探索、起步、培育的初级阶段，开始进入加速发展的新时期，文化生产力得到极大的解放和发展，文化产业对国民经济增长的贡献不断加大。

（一）党中央、国务院将文化产业纳入国家整体发展战略

党的十七大以来，党中央、国务院从中国特色社会主义建设的总体布局出发，把大力发展文化产业作为推动文化大发展大繁荣的战略选择之一，将文化产业发展纳入国家整体发展战略。2009年，为发挥文化产业在积极应对金融危机、扩大内需、增加就业中的积极作用，国务院发布了《文化产业振兴规划》，进一步明确了中国发展文化产业的总体思路、原则目标、重点任务和政策措施。党的十七届五中全会明确提出要推动文化产业成为国民经济支柱性产业，将文化产业占国民经济比重明显提高、国际竞争力显著增强、适应人民群众日益需要的文化产品更加丰富列入了全面建设小康社会的奋斗目标。刚刚结束的党的十七届六中全会站在经济社会发展全局的高度，对推动文化产业成为国民经济支柱性产业这一重大战略任务作出了全面部署，提出要推动文化产业实现跨越式发展，使之成

为新的经济增长点、经济结构战略调整的重要支点、转变经济发展方式的重要着力点，为推动科学发展提供重要的支撑。

（二）文化产业政策体系被提上日程

文化产业政策是国家宏观经济政策在文化领域的具体体现，是促进文化产业又好又快发展的重要手段。近年来，党中央、国务院始终把完善文化产业政策作为发展文化产业的重要环节来抓，有力地推动了文化产业的快速发展。

1. 文化产业准入门槛逐步降低

国家出台一系列具体的政策，降低文化产业的准入门槛，积极鼓励社会资本发展文化产业，构建合理、公平的市场环境。2004 年 10 月，文化部发布《关于鼓励、支持和引导非公有制经济发展文化产业的意见》，在强调充分认识鼓励、支持和引导非公有制经济发展文化产业的重要意义的基础上，进一步放宽市场准入，为非公有制经济发展文化产业营造了良好政策环境和市场环境。国务院2005 年 4 月发布的《关于非公有资本进入文化产业的若干决定》明确了非公有资本可以进入文化产业的领域和可以参股国有企业的领域。2005 年，文化部等部门联合印发了《关于鼓励发展民营文艺表演团体的意见》，放宽了民营文艺表演团体的市场准入，鼓励社会资本以个体、独资、合伙、股份等形式投资兴办民营文艺表演团体，扶持农民和民间艺人自筹资金组建民营文艺表演团体。2009 年，文化部发布《关于促进民营文艺表演团体发展的若干意见》，进一步鼓励社会资本投资兴办民营文艺表演团体，要求各级文化行政部门要大力扶持民营文艺表演团体繁荣发展。这些政策性文件充分调动了全社会参与文化建设的积极性，对非公有资本进入文化产业进行了进一步引导和规范。

2. 文化产业对外资开放范围得到明确

文化部与有关部门联合下发了《关于文化领域引进外资的若干意见》，强调要按照我国加入世贸组织承诺做好引进外资工作。该意见允许外商以独资或合资、合作的方式设立包装装潢印刷、书报刊分销、可录类光盘生产、艺术品经营等企业。在一定条件下，允许外商以合资、合作的方式设立出版物印刷和只读类光盘复制等企业。在不损害中国审查音像制品内容的权利的情况下，允许外商以合作且中方占有主导地位的方式设立除电影之外的音像制品分销企业。

3. 有针对性的产业扶持性政策陆续出台

2009 年，文化部发布《关于加快文化产业发展的指导意见》，明确了发展目标，力争文化产业发展速度明显高于同期国内生产总值增长速度，在国民经济中所占比重逐步提高，到“十二五”末期实现主要文化产品增加值比 2007 年翻两番。确定了演艺业、动漫业、文化娱乐业、游戏业、文化会展业、文化旅游业、艺术品与工艺美术、艺术创意与设计、网络文化、文化产品数字制作与相关服务等十个重点领域，并明确了各个领域的发展方向。

另外，针对不同行业特点，制定了符合实际发展需求的具体政策措施。以动漫产业为例，由财政部、文化部等十部门联合下发的《关于推动我国动漫产业发展的若干意见》，系统、全面地提出了我国动漫产业的发展政策，打破了对原有文化产品和服务按照载体不同进行分类管理造成的部门分割，形成部门之间、上下之间的联动机制，充分发挥中央和地方对动漫产业发展的促进作用。在此基础上，2008 年 8 月，文化部起草颁布了《关于扶持我国动漫产业发展的若干意见》，提出了文化部关于扶持我国动漫产业发展的指导性意见和具体措施，全面阐述了文化部扶持我国动漫产业发展的政策主张。国家在文化产业的其他重点行业也出台了具体的引导与扶持政策，如《关于促进文化与旅游结合发展的指导意见》、《关于网络游戏发展和管理的若干意见》等，有力推动了文化产业各业态的发展。

4. 金融支持文化产业开始破题

2008 年以来，文化部先后与中国银行、中国工商银行等多家银行签订了《支持文化产业发展战略合作协议》。根据合作协议，文化部已经向各家合作银行推荐了 100 多个文化产业申贷项目。2010 年 4 月，文化部、中国人民银行、银监会、证监会和保监会等部门联合发布了《关于金融支持文化产业振兴和发展繁荣的指导意见》，全面阐述了金融业支持文化产业的方法、途径、步骤和手段，为解决文化企业融资难问题创造了极为有利的条件。

（三）“十一五”期间我国文化产业发展成就

1. 文化产业快速增长

据统计，“十一五”期间我国文化产业增加值年均增速超过 20%，远高于同期 GDP 增长速度。2010 年文化产业增加值为 11052 亿元，占同期 GDP 的

2.78%，比2009年现价增长25.8%。2004年以来，我国文化产业的发展一直快于整个经济的发展，文化产业法人单位增加值占国内生产总值的比重由2004年的1.94%上升到2010年的2.78%。2004～2008年间文化产业法人单位增加值年均增长23.3%，高于同期GDP的年均增长速度（现价，18.4%）近5个百分点；2008～2010年间文化产业法人单位增加值年均增长24.2%，高于同期GDP的年均增长速度（现价，12.6%）近1倍。① 演艺、动漫、文化旅游、文化娱乐、艺术品、网络文化等文化产业蓬勃发展。演艺产业保持较好的发展势头，旅游演出正在向主题化、专业化、规模化、品牌化方向发展。2010年，中国艺术品成交总金额达1694亿元，成为世界最大的艺术品交易市场之一。②

2. 新兴业态迅猛发展

随着网络、数字、信息技术的发展，动漫游戏、数字音乐、数字电影、网络视频、移动多媒体广播电视、公共视听载体、数字出版、网络出版、手机出版等新兴文化产业迅速崛起，拓宽了文化产业的领域。动漫产业发展势头迅猛，我国动漫产业产值从“十五”期末不足100亿元，到2010年达470.84亿元，年均增长率超过30%，动漫产业盈利水平、产值规模都取得了重大突破。2010年，动画片年产量达到22万分钟，产值达470.84亿元，比2009年增长27.79%。③ 原创动画电影《喜羊羊与灰太狼》票房过亿元，刷新了国产动画电影票房纪录。2010年，互联网和移动网游市场规模达到349亿元，增长率为26.2%。④

3. 文化产业成为各地经济发展的新亮点

“十一五”期间，不少地方文化产业的增长速度高于国民经济的整体增长速度，成为提供就业机会的重要行业、产业结构优化的朝阳行业和经济增长的支柱产业，为促进当地经济增长、加快经济发展方式转变作出了积极贡献。北京、上海等市文化产业增加值占GDP的比重已超过或接近5%。近五年来，深圳市文化产业增加值以年均约20%的速度增长。

4. 文化产业投资和文化资源开发持续升温，文化产业集群不断形成

文化产业成为社会资本追逐的新热点，大量资本和人力资源涌进文化领域，

① 以上数据来自国家统计局网站。

② 文化部文化市场司：《2010中国艺术品市场年度报告》，2011。

③ 数据来自文化部组织开展的动漫产业专项调查。

④ 文化部文化市场司：《2010中国网络游戏市场年度报告》，2011。

许多文化产业园区相继建设和投入使用，文化产业集群化发展趋势日益明显。北京市已有文化产业集聚区 21 个，文化企业达到 8000 多家。上海市有文化产业园区 75 家，集聚了 2500 多家文化企业和 2 万多名高层创意人才。国家级文化产业示范园区和国家文化产业示范基地发挥了引领、示范和带动作用。

5. 文化产品和服务"走出去"步伐不断加快，中华文化国际影响力日益提升

据统计，从 2001 年到 2010 年，文化产品和服务出口规模分别增长了 2.8 倍和 8.7 倍，① 有力地推动了中华文化"走出去"的步伐。2009 年，工艺美术行业出口额达 140 亿美元，② 成为文化产业"走出去"的重要支柱。以中国对外文化集团公司、天创国际演艺制作交流有限公司等为代表的文化企业加快"走出去"步伐。《功夫传奇》、《天鹅湖》、《云南映象》等文化产品顺利打入国际市场，不断扩大中华文化的国际影响力。随着文化与高新技术的融合发展，网络游戏等新兴文化服务成为文化出口的重要增长点。

总体来看，我国文化产业已经成为繁荣社会主义文化、丰富人民群众文化生活、提高国民文化素质的重要途径；已经成为提升经济、产业和产品的文化内涵，促进国民经济增长的重要引擎；已经成为促进经济发展方式转变、优化经济结构和产业结构、扩大就业和创业的重要产业；已经成为提升国家和区域文化品质、增强吸引力、扩大影响力、提高竞争力的重要动力。以国务院《文化产业振兴规划》的出台为标志，文化产业的发展进入了一个新的历史阶段。

二 "十二五"时期文化产业发展面临的机遇与挑战

进入"十二五"时期，我们强烈感受到，我国文化产业发展进入了历史上最好的时期，进入了在新的历史起点上取得突破性进展的新时期、新阶段。

（一）党和国家以及各级党委、政府的高度重视为文化产业发展提供了坚强保证

近年来，胡锦涛总书记、温家宝总理、李长春同志多次就文化产业发展发表

① 《我国文化出口全面提速》，2011 年 10 月 19 日《人民日报》。

② 来自中国工艺美术协会发布的数据。

重要讲话，作出重要指示，体现了中央对文化产业发展的高度重视和寄予的殷切希望。自党的十七届五中全会明确提出要推动文化产业成为国民经济支柱性产业以来，中央有关部门和各地方也先后出台了一系列加快文化产业发展的政策措施。在各级党委、政府的高度重视下，新一轮的文化产业发展高潮正在全国各地蓬勃兴起。

（二）文化事业与文化产业“双轮驱动”的发展理念为文化产业发展指明了正确方向

“十一五”期间，全国文化系统积极探索既遵循社会主义文化建设的内在规律，又适应社会主义市场经济体制客观要求的中国特色文化产业发展道路。文化事业和文化产业“双轮驱动”的发展理念，解决了长期以来困扰人们的文化建设能否发挥市场作用的疑问。按照这个思路，在推动文化产业发展的过程中，坚持有所为有所不为，把政府的主要职能定位于提供公共服务、完善政策体系、加强市场监管、进行规划引导等方面。我们逐步找到了推动文化产业发展的有效途径，逐步形成了比较清晰的发展思路。

（三）文化体制改革的全面推进为文化产业发展奠定了坚实基础

随着文化体制改革的加快推进，国有经营性文化单位转企改制将加快步伐，文化市场主体得以重塑，市场意识进一步增强，体制机制更加灵活，活力和竞争力将大大增强。一批国有或国有控股的大型文化企业和企业集团，将成为文化市场的主导力量和文化产业的战略投资者，带动文化产业实现快速发展。

（四）加快转变经济发展方式和调整经济结构的要求为文化产业发展提供了有利契机

党中央、国务院把加快转变经济发展方式和调整经济结构作为当前工作的主要原则，为充分发挥文化产业具有的调结构、降消耗、节能源、少排放、扩就业等独特优势提供了契机。文化产业以创意为源头，以内容为核心，以科技为支撑，是发展绿色经济、低碳经济、现代服务业的重要着力点，是转变经济发展方式和调整经济结构的有力抓手。

（五）不断增长的城乡居民文化消费需求为文化产业发展提供了强劲动力

《管子》说：“仓廪实则知礼节，衣食足则知荣辱”，表明文化消费需求大小与收入水平的高低高度相关。近年来，随着我国国民经济的持续快速发展，城乡居民的收入水平大幅上升，2010 年我国人均 GDP 已经超过 4400 美元①，居民的消费需求结构发生重大变化。城乡居民在基本物质生活进一步得到满足的同时，对精神文化生活有了更多更高的需求。人民群众日益增长的文化需求为文化产业发展提供了巨大的空间。

与此同时，文化产业在发展过程中也面临着不少挑战。比如，随着经济全球化的逐步深入，中国的大门逐步向世界敞开，相比发达国家强大的文化产业，我国文化产业仍显弱小；新技术在对传统文化行业进行改造升级的同时，也给其带来巨大的冲击；体制机制还没完全理顺，产业发展还存在条块分割、多方受制的问题；政策法规体系不完善，国有文化资产监管体系不健全。

在当前新形势下，文化产业所面临的机遇和挑战并存，但总的来看，机遇远大于挑战。只要我们增强信心，积极应对，抓住机遇，克服挑战，文化产业就能趁势而上，成为国民经济新的支柱性产业。

三　当前文化产业发展过程中存在的困难和问题

在看到文化产业巨大发展机遇的同时，也要清醒地认识到，目前文化产业在发展过程中，也存在一些困难和问题。只有破解了这些困难和问题，才能顺利实现推动文化产业成为国民经济支柱性产业的战略目标。

（一）文化产业总量还不够大，产业集中度不高，知名品牌偏少

2010 年，我国文化产业增加值约占同期 GDP 的 2.75%，离支柱产业有不小

---

① 国家统计局网站发布的《关于 2010 年度国内生产总值（GDP）初步核实的公告》称 2010 年我国人均 GDP 29992 元，根据 2010 年人民币对美元的平均汇率 6.7695∶1 换算，2010 年人均 GDP 应为 4430 美元。

的距离。尽管国际社会尚未形成统一的文化产业划分标准，各国文化产业的统计口径还不一致，但也可以看出，我国文化产业在整个国民经济中所占的份额相对较小，对国民经济的贡献及影响远远低于美国、日本等发达国家。此外，我国文化企业规模普遍偏小，规模以上的企业屈指可数，自主创新能力不足，内涵深刻、风格独特、形式新颖、技术先进的精品力作和知名的文化品牌较少，参与国际竞争的能力有待进一步提高。

（二）文化产业政策体系尚不完善

文化产业作为一个重要的产业部门，其发展需要综合运用经济政策、财税政策、金融政策、科技政策来推动，但目前我国文化产业政策体系还很不完善，文化行政部门缺乏相应的政策制定权。此外，随着文化产业与国民经济其他行业的融合度、关联度越来越高，文化部门迫切需要加强与财政、发展改革、金融、科技、国土、商务、税务、工业、通信、教育、旅游等部门的协调和合作，整合各种资源、凝聚各方力量来共同推动文化产业加快发展。

（三）文化资源优势未能有效转化为产业优势

我国有着悠久的历史传统和深厚的文化积淀，各类文化资源极其丰富，数不胜数，是发展文化产业得天独厚的重要条件。但是，对文化资源来说，谁占有它并不重要，重要的是谁率先将其开发成文化产品和服务，谁才真正拥有了它，掌握了它的主动权。美国这样一个只有200年历史的文化资源小国，却能在文化生产和传播上有那么大的能量和影响，成为一个文化输出大国。我国文化资源虽然丰富，但对文化资源的“挖掘、开采、利用、再生”能力不强，文化资源优势难以转化为产业优势，在全球文化产业中缺乏应有的地位。

（四）部分行业税费负担较重

不少文化企业经营者反映，部分文化行业税费负担较重，缺乏相关的税收优惠政策。比如，工艺品行业的人力资源成本普遍占企业总成本的60%～80%，原材料成本比重很小，能够用于抵扣的进项税额很少。相对原材料价格成本比重较大的工业企业来说，增值税税收负担重很多。再如，文化娱乐行业现行的营业

税税率为 20%，同时还要缴纳 3% 的文化事业建设费，文化娱乐企业感到税费负担沉重。

（五）文化产业投融资渠道还不畅通

金融是现代经济的核心，但目前中国文化产业发展受阻的一个重要因素，就是资金缺乏。国有文化单位长期依赖政府财政，其他的融资渠道不畅，缺乏市场融资能力。民营文化企业也普遍存在融资困难问题。金融机构对文化产业还缺乏了解。

（六）文化产业发展的法制保障不健全

近几年来，国务院和有关部门所出台的文化产业政策对文化产业发展的重要作用不可忽视，但目前行之有效的文化产业政策，大多数还没有上升为法律制度。特别是当前文化产业的战略地位、发展原则、扶持政策等，还没有从国家法律层面上得到确认。

（七）文化产业人才短缺

作为一个新兴行业，文化产业人才队伍建设还处于起步阶段，无论是文化产业人力资源现有的总量、结构、水平，还是文化产业人才培养和培训教育体系、人才流动和引进机制、人才使用和管理制度等，都不能满足目前文化产业迅速发展的要求，特别是既懂文化又懂经营的复合型人才非常短缺。

四 “十二五”时期文化产业发展思路和政策体系建设

文化部根据《中共中央关于制定国民经济和社会发展第十二五个五年规划的建议》制定了《“十二五”时期文化产业倍增计划》，提出五年内文化部门管理的文化产业增加值比 2010 年至少翻一番的发展目标。“十二五”期间，面对文化产业发展的时代机遇，我们要着眼支柱性产业的战略定位，按照支柱性产业的发展要求，科学谋划、扎实推进、开拓创新，从完善政策体系、构建现代产业体系、完善产业服务体系、实施重大项目带动战略等思路入手，进一步将文化产业融入转变经济发展方式全局，加快推动文化产业成为国民经济支柱性产业。

（一）完善政策法规体系，为加快文化产业发展确立政策保障

加强文化产业政策调研，争取发展改革、财政、税务、金融、科技、国土、商务、教育等部门支持，贯彻落实十七届六中全会提出的“加大财政、税收、金融、用地等方面对文化产业的政策扶持力度”① 的精神，出台更多具有可操作性的配套政策，逐步完善文化产业政策体系。同时，加快文化产业立法进程，争取把行之有效的文化产业政策上升为国家法律法规，为文化产业发展提供法制保障。

在政府投入方面，加大政府投入力度，扩大文化产业发展专项资金和文化产业投资基金规模。创新政府投入方式，合理确定支持方向，提高文化产业发展专项资金的使用效率。鼓励和支持有条件的地方设立文化产业投资引导基金，努力探索以政府投入为引导，主要动员民间参与的新型文化产业投融资模式。建立文化产业的风险补偿机制，鼓励和支持社会资本组建文化产业风险投资公司、担保公司和保险公司，降低文化产业投资风险，提高各方面投资文化产业的积极性。

在税收政策方面，认真贯彻落实已有的关于推动经营性文化事业单位转制、扶持文化企业发展、支持文化产品和服务出口、鼓励技术创新的税收扶持政策。争取将文化产业列入《西部地区鼓励类产业目录》，西部文化企业所得税减按15%的税率征收。积极协调有关部门，对艺术品业、工艺美术、娱乐业等行业反映出的税负较高问题，认真加以研究，逐步完善相应的税收政策。对文化内容创意生产、非物质文化遗产项目经营实行税收优惠。

在土地政策方面，积极协调有关部门，争取将文化产业设施建设用地纳入城市规划、土地利用总体规划和年度计划，在国家土地政策许可范围内，争取优先保证文化产业集聚发展用地，优先安排国家级文化产业园区、基地和实验区建设用地。支持利用工业厂房、仓储用房、传统商业街和历史文化保护街区等存量房地资源转型兴办文化产业。争取将剧场等文化基础设施同公益性文化事业一样纳入发展规划，加大政府投入。

在鼓励文化产品出口方面，进一步落实国家鼓励和支持文化产品和服务出口

① 《中共中央关于深化文化体制改革推动社会主义文化大发展大繁荣若干重大问题的决定》。

的优惠政策，在市场开拓、技术创新、口岸通关等方面给予支持。支持文化企业参加境外艺术节等国际文化展会和活动。

（二）构建现代文化产业体系，为加快文化产业发展提供坚实支撑

促进文化产业各门类共同发展。改造提升演艺娱乐、文化旅游、工艺美术等传统文化产业，加快发展动漫游戏、网络文化、艺术创意、数字内容等最具活力和潜力的新兴文化产业，构建结构合理、门类齐全、科技含量高、竞争力强的现代文化产业体系。针对文化产业不同门类的特点制定相应的扶持政策，以重点行业的快速发展实现文化产业的跨越式发展。

转变文化产业发展方式。提升文化生产的品质和效益，推动文化产业结构升级，由注重数量扩张的规模增长，到更加注重质量效益的内涵提高。统筹推进文化产业基地、园区和集群建设，不断提高文化产业规模化、集约化、专业化水平。促进文化与旅游、工业、建筑、通信、会展、商贸、体育、休闲等行业融合，有效延伸产业链条。鼓励文化创新，激励文化企业争创一流、扩大影响、打造品牌。

优化文化产业布局。加强文化产业区域布局，实施差异化的区域文化产业发展战略，加强分类指导，发挥比较优势，努力形成文化产业“东、中、西”优势互补、相互拉动、共同发展的局面。支持东部地区优化产业结构，倡导文化创新，加强内容引导，提升文化品质，充分发挥引领示范作用；鼓励中部地区完善产业政策，扩大文化消费，规范文化市场，加快文化产业崛起；引导西部地区发挥资源优势，突出区域特色，培育消费市场，带动产业发展。加强城乡文化产业一体化发展，支持大型城市和城市群发挥技术、人才、资金密集优势，加快发展新兴文化业态，形成一批具有国际影响的文化创意中心城市和城市群；支持中小城市完善文化消费基础设施，利用特色文化资源打造产业亮点；鼓励资源型城市合理利用闲置旧厂房、废弃工业设施等，发展创意设计、演艺、会展、文化旅游等文化产业项目；加强文化产业特色镇、街、乡、村建设，鼓励发展农村手工艺业、民间演出和乡村文化旅游，扩大农村就业，增加农民收入，缩小城乡文化产业发展差距，推进社会主义新农村建设。

（三）推进文化科技创新，为加快文化产业发展打造重要引擎

发挥文化和科技相互促进的作用，深入实施科技带动战略，增强自主创新能

力。加快演艺、娱乐、舞台装备等基础设施改造更新，鼓励生产具有自主知识产权的新型数字娱乐、音响、舞台技术装备。加强重点技术攻关项目研发力量，扶持具有自主知识产权的核心技术研发、推广和应用，重点项目包括中国风格动漫技法数字化与推广、具有核心自主知识产权的视频游戏软硬件研发系统、手机娱乐内容关键技术及典型应用支持平台、游戏开发和应用、数字音频智能搜索引擎研发及产业应用等。构建国家文化产业科技基础条件平台，建设和完善国家重大文化科技基础设施，优化文化科技布局，加强相互配套、开放共享和高效利用。联合科技部门，开展“文化与科技融合示范基地”、“文化与科技融合示范企业”评选活动，支持示范基地、示范企业建设国家重点实验室、工程技术研究中心和企业研究中心，支持申报国家各类文化科技项目。

（四）扩大文化消费，为加快文化产业发展提供内生动力

把扩大文化消费作为扩大内需的重要组成部分，建立扩大文化消费需求的长效机制，以优质、丰富的文化产品和服务吸引消费者，以扩大文化消费促进文化产业发展，满足人民群众不断增长的精神文化需求。一是培养文化消费习惯。营造良好的文化消费环境和氛围，转变城乡居民文化消费观念，提高文化消费自觉性和积极性。二是改善文化消费条件。支持建设、改造剧院等文化消费基础设施，鼓励机关、学校和部队的文化设施面向社会开放。优化文化企业生产经营环境，降低文化产品和服务的生产成本和市场价格。三是加强文化市场需求和消费趋势预测研究，引导文化企业开发适销对路的文化产品和服务，满足不同层次消费者的精神文化需求，拓宽文化消费领域，积极培育新的文化消费热点。

（五）完善产业服务体系，为加快文化产业发展构建基础条件

根据建设服务型政府的要求，整合集成各类资源，策划建设一批包括企业孵化、公共技术支撑、投融资服务、信息发布、资源共享、统计分析等功能在内的文化产业综合服务平台，降低文化企业的创业和运营成本，形成产业集聚和规模效应。建立文化系统文化产业统计平台，及时发布统计数据。以文化产业示范园区和示范基地为依托，建立重点文化企业的统计制度，及时准确地反映行业发展动态情况，为各级党委政府决策提供数据支撑和信息服务。继续坚持市场化、专

业化办展方向，突出地域特色、民族特色，促使文化产业博览会向差异化、品牌化方向发展，进一步提高文博会的吸引力、影响力和效益。

（六）健全文化产业投融资体系，为加快文化产业发展破除资金瓶颈

深入落实九部委《关于金融支持文化产业振兴和发展繁荣的指导意见》，完善部门协作机制，研究制定金融支持文化产业发展的各项具体政策措施。深入推进文化部门与银行间的合作机制，进一步扩大文化产业信贷融资规模。推动文化企业上市融资，建立并完善文化企业境内上市的培育辅导和审核推荐机制。支持组建多种形式的文化产业创业、风险投资基金，进一步利用文化产业投资基金扶持文化产业发展。推进保险业支持文化产业，设计开发文化产业保险品种。规范引导文化产权交易机构健康发展，适时制定文化产权交易规则。探索文化类无形资产确权、登记、评估、质押、流转等一系列操作规则，探索创新适应文化产业投融资业务需求的金融产品。完善“文化部文化产业投融资公共服务平台”，为文化企业与金融机构对接构建便捷的通道。

（七）加强文化产业人才培养，为加快文化产业发展提供智力支持

开展“文化产业人才培养工程”，实施文化产业人才培养培训计划、文化产业就业创业扶持计划、文化产业理论研究计划以及文化产业人才引进计划。重点培养七支文化产业人才队伍：一支高素质的文化产业行政管理人才队伍，一支善于市场运作的文化企业经营管理人才队伍，一支具有创新思维的文化创意人才队伍，一支文化资源开发、推广与传播人才队伍，一支掌握先进技能的专业技术人才队伍，一支熟悉金融市场的文化产业资本运营人才队伍，一支有创新能力的理论政策研究队伍。其中，要着力加强领军人物和各类专门人才的培养。

（八）实施重大项目带动战略，为加快文化产业发展增强后劲

“十二五”期间，文化部将积极联合有关部门重点实施一批带有全局性、战略性、引导性、基础性、服务性、示范性的重大工程，推动文化产业加快发展。目前，文化部已经策划了特色文化产业发展工程、文化产业公共平台建设工程、文化产业人才培养工程、国产动漫振兴工程、文化产业项目服务工程等一批重大

项目和工程。其中，在国家发改委的大力支持下，特色文化产业发展工程已经被初步列入国家重点专项规划《“十二五”服务业发展规划》。据测算，到2015年，特色文化产业所创造的产值将达到20000亿元左右，吸纳约3000万~4000万人就业创业，对保护和传承民族文化，促进就业和创业，推动各地特别是民族地区和中西部地区经济社会发展将起到十分积极的作用。

Research on Development Ideas and Policy System of Culture Industry During the “12th Five-Year Plan”

Liu Yuzhu

Abstract: In recent years, the Party Central Committee and the State Council provide great opportunities to the development of culture industry by formulating a series of important strategy deployment on culture construction, meanwhile they entrust more new assignments to the culture industry work and put forward higher requests in response to the chances. During the “12th Five-Year Plan” period, it becomes a vital project how to tightly grasp the historical opportunities culture industry confronts and how to promote sound and fast development of culture industry. This paper reviews and summarizes the important policy measures and achievements of culture industry in the period of the “11th Five-Year Plan”, points out the opportunities and challenges culture industry meets and the existing difficulties and problems it has, based on which it puts forward the development ideas and the policy system of culture industry development during the “12th Five-Year Plan” period. During the time, Department of Cultural Industries under Ministry of Culture intends to begin with improving policies and regulations system, constructing modern industry system, building up public service platform and carrying out major project impetusing strategy, so as to accelerate culture industry development in making it the national backbone industry, and to increase the contribution culture industry can make into the acceleration of transforming the mode of economic development.

Key Words: Culture Industry; Development Ideas; Policy System

B.5

我国文化企业国有资产监管体制的特殊性及其政策含义

湖北省省属文化企业国有资产监管制度研究课题组
傅才武　曹兴国　曹余阳 执笔*

摘　要： 2011 年十七届六中全会公布的决定及中央“文资办”的设立，标志着我国文化产业领域体制改革进入“改革攻坚突破期”。十七届六中全会提供的指导思想、政治保证和战略路径的创新，催生了文化产业改革发展时代的到来。为适应我国文化繁荣发展的战略性进程，中央及地方在大力推进文化体制改革的过程中加快推进文化企业国有资产出资人制度的建立。但如何把握文化企业国有资产监管体制的特殊性，并在此基础上探索确立文化企业国有资产监管的有效模式，已成为当前深化文化改革、推动文化产业发展的紧迫课题。

关键词： 文化企业　出资人制度　政策

党的十七大报告指出，要毫不动摇地巩固和发展公有制经济，深化国有企业公司制股份制改革，健全现代企业制度，增强国有经济活力、控制力、影响力。完善各类国有资产管理体制和制度。党的十七届六中全会通过的《中共中央关于深化文化体制改革推动社会主义文化大发展大繁荣若干重大问题的决定》进一步提出：深化文化行政管理体制改革，加快政府职能转变，强化政策调节、市场监管、社会管理、公共服务职能，推动政企分开、政事分开，理顺政府和文化

---

* 课题组组长：傅才武、曹兴国。傅才武，武汉大学国家文化财政政策研究基地主任、教授、博士生导师；曹兴国，湖北省财政厅教科文处副处长（正处级），主要从事财政管理、文化管理研究；曹余阳，武汉大学中国传统文化研究中心硕士生。

企事业单位关系。完善管人管事管资产管导向相结合的国有文化资产管理体制。贯彻落实十七届六中全会精神，进一步完善文化企业国有资产监管体制，成为深化文化产业领域内管理体制改革的关键环节。

一 我国文化企业的两种管理体制

近年来，尤其是进入21世纪以来，随着我国改革开放的不断深入和发展，我国文化体制改革和文化产业发展取得了一系列重大成就。到2011年，不断深化的文化体制改革进程，业已将政府与文化企业的关系模式推进到“行业主管主办制度”与“出资人制度”并行的转型过渡阶段。

（一）行业主管主办制度的缘起与确立

文化企业主管主办制度是指由文化行业部门代表国家对文化企业行使包括出资人权利在内的综合管理权的行政管理体系。在政府与企业的关系上主要体现为一种行业系统关系。它源于新中国成立初确立的文化事业体系，由于文化企业是20世纪80年代后期逐步从文化事业体系中派生出来的国有文化机构，文化企业主管主办制度系文化事业体系的惯性延伸。

新中国成立后，中央政府在借鉴当时苏联文化管理模式的基础上，建立了一套具有中国特色的社会主义文化体制，即根据文化技术的类型建立不同的文化行业，通过设立行业部门管理类型相同或相近的文化业务，如文化部通过行政隶属关系直接管理全国的文化艺术团体，国家新闻出版总署直接管理新华通讯社、中央广播事业局、国际新闻局、新闻摄影局、北京新闻学校等单位。此后，文化行政机构几经调整，在文化领域基本建立起公有制一统天下的行业系统结构和“分级负责，多头兼管”的文化管理体制。这种以行业为主体的管理结构具有如下一些特征：第一，高度集中管理。文化艺术、广播电视电影、新闻出版全部被纳入意识形态管理范畴，实行集中管理。第二，实行党政兼管。党、政两个系统分别建立领导管理机构。第三，党委任命干部。严格按照党管干部的基本原则，由上级党委任命文化行政机关及其附属文化事业单位的负责人及主要管理人员。第四，实行直属单位制。在政府部门之下设立直属的文化机构，作为政府职能的延伸。第五，实行“管”“办”并举。文化行政机关既代表政府行使对社会的文

化管理职能，又代表全体人民直接举办国家文化事业，既“管”又“办”，“管”“办”不分。第六，条块结合。文化系统实行条条分权与块块分权交叉并存，不同文化行业之间存在“行业壁垒”。

20世纪80年代后期，随着文化市场的日益发展与成熟，在文化产业热潮的催发下，经营性文化机构的产业性功能逐步拓展，推动了政府管理体制由“事业单位、经费包干”向“事业单位、企业化管理”体制的转变，广播电视电影、新闻出版等经营性文化单位逐步从国家文化事业体系中独立出来，成为文化市场中具有相对独立地位的市场主体。进入21世纪以来，一些文化体制改革试点省（市）的广播电视、新闻出版、演艺、报刊发行企业纷纷组建文化产业集团，随后相继划归党委宣传部门管辖，原政府文化行政部门仅承担行业指导职能（如上海、深圳等地），但文化企业管理体制的主体架构仍然沿袭新中国成立初期计划体制下形成的主管主办制度惯性，仍然在传统行政模式的轨道上运行。

（二）出资人制度的基本内涵

出资人制度是现代企业制度的重要内容。所谓出资人制度，就是指以政府特定机构代表国家行使国有资产股东权利的制度体系。现代出资人制度起源于现代企业制度，是围绕国有资产的有效经营而构建的国有资产出资人代表制度、公司治理制度、激励与约束制度、投资制度、收益分配制度、经营预算管理制度等一系列制度安排的有机结合体。

出资人制度保证了国有资产代表享有对国有资产的占有、收益、使用和支配权，享有资本收益、重大决策和选聘经营管理者等权利，同时承担国有资产保值增值责任。我国国有资产出资人制度作为规范资产权益代表、经营管理流程、收益分享等关键问题的系列制度体系，主要包括八个方面的内容：① 资产经营者的财务责任规定，与财务责任相关的考核规定，外部财务监督管理规定，企业筹资和投资行为及方式的规定，企业成本费用的管理规定，企业资产重组中的产权变动的规定，企业分配管理规定，文化企业内部约束机制。

① 参见朱志刚《认清形势理顺思路开创企业资产与财务管理工作新局面》，《国有资产管理》2000年第11期。

（三）主管主办制度与出资人制度的区别

文化企业主管主办制度是一种在计划经济体制下确立的基于政府与企业“父子关系”的制度安排，出资人制度则是一种在市场经济体制下基于政府与企业“法人关系”的制度安排，两者之间存在明显的区别（见表1）。

表1　主管主办制度与出资人制度的区别

项　　目	主管主办制度	出资人制度
价值取向	政府取向，承担政府委托的职能，对上级负责	市场取向，承担企业应有的职能，对股东负责
核心内容	规范党委、政府与文化企业的关系，对文化企业机构实施直接管理	界定党委、政府与文化企业的管理边界，依法对文化企业实施管理
管理方式	行政管理手段为主，人、财、物计划调配	法律管理手段为主，资源市场化配置为主
外部特征	封闭性，资源流动机会少	开放性，资源流动频繁
维持方式	行政权力，高管制，高代价，高成本	行政权力公有，低管制，利益协调，低代价
组织模式	科层制组织	法人治理结构
关系模式	政府与企业之间是一种“父子关系”	政府与企业之间是一种“法人主体关系”
运行环境	社会主义计划经济体制	社会主义市场经济体制

与主管主办制度相比，出资人制度在运行环境、价值取向、核心内容、管理方式、外部特征、组织模式、关系模式和维持方式等方面都有其特殊表现。它是一种在市场经济体制下，以市场为导向优化配置资源，并主动承担企业职能，以法人治理组织结构为基础，并依法对文化企业机构实施监管的低管制、开放性的管理制度。从总体上看，主管主办制度脱胎于传统的文化事业体系，其管理模式主要是“事业管理”型体制，出资人制度则根植于现代企业制度，遵循“党政分工，管办分离，事企分开”的管理原则，体现了现代市场经济规律对文化企业运营和政府管理职能设置的基本要求。

二　我国文化企业出资人制度的特殊性问题

文化企业出资人制度是我国出资人制度的一种新型模式，脱胎于物质生产领

域的国有资产出资人制度。因此，在探讨我国文化企业出资人制度之前，应当先了解我国物质生产领域国有资产出资人制度的发展历程。

（一）我国物质生产领域国有资产出资人制度的发展历程

我国学者认为，所谓国有资产出资人制度就是将国有资产通过必要的保证措施部分或全部模拟人格化，建立责任到人、利益直接挂钩的自我约束机制，从而实现国有资产的保值和增值。"所谓模拟人格化，就是在国有资产不能实现全盘私有化或个人无法购买巨大的国有资产的条件下，将国有资产与个人或个人群体利益直接挂钩。即由负责国有资产管理的政府部门与作为国有资产出资人代表的个人或个人群体通过签订契约的形式确定彼此的权利和义务。"①

从法律关系上说，改革开放以来，我国国有资产出资的法律实现方式依次经历了物权模式（国家所有、国家经营）阶段、债权模式（国家所有、企业经营）阶段和股东模式（企业所有、企业经营，或国家享有股东权、企业享有法人所有权）三部曲。② 股东模式作为新的国有资产管理体制内核，明确了国资委代表政府行使出资人职责，旨在改变国有资产多头管理、职责不清、人人负责而实际上无人负责的状态，革除管资产、管事与管人相脱节的弊端，推进政资分离、政企分离。③

这一制度演进过程历经了近 20 年的探索。党的十四届三中全会（1993 年）提出："国家统一所有、政府分级监管、企业自主经营"；十五届四中全会（1999 年）提出："国家所有、分级管理、分工监督、授权经营"；党的十六大（2002 年）则明确提出："坚持国家所有的前提下，中央和地方政府分别代表国家履行出资人职责，享有所有者权益，权利、义务和责任相统一，管资产和管人、管事相结合，并在中央和省、市（地）两级地方政府设立国有资产管理机构。"根据十六大提出的指导思想，2003 年，中央与地方各级政府分别成立了国资委，其职责被概括为"三管"：管企业的国有资产、管由出资人委派经营企业国有资产的人、管国有资产保值增值。④

---

① 史忠良、刘劲松：《国有资产出资人代表制度研究》，《经济与管理研究》2002 年第 4 期。

② 刘股东：《推进国有企业公司制改革的法学思考》，《中国法学》2000 年第 1 期。

③ 徐传谌等：《论国有资产出资人制度的完善》，《长白学刊》2008 年第 2 期。

④ 徐传谌等：《论国有资产出资人制度的完善》，《长白学刊》2008 年第 2 期。

2003年3月24日，国务院国有资产管理委员会正式成立，专门负责监管原中央企业工委管理的143家大型中央企业和中央组织部管理的53家特大型中央企业。5月27日，国务院发布了《企业国有资产监督管理暂行条例》，明确规定国有资产监管部门代表国家对所监管企业行使出资人职责，履行出资人的三项职能。[①] 随后，全国31个省（区、市）和新疆生产建设兵团以及237个市（地）均设立了国资委，代表国家对中央企业国有资产（除金融资产和文化资产外）履行出资人职责，形成了国有资产“三级监管”的框架。国有资产出资人制度的基本框架初步建立，以《企业国有资产监督管理暂行条例》为核心的国有资产监管法规体系初步形成。[②] 以国有资产分级管理为基础的出资人管理制度的确立，一方面从法律和政策上明确了出资人作为国有资产的权益主体成为国有资产所有权载体，在一定程度上避免了所有权的“虚置”；另一方面通过强化国有投资控股公司（出资人）与企业之间的委托代理关系，从组织架构上改变了以往单纯的行政性委托代理制，从而形成一种新型的资产性委托代理制。[③]

目前，我国以出资人制度为核心的管理模式大致有三种：[④] 一是国务院国资委模式。管人、管事、管资产权力到位，授权委托管理100多家中央企业。二是上海（深圳）模式。上海国资委是非常设的会议议事机构，参会部门包括党政系统相应各部门，如市委组织部、市经委、市财政等管理部门。其模式特点是建立三个层次、二级管理和三个体系。三个层次分别为：作为管理决策机构的市国资委，40家授权经营的国有独资控股公司或集团公司，由40家国资公司控股的一般性经营企业。二级管理是市、县（区）两级党委、政府管理。三个体系是管理体系、监督体系和运营体系。三是其他模式。由于各种原因，管人、管事、管资产权力不能从原来各部门及时集中到国资委，国资委无法行使监督职能，只能将监督权虚置，将出资人权力上收。这是目前全国大多数省市采用的模式。

① 马建堂等：《符合社会主义市场经济要求的国有资产管理体制初探》，《国家行政学院学报》2005年第4期。

② 唐立杰：《从委托—代理理论看国有出资人制度的建立》，《合作经济与科技》2008年第11期。

③ 徐传谌等：《论国有资产出资人制度的完善》，《长白学刊》2008年第2期。

④ 参见周晓青等《出资人预算：企业激励与约束机制有效的保证》，《中国总会计师》2007年第5期。

（二）我国文化企业之于物质生产企业的比较性特征

1. 文化企业与一般生产性企业不同，保证文化与意识形态安全是委托—代理链条中的关键一环

重要国有文化企业和文化企业中的国有资产不仅具有经济学上的经济价值，同时具有国家文化组织结构中的文化与意识形态安全工具性价值。国有文化企业和文化企业中的国有资产承载了政府“委托—代理”链条中的文化与意识形态安全的委托内容。① 按照相关规定，政府对一般生产性企业的管理仅限定“管人、管事、管资产”，而对国有文化企业的管理权体现为“管人、管事、管资产、管导向”，其中，“管导向”集中体现了国家“文化与意识形态安全”的委托内容。因此，为了保障国家文化安全，国有文化企业和文化企业中的国有资产理所当然应被纳入国家公共管理结构之中。

2. 文化企业与一般生产性企业不同，必须面临并适应“众龙治水”的监管环境

文化企业与一般国有企业的不同之处在于，国有企业的出资人代表“国资委”是生产性国有企业的“全权出资人代表”，能够形成“人格化”特点。但文化企业的出资人代表在本质上是一个政府“集合体”，不论是改革之前还是改革之后，文化企业的出资人权能可能要分散在政府这一出资人“集合体”中不同的职能部门来协同行使。② 任何一个政府部门都难以作为文化企业的“全权出资人”代表，难以形成“人格化”的特点。因此，相比于一般生产性国有企业从主管主办制度向出资人制度的过渡，国有文化企业的改革更具复杂性。国务院国资委的建立是在其国家行业主管部门撤并之后，这与建立文化企业出资人制度的环境存在明显的差异。若处理不当，极易造成出资人代表和行政主管部门之间的关系难以协调、企业经营管理混乱的局面。

---

① 政府“委托—代理链条”是“委托—代理理论”（Principal-agent Theory）在国有资产管理方面的实际操作体现。20 世纪 30 年代，美国经济学家伯利和米恩斯因为洞悉企业所有者兼具经营者的做法存在着极大的弊端，于是提出“委托—代理理论”，倡导所有权和经营权分离，企业所有者保留剩余索取权，而将经营权利让渡。“委托—代理理论”现已成为现代公司治理的逻辑起点。

② 侯孝国：《公共财政框架和出资人管理制度中财政与国企的关系》，《中国青年政治学院学报》2003 年第 5 期。

3. 文化企业管理与一般生产性企业管理不同，其绩效考评指标体系更为复杂且具有较大的弹性

无论是物质生产领域还是文化产业领域，委托代理关系的确立是建立在所有者要对经营者业绩进行考核的基础上，业绩评价建立委托代理关系的基础上。物质生产领域改革的经验证明，一般物质生产企业出现“内部人控制”、效率低下和国有资产流失等现象的深层次问题是长期未能建立相应的制约、监督机制，委托代理关系不明晰，制度不完善的结果。在文化生产领域，20 多年来，文化体制改革不断深化，国家作为所有者让渡给经营层的权利越来越多，但是由于没有随之建立相应的制约、监督机制，因而，让渡的权利无法得到制衡，其深层次原因是没有能够建立起科学的文化企业业绩评价体系，不能形成评估、考核的管理基础。

国家对于文化企业意识形态载体和经济载体双重功能的定位，赋予了文化企业营利性和公共性的两种目标要求，营利性目标要求确保国有资产的保值增值，公益性目标要求确保国有资产的使用是基于国家利益和社会公共利益。由于营利性目标和公益性目标往往存在逻辑冲突，很难设计出一套各方都认同的评价指标体系，也就难以形成完善的评价激励机制。

4. 与一般物质生产行业的竞争与垄断方式不同，文化企业大多属于行政性垄断行业

一般物质生产企业大多属于竞争性行业或资源垄断性行业，而文化企业大多属于行政性垄断行业。所谓行政性垄断，是指国家的法律法规及政策限制其他企业的进入而导致的垄断。在计划经济下确立的文化、广电、出版、报刊、电影等行业都有政府主管部门，按“条块”进行管理。在这些行业的产业链中，其上游和主要环节是被法律法规严格限制进入的。在行业利益的推动下，一些行业主管部门也从本行业企业的利益出发制定了行业发展规划，直接、间接出台了各种限制竞争、保护垄断的条款。1998 年，国家政府机构改革撤销部分物质生产行业行政主管部门，但并未涉及文化领域的主管部门，因此，文化领域仍然存在行政性垄断行业。

在行政垄断行业，文化企业的产权结构具有复杂性，不同来源的公共投资呈现投资主体的多层次性，并形成树状产权结构，导致履行出资人代表机构职能的主体不明，职责不清。在委托—代理关系上，这种行政垄断性体现出如下

特征。①

（1）委托人与代理人关系的唯一不可替代性。每一个层级的委托人与代理人不是通过竞争选择，而是被行政隶属关系强行锁定。

（2）激励约束机制行政化。由于政府作为委托代理主体不同于一般的市场主体，必然要求文化企业的经营层进行政治和社会等因素的考量，这就导致委托人对代理人的激励约束机制凸显行政化色彩。

（3）对国有资产经营盈利的关注度低。作为委托代理关系人的各级政府可能不够关注国有资产经营的盈利情况，因为政府的考核目标不仅包括经济效益目标，同时包含了社会公共性目标，某种程度上，后者的位置可能更高，比重可能更大。因此，委托人对企业经营业绩的关注程度远不如一般股东。

5. 与一般生产性企业相比，文化企业成本高、效率低，整体上缺乏市场竞争力

1949 年后，由于战时体制的惯性和党政兼管的体制特征，文化机构被视为一级政权和政治单位，包括经营性文化单位在内的文化机构一直被当成党政附属的社团组织，文化单位（企业）内化了许多外部的党政社团体制的成本和企业办社会的成本。改革开放以来，文化企业内部体制和外部体制并没有紧随市场经济的发展而转轨，且其机构人员、摩擦、时间和机会等体制成本比计划经济时期还要高。究其原因，一是体制变迁滞后于资源配置方式的变迁，体制结构未按市场经济的要求进行调整；二是将企业负责人行政化导致行政体制的“自我强化”效应明显，企业要求提级升格、增加内设机构的现象严重；三是上级对应党政社团部门增多导致企业内部对应机构愈加膨胀，不断推高企业体制成本。国有文化企业的高成本和低效率，必然带来市场竞争力的缺乏。

三　我国文化企业国有资产监管体制特殊性背后的政策含义

我国文化企业相比于一般物质生产企业的特殊性，导致了对文化企业国有资产监管的特殊性要求。一方面，我国文化企业国有资产体制的设计既要遵循国有

① 参见郭晓芳《浅议国有出资人的权利及应承担的风险》，《财经界》2011 年第 18 期。

资产监管的一般规律，又要照顾文化企业的特殊性；另一方面，我国文化企业国有资产的监管体制的设计还必须具有足够的兼容性，能够同时兼顾国家对文化企业的出资人权利与党委宣传部门的行政管理权及文化行政部门的社会公共管理职能。

（一）明确特设机构“文资办”的性质和职能定位

2010 年 7 月，中央文化体制改革领导小组批准成立中央文化企业国有资产监督管理领导小组，并设立中央文化企业国有资产监督管理领导小组办公室作为具体执行机构，挂靠财政部，简称“中央文资办”。中央文资办的主要职能如下。①

一是负责起草国有文化企业资产监督管理的法律、法规草案，制定文化产业财政政策和有关规章、制度；二是结合财政职能，切实做好中央文化企业国有资产产权登记、资产评估结果备案、资产划转等基础管理工作；三是推动政企分开、政资分开、管办分离，逐步建立以资产关系为主要纽带的中央文化企业出资人管理制度；四是建立中央文化企业国有资产管理运行、绩效评价和责任追究体系，提高资产运营效率，确保国有资产保值增值；五是培育合格文化市场主体，鼓励和引导中央文化企业通过联合、兼并、重组等方式组建主业突出、核心竞争力强、可持续发展的大型企业集团；六是推动文化领域结构调整，盘活存量，优化增量，合理配置文化资源，优化产业发展整体布局；七是建立起一套行之有效的监督激励机制，通过强化外部监督和内部监督，充分调动激励与约束两种手段，发挥全体员工特别是经营管理层的积极性，提高管理效率。

通过上述信息可知，“文资办”的性质是履行中央文化企业国有资产出资人职责的政府特设机构，它与公共管理职能部门分开，受政府委托集中统一行使中央文化企业的国家所有权，是代表国家“履行出资人职责”的机构。

中央“文资办”的设立，客观上在众多的文化行业主管部门之外又增设了一个国有文化资产管理机构，必然要涉及“文资办”与行业部门的关系定位问题。在我国文化领域，众多文化企业分别隶属于不同的文化行业主管主办。除文

---

① 王家新：《在文化产业财政金融专项协调会上的发言》，http：//wzb. mof. gov. cn/pdlb/ldjh/201111/t20111101_ 603778. html，2012 - 1 - 10。

化、广电和新闻出版三大行业外，全国各地国有文化企业主办单位也各不相同。因此，各文化企业的出资人职责的承担方也分属不同机构，这就必然要求明确界定“文资办”与其他行业主管主办部门、原来的出资人及国家资产管理部门之间的关系。以下以湖北省为例（见表2）。

表2　湖北省直属文化企业出资人及行业主管部门

企业名称	出资人	文化行业行政主管部门
湖北日报报业集团	事业单位，企业化管理	省新闻出版局
湖北长江出版传媒集团有限公司	省财政厅	省新闻出版局
湖北今古传奇传媒有限公司	省文联	省新闻出版局
湖北省电影发行放映总公司	省财政厅	省广电局
湖北知音传媒集团有限公司	省妇联	省新闻出版局
湖北广播电视总台	事业单位，企业化管理	省广电局
湖北省演艺集团	省财政厅	省文化厅
湖北楚天广播电视信息网络公司	省广播电视局	省广播电视局
长江人民艺术剧院	省财政厅	省文化厅

资料来源：本课题组调查，2011－12－10。

按照《中华人民共和国国有资产法》（2008）规定：“国务院国有资产监督管理机构和地方人民政府按照国务院的规定设立的国有资产监督管理机构，根据本级人民政府的授权，代表本级人民政府对国家出资企业履行出资人职责。国务院和地方人民政府根据需要，可以授权其他部门、机构代表本级人民政府对国家出资企业履行出资人职责。”然而，2011年5月，湖北省十一届人大常委会24次会议通过的《湖北省企业国有资产监督管理条例》的第七条指出：“履行出资人职责的机构履行文化企业国有资产出资人职责，负责国有资产基础管理工作，委托有关部门对文化企业的国有资产实施具体监督管理。”根据《湖北省企业国有资产监督管理条例》，显然文化企业出资人代表与具体实施监管的部门是两个部门，客观上必然造成多个出资人代表，既提高了管理成本，又增加了协调难度，必须在国家宏观层面上进行明确规定。界定“文资办”与其他行业部门的关系，既要参考物质生产领域建立国有资产出资人制度的经验，又要结合文化企业国有资产自身的特殊性。总体来说，有以下几条原则。

（1）作为中央政府和省政府监管文化企业国有资产的“特设”机构，“文

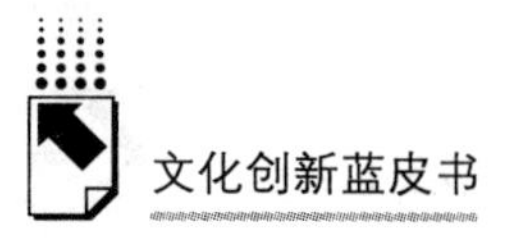

资办”在组织建设和工作机制运行上应相对独立。“文资办”只有拥有了相对独立的法人地位，才能有资格接受政府的委托，承担起国有文化资产的管理职能；（2）“文资办”对文化企业国有资产拥有相对统一的出资人权利。“文资办”只有作为唯一的国有文化资产出资人代表，才能做到职能定位明确、管理成本下降、管理效率提高，同时，便于文化企业在高效、简洁的管理框架下健康、有序的运行。

如果文资办作为企业的“股东”同时兼有国家职能部门的公共职能，则易将国家权力与股东权利相混淆，从而使所有者最终无法人格化。作为国有资产出资人代表的“文资办”必须从一般的公共行政管理职能中脱离出来，运用市场化的机制与手段担当好国有资产出资人的职责，这就要求国有资产出资人机构无论从组织建设还是工作机制上，都有别于一般行政机关，作为相对独立、不受一般公共政府职能约束的“特设”机构而存在。

（二）建立全国统一的国有文化资产管理职能系统（“文资办”系统）

目前，中央和全国各地国有文化资产监督管理的做法不尽相同，主要有三种模式：一是中央模式，设立中央文化企业国有资产监督管理领导小组，中宣部和财政部领导任正副组长，领导小组办公室挂靠在财政部，在领导小组办公室下设“文资办”。江苏、山东、湖南等省基本上采用这一模式（见图1）。

二是上海和深圳模式，宣传部门与国资委合署办公，在省委宣传部设立专门的文化企业国有资产监管办事机构。如图2所示。

三是重庆模式，由市委市政府授权成立重庆市国有文化资产经营管理有限责任公司，负责文化企业国有资产的监管工作，如图3所示。

还有一种是正在筹划中的“北京模式”，北京市对外宣布正在筹划建立北京市文化资产管理委员会。

我们认为，在2011年7月中央“文资办”模式出台之前，地方政府的探索提供了宝贵的经验，但在中央模式确立以后，各地都应该统一到中央模式上来，并比照国资委系统推动建立全国统一的国有文化资产管理职能系统。理由是，中央模式集中体现了2006年《中共中央国务院关于深化文化体制改革的若干意见》（中发［2005］14号），2007年财政部、中宣部、文化部、广电总局、新闻出版总署《关于在文化体制改革中加强国有文化资产管理的通知》（财教

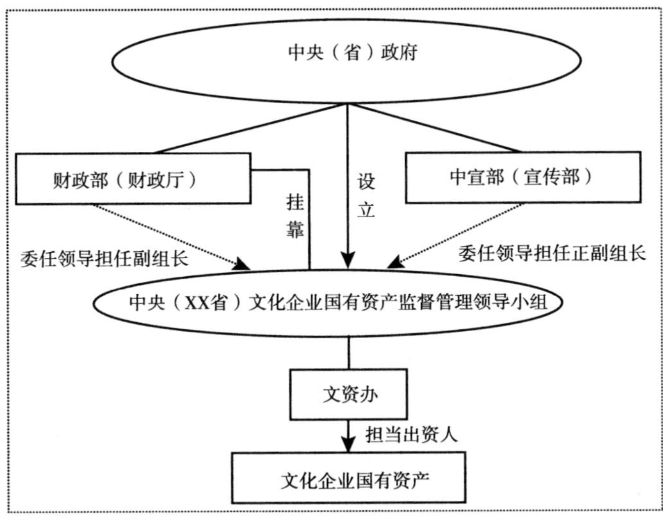

图 1　中央模式示意

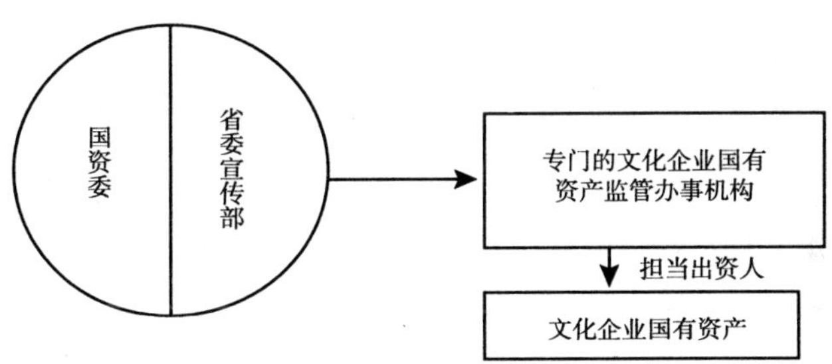

图 2　上海、深圳模式示意

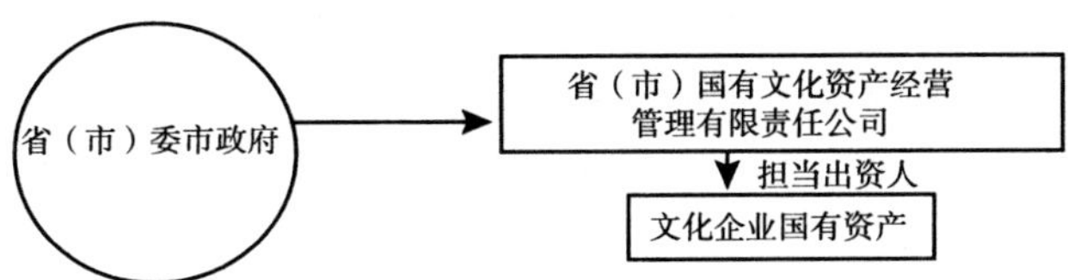

图 3　重庆模式示意

［2007］213 号），2011 年中央机构编制委员会办公室《关于设立中央文化企业国有资产监督管理领导小组办公室的批复》（中央编办复字［2011］289 号）和 2011 年《中共中央关于深化文化体制改革推动社会主义文化大发展大繁荣若干重大问题的决定》的基本精神，具有科学性、包容性和可操作性。

（三）明确“文资办”与文化企业的关系定位

文化企业国有资产监管要求合理设置“文资办”与文化企业的管理边界。因此，“文资办”对文化企业的管理应确立三个基本原则：一是从分散管理转为集中管理；二是从单个事项管理转为决策管理；三是从全面管理转为有限管理。

1. 从理论上明确区分监管权与经营的制度边界

在具体操作层面上，首先，从制度规范上明确建立起政府的管理边界，使文化企业获得相对完整的经营权，从制度上实现政企分开、管理权与经营权分离。以上可归纳为“三个区分”。

（1）区分“国有资产”与“文化企业”。从政策法规上把监管对象明确界定为文化企业的国有资产。从制度上明确将监管对象“资产”与承载“资产”的主体“文化企业”区分开来。区分“资产”与承载“资产”的主体“文化企业”，既有利于规范政府的管理范围，同时也有利于保障文化企业在接受监管过程中依法享有的权利。

（2）区分出资人与经理层的权能范畴。在所有权、资产处置权、收益权和经营权等 4 种主要权能中，从制度上规定出资人对所有权的控制主要体现为对资产处置权和收益权的宏观调控，出资人代表不干涉企业的日常经营管理，文化企业经理层具有相对完整的经营决策权。

（3）区分资产管理中的“重要事项”与“重大事项”。将涉及企业经营权的事项归入“重要事项”范围，对应政府管理职能设置中的“备案管理”，体现信息对称和过程管理的原则要求；将涉及资产所有权、资产处置权和收益权的事项归入“重大事项”，对应政府管理职能设置中的“审批管理”，如收入分配制度、企业负责人考评、投资、担保、产权变动、大额资产减值准备财务核销等，体现为出资人的权利。

2. 区分“文资办”与上市文化企业的管理边界

课题组对上市公司的调查表明，上市文化企业作为“文资办”的管理对象具有特殊性，不能与非上市公司一样实行相同的管理模式。“文资办”所代表的出资人权益可区分为直接权益和间接权益。国家出资文化企业中的国有产权是直接的权益，而国家出资文化企业再投资企业中的国有产权则属于间接的权益，同样，“文资办”的管理责任也分为直接责任和间接责任，在此基础上要区分国家

出资企业与国家出资企业再投资企业的国有产权直接责任主体，前者的责任主体是“文资办”，而后者则是其出资人即国家出资企业。[①]“文资办”只以出资为限承担责任，负有间接管理责任。

3. 明确规范“文资办”的监管程序

在法律上确立与“文资办”股东地位相适应的股东权益，即可归纳为：资产收益、参与重大决策和选择管理者三项基本权利。“文资办”的管理权限应以市场化的“股东权”为限，不超出股东所应拥有的权利，不逾越股东权行使的程序。具体体现为：“文资办”不能代替股东会，更不能代替董事会。“文资办”的“管人”，应仅限于参加文化企业的股东会或股东大会，通过股东会或股东大会推荐和选举董事、监事，决定有关董事和监事的报酬等，避免直接干预经营班子成员的产生；“文资办”的“管事”，应仅限于通过股东会或股东大会决定公司的经营方针和投资计划，对公司的经营提出建议或质询等，不能干预国有企业的日常运营管理工作。此外，由于知情权自然成为资产收益权、选择管理者和重大事项决策权三大权利的基础性保障权利。“文资办”作为国有资产的出资人代表，尤其要注意知情权的行使，通过查阅资料、建立信息共享平台、列席董事会及听取监事会报告等方式，及时、翔实地了解出资企业的经营状况和重大信息，为“文资办”全面履职提供信息保障。

Particularity and Policy Implication of China's Cultural Enterprise State Assets Regulation System

Research Group of Provincially Owned Cultural Enterprise State Assets Regulation System in Hubei Province

Fu Caiwu　Cao Xingguo　Cao Yuyang

Abstract: A guideline to improve the nation's cultural soft power was adopted in the Sixth Plenary Session of the Seventeenth CPC Central Committee and Chinese state

① 石春然：《关于混合所有制下产权界定工作的探讨》，《国有资产管理》2011 年第 4 期。

assets management and supervision authorities had been founded, which marks that the reform of our national culture industry system has entered a critical period of overcoming the bottleneck problems and seeking for a breakthrough. The innovation in guiding ideology, the political guarantee and the strategy routine brought out in this CPC Central Committee, expedites the arrival of the era of culture industry reform and development. In order to keep pace with the strategical progress of our cultural prosperity and development, central and local government vigorously promotes cultrual restructuring as well as accelerates the establishment of the cultural enterprise state assets contributor regulation. But how to handle the particularity of China's cultural enterprise state assets regulation system and how to explore and establish an effective supervision mode based on it, have become an urgent project for deepening the cultrual restructuring and promoting the development of culture industry.

Key Words: Cultural Enterprise; Contributor Regulation; Policy

B.6

国内外公共文化服务绩效评估指标体系的现状及问题

毛少莹　李奇*

摘　要： 本文是国内目前仅见的对国内外文化指标体系进行全面梳理的一次尝试。在此基础上，作者就其中涉及公共文化服务绩效测度的相关指标进行归纳总结和深入分析后指出，迄今为止，国内外尚未形成一套完整的、系统的、成熟的，针对公共文化服务绩效评估的指标体系，要评估我国地方政府公共文化服务体系建设绩效，有必要另行研究、开发一套符合我国国情的公共文化服务绩效评估指标体系；并前瞻性地指出，这样的指标体系必然是具有开创性和探索性的，需要实践与理论的不断互动，以动态发展并不断得到修正补充完善。

关键词： 公共文化服务　绩效评估　指标

引　言

随着我国公共文化服务体系建设的推进，政府公共文化投入的加大，开展公共文化服务绩效评估成为一个紧迫的现实问题，日益受到政府部门、学界和广大人民群众的关注。

绩效评估是现代公共组织管理和企业管理的前沿课题，鉴于公共文化服

---

* 毛少莹，文化部“国家公共文化服务体系建设专家委员会”委员，深圳市特区文化研究中心学术总监，研究员，长期从事文化政策、文化管理、文化产业问题研究。李奇，深圳大学公共管理学院在读硕士研究生。本文是文化部社文司组织开展的“国家公共文化服务体系制度设计研究”重点课题——“公共文化服务绩效指标体系研究”项目拟发表的系列论文之一。

务机构的公益性质及公共财政对公共文化服务的投入，对公共文化服务管理部门、服务机构的绩效评估，大体可以归结为公共组织的绩效评估。回顾历史，对公共组织的绩效问题的关注最早可追溯到20世纪50年代英美等国的预算和审计制度改革。20世纪七八十年代以来，英国、美国、新西兰、澳大利亚等西方国家面对财政困境和社会对政府公共服务需求的扩大，先后掀起了所谓“新公共管理”改革热潮，公共组织绩效评估正是这场改革普遍采取的重要措施。进入90年代，随着“新公共服务”、服务型政府理念的提出，技术更趋成熟的绩效评估成为改进公共组织服务绩效的有效工具而得到了广泛的应用。

公共文化服务的绩效评估对象，既包括作为公共文化服务责任主体的政府文化部门，也包括具体提供公共文化服务的公益性文化事业单位（如图书馆、博物馆、美术馆、文化馆、文化研究机构等），以及其他社会办非营利公共文化服务机构。对接受公共财政资助的公共文化服务机构，其绩效考核的结果，可成为公共文化资源分配的重要依据。

绩效评估的关键，在于建立一套科学的、适当的绩效评估指标体系。为此，我们受深圳市文化局委托，2006年开始，即着手研究公共文化服务绩效评估指标体系问题。2009年，文化部社文司组织开展“国家公共文化服务体系制度设计研究”系列课题，我们承担了其中的重点课题之一：公共文化服务绩效指标体系研究。目前，该项研究基本完成，本文正是该项研究的“副产品”之一，亦是该项研究拟发表的系列论文之一。

一　国内外公共文化服务绩效评估指标现状及特点

国内外涉及公共文化服务绩效的各种评比或评估不少，其中，国内传统的一些行业评估、政府财务审计，以及新兴的政府绩效评估对公共文化服务绩效评估指标的建构都十分富有启发及借鉴意义。显然，为便于未来绩效指标的建立，以及绩效评估工作的开展，新建指标与原有各类指标之间应有必要的“衔接”。因此，这里对现有各类已经在“施行”的评估进行总结归纳，并简单列举相关评估及主要指标如表1及表2所示。

表 1　国内现有涉及地方政府公共文化服务绩效的各类评估一览

序号	名称	主要涉及内容	评估主体	性质
1	政府绩效评估（多个地方政府已经开展）	政府整体绩效，涉及文化行政部门绩效	政府绩效办（各地名称不一）	绩效评估（多在政府内部进行）
2	财务审计	财政文化投入绩效	地方政府审计部门	传统财务审计
3	公务员考核（官员晋升考核）	公共文化管理部门公务员绩效	地方人事部门	传统人事考核
4	《全国文明城市测评体系》	涉及图书馆、文化馆等领域绩效	中央文明办	行业评优
5	《全国文化先进单位评选标准》	涉及文化投入、文化活动等领域绩效	文化部	行业评优
6	《国家公共文化服务体系示范区创建标准》	涉及公共文化网络设施建设，公共文化服务供给，公共文化服务组织支撑，资金、人才和技术保障措施落实和公共文化服务评估等领域绩效	文化部	行业评优
7	《公共图书馆评估定级标准》	涉及图书馆服务绩效	文化部	行业评估
8	《文化馆等级必备条件和评估标准》	涉及文化馆服务绩效	文化部	行业评估
9	《博物馆评估暂行标准》和《博物馆评估标准评分细则》	涉及博物馆服务绩效	文化部	行业评估

综上，国内涉及公共文化服务绩效的文化指标主要如表 2 所示。

表 2　国内涉及公共文化服务绩效评估的主要指标一览

类别	序号	指标名称	出处
1. 公共文化投入	1.1	文化事业费占财政支出比例	各地政府统计材料——《国民经济与社会发展公报》
	1.2	文化事业基本建设投资占基本建设投资的比例	各地政府统计材料——《国民经济与社会发展公报》
	1.3	近 3 年每年文化事业费增幅不低于当年同级财政经常性收入的增幅	《全国文化先进单位评选标准》

续表

类别	序号	指标名称	出处
1. 公共文化投入	1.4	近三年文化投入不低于同级财政支出的增长幅度	《国家公共文化服务体系示范区创建标准》
	1.5	人均文化事业费	《全国文化先进单位评选标准》、《国家公共文化服务体系示范区创建标准》
2. 公共文化基础设施	2.1	公共图书馆、文化馆等级	《全国文化先进单位评选标准》、《全国文明城市测评体系(试行)》、《国家公共文化服务体系示范区创建标准》
	2.2	综合文化站的标准及总数	《全国文化先进单位评选标准》、《全国文明城市测评体系(试行)》、《国家公共文化服务体系示范区创建标准》
	2.4	社区(行政村)文化活动室(文化广场)的建设标准、总数、面积及覆盖率	《全国文化先进单位评选标准》、《全国文明城市测评体系(试行)》
	2.5	文化信息资源共享工程基层点建设标准	《全国文化先进单位评选标准》
3. 公共文化产品及服务	3.1	公共图书馆、文化馆、博物馆和文化站等公共文化设施电子阅览室免费开放情况、每周开放时数	《全国文化先进单位评选标准》、《国家公共文化服务体系示范区创建标准》
	3.2	专业或业余文艺表演团队每年在当地的演出场数	《全国文化先进单位评选标准》
	3.3	老年大学总数	《全国文化先进单位评选标准》
	3.4	社区(行政村)每月观看的电影、戏剧或文艺演出场数	《全国文化先进单位评选标准》、《国家公共文化服务体系示范区创建标准》
	3.5	弱势群体和特殊群体的文化活动区域、服务项目	《全国文化先进单位评选标准》、《国家公共文化服务体系示范区创建标准》
	3.6	图书馆每年下基层服务的次数	《国家公共文化服务体系示范区创建标准》
	3.7	文化馆每年组织的流动演出场数和流动展览场数	
		文化信息资源共享工程覆盖率	

续表

类别	序号	指标名称	出处
3. 公共文化产品及服务	3.8	图书馆人均购书费	《全国文化先进单位评选标准》
	3.9	图书馆人均藏书量	
4. 社会参与及文化活动	4.1	民族传统节日组织的群众文化活动场数	《全国文明城市测评体系(试行)》
	4.2	业余文化活动团体的数量(支/街道)	
	4.3	建立社区居委会群众业余文化活动辅导员的注册登记制度	
	4.4	≥80%的社区居委会有群众业余文化活动辅导员,并能正常开展活动	
	4.5	群艺馆、文化馆定期对群众业余文化活动辅导员进行培训	
	4.6	区级大型广场文化活动次数(次/年)	
	4.7	群众文化活动参与率	《国家公共文化服务体系示范区创建标准》
	4.8	人均文体活动时间	
5. 文化遗产保护	5.1	每年非物质文化遗产保护专项经费	《全国文化先进单位评选标准》、《全国文明城市测评体系(试行)》
	5.2	文化遗产保护管理制度完善,有效落实文物工作"五纳入"规定	《全国文明城市测评体系(试行)》
	5.3	有专门的人员配备和经费投入	
	5.4	文化遗产定期维护,保存完好率达≥95%	
6. 人才队伍	6.1	文化文物机构从业人员总数	《中国文化文物统计年鉴》
	6.2	中级职称人数	
	6.3	高级职称人数(人)	
	6.4	综合文化站、(社区)行政村中在编文化管理人员人数	《国家公共文化服务体系示范区创建标准》
	6.5	市级文化单位业务人员占职工总数(%)	
	6.6	县级文化事业业务人员占职工总数(%)	

续表

类别	序号	指标名称	出处
7. 领导班子的重视	7.1	文化工作纳入当地国民经济和社会发展总体规划，纳入财政预算，文化设施建设纳入城乡建设整体规划。将文化建设纳入党委、政府目标管理责任制，作为考核各级领导干部工作实绩的重要指标	《全国文化先进单位评选标准》、《国家公共文化服务体系示范区创建标准》
	7.2	制定加快文化事业发展的政策措施，积极落实国家关于文化发展的各项政策措施和促进文化建设的税收、土地等优惠政策	
	7.3	组织协调文化、发展改革、财政、人事编制、公安、工商等部门，建立有效的工作协调机制，明确职责，加强协作，共同做好文化工作	
8. 公众满意度（低于50%，一票否决）	8.1	群众对政府建设公共文化设施的满意程度	《全国文化先进单位评选标准》、《全国文明城市测评体系（试行）》、《国家公共文化服务体系示范区创建标准》
	8.2	群众对公共文化产品的满意程度	
	8.3	群众对公共文化服务的满意程度	

说明：各地政府绩效评估中，涉及文化部门但与其他部门绩效评估相同的绩效指标，如“政令畅通”等未列入。

国外也有不少文化指标体系涉及公共文化服务领域。不过，由于国外在设立相关文化指标及开展统计时，通常并不严格区分营利性的所谓文化产业与非营利的公共文化事业（“文化事业”如同“公共文化服务”一样，是一个有中国特色的概念，国外通常将相应的内容称为“公共文化”、“文化服务”等），因此，这里限于资料及篇幅，仅将联合国教科文组织（UNESCO）、经合组织（OECD）及欧盟（EU）的文化统计框架及其中部分我们认为主要与“公共文化服务绩效”相关的指标挑选整理如表3及表4所示。

上述指标具有如下一些共同的特点。

1. 量化（硬性）指标与非量化（软性）指标相结合

由上述国内外的一些文化指标可见，我们可对一些文化硬件设施（如文化馆面积）、公共产品的数量、使用率等（如“公共图书馆藏书册数”、“外借率”），采用量化（硬性）指标；但由于文化的精神属性，对一些难以量化的测

表 3　国际组织文化指标框架一览

<table>
<tr><th rowspan="2">类别</th><th rowspan="2">序号</th><th rowspan="2">指标名称</th><th colspan="7">功能（文化活动、文化产品、文化服务的功能）</th><th rowspan="2">出处</th></tr>
<tr><th>创造</th><th>生产</th><th>销售</th><th>展览/接待</th><th>消费</th><th>档案/保存</th><th>教育/理解</th></tr>
<tr><td rowspan="7">1. 核心文化领域</td><td>1.1</td><td>文化和自然遗产（包括无形文化遗产和非物质文化遗产）</td><td></td><td></td><td></td><td></td><td></td><td></td><td></td><td rowspan="15">联合国教科文组织文化统计简化框架</td></tr>
<tr><td>1.2</td><td>演出和庆典</td><td></td><td></td><td></td><td></td><td></td><td></td><td></td></tr>
<tr><td>1.3</td><td>视觉艺术</td><td></td><td></td><td></td><td></td><td></td><td></td><td></td></tr>
<tr><td>1.4</td><td>工艺品和设计</td><td></td><td></td><td></td><td></td><td></td><td></td><td></td></tr>
<tr><td>1.5</td><td>图书和出版</td><td></td><td></td><td></td><td></td><td></td><td></td><td></td></tr>
<tr><td>1.6</td><td>声像艺术和数字媒体</td><td></td><td></td><td></td><td></td><td></td><td></td><td></td></tr>
<tr><td>1.7</td><td>传统和地方知识</td><td></td><td></td><td></td><td></td><td></td><td></td><td></td></tr>
<tr><td rowspan="3">2. 相关文化领域</td><td>2.1</td><td>旅游</td><td></td><td></td><td></td><td></td><td></td><td></td><td></td></tr>
<tr><td>2.2</td><td>运动</td><td></td><td></td><td></td><td></td><td></td><td></td><td></td></tr>
<tr><td>2.3</td><td>休闲</td><td></td><td></td><td></td><td></td><td></td><td></td><td></td></tr>
<tr><td rowspan="5">3. 外围文化产品</td><td>3.1</td><td>文化设备</td><td></td><td></td><td></td><td></td><td></td><td></td><td></td></tr>
<tr><td>3.2</td><td>文化用品</td><td></td><td></td><td></td><td></td><td></td><td></td><td></td></tr>
<tr><td>3.3</td><td>广告</td><td></td><td></td><td></td><td></td><td></td><td></td><td></td></tr>
<tr><td>3.4</td><td>软件</td><td></td><td></td><td></td><td></td><td></td><td></td><td></td></tr>
<tr><td>3.5</td><td>玩具和游戏</td><td></td><td></td><td></td><td></td><td></td><td></td><td></td></tr>
<tr><th>类别</th><th>序号</th><th>领域</th><th colspan="8">出处</th></tr>
<tr><td rowspan="7">文化的经济和社会指标</td><td>1</td><td>文化产业增加值</td><td colspan="8" rowspan="7">经济合作与发展组织（OECD）的文化核算框架</td></tr>
<tr><td>2</td><td>文化就业</td></tr>
<tr><td>3</td><td>文化贸易</td></tr>
<tr><td>4</td><td>政府文化投资</td></tr>
<tr><td>5</td><td>私人部门文化投资</td></tr>
<tr><td>6</td><td>家庭文化消费</td></tr>
<tr><td>7</td><td>文化参与</td></tr>
<tr><th>类别</th><th>序号</th><th>领域</th><th colspan="8">出处</th></tr>
<tr><td rowspan="8"></td><td>1</td><td>文化遗产</td><td colspan="8" rowspan="8">欧盟（EU）文化统计框架</td></tr>
<tr><td>2</td><td>档案馆</td></tr>
<tr><td>3</td><td>图书馆</td></tr>
<tr><td>4</td><td>图书和出版</td></tr>
<tr><td>5</td><td>视觉艺术</td></tr>
<tr><td>6</td><td>建筑艺术</td></tr>
<tr><td>7</td><td>表演艺术</td></tr>
<tr><td>8</td><td>声像和多媒体</td></tr>
</table>

表 4　世界各国文化现代化指标中涉及文化绩效的部分指标一览

类别	序号	指标名称	出处
1. 文化设施	1.1	图书馆读者率(公共图书馆读者人次/100 人)	联合国教科文组织(UNESCO)《世界文化报告》
	1.2	博物馆参观率(博物馆的参观人次/100 人)	
	1.3	广播普及率(%)	
	1.4	图书馆、档案馆的数量、藏书、藏量、借阅人次	UNESCO 及其《统计年鉴》
	1.5	博物馆、美术馆的数量、参观人次	
	1.6	公园、纪念馆等的数量、参观人次	
	1.7	文化活动中心数量、参加活动人次	
	1.8	世界文化遗产数量、参观人次、参观收入	
	1.9	无形文化遗产(非物质文化遗产总数)、保护、参观	
	1.10	文化组织数量、参加人次	
	1.11	电视普及率(%)	世界银行(WD)《世界发展指标》
	1.12	计算机普及率(%)	
	1.13	互联网普及率(%)	
	1.14	宽带网普及率(%)	
	1.15	人均互联网带宽(比特)	
2. 文化产业	2.1	文化产业比例(文化产业增加值/GDP,%)	联合国贸易和发展大会公报
	2.2	文化就业比例(文化产业就业/总就业,%)	
	2.3	文化消费比例(家庭文化消费/GDP,%)	经济合作与发展组织(OECD)报告
	2.4	文化 GDP、人均文化 GDP	UNESCO 及其统计年鉴
	2.5	文化就业人数、比例、结构、志愿者	
	2.6	文化消费总量、人均文化消费、文化消费结构、文化消费比例	
	2.7	文化贸易量、人均文化贸易量、文化贸易结构、文化贸易比例	
	2.8	新闻、书报刊、音像和电子出版、版权	
	2.9	广播电视普及率、电视普及率、电视节目	
	2.10	电影和电影院的数量、观看人数、进口、录像带、摄影	
	2.11	演出和庆典表演、音乐、节日、音像用品	
	2.12	计算机、互联网用户和网络文化服务	
	2.13	其他文化用品和设备的生产和销售等	
	2.14	日报发行比例(份/1000 人)	

续表

类别	序号	指标名称	出处
2. 文化产业	2. 15	图书印数比例(册/100 人)	UNESCO《世界文化报告》
	2. 16	图书出版种类比例(种/10 万人)	
	2. 17	电影产量比例(部/100 万人)	
	2. 18	人均年看电影次数(次)	
	2. 19	人均录音制品销售(美元)	
	2. 20	文化服务贸易比例(文化服务贸易/GDP,%)	联合国贸易和发展大会公报
	2. 21	人均文化服务贸易(美元)	
3. 文化政策	3. 1	政府文化支出(政府文化支出/政府支出,%)	经济合作与发展组织
	3. 2	国际文化公约(17 个国际文化公约的批准)	《世界文化报告》
	3. 3	文化现代化指数、转移概率	《中国现代化报告》
	3. 4	文化竞争力、转移概率	
	3. 5	文化影响力、转移概率	
	3. 6	政府文化投资	联合国教科文组织及其统计年鉴
	3. 7	政府文化支出	
	3. 8	文化税收	

说明：在北京大学出版社出版的《中国现代化报告 2009》中，中国现代化战略研究课题组在世界文化现代化研究中，基于国际组织、政府统计机构和一些学术机构组织开展的社会调查所获得的统计资料，按文化领域与分析层次或文化领域与文化功能两个维度分类，根据数据的可获得性和指标的重要性，确定了 98 个涉及文化的定量指标作为文化现代化的分析变量。由于我国与世界其他国家在公共文化服务与文化产业等方面的内容有些是交叉的，因此，本表主要依据我国的公共文化服务界定范围，选取了表中的指标作为参考。

度对象，如“文化满足人们需求的状况”（满意度）、“文化对价值观的影响”等，只能采用非量化（软性）的指标，并以专家评定、公众调查等方式，采取确定其评估等级的方式，进行“知其不可为而为之”的测度。

2. 共性指标与个性指标相结合

对文化部门的绩效评估，与对政府其他部门的绩效评估一样，存在共性问题，也存在个性问题。对一些政府部门具有共性的问题，如“依法行政”、“政令畅通”等，可采用与其他政府部门绩效评估一致的指标，或直接纳入政府绩效评估中进行评估。而对文化部门特有的个性问题，如独特的文化内容、特有的精神产品性质等，则应采用专门的文化指标进行评估。

3. 引入公民满意度

由已有指标可见，不同公共领域的绩效评估，均先后引入了公民满意度指标，以不同的方式，引入公民评议政府、第三方评议政府等，以体现政府的公共服务职能。显然，文化领域也不例外。换言之，“公民满意度”应是未来公共文化服务绩效评估的重要指标。

4. 因地制宜确定适当的指标值

就我们的研究所搜集整理的各类指标来看，不同的指标制定主体、不同的“评估需求”、“评估对象”及其不同的发展状况，均影响指标体系的构建及指标衡量值的选取。换言之，公共文化服务绩效指标体系的构建，应当根据本地实际发展水平、公共需求状况，选择适当的指标并确定适当的指标值。

上述指标及其探索，无疑，为研制公共文化服务绩效指标提供了一定的基础。

二　公共文化服务绩效指标所存在的问题及建构新指标体系的必要性

然而，现有指标就我国开展地方政府公共文化服务绩效评估而言，也存在诸多问题，主要表现如下。

1. 尚不存在成熟、权威的公共文化服务绩效指标

根据目前研究的情况来看，已有的各类文化指标对文化或文化服务、文化产品的规模、使用率、影响、意义进行了多角度的探索，其中部分指标也涉及公共文化服务绩效评估，但是，国内外均尚不存在成熟、权威的公共文化服务绩效指标，当然，也更谈不上有一套完整的指标能与我国公共文化服务绩效评估要求完全吻合。因此，公共文化服务绩效指标的建构，将是一项充满探索性与开创性的工作。

2. 公共文化服务各领域指标发展不均衡

由已有情况看，公共文化服务各领域的指标发展程度不一，整体状况不均衡。如公共图书馆服务是典型的公共文化服务，由于其较长的发展历史以及较成熟的管理与服务，关于公共图书馆服务的绩效指标探索较早，现有指标也比较完善，实际应用积累的经验也十分丰富，基本上可以采用“拿来主义”的做法，而无需另行研制。但是，文化馆、博物馆、乡镇文化站、城市社区文化中心等其他领域，则比较落后，很多领域欠缺文化指标，更谈不上实际操作评估的经验。

因此，未来公共文化服务绩效指标的研制，应区分这一状况，进行必要的重点突破，而非平均用力，以提高研究工作自身的绩效。

3. 现有文化指标与我国文化统计不吻合，难以获得相关的指标值

任何文化指标，其“指标值”的获取，都需要相关的文化统计的支持。目前可见的文化指标，国内除了部分指标外，其他很多指标，由于行业分类、统计口径、方法等的不同，很难获得我国现有文化统计的必要支撑，当然也就得不到相关的指标数值。这一状况的客观存在，为我们选择公共文化服务指标，提出了一定的“约束”条件。换言之，公共文化服务绩效指标的选取，与现有文化统计之间的关系，是我们进行绩效指标研究中需要考虑的重要问题。

4. 指标的可比性不强

理论上讲，任何指标都应具有一定的可比性，以便其测度、评估的结果，可进行评估对象自己与自己、或自己与其他对象的比较，从而得出比较科学的评估结论。然而，就目前的情况看，由于世界各国文化统计口径不一、统计技术不同，现有文化指标的可比性不强。在这种情况下，如何“赋予”绩效指标必要的“可比性”成为绩效评估指标体系建构的难点问题。

5. 衡量文化绩效涉及不同的价值诉求，具有一定的民族、国家、地域特性

从已有的文化指标我们也不难看出，对于文化这一特殊领域，不同民族国家的民众，对于文化服务、文化产品本身的生产提供，具有不同的价值观、审美倾向等要求，自然，对其所产生的“绩效”的衡量，同样与是否符合受众、消费者的价值观、审美观相关。换言之，文化服务绩效指标的构建，具有一定的民族、国家、地域特性，绩效指标的选取和相关指标值的确定，应适当考虑这一特性。

6. 现有指标与现代“绩效理论”的要求不符

现有各类指标，多为测量文化发展水平、文化竞争力、文化福利等的指标，多趋于对文化的一种“静态”、“断面”式的测度。这些指标，与现代“绩效理论”所要求的“动态的”，既注重效率又注重效果的指标要求并不符合。

由此可见，迄今为止，国内外尚未形成一套完整的、系统、成熟的，针对公共文化服务绩效评估的指标体系。现有文化指标对绩效评估来说，有的类型的指标不足、有的类型的指标多余。要评估我国地方政府公共文化服务体系建设绩效，必须另行研究，富有开创性地开发、构建一套符合我国国情的公共文化服务绩效评估指标体系。而且，可以预料的是，这套指标体系必然是探索性的、需要实践不断修正的、开放的、动态发展的指标体系。更进一步，我国若能在文化绩效指标体系领域领先发展，有望为世界各国开展文化绩效评估提供有益经验。

Current Situation and Problems of Public Culture Service Performance Evaluation Index System at Home and Abroad

Mao Shaoying　Li Qi

Abstract: This paper is the one and only attempt made in China to reorganize and analyze the domestic and overseas culture evaluation index systems comprehensively. Based on the comprehensive summary and deep analysis of some index related to public culture service performance measurement, the author points out that by far there is no integrated systematic and mature performance evaluation index system pertinent to public culture service at home and abroad. In order to assess the performance of local government's construction devotion in public culture service, a public culture service performance evaluation index system, which is based on China's national conditions, should be researched and developed. This paper prospectively points out that this evaluation index system must be innovative and explorative, needs continual interaction between theory and practice and constant improvement until it reaches perfection.

Key Words: Public Culture Service; Performance Evaluation; Index

B.7

关于华夏历史文明传承创新区建设的思考

王玉印* 张新斌 李同昌 杨柳依 王 男

摘 要： 华夏历史文明传承创新区是国务院批准的中原经济区建设的五大战略定位之一。本文针对华夏历史文明传承创新区概念和建设华夏历史文明传承创新区的基础条件，对如何建设华夏历史文明传承创新区、建设什么样的华夏历史文明传承创新区展开讨论，并对华夏历史文明传承创新区建设的战略定位、前景展望、主要任务和发展路径选择提出一些新的见解。

关键词： 华夏历史文明传承创新区 建设 思考

“文化是民族的血脉，是人民的精神家园。”这是中国共产党十七届六中全会全面分析当前形势和任务后作出的重要判断。华夏历史文明传承创新区是国务院新近批准的中原经济区建设的五大战略定位之一。《国务院关于支持河南省加快建设中原经济区的指导意见》明确提出：建设“华夏历史文明传承创新区。传承弘扬中原文化，充分保护和科学利用全球华人根亲文化资源；培育具有中原风貌、中国特色、时代特征和国际影响力的文化品牌，提升文化软实力，增强中华民族凝聚力，打造文化创新发展区”。那么，充分利用河南的历史文化优势，来建设和发展华夏历史文明传承创新区，是中原经济区建设的基本要求，也是摆在河南有关部门面前的重要任务。本文针对为什么要建设华夏历史文明传承创新区、建设什么样的华夏历史文明传承创新区、如何建设华夏历史文明传承创新区等问题展开讨论，并提出自己的粗浅认识。

---

* 王玉印，河南省文化产业发展和体制改革办公室处长，主要研究方向为文化产业和文化管理。

一　华夏历史文明传承创新区的概念与基础条件

（一）对华夏历史文明传承创新区概念的理解

华夏历史文明传承创新区，是传承和弘扬中原优秀历史文化，让广大人民群众充分共享文化遗产保护利用成果，增强文化自觉和文化自信，提升区域软实力，适应“三化”协调发展内在要求，为中原经济区建设提供强大精神动力和智力支持的重要平台。其中心内涵是充分挖掘、研究、展示河南作为华夏文明之源、中华民族之根的文化资源优势，创新保护开发利用模式，探索华夏历史文明与社会经济和谐交融、良性互动新路径，为华夏文明的传承与创新、社会主义核心价值体系的构建与弘扬提供战略支撑，走出一条由文化资源大省向文化强省跨越、文化引领推动经济社会快速发展的新路子。其延展内容包括以华夏历史文化内涵为主题，以世界文化遗产和非物质文化遗产项目为龙头，以一批大遗址公园和文化生态保护区为依托，以国家文物保护单位、古都名城和以河南博物院为首的博物馆网络为基础，以高新技术和改革创新为手段，整合各类优势资源，做强文化旅游业，做细商（殷商）文化、大宋文化、三国文化和功夫文化，形成一大批拳头文化项目和知名文化品牌，打造一批世界级的文化旅游目的地，形成一组中华历史文化的保护示范区、集中展示区和开发利用试验区，建设中原国际文化交流平台，造就中华民族的精神家园，使全国人民和世界华人都能在这里找到自己的文化归属地和心灵故乡，以最大限度地增强中华民族的凝聚力和认同感。

（二）建设华夏历史文明传承创新区的基础条件

国务院提出在中原经济区建设华夏历史文明传承创新区，并把它作为中原经济区的五大战略定位之一。这在国家所有已批准的经济区建设规划中是第一次。而且《国务院关于支持河南省加快建设中原经济区的指导意见》开头即明确指出：“中原地处我国中心地带，是中华民族和华夏文明的重要发源地。”这充分说明国家对河南作为华夏历史文化资源大省的认可和肯定，也说明国家对文化引领经济社会发展的高度认知。那么，建设华夏历史文明传承创新区，河南省具备什么样的基础条件？我们认为有如下几点。

1. 河南历史文化资源广博丰厚、潜力巨大

早在数十万年前，中原地区便已有了人类活动的足迹。河南是中华民族的重要发祥地，是中华龙文化、姓氏文化、农耕文化、汉字文化、礼制文化、道教和佛教文化的起源地或发展地，是中国都城文化的源头。自夏朝至北宋3000多年间，共有200多位帝王建都或迁都于河南，夏、商、东周、东汉、曹魏、西晋、北魏、北宋、金等朝代，均以河南为政治中心。中国八大古都中，郑州、安阳、洛阳、开封名列其中。河南是中华姓氏的主要发源地，起源于河南的古今姓氏约1500个之多。河南名人辈出，群星璀璨，在“二十四史”中有“列传”者5700余人。全省现已查明有价值的不可移动文物7万余处，其中世界文化遗产3处、全国重点文物保护单位189处、省级文物保护单位1047处，国家历史文化名城8个、历史文化名镇（村）8个，国家考古遗址公园5处，博物馆150余座；馆藏文物达140万余件。河南还有省级非物质文化遗产200余项，有国家级非物质文化遗产88项。河南以其丰富的文物古迹被誉为露天的“中国历史博物馆”，“根在河洛”、“根在中原”得到了海内外炎黄子孙的普遍认同。河南历史文化资源在全国具有重要地位、影响以及独特优势，是促进全省经济社会发展、中原经济区建设和华夏历史文明传承创新区建设的重要战略资源。

2. 中原文化源远流长、影响深远

中原文化的众多因子已经熔铸在中华民族的生命之中。发端于河南的龙文化，使华夏民族的图腾成了世界华人的集体形象；发端并成型于河南的汉字，至今仍然是我们离不开的首要工具，是传承和弘扬中华文化的重要载体，是中华民族的基本标识，也是中华文明的显著标志，并对东亚等国文字文化有巨大而深远的影响；最早的原始瓷器发现于河南，宋代五大名窑中的汝窑、钧窑、官窑均产于河南，河南是我国陶瓷文化的圣地，而“瓷器”在英文中也成了中国的代名词；在医学的发展中，东汉南阳人、医圣张仲景所著《伤寒杂病论》是我国第一部理、法、方、药完备的经典著作，中医至今还在深刻影响着我们的生活，而且已经得到世界多个国家的认可。发轫于中原的“四大发明”，成为我们这个文明古国的重要符号。

河南的人文精神也广受关注，河南人不但拥有愚公移山精神，还有红旗渠精神、焦裕禄精神，新时期的“三平精神”也得到广泛认同。近年来，河南省不断强化中原文化精品意识，培育并推出了一大批具有河南特色、在社会上叫得响、在全国有影响的文化精品和知名品牌。河南文化对外展览遍布五大洲，涉及14个国家和地区，特别是2010年在日本成功举办的“华夏文明之源——河南文物珍宝展”，产生了积极的社会影响。通过“中原文化港澳行”、“中原文化欧洲行”等一系列活动，叫响“少林武术”、“河南杂技”、“文字文化”、“根亲文化”等河南特色品牌，不断强化了中原文化的国际影响力。

3. 河南文化发展态势愈来愈好、氛围愈来愈浓

河南积极构建覆盖全社会的公共文化服务体系，实施文化设施建设覆盖工程，相继建成了中国文字博物馆、艺术中心、体育中心等一批标志性文化设施。文化信息资源共享、社区和乡镇综合文化站、广播电视村村通、农村电影放映、农家书屋等五大文化惠民工程广泛推进。积极探索公共文化服务新途径，开展形式多样的公共文化服务，不断提升公共文化服务水平。全省符合条件的104座公共博物馆、纪念馆全部实现免费开放，年接待观众达2000多万人次。广泛开展“先进文化进基层”、“欢乐中原”、“舞台艺术送农民”等群众文化活动，受到基层群众普遍欢迎。全省文化产业呈现出快速增长的良好态势，文化产业增加值由2005年的339.64亿元增加到2010年的600多亿元，年均增速达到17%以上；组建了4家大型文化企业集团；一批重大文化产业项目产生了良好的社会效益和经济效益；民营文化企业迅速发展；文化产业招商引资成效明显；现代科学技术在文化发展中得到积极应用，新兴文化业态快速发展。

4. 河南经济社会发展基础坚实、活力充沛

河南正在成为全国重要的经济增长板块，在不断加快推进经济转型、结构调整等方面取得较大突破，综合实力、核心竞争力明显提高。河南经济总量在全国排名第五，在中部地区排名第一。城乡人民生活水平与居民可支配收入不断提高，文化消费需求不断增加。河南的社会事业全面进步，城乡差距缩小，社会保障体系趋于完善，社会主义民主法制逐步健全，经济与社会管理能力不断增强。中原城市群潜力巨大，并具有强大的辐射带动能力，在交通、金融、物流、会展、创意、旅游等现代服务业中具有突出优势。“三化”协调发展稳步进行，在新农村建设与县域发展过程中，正在加速推进产业升级、城镇化、新型工业化与对外开放的进程，具有较强的县域经济活力。河南拥有1亿人口，占全国的近1/10，正处于城镇化和消费结构加速升级阶段，内需市场空间广阔，发展活力和后劲不断增强，发展潜力逐步显现，文化产业发展具有较强的经济基础和巨大的

发展潜力。

这些都为华夏历史文明传承创新区建设提供了很好的基础条件。

二　为什么要建设华夏历史文明传承创新区

为什么要建设华夏历史文明传承创新区，或者说建设华夏历史文明传承创新区具有什么样的意义，也是我们要回答的问题。我们认为，推进华夏历史文明传承创新区建设，对于建设中原经济区、实现中原崛起，具有重要的现实意义和长远的战略意义。

1. 有利于社会主义文化大发展大繁荣

中原传统文化固有的“有容乃大”的包容精神、“自强不息”的奋斗精神、“和而不同”的共生精神、“精忠报国”的爱国精神、“中庸兼爱”的宽厚精神、“恋家念祖”的内聚精神，是建设社会主义核心价值体系的文化基础，也是有中国特色社会主义根基所在。以根文化为代表的中原文化对于增强海内外同胞的向心力、增强中华民族的凝聚力和认同感、推动两岸关系和平发展具有不可替代的作用。建设华夏历史文明传承创新区，对有效吸收海内外各方面的积极力量，推动社会主义文化大发展大繁荣是极大的促进。

2. 有利于传承与弘扬中华优秀传统文化

以河南为主体的中原地区是中华民族的摇篮和血脉之根，是华夏历史文明的重要发祥地和核心地带。这里孕育和产生的众多思想学说，铸就了中华传统文化的灵魂，深刻影响着中华民族精神的形成。建设华夏历史文明传承创新区，有利于挖掘吸收中原文化精髓，传承中国优秀传统文化，充分发挥中原地区华夏文明之源、中华民族之根的优势，在促进祖国统一和中华民族伟大复兴中发挥巨大作用。

3. 有利于发挥和增强文化对经济社会的推动力

要建设中原经济区，实现跨越式发展，走在中部崛起前列，为全国大局作出更大贡献，河南必须发挥得天独厚的文化资源优势。近年来，河南坚持实施文化强省战略，大力推进文化体制改革、文化事业和文化产业发展，文化实力和影响力稳步增强。全省文化产业增加值年均增长超过 GDP 增长速度，河南历史文化助推河南旅游每年以 25% 的增长速度快速发展。积极探索历史文化资源保护、开发、利用的新思路、新途径、新方法，推动资源优势向产业优势转移，打造一批具有国际影响力的文化品牌，推动文化产业成为国民经济支柱性产业。把河南建设成为全国文化综合改革示范区，可以带动中原经济区产业结构与经济结构调整、优化、升级。

4. 有利于提升中原文化的软实力

河南文化资源丰富厚重，是最具竞争力的优势资源之一，是建设中原经济区的强大精神动力。中原文化中绵延数千年、生生不息的人文精神，滋养了河南人勤劳、朴实、肯干、厚道的民风，造就了河南人普普通通、踏踏实实、不畏艰险、侠肝义胆的形象，形成了河南包容、宽容、和谐、和睦的良好氛围，铸就了河南大气、正气、平实的良好品格。建设华夏历史文明传承创新区，可增强中原文化的传播力和影响力，增强河南发展的软实力和支撑力，推动中原文化走向世界，为中原经济区建设提供强大的精神动力。

5. 有利于促进社会和谐发展

中原历史文化中蕴含着以和为贵、和而不同、和以处众、内和外顺等丰富的和谐思想，是构建和谐中原的精神源泉。建设华夏历史文明传承创新区，有利于传播和谐文化、弘扬以爱国主义为核心的民族精神和以改革创新为核心的时代精神，构建符合传统美德和时代要求的道德和行为规范，培育奋发进取、理性平和、开放包容的社会心态，大力倡导敬业诚信、创新创业、劳动致富、团结互助的社会风尚，形成扶正祛邪、惩恶扬善的社会风气，营造社会和谐人人参与、和谐社会人人共享的社会氛围。

三　建设华夏历史文明传承创新区必须要处理好的几个关系

继承和弘扬中华优秀传统文化、凝聚中华民族的灵魂与力量，是建设有中国特色的社会主义物质文明和精神文明的历史使命与现实需要。一个地区，一个民族，只有坚守共有的精神文化家园，才会具有向心力、凝聚力和创造力，才会不断地产生和强化民族自豪感与自信心。

建设华夏历史文明传承创新区必须高举中国特色社会主义伟大旗帜，以邓小平理论和“三个代表”重要思想为指导，深入贯彻落实科学发展观，坚持社会

主义先进文化前进方向，认真落实《中共中央关于深化文化体制改革推动社会主义文化大发展大繁荣若干重大问题的决定》、《国务院关于支持河南省加快建设中原经济区的指导意见》和《中原经济区建设纲要》的总体要求，以华夏历史文明传承与创新为主题，以建设社会主义核心价值体系为根本任务，不断深化文化体制改革，推动创新发展，完善公共文化服务体系，做大做强文化产业，努力建设全球华人根亲文化圣地、中国文化遗产保护传承示范基地、华夏历史文化交流重要平台、全国文化创新发展地和国际旅游目的地，打造在全国有影响的文化创新发展区，培育高度的文化自觉和自信，提升区域文化软实力。

在此基础上必须要处理好以下几个关系，做到以下几个协调。

1. 处理好事业与产业的关系，做到事业与产业发展相协调

坚持公益性发展方向，坚持以人为本原则，把人民大众的利益放在更加重要的位置，坚持传承创新成果为人民大众所共有共享，努力为最广大人民群众提供更多、更丰富、更优质的文化产品和服务。始终将社会效益放在首位，尽可能扩大开放范围。同时要坚持统筹兼顾、改革创新，积极探索文化资源利用模式，大力发展文化产业，并形成新的业态，探索有机统一的文化事业和文化产业发展机制，进一步推动河南省文化产业全面协调可持续发展，不断增强河南省的文化实力和竞争力。

2. 处理好保护与开发利用的关系，做到保护与开发利用相协调

要处理好文化资源保护和开发利用的关系，正确把握文化遗产保护和文化产业、旅游产业发展之间的关系。加强历史文化资源保护，抓好世界文化遗产、非物质文化遗产的保护和管理，完善相关法律制度，建立切实有力、行之有效的保护措施，建构保护和开发的系统思维，坚持探索低碳绿色的开发模式，规范和完善文化资源的市场化配置，开拓历史文化资源保护和合理利用的新路径。

3. 处理好传承与创新的关系，做到传承与创新相协调

坚持社会主义先进文化前进方向，坚持继承弘扬河南省优秀民族文化传统，吸收借鉴全国各省市乃至世界优秀文化成果，在传承基础上把文化创新作为文化发展的战略基点和前进动力，积极推进文化与经济、科技融合发展，大力提高河南省文化自主创新能力。通过创新文化发展理念、传统文化内容、体制机制、传播手段等方式将优秀文化成果转化为现实生产力，以更好服务于中原经济区建设。

4. 处理好文化与经济社会发展的关系，做到文化与经济社会发展相协调

坚持以经济发展为基础，坚持社会主义先进文化前进方向，大力推进文化产业发展，繁荣文化市场，不断解放和发展文化生产力，增强社会主义文化的吸引力与凝聚力。通过加快公共文化设施建设、加大文化产品生产供给、扎实推进文化惠民工程、积极开展丰富多彩文化活动等形式使广大人民群众共享文化发展成果，实现经济效益和社会效益的有机统一。

5. 处理好文化交流与文化贸易的关系，做到文化交流与文化贸易相协调

坚持文化交流与文化贸易并重，统筹兼顾省内外、海内外文化环境，积极培育外向型文化企业，做精做强对外文化贸易和文化交流品牌，既要“请进来”更要“走出去”，不断提升河南省文化影响力。不管是文化贸易或是文化交流，一定要以文化特色为依托，以故事情节为重点，差异化决定注意力，故事情节决定吸引力，特色加上故事情节是文化成功走出去的关键。

四 华夏历史文明传承创新区战略定位问题

对华夏历史文明传承创新区的战略定位，可以从下面几个方面来考虑。

1. 中华民族共有精神家园承载地

中原地区是海内外华夏子孙的根祖地，是古老中国璀璨历史的发源地，是民族气节精神信念的发祥地，是中华儿女血脉亲情的汇聚地。大力推进中华民族优秀精神传统的传承与创新，可增强华夏历史文明在海内外华夏儿女中的影响和共鸣，增强其对中华民族核心精神文化体系的认同感与向心力。使其共享中华历史文明不断延续发展的优秀精神财富，并在不断涌现的新时代精神中汲取丰富的精神滋养与前进动力。通过物质表现、文化传承、体系构建、精神弘扬等方式，使中原地区成为中华民族共同精神家园的主要承载地，为世界华夏儿女建设与驻守最为神圣的情感高地与永恒的精神家园。

2. 全球华人根亲文化圣地

寻根问祖是海内外华人的精神寄托和深厚情结。中原大地有着丰富的寻根资源优势，在加强宗亲联谊交流、支持故乡建设、促进共同发展中起到了积极作用。河南还有众多的姓氏文化研究团体，深入研究姓氏的起源与发展，为姓氏寻根提供了可靠的学术基础。可以充分发挥河南的始祖文化、姓氏文化、名人文化

等寻根文化资源优势，以黄帝故里拜祖大典、中华姓氏文化节、固始根亲文化节、河洛文化节等为主要平台，弘扬中华优秀历史文化精神，打造全球华人根亲文化圣地。

3. 国家文化遗产保护展示研究基地

应当努力把河南打造成为体现国际一流保护理念的世界文化遗产保护示范基地。以洛阳龙门石窟、安阳殷墟、嵩山历史建筑群为依托，以丰富精神内涵为重点，整合带动相关资源开发利用，全面展示完整系统的中原文化遗产体系。加大宣传、研究、展示力度，充分挖掘文化遗产的历史、科学和艺术价值，提高其知名度，并以点带面，让更多的人了解中原文化，牢固树立中原文化在中华民族历史文化发展中的核心地位，增强民族的凝聚力和向心力。

4. 国家大遗址保护展示特区

大遗址保护是国家确定的重点文物保护工程，“十一五”时期全国共 100 个重点项目，河南省占 16 处，是全国大遗址保护任务最重的省份之一。“十二五”国家大遗址保护规划六大片区，河南省有洛阳、郑州两大片区入选。河南还有众多珍贵的文物遗址，如安阳殷墟、隋唐洛阳城、汉魏洛阳故城、郑州商城、内黄三杨庄等五处大遗址入选首批 35 个国家考古遗址公园名单或立项名单，为全国入选数量最多的省份之一。这些大遗址有的是中华历史文化起源的大型遗址，也有的是中华文明最辉煌时期的都城遗址，还有的是中国古代鼎盛时期的帝王陵园遗址，历史价值弥足珍贵。依据国家大遗址保护规划，探索建立大遗址保护特区，既是大遗址保护的需要，也是建设华夏历史文明传承创新区的需要。

5. 非物质文化遗产保护传承区与历史文化传承创新发展区

河南是一座非物质文化遗产的巨大宝库，非物质文化遗产内容丰富、品类繁多，是中华历史文化的重要组成部分。建设文化生态保护区是实现非物质文化遗产活态传承、整体性保护、可持续性保护的重要方式，是当前我国非物质文化遗产保护工作的重要内容。建设华夏历史文明传承创新区，以建设文化生态保护区为载体，通过建设各种非物质文化遗产专题博物馆、展示中心、传习所、传承基地，丰富非物质文化遗产的表现形式和传播手段，增强非物质文化遗产的吸引力和国际影响力。

6. 中华古都名城体验区

中原地区长期是中国古代政治、经济和文化中心，也是中国城市文化的源头。古都名城集聚了大量的文物古迹，凝聚着我国传统文化的精华，是中华文明和中国历史的见证。保护利用好古都名城是弘扬中华历史文化的重要内容，是推动国家文明进步的重要任务。要依托郑州、开封、洛阳、安阳四大古都的历史文化优势，采取多种形式，把河南打造成为以中华历史文化为主题的古都名城体验区域，使之成为驰名中外的中华古都名城旅游重要目的地。

五　华夏历史文明传承创新区的前景展望与主要任务

（一）华夏历史文明传承创新区前景展望

经过几年的努力，在河南应呈现出华夏历史文明进一步弘扬、全球华人根亲文化圣地基本形成、全民文明素质普遍提高、文化创新能力显著增强、文化对中原经济区建设的战略引领支撑作用明显加强、中原新形象进一步提升、文化创新发展区建设成效显著、全国文化改革发展综合试验区基本建成、华夏历史文明传承创新体系初步建立、具有中原特色的现代文化产业体系逐步完善、华夏历史文明圣地核心区地位进一步巩固、充满活力的中原文化高地迅速崛起、中原文化实现大发展大繁荣等可喜局面。

（二）当前的主要任务

积极构建以郑州、洛阳、开封为重要增长极，以黄河流域、南水北调中线工程为主要文化带，以豫东、豫西、豫南、豫北各市为节点的“一极两带多点”战略格局。立足中原文化资源优势，统筹规划、重点突破，以龙头项目带动、文化品牌提升、特色文化产业支撑、文化高地引领、文化旅游目的地构建为路线图，加快推进华夏历史文明传承创新区建设。

1. 彰显一批中原优秀传统文化符号

依托古都文化、汉字文化、诸子文化、功夫文化、姓氏文化、佛道文化、陶瓷文化、龙文化、玉文化等最具中华文化特色的中原优势文化资源，深层次提炼，高水平运作，彰显一批华夏历史文明所独有的、真正体现中华文化精神本质的、对人类文明发展产生较大影响的文化符号，推出具有影响力的大型文化典籍，建成若干个具有地标意义的文化景观，形成一批浓缩中原文化精华、彰显河

南魅力的建筑、名人、事件、民俗、艺术等方面的历史文化名片，提升中原文化知名度，扩大中原文化影响力。

2. 创建一批华夏历史文明主题基地

依托以河洛文化为代表的华夏历史文明圣河，以洛阳等地为代表的华夏历史文明圣城，以嵩山为代表的华夏历史文明圣山，以姜太公、老子、庄子、许慎、张衡、张仲景、吴道子、杜甫、韩愈、朱载堉等为代表的华夏历史文明圣贤，建设一批具有国际影响的主题文化基地和特色文化体验区，将中原地区打造成世界一流的文化旅游目的地，充分展示华夏历史文明传承创新区的独特魅力。

3. 建设一批文化传承展示基础设施

依托河南博物院二期工程（中原考古博物馆）、中国文字博物馆二期工程、中华姓氏博物馆、河南省图书馆新馆、省直文艺院团剧场等大型文化项目，建成一批标志性华夏历史文明传承展示基础设施，稳步推进县（市、区）图书馆、文化馆、博物馆建设，重点城市博物馆群的建设初具规模，使城乡居民基本文化权益得到更好保障，公共文化服务供给水平明显提升。

4. 构筑一个凸显中原特色的文化产业体系

依托河南文化资源“深、厚、重、实”的优势，重点发展基础较好、优势明显的产业，大力发展新兴文化产业，优化产业结构，完善产业链条，形成一批文化基地、产业园区和产业集聚区，推出一批华夏历史文明内涵丰富的文化产品，打造一批具有中原风貌、时代特征和国际影响的文化品牌，推动文化产业成为国民经济支柱产业。

5. 推动发展文化旅游目的地

着重挖掘整合丰富的文化旅游资源，推动文化旅游融合发展，重点培育文化体验游、休闲度假游、保健康复游等特色产品，积极整合以根亲文化、殷商文化、大宋文化、隋唐文化、汉魏文化、功夫文化、佛道文化、老子文化等为代表的文化旅游资源，建设“中原历史文化旅游区”，突出“文明摇篮”的主题形象。深入挖掘历史文化遗产和城市主题文化，重点开发文化观光、寻根朝觐、度假休闲和生态旅游，着力培育一批以历史文化体验休闲为特色的旅游新业态，形成以文化为引领、多种产品支撑的综合型旅游区。着重建设中原历史文化旅游区、黄河文化旅游带和南水北调中线生态文化旅游带等一批重点旅游景区和精品旅游线路，建成世界知名、全国一流的文化旅游目的地。

6. 构建中原文化高地

依托华夏历史文明深厚的文化底蕴，以全球视野、国家高度，打造以“华夏之都文化园区”为代表的华夏文明展示体验龙头项目、以“嵩山论坛”为代表的中华传统文化高端论坛、以“洛阳论坛”为代表的世界文明古国对话高端平台，建设以“中原文化创意产业集群”为代表的文化产业基地，搭建立足中原、服务全国的专业化市场平台，推出一批造诣高深、成就突出、影响全国的文化名家群体，并以此来体现中国文化的特色、风格、气派及贡献力。

六　建设华夏历史文明传承创新区的工程体系

华夏历史文明传承创新区建设是一个大的工程体系，其中有许多子工程需要建设。同时，华夏历史文明传承创新区建设也是一个长期的工程项目，非一朝一夕可以完成，需要不断、不懈的努力方可见其成效。

（一）实施历史文化保护传承工程，建设共有精神家园

上述指导意见指出：“挖掘中华姓氏、文字沿革、功夫文化、轩辕故里等根亲祖地文化资源优势，提升具有中原特质的文化内涵，增强对海内外华人的凝聚力。加强文物保护工作，统筹做好洛阳、安阳、郑州、开封等地的遗址保护和利用，探索大遗址保护机制。依托洛阳龙门石窟、安阳殷墟、登封‘天地之中’历史建筑群，建设世界遗产保护研究基地。促进地方剧种、传统手工艺发展，加强非物质文化遗产保护利用，加大历史文化名城、名镇、名村保护力度。”重点是要打造全球华人根亲文化圣地，建设世界文化遗产保护研究基地，建设河南国家大遗址保护特区和国家级文化生态保护实验区。

（二）实施中原文化影响力提升工程，塑造中原人文精神

“积极推进具有中原特质的文化大发展大繁荣，打造昂扬向上的中原人文精神，全面提高人的素质，为中原经济区建设提供强大精神动力和智力支持。提升中原文化影响力。创新文化传播内容和形式，进一步推动中原文化‘走出去’，扩大对外文化贸易”。重点是要传承中华优秀文化传统，弘扬新时期河南精神，多渠道、全方位推动社会主义核心价值体系建设。“塑造中原人文精神。弘扬兼

容并蓄、刚柔相济、革故鼎新、生生不息的中原文化，加强人文教育，提升人文素质，注重人文关怀，塑造具有中原特质、体现时代特征的人文精神。发扬愚公移山精神、焦裕禄精神和红旗渠精神。全面增强开放意识、市场意识、机遇意识和创新意识，深入实施全民科学素质行动计划，开展群众性精神文明创建活动，倡导敬岗诚信、劳动致富、团结互助的社会风尚，营造扶正祛邪、惩恶扬善的社会风气，树立中原发展新形象。”

（三）实施文化民生改善工程，大力构建公共文化服务体系

上述指导意见指出：“实施基础文化设施覆盖工程，支持省辖市图书馆、文化馆、博物馆和文物大县博物馆等公共文化设施建设，继续实施广播电视村村通工程、农村电影放映工程”，“支持开展文化改革发展综合实验，探索政府主导与发挥市场作用有机统一的文化事业和文化产业发展机制，完善扶持公益性文化事业、鼓励文化创新的政策措施”。重点是要实施基础文化设施覆盖工程，完善公共文化设施网络，建设一批标志性文化设施，加快文化服务设施信息化建设，实施重大文化惠民工程，推进免费文化服务活动；创新公共文化服务机制，完善公共文化服务保障机制，创新公共文化服务运营机制，创新公共文化服务形式，推进社区文化活动建设，深入开展农村公共文化服务；实施文化名人研究和名家培育工程，挖掘历史名人的潜在价值，重点扶持当代文化名人名家发挥作用；扎实推进文化精品战略，大力扶持原创作品。

（四）实施文化产业提升工程，打造全国重要的文化产业基地

要“加快广播影视、演艺娱乐、新闻出版、动漫游戏、文化创意等重点文化产业发展，推进数字出版基地和动漫基地建设，扶持具有中原特色和国家水准的重大文化项目，创作更多思想深刻、艺术精湛、群众喜闻乐见的文化精品，打造全国重要的文化产业基地。加大金融对中原文化产业发展支持力度，加快文化产业投融资平台和公共服务平台建设。积极推动文化市场开放，鼓励社会力量参与公益性文化建设”。实施一批重大文化产业项目，培育一批骨干文化企业，实施重大项目带动战略，培育骨干龙头文化企业；推进文化产业园、集聚区和文化基地建设，发展特色文化产业群，推动文化产业集聚发展；充分发挥特色优势，培育文化产业知名品牌，实施品牌提升工程；创新引领，创意提升，融合发展，

推进文化产业转型升级，推动文化产业与高新科技的融合，提高文化含量，发展新型文化业态。

（五）实施文化消费提升工程，有效满足人民大众多层次的文化消费需求

六中全会要求“增加文化消费总量，提高文化消费水平，是文化产业发展的内生动力。要创新商业模式，拓展大众文化消费市场，开发特色文化消费，扩大文化服务消费，提供个性化、分众化的文化产品和服务，培育新的文化消费增长点。提高基层文化消费水平，引导文化企业投资兴建更多适合群众需求的文化消费场所”，提供适销对路文化产品。在华夏历史文明传承区建设中，更要发挥公共文化引领文化消费的优势，提升民众文化消费层次，倡导文明创新、健康向上的文化消费方式；发挥文化市场丰富多彩、形式多样的优势，创造更多更全的文化产品，不断满足人民大众多层次、多角度、全方位的文化消费需要。

（六）实施文化政策保障工程，确保中原文化大发展大繁荣

深入贯彻落实国务院及有关部门支持中原经济区建设的政策，确保各项优惠政策落实到位。进一步研究制定促进华夏历史文明传承创新区建设的投融资体制，营造政府有效引导、金融资本积极投入、社会资本踊跃参与的多元化投入环境。设立华夏历史文明传承创新区建设资金。鼓励相关金融机构加大对涉及华夏文明传承与创新的文化企业的支持力度。给予有关文化企业技术改造、成果转化、科技创新、产品研发、高新技术设备进口、品牌建设等方面优惠政策。通过减免税、先征后退等税收优惠措施支持相关文化企业创新发展。文化项目建设用地要纳入土地利用总体规划和城乡规划优先安排，并通过降低出让金、返还使用费等办法给予优惠。采取奖励、贴息、补助等方式，鼓励、带动非公有制资本进入文化领域，保障非公有制与国有文化企业享受同等待遇。

建设华夏历史文明传承创新区是弘扬中华优秀历史文化、实现中原经济社会崛起、促进厚重河南焕发青春活力的重要路径与历史性机遇，抓住这次难得的发展机会，华夏历史文明传承创新区的建设前景可期，河南文化的大发展大繁荣前景可期，河南软实力的稳步提升前景可期，文化对经济社会的引领支撑作用必将会得到更好的发挥，中原经济区建设必将会取得更大更辉煌的成就。

Thoughts on Construction of Chinese Historical Civilization Inheritance Innovation District

Wang Yuyin Zhang Xinbin Li Tongchang Yang Liuyi Wang Nan

Abstract: Chinese historical civilization inheritance innovation district is one of the five Strategic Positions of midland economic construction, with approval of the State Council. Based on the concept and the foundamental construction conditions of Chinese historical civilization inheritance innovation district, this paper discusses how to build up Chinese historical civilization inheritance innovation district and what kind to construct, and gives initiative opinions about the strategic positioning, prospect forecast, main tasks and development path selection.

Key Words: Chinese Historical Civilization Inheritance Innovation District; Construction; Thoughts

行业创新篇

Industry Innovation Reports

B.8

关于加强全国艺术科研规划管理工作的思考

李　蔚*

摘　要：随着党的十七届六中全会提出建设文化强国的战略目标及艺术学上升为独立的学科门类，艺术科学研究工作面临着重大历史机遇、肩负着重要的历史使命。为进一步推动艺术科学研究的开展，深入贯彻落实十七届六中全会精神，必须加强艺术科学研究规划管理工作。其主要措施包括：合理规划、加强导向，坚持以重大现实问题为主攻方向，做好全国艺术科学研究规划项目的评审工作，加强艺术科研人才队伍与机构建设等九个方面。

关键词：艺术科研　规划　管理

党的十七届六中全会通过的《中共中央关于深化文化体制改革推动社会主

* 李蔚，文化部文化科技司社会科学处处长。

义文化大发展大繁荣若干重大问题的决定》，把繁荣发展哲学社会科学作为促进社会主义文化大发展大繁荣的重要任务，作出一系列重大部署，明确指出“坚持和发展中国特色社会主义，必须大力发展哲学社会科学，使之更好发挥认识世界、传承文明、创新理论、咨政育人、服务社会的重要功能”。同时提出“要巩固发展马克思主义理论学科，坚持基础研究和应用研究并重，传统学科和新兴学科、交叉学科并重，结合我国实际和时代特点，建设具有中国特色、中国风格、中国气派的哲学社会科学。坚持以重大现实问题为主攻方向，加强对全局性、战略性、前瞻性问题的研究，加快哲学社会科学成果转化，更好地服务于经济社会发展。实施哲学社会科学创新工程，发挥国家哲学社会科学基金示范引导作用，推进学科体系、学术观点、科研方法创新，重点扶持立足中国特色社会主义实践的研究项目，着力推出代表国家水准、具有世界影响、经得起实践和历史检验的优秀成果。整合哲学社会科学研究力量，建设一批社会科学研究基地和国家重点实验室，建设一批具有专业优势的思想库，加强哲学社会科学信息化建设”等要求。艺术科学作为哲学社会科学的重要组成部分，肩负着重要的历史使命。

一　艺术科学研究工作面临着重大历史机遇

（一）以高度的文化自觉，做好艺术科研规划管理工作

十七届六中全会提出建设文化强国的奋斗目标，并从中国特色社会主义事业总体布局的高度，部署了深化文化体制改革、推动社会主义文化大发展大繁荣的任务。当前，全党、全社会聚焦文化这一中心议题，文化成为人们关注、思考与探询的重要对象。我们党和国家从来没有像现在这样关注文化、重视文化、将焦点集中于文化问题。全国艺术科学研究规划管理工作，将自觉地、积极地、主动地贯彻落实全会精神，将有关工作落到实处。

艺术科学研究和管理工作要建立在高度的文化自觉基础上。文化自觉的核心含义为“各美其美、美人其美、美美与共，天下大同”，这首先需要我们对自己的文化有着深入研究和清醒的认识，在文化自觉的前提下实现艺术自觉，艺术科研工作任重而道远。艺术的繁荣需要各艺术门类的本体研究，音乐、舞蹈、美

术、戏剧戏曲、影视、设计艺术各领风骚，研究工作将引导实践向纵深发展；文化体制改革需要理论突破引领实践创新；公共文化服务体系的构建需要理论支撑；文化产业的发展需要理论先行……总而言之，艺术科学建设在文化艺术发展中起到重要的保障作用。当下，进一步推动艺术科学研究的发展，对于建设文化强国，具有重要意义。

（二）艺术学上升为独立的学科门类，为艺术科学研究进一步发展带来了广阔的空间

进入21世纪以来，特别是党的十七大以来，党中央审时度势，以高度的文化自觉和文化自信，大力推进经济建设、政治建设、文化建设和社会建设“四位一体”协调发展，大力推进和深化文化体制改革，大力推进公共文化服务体系建设以满足人民群众日益增长的文化需要，大力推进文化产业以增强我国文化软实力，文化建设速度明显加快，综合文化国力大幅度提高。正是在这样的形势下，国务院学位委员会面对艺术教育和科研领域的现实，经过长期酝酿、深入调研和反复论证，特别是充分吸纳政协委员提案和广大专家不懈努力的智慧成果，于2011年3月24日正式将艺术学从文学中独立出来升格为学科门类。这个变化，使得学科设置更加有利于满足“文化大发展大繁荣”对艺术专门人才尤其是大批高层次人才的需求，为艺术的繁荣发展开辟了更加广阔的道路，为艺术学科的全面深化奠定了更加坚实的学术基础。

与教育体系中的格局不同，在国家社科基金项目规划体系中，一直以来，艺术学是作为单列学科独立存在的。在教育格局中，艺术学上升为独立学科门类后，获得了更大的自主权，在人才培养、学科设置、艺术学各学科体系建设等方面将获得巨大提升，这将更有力地推动艺术科学研究的发展。目前我国1300余家艺术院校（不包括高职），100多万艺术院校的在校生，都将是受益者。长期以来我国艺术院校以培养艺术技能为主，重视技巧轻视理论、重视技术素质轻视人文素质的状况将获得质的改变。这些变化将艺术学建设与发展带到了一个新的起点和高度，无疑会为艺术学的发展带来腾飞的历史机遇。

（三）大力推进、完善中国特色社会主义艺术学学科理论体系建设

中国现代意义上的艺术学，经过近三十年的探索，在注重其与哲学、美学等

知识体系的内在联系的基础上，已经基本确立自己的专有研究对象领域，开始勾画出比较清晰的理论框架体系，并且逐渐形成自身知识体系追求和学科建设追求的学术自觉。艺术科研界在继承自身传统和学习外来文化的基础上，立足当下，总结阐发中华民族艺术的独特理论体系，为中外艺术的对话、交流与融合，为保持世界文化的多样性，做出了自己的探索性的努力。

在中国艺术学学科体系框架下梳理中国传统艺术理论资源，首先要正确认识和评价整体的中国艺术理论这样一个博大精深的独特的知识范畴。它集中地体现了中华民族的审美观念和审美理想，其中折射出中国哲学思想、文化精神、中华民族气质、生活方式乃至风俗习惯；它体现了中国历代艺术家相近的艺术理念和创作方式，诠释了灿烂的中华艺术的民族品格和共同的艺术特征。它是中国文化中最瑰丽、最生动、最活跃又最普遍的一部分，也是中华民族共有精神家园中的重要组成部分。

在艺术学完成学域扩张，正式独立为学科门类后，首要任务是完成学理建构，并在此基础上大力推进、完善中国特色社会主义艺术学学科理论体系建设。专家们对于艺术学建设提出了很多宝贵意见，提出这项工作要从多方面入手：要注重艺术学学科建设的完整性，填补学术空白；要注重学术规范的建立，提升学科定位；要注重艺术学各学科之间的融合性，贯通学科联系；要基础研究与应用研究并重，尊重学科发展规律，既要迎接基础研究的学术挑战，又要提升应用研究的现实活力，等等。这些意见对加强艺术学建设至关重要，应引起足够重视，并在相关工作中进一步付诸实施。

二　深入贯彻落实十七届六中全会精神，加强艺术科学研究规划管理工作的主要措施

（一）合理规划，加强导向

“规划”是推动艺术科学研究的重要环节。近日，文化部科技司暨全国艺术科学规划领导小组办公室在充分调研论证的基础上，出台了《全国艺术科学研究“十二五”规划》和《2012 年度国家社科基金艺术学项目课题指南》，进一步明确了“十二五”期间艺术科学规划研究的中心任务和总体目标；进一步发

挥和强化了国家艺术学项目评审的导向作用；进一步指明了我国艺术科学各门类学科理论体系建设中的重点领域和指定研究方向。通过规划，一是引导科研人员积极开展文化艺术重大理论和现实问题研究，加强艺术学各门类学科与其他学科间的交叉、边缘学科研究。二是围绕中心、服务大局，紧密联系党和国家经济、政治、文化及和谐社会建设过程中亟待关注、研究和解决的理论问题，积极探索重大课题招标的方式，引导艺术科学研究向纵深发展，多出精品力作。三是加强了对具有引导性、针对性、现实性的前沿课题的引导和关注，在立项过程中给予一定程度的侧重与倾斜。在广泛征集各地建议意见的前提下，2012 年度课题指南确定了“艺术学发展状况及学科建设研究”、“中国当代艺术与社会的互动关系研究”、“群众舞蹈的文化功能研究”、“中外设计艺术产业竞争力比较研究”、“我国公共文化服务体系建设保障机制研究”等为指定研究方向，申报指定研究方向的课题一经获准立项，可根据研究工作的实际需求，适度放宽资助额度。通过规划，为推出一批立足于中国特色社会主义艺术学学科理论体系建设的标志性成果、推出一批立足于新的历史时期我国文化艺术建设中重大现实问题研究的标志性成果、推出一批艺术学各分支学科领域有重要建树与影响的中青年优秀科研人才打好基础，为推动文化大发展大繁荣、提升国家文化软实力、推进文化创新等战略任务提供理论基础和智力支持。

（二）坚持以重大现实问题为主攻方向，加强对全局性、战略性、前瞻性问题的研究

落实十七届六中全会精神，推动艺术科学研究发展，必须坚持以重大问题为主攻方向，引导艺术科研工作紧密围绕文化艺术建设实践工作，面向现代化、面向世界、面向未来，符合时代精神，走在时代前列，敏锐发现现实工作中的全局性、战略性、前瞻性选题，进行深入调研和思考，注重应用性和时效性，以实事求是的精神，求真务实，力求实效，使艺术科研更好地发挥“认识世界、传承文明、创新理论、咨政育人、服务社会”的功能。2011 年，“中国特色社会主义文化理论研究”、“弘扬节日文化研究”、“中国网络文化产业现状、发展趋势及对策研究”等一批关注并深入研究当前文化工作急需、快速响应党和政府决策的成果顺利结项；经过评审，“艺术品交易方式及制度设计研究”、“中国动漫产业发展模式研究”、“中国当代舞台艺术与

国家形象塑造”、“推进文化与科技融合的政策与措施研究”等成果获准立项。

（三）做好全国艺术科学研究规划项目的评审工作

目前，全国艺术科学研究规划项目由国家社科基金艺术学项目及文化部文化艺术科学研究项目组成，每年评审一次，得到了全国艺术研究人员的积极响应。2011 年，艺术学申报项目激增到 2502 项，比 2010 年增长了 37.4%，达到 2003 年以来历史最高点。为适当缓解立项压力，全国艺术科学规划领导小组办公室积极谋划，尽最大限度提高立项率，使得 2011 年实际立项率比计划提高了 0.9 个百分点，“当代城市公共艺术规划研究”等 142 个项目列入国家社科基金艺术学项目；“民营艺术表演团体现状调查研究”、“文化规划理论和实践的创新研究”等 36 个项目列入文化部文化艺术科学研究项目。2012 年度，在做好两类课题的评审工作的基础上，要按照全国哲学社会科学规划办公室的统一部署，做好艺术学的后期资助项目、成果文库项目以及重点期刊资助的相关工作，确保各项工作顺利进行。

（四）加快艺术科研成果转化，更好地服务经济社会发展

通过宣传和推广，加快艺术科研成果转化，是艺术科研管理工作的重要环节。文化部文化科技司暨全国艺术科学规划领导小组办公室通过网站宣传、报刊撰稿以及向政府部门推荐等多种途径和形式开展成果宣传和推广。2011 年，全国艺术科学规划课题硕果累累，“中国特色社会主义文化理论研究”、“中国艺术学学科体系建设研究”、“中国佛教艺术中的佛衣样式研究”、“中国人民解放军舞蹈史”、“东西方戏剧观研究”、“音乐学世纪回眸”等重要基础研究及“弘扬节日文化研究”、“中国网络文化产业现状、发展趋势及对策研究”、“影视文化对未成年人成长的影响与对策研究”、“中国公众艺术消费现状研究”等重大及急需的现实性问题研究成果获准结项。为了更好地总结既往、指导当下艺术科研工作，2011 年，首次对“九五”以来立项的全国艺术科学研究规划课题（包括国家社科基金艺术学项目和文化部文化艺术科研项目）结项成果进行了集中梳理和提炼，编写了《国家社科基金艺术学项目成果简介汇编》。目前已完成第一批成果的编稿工作，将于近日正式出版。成果简介汇编通过对历年艺术科研成果

的全面展示、宣传和推介，对进一步掌握20多年来我国艺术学研究状况，分析当前文化建设对艺术科学研究的需求，加强艺术学学科体系建设，更好地促进优秀成果的转化和应用，推动艺术学科发展起到了积极作用。同时突破了常规的鉴定方式，在对重要课题研究成果进行会议鉴定并严格履行会议鉴定程序后，邀请更大范围的专家进行研讨，把研究成果状况和重要学术突破在相关媒体上进行集中报道。下一步，将积极拓宽成果推介平台，丰富成果宣传形式，注重成果推介实效，使艺术科研成果更好地服务于经济社会建设。

（五）加强艺术科研管理，激发科研潜力，使艺术科研更好地服务于文化建设

推动艺术科研工作，加强科研管理是必要保障。应进一步加强艺术科研管理业务培训，提升有关机构对艺术科研这一重要基础性工作的认识，采取切实措施，保证各项工作的落实；提高艺术科研管理人员业务素质，并为科研管理创造良好的条件。努力督促艺术科学研究规划的中级管理机构不仅要机构健全，而且要工作到位，切实履行管理职责，要在大文化的视野下进行本级艺术科研规划管理，进一步抓实、抓准、抓活。建立年度艺术科研管理表彰机制，以形成激励机制。

（六）整合资源，加强基地建设

十七届六中全会要求："整合哲学社会科学研究力量，建设一批社会科学研究基地和国家重点实验室"。深入调研，整合力量，突出特色，重点建设一批艺术科学研究基地，是下一步工作的重点内容之一。文化部文化科技司暨全国艺术科学规划领导小组办公室将通过细致的调研，深入论证，突出特色，使艺术学研究基地建设在艺术研究中发挥更大力量。

（七）加强艺术科研人才队伍与机构建设

抓好队伍建设，落实《全国文化系统人才发展规划（2010～2020年）》中关于文化科技人才队伍建设的任务，在全国艺术研究院所选拔科研骨干进行系统规范化专业培训，培养一批有扎实学术功底与较强科研能力的学术带头人及科研骨干。进一步加强艺术研究院所机构建设，使艺术研究院成为文化艺术实践的主力

军，研究文化艺术生产与管理规律、建设发展战略；收集、整理、保护、研究以及开发利用民族民间文化艺术资源，建立并完善文化艺术档案管理及信息咨询服务系统；开展对外文化艺术交流与传播，研究、借鉴世界各国优秀文化艺术成果，更好地发挥文化系统艺术科研队伍的优势。更好地整合文化系统内和系统外的艺术科研力量，优势互补，共同繁荣艺术科研工作。

（八）进一步加强基础建设，夯实管理基础

继续完善全国艺术科学研究规划管理专家库，为课题评审、成果鉴定、重大问题咨询方面提供有力保障；结合“十二五”的新形势，修订原有的《全国艺术科学规划课题管理办法》，使之适应形势的发展；加强培训，提高各级管理部门的实践能力和管理水平；进一步完善国家社科基金艺术学各类项目的评审，努力提升文化部文化艺术科学研究项目的地位和水平，更好地为文化建设服务；加强与学术界的沟通和交流，了解、掌握艺术学研究发展最新动态。

（九）加强文化与科技融合，做好艺术科研信息化建设

长期以来，文化系统在艺术科研信息化方面积累了一定的经验。其中，在“十部文艺集成志书”编撰过程中收集的海量文艺基础资源基础上，逐步拓展的文艺基础资源信息化建设，已经在实践工作中发挥了作用，《中国记忆——中国民族民间文艺基础资源管理系统》、文化科技提升计划“国家文化艺术资源信息平台”建设等项目的成功运作，已在技术整合、统一标准、项目管理、资源配置等方面有所推进。目前正在进行的，由文化部和科技部共同组织实施的“文化资源数字化关键技术及应用示范”、“文化演出网络化协同服务及应用示范”两个项目被确立为2012年度国家科技支撑计划，这必将为文化科技工作拓展更为广阔的空间。在此基础上，发挥文化科技司的优势，集中文化系统文化科技精良力量，充分运用科技手段，为艺术科学研究和管理提供优质、高效平台，是我们下一步工作的重点内容之一。

十七届六中全会的召开，吹响了新时期文化建设的前进号角，建设文化强国，是时代赋予我们的历史使命。艺术科研工作者，将抓住机遇，明确使命，锐意进取，奋发图强，成为文化强国建设的生力军！

Thoughts on Strengthening the Work of National Art Research Planning Management

Li Wei

Abstract: The Sixth Plenary Session of the Seventeenth Central Committee brought forward a strategical goal of becoming a socialist culture power and upgraded art to an independent discipline, which made art science research work confronts vital historical opportunities and shoulders important historical missions. In order to push forward the research of art science research work and carry out the spirit of the Sixth Plenary Session of the Seventeenth Central Committee, art research planning management must be strengthened. The main measures include: rational planning and guidance strengthening; sticking to put the vital reality issues as the cardinal directions; doing well in the national judgement work of art science research planning programme; strengthening the construction of the art science research group and facility, etc.

Key Words: Art Science Research; Planning; Management

B.9

我国文化市场发展与监管创新性研究

刘 强*

摘 要：在新的历史条件下，如何进一步培育文化市场主体，促进文化产品和要素的合理配置与流动，如何创新监管方式，为文化大发展大繁荣提供良好的政策环境并保驾护航，是文化管理部门面临的重要课题。本文在立足于对当前文化市场发展与监管现状进行考察的基础上，对下一步的发展趋势进行科学研判，并提出相应的创新性监管思路及手段，为加强文化市场建设与管理、创新文化市场监管体制机制提供参考。

关键词：文化市场 发展 监管

党的十七届六中全会提出，要构建统一开放竞争有序的现代文化市场体系。我国文化市场体系的发展是伴随着改革开放和社会主义现代化建设的逐步深入，不断成熟和壮大的。发轫于1979年广东东方宾馆的音乐茶座，发了中国文化市场的先声。进入21世纪以来，网络文化业态的形成和广泛应用，使文化市场产品供应空前丰富，文化消费达到前所未有的高峰。这为文化产业成为国民经济支柱性产业，为文化大发展大繁荣提供了历史机遇和坚实的基础。

在新的历史条件下，如何进一步培育市场主体，促进文化产品和要素的合理配置与流动，如何创新监管方式，为文化大发展大繁荣提供良好的政策环境并保驾护航，是文化管理部门面临的重要课题。

本文将立足于当前文化市场发展与监管的现状，对下一步的发展趋势进行科学研判，并提出相应的创新性监管思路及手段，为加强文化市场建设与管理、创新文化市场监管体制机制提供参考。

---

* 刘强，文化部文化市场司副司长。

一　市场与管理现状

目前，中国的文化市场业已形成品种丰富、内容多样、结构较为合理的市场格局。从市场门类看，文化市场主要涵盖了文化文物、新闻出版、广播电视电影三大领域，形成了实体与虚拟两大文化消费市场门类：以歌舞娱乐、演出、音像、电影、艺术品、文物、书报刊、电子出版物等为代表的实体文化消费市场以及以网吧、网络游戏、网络音乐、网络动漫、网络视听、网络文学等为代表的虚拟文化消费市场。

据统计，2010 年我国文化及相关产业法人单位增加值达 11052 亿元，占国内生产总值（GDP）的比重达 2.75%。其中，全国文化市场经营机构数量为 78.6 万个，从业人员达 1388863 人，经营面积 7993 万平方米，资产总计 1615 亿元，实现利润总额 375 亿元；全国出版、印刷和发行服务业实现总产出 12698 亿元、增加值 3503 亿元；全国广播电视电影行业总收入达 2238 亿元，其中电影行业带来的综合效益达 157 亿元。

在监管上，形成了主体准入、内容管理、运营监管和执法监督四个环节的文化市场管理体制，确立了“立、堵、建、疏、管”五管齐下的管理方式。截至“十一五”末，全国共有各级文化市场综合执法机构 2653 个，从业人员 3 万人。在“十一五”期间共出动检查 30961803 人次，受理举报 339402 件，立案调查 374086 件，移交案件 15964 件，办结案件 334561 件，警告经营单位 552485 家次，没收非法物品 11111 万余件，停业整顿 97558 家次，吊销许可证 16472 家。

二　发展趋势

随着世界多极化、经济全球化的深入发展，围绕综合国力的全方位竞争更趋激烈。其中，文化的作用和地位更加凸显。“文化既是推动社会发展的重要手段，又是社会文明进步的重要目标；既是凝聚人心的精神纽带，又是民生幸福的关键内容；既直接贡献于经济增长，又对提升经济发展质量发挥着重要作用”。①

① 任仲平：《文化强国的“中国道路”——论推进社会主义文化大发展大繁荣》，2011 年 10 月 15 日《人民日报》。

一方面，改革开放使中国的经济得到巨大发展，经济总量的不断增大和恩格尔系数的持续下降，催生了文化消费的快速增长。党的十七大提出推动文化大发展大繁荣，六中全会又制定了建设文化强国的伟大目标，为释放文化生产力、变革文化的体制机制、培育文化要素市场、加快文化产业的成熟、繁荣文化市场指明了前进的方向。另一方面，在全球化和科技发展的背景下，催生了多元文化的交汇、共处、共生、协调和平衡；在同西方各种意识形态和思潮交融交流交锋的过程中，需要坚持以我为主、为我所用，以更加宽广的眼界和博大的胸怀，积极吸收借鉴世界各国人民创造的一切有利于加强我国社会主义文化建设的有益经验，一切有利于丰富我国人民社会主义文化生活的优秀文化成果，一切有利于发展我国文化事业和文化产业的经营管理理念和机制。这既是文化市场发展面临的历史机遇，也是文化市场监管面临的空前挑战。

在这样一个宏大的背景下，文化市场呈现出以下的发展趋势。

（一）网络形态的文化产品与服务，逐步取代传统文化形态，成为文化消费的主要领域

互联网、移动网等信息网络的发展，使“赛博空间”（cyberspace）已成为不容置疑的现实，对全球范围内的政治、经济、文化、社会领域产生了深刻的影响和根本的变革。网络形态的文化产品与服务实际上已成为全球化进程中的一支重要力量，逐渐超越演艺、歌舞娱乐、音像等传统文化市场，成为文化产业中增速最快、势头最好、规模最大的领域。以网络游戏、网络视频、网络音乐、网络动漫、网络文学、网络演出、网吧为代表的网络文化市场既具备传统文化市场教育、娱乐、服务等功能，又呈现出许多传统市场无法比拟的特性：一是网络文化生产和消费不受时空限制；二是网络文化生产和消费的个性化；三是网络文化产品和服务具有共享性，而非传统文化市场的排他性；四是在网络文化市场中，生产者与消费者界限模糊，具有同一性的特点。

基于以上特点，一方面，网络文化的产品与服务呈现出爆炸式发展势头，形成了跨越式发展的模式，对中国的经济发展产生了强劲的拉动作用。例如，2000年，中国网络游戏市场规模仅为3000万元，10年后的2010年攀升到349亿元，增长幅度达1160多倍。2000年，音像制品是人们音乐消费的主要载体，十载光阴，昔日的大众消费萎缩成小众消费，人们欣赏、消费音乐的方式已转移到网络

载体。据统计，当年内容服务提供商市场规模达 23 亿元，成为支撑和推动网络音乐市场发展的中坚力量。另一方面，网络无边界的特点，使网络文化产品的传播具备了脱离地域限制的自由；网络数字化的特性，使网络文化产品产生了瞬时传播的能力。它能够超越国界、超越意识形态、超越传统国家管理的控制。同时，网上文化产品生产和消费一体化的趋势，使得网络事件突发性强，难以预防，事后惩戒的技术难度大。这些特点和特性给文化消费和管理带来挑战，以往熟知和行之有效的管理体制、机制和方式面临着失灵的困境。网络空间法律的滞后与缺失，使网络中的伦理道德、价值观念、行为规范，与社会主义核心价值体系渐行渐远。在追求商业利润的驱使下，对网民“眼球”的吸引导致网络文化消费主义盛行，文化创造的商业目的追求取代了精神追求，娱乐功能排斥了审美价值和精神文化价值。因此，趋利避害、创新管理是繁荣文化市场的必然举措。

（二）文化市场管理与社会管理日益趋同

文化市场是连接文化生产和消费的纽带，是经济发展和社会文明的必然需求。当前，我国既处于发展的重要战略机遇期，又处于社会矛盾的凸显期。在经济快速发展中，社会的不平衡、不协调、不可持续问题依然突出。随着文化大发展大繁荣的不断推进，参与的市场要素日益增多，涉及的市场主体日趋复杂，文化市场的管理已不囿于文化行业内部事务。它涉及面广，与其他职能部门、行政相对人、消费者都有着密切联系，其社会性特点明显。一方面，文化市场既要按照行业管理要求去运行，也有赖于各个职能部门的参与，其经营活动要遵守各有关部门的法律法规，如消防安全、治安管理、工商规定、食品规范等；另一方面，社会经济发展中各个时期突出的矛盾和冲突，往往映射在文化产品和经营活动中，甚至成为社会矛盾和冲突的载体，例如未成年人进入网吧、电子娱乐场所，沉迷网络游戏等现象，从管理上看是文化市场管理及执法的问题，但从根源上探究，有些未成年人之所以沉迷，与其家庭失和、教育缺失等关系密切，沉迷是果，缺失是因。不能只是扬汤止沸，还要釜底抽薪，从社会管理和社会和谐的角度去观照。

面对如上趋势，在文化市场管理中既要把握好文化市场管理的特殊性，又要遵循社会管理的普适性，应当而且必须将理念思路、体制机制、法律政策、方法手段放置于整个社会大背景下进行通盘考虑。特别是在互联网广泛运用、信息传

播多元与快速的背景下，需要在协调社会关系、规范社会行为、解决社会问题、化解社会矛盾、促进社会公正、应对社会风险、保持社会稳定等诸多方面做到与社会管理相适应，防止个案的文化经营事件产生蝴蝶效应。

（三）公权力与私权利相交叠加，使知识产权保护与公共文化利益的维护面临更加复杂的局面

在经济全球化进程不断加快，国际文化交流与合作不断加深的趋势中，对知识和智力资源的创造、占有和运用，已成为世界各国提升核心竞争力、增强综合国力的战略选择。作为现代产权制度的重要组成部分，知识产权保护的作用和地位日益突出。文化市场知识产权保护工作，不仅是国际关注的问题，也是国内面临的问题；不仅是文化单个领域的问题，也是涉及全局的问题；不仅是当前存在的问题，也是长期困扰我们的问题；不仅是文化市场管理的问题，也是关乎文化产业健康长久发展的问题。

与国外知识产权保护以司法保护为主不同，我国当前在知识产权保护上实行的是行政执法和刑事司法相衔接的保护体制。这样的保护体制决定了文化市场在知识产权保护中作用凸显、职责重大。国际上，近年来在 WTO 知识产权案和市场准入案中，对我国加强行政执法保护的要求和压力日趋增大。在国内，2011 年全国文化市场知识产权保护的案由在全年执法案件中的比例提升至 30% 左右。

在强化打击力度、加大保护措施的基础上，要创新机制，协调、平衡好知识产权保护的各方利益和相关执法边界，才能基于我国经济发展水平、产业发展现状和市场管理能力，有效地做好保护工作，不失偏颇。一是处理好公权力与私权利的关系。知识产权从法律权属上归根结底是指以满足个人需要为目的的权利，即私权。而行政执法则是以维护公益为目的的公团体及其责任人在职务上的权力，亦称为国家权力或公共权力，即公权。在社会关系的调整中，公权与私权通过不同方式既相互独立又互为补充。由于我国是行政执法与刑事司法相衔接的保护体制，行政执法的公权力既要维护私利最大化实现，保护国家得以产生、存在和发展的合理性基础，同时又不能滥用公权，为利益集团所绑架。二是协调好行政保护的资源配置。行政执法从职责属性上看是有限执法，其行政资源是有限的，其职责功能也是特定的。它是以维护公共利益为前提，通过监督管理，对可能造成私权损害的行为进行纠偏和匡正。只有在侵犯知识产权的行为造成公共利

益的损害时，它的介入才是公正、合法、有效的。在知识产权领域公共利益主要包括公共传播、公共秩序、公平竞争、公共安全、公共道德等五个方面。体现在执法实践中，即需对屡次侵权、恶意侵权、内容违规侵权、经营性侵权等违法行为予以查处。三是把握好知识产权保护与国家文化安全维护的尺度。在经济全球化进程中资本主义强势文化的扩张，是通过形成西方的文化霸权和第三世界对西方的“文化归附”实现的。例如，在网络音乐市场中，西方国家利用全球范围内互联网法制普遍缺失的情况下，以百万级的数量向我国进行音乐产品的倾销，造成我国音乐产业萎靡、原创产品不振。同时，又在 WTO 的规则下，攻击我对其知识产权不保护和市场不开放，以穷竭我国行政的、刑事的、司法的资源维护其利益。因此，在文化市场执法中要把握好知识产权保护与国家文化安全维护的尺度，从被动的不平等的文化支配，转向积极的主动的文化选择，实现多元文化的交汇、共处、共生、协调和平衡。

三　创新发展

文化市场发展的不竭动力需要运行有序的文化市场秩序作保障。健康的文化市场环境又依赖于规范高效的文化市场管理，而管理有效的核心则在于体制机制。在创新文化管理体制中，创建适应文化大发展大繁荣的体制机制是文化行政的创新重点。

（一）双三角的管理结构

与行政机关垂直管理海关、金融、工商等不同，文化市场是以属地管理为主，地方文化行政部门，既受本级政府统一领导，同时接受国务院或上级政府主管部门的业务指导，形成了全国文化市场管理的“双三角”结构（见图 1）。

如图 1 所示，文化市场的管理政策制定主要集中在中央与各省级文化行政部门。地市、县区级文化部门多为执行政策的角色。如此，政策的统一性和连贯性得以实现。在此结构中，省级文化主管部门既是政策的执行者，也是政策的制定者，在执行中央相关政策规定的总体框架下，因地制宜，根据本地的实际情况进行调整和细化，出台指导本地工作的规章制度。

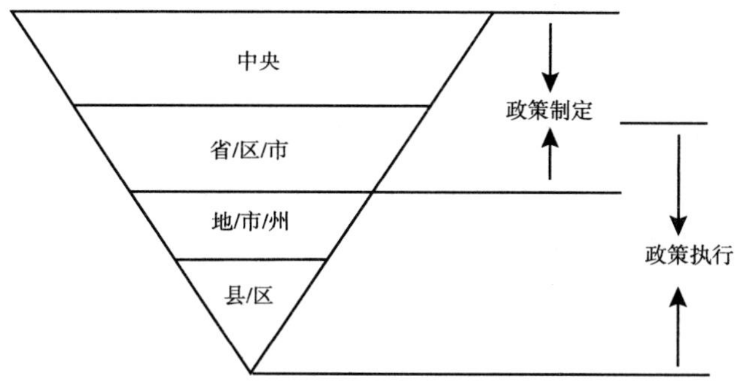

图 1　政策规制"倒三角"

如图 2 所示，文化市场监管和执法工作主要集中在市县文化市场综合执法机构。它们是文化市场的一线管理力量。中央与省级文化行政部门渐次地充当业务指导的角色，它们不参与具体的监管处罚工作，而是对市场监管和执法过程中出现的各类新问题、新现象进行宏观把握，并给出指导意见。

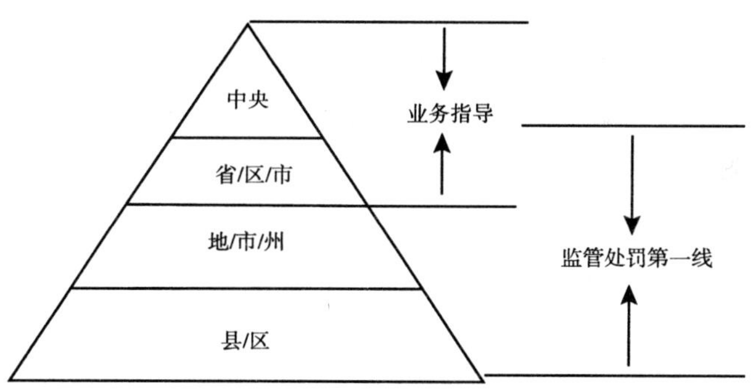

图 2　监管执法"正三角"

（二）文化体制改革中的市场管理结构调整

基于双三角形管理结构，有效地整合管理资源、创新体制、激活机制，成为文化市场管理的改革方向与改革重点。党的十七大和十七届六中全会提出，在文化市场领域"构建统一开放竞争有序的现代文化市场体系"。在这个目标中，文化市场管理结构调整与制度安排成为题中应有之义。2004 年，文化领域进行了综合行政执法改革试点，其后不断加大力度，2010 年底此项改革已基本完成。

主要内容有两个：一是建立文化市场管理的责任主体，即整合副省级及副省级以下城市文化（文物）、广电、新闻出版（版权）各行政部门，实现三局合一，形成新的责任主体；二是整合副省级及副省级以下城市文化（文物）、广电、新闻出版（版权）范围等执法队伍，形成合一的综合执法队伍，用被授权或委托的方式，行使文化市场相对集中的行政处罚权。这样的制度安排，厘清了文化市场管理中多头管理、政出多门的关系，将政策制定与行政执法相对分离、相互监督，形成清晰的管理格局，产生完整并有机结合的“平行四边形”管理结构。

如图 3 所示，在“平行四边形”的管理结构中，通过政策规制与监管执法的双向融合统一，实现了中央、省级、地市级、县区级的有机搭配，既体现中央及省级部门的宏观指导、整体把握作用，又充分发挥基层监管执法第一线的力量作用，实现执法重心下移。

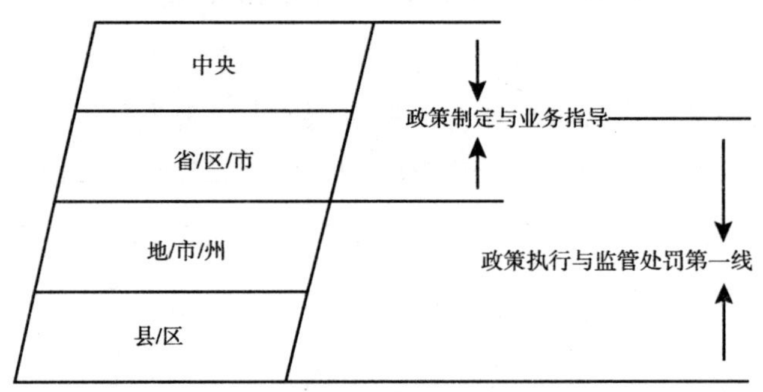

图 3 监管处罚与政策规制有机结合“平行四边形”

目前，各级文化行政部门正加快进度、加大力度推进综合执法改革。作为改革内容之一的行使行政处罚权的综合执法队伍改革进展顺利，地市级机构组建率达 99%，县区级机构组建率达 92%。与此同时，各地的文化市场管理工作领导小组也相继成立，初步形成“统一领导、统一协调、统一执法”的崭新的管理格局。

（三）变革和升级文化市场监管的方式

随着文化市场特别是网络文化市场的发展，传统的文化市场管理中人海战术

和手工模式已经无法适应当前文化市场发展的客观要求。在文化市场综合执法改革初见成效、“平行四边形”的管理结构日臻完善的背景下，变革和升级文化市场监管方式、创新管理手段，成为文化市场管理中亟待开展的工作。

目前，全国文化市场技术监管平台的论证与筹建工作已经展开，将信息化技术手段运用到实际监管过程中，延伸和拓展管理的臂膀，是变革和升级文化市场监管方式的重要途径。到 2015 年，将逐步建成支撑文化市场的宏观决策、市场准入、综合执法、动态监管和公共服务等业务，覆盖全国的统一、高效的文化市场技术监管系统。

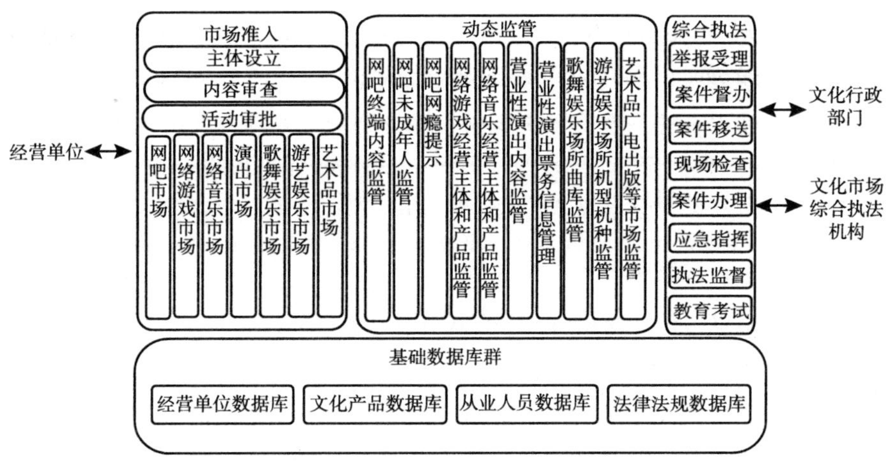

图 4　全国文化市场技术监管系统

全国文化市场技术监管平台的建立，将大大缓解全国文化市场管理中的二元矛盾：一是有效缓解现代化的文化市场经营方式与传统管理手段的矛盾，提高文化市场管理效能；二是有效缓解文化市场管理责任日益增多与人员机构配备不足的矛盾，提高文化市场管理效率。同时，可通过“统一平台、统一标准、统一运用”，提升管理水平和自身素质，打破监管中各自为政、各自为战的僵局，强化中央对地方、省市对区县在业务上的指导和监督。这些举措，为实现文化市场管理方式的根本变革，为文化市场信息化建设和文化市场电子政务的开展，为文化市场队伍规范化建设和能力的提升，都将产生深远的影响。

Innovative Research on China's Culture Market Development and Supervision

Liu Qiang

Abstract: Under the new historical condition, the important projects culture management department confronts are how to further foster participants in culture market, promote rational allocation and circulation of the cultural products and elements, how to innovate the supervision pattern, provide and protect good policy environment for socialist cultural development and prosperity. Based on the observation of present culture market development and the supervision situation, this paper carries out a scientific judgement about the further developing trend, and puts forward innovative supervision ideas and methods in response. Besides, it provides reference for strenghening market construction and management as well as innovating culture market supervision system.

Key Words: Culture Market; Development; Supervision

B.10

我国“文化行业标准化工作现状与发展趋势研究”调研报告

“文化行业标准化工作现状与发展趋势研究”课题组 *

摘　要：本文通过对国内外文化行业及其他行业标准化发展情况的文献调研及实地调研，对当前国际上部分国家文化标准化工作现状及特点进行了深入分析与归纳，并对照我国文化部标准化发展情况，结合标准化国际与国内发展趋势，提出推动我国文化行业标准化工作的对策与建议。

关键词：文化行业　标准化　现状　发展趋势

引　言

为了解我国文化行业标准化工作①现状，及时总结文化行业标准化工作取得的成绩与存在的问题，梳理文化行业标准化工作的开展思路，为科学制定“十二五”期间文化行业标准化发展规划提供决策参考依据，文化部文化科技司立项对我国文化行业标准化工作现状与发展趋势展开调研。

此次调研采用了文献调查法、实地调研法、专家访谈法、分析归纳法。

---

* 课题组组长，索传军（教授，博士生导师，原国家图书馆研究院院长，原全国图书馆标准化技术委员会秘书长）；副组长，闫贤良（中国艺术科技研究所全国剧场、文化馆标准化技术委员会秘书长）；成员：何亚文（文化部科技司教育处）、马鸣远（文化部科技司科技处）、田颖（国家图书馆研究院）、周建辉（中国演艺设备协会）、沙狄（中国艺术研究所）沈河涛（原全国网络文化标准化技术委员会）、许雪莲（文化部民族民间艺术发展中心）、肖潇（原全国文化娱乐场所标准化技术委员会秘书处）、张广钦（北京大学信息管理系）、蒋玲（中国人民大学信息管理系）、张春河（中国传媒大学）、李吉子（国家图书馆）、朱硕峰（国家图书馆）、陈瑜（国家图书馆）。

① 本文研究的“文化行业标准化工作”是指我国文化部所属行业的标准化工作。

课题组通过对国内外文化行业及其他行业标准化发展情况的文献调研，了解当前国际上部分国家文化标准化工作现状及特点，并将其与我国文化部标准化发展情况进行对比及分析。文献来源主要包括标准组织机构的网站，如ISO①、中国标准服务网②、中国标准化信息网③等，以及图书、期刊论文、网上资料等。

为了摸清各标委会发展现状及存在的问题，课题组对文化部所属各标准化技术委员及分技术委员会分别进行实地调研，并走访部分标准化工作专家，就“如何开展文化行业标准化工作”进行了深入访谈。

在相关文献研究及实地调研基础上，课题组对我国文化部标准化技术委员会的工作情况进行了深入分析归纳，得出我国文化部标准化技术委员会发展建议。

一 国际文化标准化工作概况

（一）国际标准化组织ISO文化标准化工作概况

ISO是世界上最大的国际标准制订者与出版者，涵盖162个国家的国家标准机构的组织网，是联系公共与私人部门的非政府组织，总部设在瑞士日内瓦。ISO拥有超过18500个国际标准以及其他类型的规范性文件，从传统标准到管理与服务标准均包含在内。传统标准包括机械工程、制造销售、交通、医疗设备、信息与通信技术。但总体来说，ISO标准以技术标准为主，服务业及文化业标准不多，即使有，也是这些产业中与技术有关的标准。这些文化行业标准，只占到了ISO全部标准的大约2%。

1. ISO文化标准数量

ISO约有文化标准363项，其中：现行标准161项，修订中的标准13项，制定中的标准25项，作废标准163项，制定阶段被撤销1项。

2. ISO文化标准的年代分布

因为ISO规定，新标准发布后至少3年内要修订一次，此后每五年修订一

① http：//www. iso. org/iso/iso_ catalogue/catalogue_ tc. htm.

② http：//www. cssn. net. cn/.

③ http：//www. china-cas. org/chinese/index. php.

次。所以很多标准根据此规定自然进入修订年份。因此，通过年代分布可能看不出 ISO 制订标准的重心转移情况，历年发布的标准主题比较分散，没有明显重点。但一个比较明显的特点是，在发布标准比较多的年份，其标准主要是电子文献处理类技术标准。如 2000 年的 13 项标准中，12 项是电子成像技术类标准，另 1 项为文献描述置标语言标准。

在 ISO 现行标准中，从 1976 年到 2010 年，仅 1980、1988 两年未发布新标准。1996 年以来发布标准的数据见表 1。

表 1　ISO 文化行业标准年度分布

年份	数量	年份	数量	年份	数量
2010	3	2005	6	2000	13
2009	20	2004	5	1999	6
2008	11	2003	4	1998	6
2007	4	2002	5	1997	10
2006	6	2001	14	1996	6

3. ISO 文化标准的主题领域

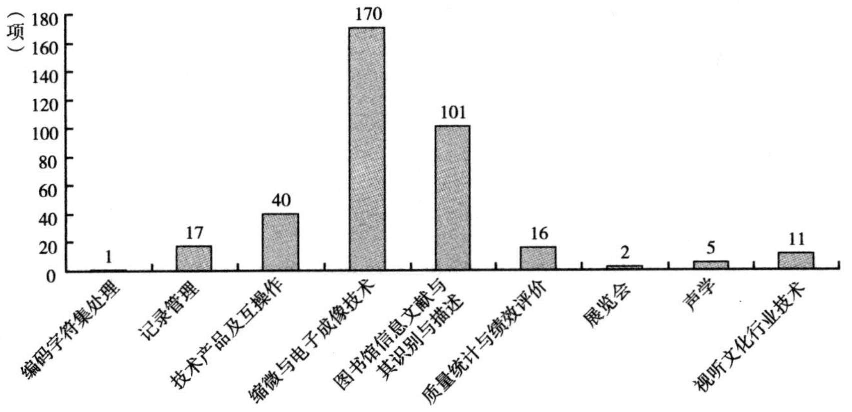

图 1　ISO 文化标准主题分布

通过对 ISO 文化标准主要覆盖的主题领域与我国采标数量的对比，可以得出我国文化标准采标 ISO 标准率为 21.21%。其中，现行标准（74 项）占现行 ISO 文化标准（161 项）的 44.3%，现行中国标准占现行与修订中的 ISO 标准（174 项）的 42.5%。

（二）世界主要国家文化标准化工作现状

1. 美国文化标准概况

美国的标准体系是分散的、灵活的，由民间主导、以产业为基础、由市场驱动形成的。自愿协调一致标准（Voluntary Consensus Standards，简称 VCS）原则是美国标准体系的基石①。其主要含义包括两方面：首先，标准制定过程是开放的。其次，标准执行是非强制的。是否采用标准是非强制性的，政府单位或市场方面不会强制使用。但这并非说没有国家强制标准。在关系重大公众利益和公共资源的领域、涉及公共健康与安全问题时，政府则执行强制性的技术标准。与多数国家只有一到两个权威的标准机构不同，除了公共安全与健康方面外，美国标准制定机构较多，而美国政府一般不直接插手制定标准。

美国国家标准学会（ANSI）是美国自愿性标准体系的管理者和协调者，它自身虽然并不参与标准制定，但负责标准制定者的资格认定和美国国家标准的审核批准，实质上已经成为美国国家标准化活动的中心。ANSI 承担了越来越多的公共事业职能，协调并指导全国标准化活动，在联邦政府和私营领域标准化系统之间起到了桥梁作用。

由于美国没有文化部，为便于对比研究，本报告参考了我国文化部主管行业领域选取美国文化标准涉及的行业领域②。

（1）文化标准制定的主要机构与制定程序

在 ANSI 授权的标准制定机构 SDO 中，与文化相关的技术标准制定者有：信息与图像管理协会（AIIM）、美国国家信息标准组织（NISO）、娱乐服务与技术协会（ESTA）、国际信息技术标准委员会（INCITS），其他的非技术标准制定机构还有美国图书馆协会（ALA）、美国博物馆协会（AAM）、全国音乐教育协会（MENC）等。

---

① Overview of the U. S. Standardization System [OL]. [2010 - 10 - 25] http://publicaa. ansi. org/sites/apdl/Documents/News% 20and% 20Publications/Other% 20Documents/US-Stdzn-System-FINAL. pdf.

② 本报告中引入了文化行业技术标准与非技术标准名称。文化行业为非技术类行业，主要应用文化管理、服务类非技术标准。但在文化管理与服务过程中，必然要应用到各种各样的技术手段、设备设施等硬件资源，它们所涉及的标准在本报告中统称为技术标准。

文化技术标准的制定程序必须符合ANSI对制定标准程序的要求。与此类似，非技术标准也通常由各种民间学会、协会组织，在广泛征集各方面相关意见、建议的基础上编制，由各协会自行颁布。

（2）文化技术标准概况

文化行业的技术标准主要分布在图书情报与娱乐技术两个领域。按照国际标准分类，图书情报类技术标准共199项，包括作废或被替代标准。主要集中于“综合、术语学、标准化、文献”中“信息学、出版”中的信息学（58项标准中31项已作废或被替代）、文字字体与文字转写中的识别符（6项中2项已作废）；“成像技术”大类中的文献成像技术（79项中58项作废或被代替）；“信息技术、办公机械”大类中信息技术应用、信息技术在信息、文献和出版中的应用上的有关标准31项，字符集与信息编码分类中有25项，信息技术综合有32项。

制定标准最多的机构是AIIM、INCITS、NISO，分别为58项、28项，65项，占总数的3/4。其中采用国际标准组织（ISO）标准的有49项，49项中有25项同时还是ITC标准，采用ISO国际标准的采标率为24%强。采标最多的机构是INCITS，达29项，占采标数的60%。因为该机构是信息技术的代表，而信息产业从20世纪90年代以来发展迅速。为此，ISO和ITC联合成立了国际信息技术标准委员会，共同制定信息技术类的国际标准，因此INCITS采用国际标准比较多。而图书馆等文化行业大量应用其标准，反映了信息技术对文化行业的影响与渗透程度越来越大。目前，INCITS共制定标准824项，正在制定的标准275项。

娱乐技术标准共26项，其中24项的制定者是娱乐服务与技术协会。其他类标准7项，已作废3项。

（3）各机构正在制定或修订的文化技术标准

①娱乐服务与技术协会：正在制定或修改的标准有24项；②美国国家信息标准组织（NISO）修订或制定的标准共29项；③AIIM正在制定或修订的有关文化行业标准有20项；④其他机构正在制定的有关文化行业技术类的标准3项。这些标准中目前修订的有20项。此外，INCITS正在制定的标准有275项，但这些标准实质是信息技术标准，只是在图书情报等文化领域中应用，本报告就不再单独列出。

(4) 文化的非技术类标准

参照我国的文化行业管理体制，相应地美国还有一些非技术类标准制定机构，它们主要是：美国图书馆协会（ALA）、美国博物馆协会（AAM），全国音乐教育协会（MENC）、全国艺术教育协会联盟等。

①美国博物馆标准①

美国博物馆标准由美国博物馆协会（AAM）制定，该协会成立于1906年，AAM的标准是自愿性的国家标准。标准与最佳操作是博物馆衡量其成就的基准。AAM的标准由三方面内容构成：第一，成为“最佳”应具备的特色（美国博物馆标准与最佳实践的核心）；第二，博物馆的伦理原则（该指导原则要与每个博物馆的伦理规则相符）；第三，关于设备与危机管理的标准，由AAM董事会2007年批准。

AAM的认证标准是根据“标准”与“最佳操作”制定的。其基本结构包括：核心问题、所认证博物馆的特色、认证委员会的期望值。此外，还有根据博物馆机构类型所应遵循的特定准则。这种灵活的标准结构是为了适应博物馆的多样性。

核心问题包括两个：博物馆如何达到其声明的使命和目标，博物馆如何能满足达到“标准与最佳操作”的（与其环境相适应的）要求。②

博物馆的特色标准1996年第一次发布，2005年修改，它包括六个方面：公众的信任与责任、使命与规划、领导与组织结构、藏品的管理、教育与说明、资金的稳定性、设施与危机管理。③

博物馆类型的特定准则：许多标准说明通常由多个专业组织编制发布。要应用于AAM认证项目，至少要为一个非营利组织正式采用或认可。该组织在本领域里要有广泛的代表性，或者是应用该标准领域的一部分。例如，在伦理领域，历史机构希望能遵循美国州与地方史协会制定的“专业标准与伦理说明”。专业协会的成员希望能遵守针对其成员的机构标准，例如动物园与水族馆协会（AZA）的“AZA的职业伦理规则”④。

---

① [OL] [2010-10-26] http://www.aam-us.org/aboutaam/index.cfm.

② http://www.aam-us.org/museumresources/accred/accred-standards.cfm.

③ http://www.aam-us.org/museumresources/accred/upload/Characteristics%20in%20Plain%20English.pdf.

④ http://www.aam-us.org/museumresources/accred/accred-standards.cfm.

（2）国家艺术教育标准

1994 年，艺术标准国家委员会（该委员会的代表来自教育、商业、政府和艺术各界）批准全国艺术教育协会联盟制定“国家艺术教育标准”。“国家艺术教育标准”概括了每个美国 K～12 学生应该学习的基本艺术，包括舞蹈、音乐、戏剧、可视艺术。按照年级分为 3 组：K～4 年级、5～8 年级、9～12 年级。内容包括所要学习的内容与达到的成绩标准。

执行该标准要求各州与当地学区制定达到标准的课程规定和设计，同时进行必需的指导。因此，各州也根据自己的情况制定了相关的标准，但并非所有的州都采用了国家标准，有一些州部分采用。①

目前，MENC 正在与国际鼓乐团［Drum Corps International（DCI）］合作编制“行进音乐国家标准”。

（3）美国图书馆标准

鉴于我国的文化部主管公共图书馆事业，因此本报告重点探讨了有关公共图书馆的标准。

美国作为世界上图书馆法制建设最为完善的国家之一，不仅有国家级的图书馆法，而且有一系列相关的条例、标准、规则等。其中，《公共图书馆标准》是各类图书馆标准中制定最早同时也是图书馆界最为重视的一项标准。美国图书馆协会于 1933 年公布了国家范围的《公共图书馆服务标准》，于 1943 年将其修改成《公共图书馆标准》，于 1956 年和 1966 年又先后对该标准进行了修订。1966 年之后，美国图书馆学界认识到，在国家多样化的形势下施行统一的标准显然是不切合实际的，因此美国图书馆协会转变策略，令其分支机构美国公共图书馆协会制定基于各州本地的标准方案。据调查，美国 50 个州到目前为止共 35 个州有《公共图书馆标准》。公共图书馆标准实行自愿原则，不强制实行。

为了更好地服务读者，美国图书馆界就图书馆的各种业务制定了标准与指南。②主要包括馆藏及数字资源发展、编目与检索、图书馆服务、图书馆设施、人事、职业能力等方面。

---

① http：//www. aep-arts. org/database/results. htm? select_ category_ id = 38&search = Search.

② ［OL］.［2010 - 10 - 26］. http：//www. arlisna. org/organization/com/standards/standards_ list. pdf.

（5）小结

从美国文化标准制定情况以及效果来看，其文化标准化工作的特点如下：

首先，美国的各种文化标准是各种行业学会、协会制定的，而非政府行为，但政府的代表有时会参与其中。

其次，文化行业标准也遵循美国标准体系的原则："自愿协调一致标准"，一般不具有强制性，标准涉及的利益个体可自愿采用。

第三，美国文化行业标准随社会、技术发展在不断修订。

2. 欧洲部分国家文化标准化工作概况

多年来，由于美国一直更偏重发展本国标准化工作，国际标准化工作以欧洲国家参与为主。其中以英、法、德为主的西欧国家，一直将很多精力和时间放在国际和区域标准化活动上，企图长期控制国际标准化的技术大权，并且不遗余力地把本国标准变成国际标准。按承担 TC/SC① 秘书处数量和资助额计算，德国（DIN）在 ISO 中的贡献率为 19%，英国（BSI）为 17%，法国（AFNOR）为 12%。

德、英、法三国 TC/SC 占 ISO 的总和为 48%。由此可见其在国际标准中的影响力。德国、法国和英国在欧洲标准化机构 CEN/CENELEC/ETSI 中所占份额分别是 28%、22% 和 21%。2000 年德国标准化学会（DIN）82% 的工作时间是花在制定国际标准和欧洲标准上，只有 18% 是用在制定国内急需（无国际需求）的国家标准上。这形成了以英国、法国、德国为首的欧洲国家在制定标准化战略中的一个共同特点。这与我国标准化工作形成了明显的反差。

本报告在调研欧洲国家标准化发展战略的基础上，对大量欧洲标准进行了研究，发现欧洲国家热衷于将本国标准国际化，同时积极争取成为国际标准化组织主要秘书处承担国，相对于技术类标准而言，欧洲国家对文化行业标准的制定并不热衷，因此成果相对不多。

英法德三国文化行业标准主要涉及行业领域及相应标准数量，见表 2。

（1）英国

——英国文化标准数量。英国标准学会（GB-BSI）1976～2009 年起草和发布文化标准总数 83 个，其中现行标准 55 个，作废标准 28 个。若把现行的英国文化行业标准中等同和等效采用 ISO 标准、国际电工委员会标准和欧盟标准都看

① TC，Technical Committee（技术委员会）；SC，Subcommittee（分技术委员会）。

表 2　英法德三国文化行业标准主要涉及行业领域及相应标准数量

单位：项

国家	标准领域	数量
英国	显微摄影(词汇、索引、材料和包装)	2
	图书馆信息、记录品和文献管理	28
	演出、广播等舞台、设施规范	6
	电影、演出等音频和视频设备和系统的规范、安全性、噪声等级等	8
	观众设施	5
	图书馆统计(绩效、价格指数、图书馆统计)	3
	博览会、展览会等词汇、统计和安全性	3
法国	光源	1
	博览会、展览会等词汇、统计和安全性	4
	观众设施	5
	电影术、电影摄影等	5
	文化遗产的保护	1
	图书馆信息、记录品和情报、文献管理	25
德国	舞台照明设备等	23
	观众设施	4
	演出、广播等舞台、设施规范	12
	博览会、展览会等词汇	1
	绘画工艺类	1
	图书馆信息、记录品和文献管理	27

成采用了国际化标准的话，英国文化行业标准的国际化标准为 35 个，国际化程度为 63.6%。总体上看，图书馆类的英国现行标准等同采用 ISO 标准较多，而其他文化行业现行英国标准等同采用欧洲标准学会 EN 标准较多。

——年代分布。英国近几年加大了文化行业标准的年度立项力度，2006～2008 年发布的文化行业标准数量明显增多，占到 1996～2009 年度制定文化标准总量的 45.65%。

（2）法国

——法国文化行业标准数量。法国标准学会（FR-AFNOR）1963～2009 年起草和发布文化行业标准共 56 项，其中现行标准 41 项，作废标准 15 项。总体上看，法国文化行业标准采标情况与英国一样，图书馆类的法国现行标准等同采用 ISO 标准较多，而其他文化行业现行法国标准等同采用欧洲标准学会 EN 标准较多。

——年代分布。法国近几年也加强了文化行业标准的立项工作，2003～2009年发布的标准数量占到1996～2009年度文化标准总量的85.19%。

（3）德国

——德国文化行业标准数量。德国标准学会（DE-DIN）1970～2010年起草和发布文化行业标准总数123项，其中现行标准68项，其余的作废了。总体上看，图书情报类的德国现行标准等同采用ISO标准较多，而其他文化行业现行德国标准等同采用欧洲标准协会EN标准较多。

——年代分布。德国近几年加强了文化行业标准年度立项工作，2002～2007年发布的标准数量占1996～2009年文化标准的64.52%。

（4）小结

通过对英国、法国以及德国三个主要的欧洲国家文化行业标准的统计调查，我们发现它们具有如下特点：将大量工作的重点放在了技术标准的制定上，并极力将自己国家的技术标准转化为国际标准，以达到占领技术、市场制高点的目的。对文化行业标准的制定相对轻视，此类标准的数量较其他技术类标准相对较少。追求标准的国际化。除了将自己制定的标准变为国际标准外，它们还抢占各类国际标准化组织的决策机构、秘书处等部门。虽然这几年美国后来居上，超过了它们，但其所占比重（在国际组织中的发言权）仍然比较大。

3. 日本文化标准概况

日本国家标准化体系、发展战略以及标准化实践中，以工业化标准为核心和重点。1949年，日本就制定了《工业标准化法》（通称JIS法）。至2007年，共进行了15次修订。

日本工业标准化制度是由主务大臣（经济产业大臣、国土交通大臣、厚生劳动大臣、农林水产大臣、文部科学大臣、总务大臣、环境大臣）根据工业标准化法及此法律的施行规则、调查会规则所规定的程序，经过日本工业标准调查会的审议而制定。日本工业标准事务由日本经济产业省的产业技术环境局负责，产业技术环境局内设标准认证政策科。日本工业标准调查会（JISC）是产业经济省设置的审议会，它基于工业标准化法对工业标准化进行调查和审议。文化行业标准欲成为国家标准，必须提交给JISC按照国家标准的制定、审查程序进行认定。

（1）日本文化标准的生成形式

在日本的国家标准中，日本工业标准（Japanese Industrial Standard，简称

JIS）主要是日本矿业标准。日本医药标准和日本农林标准主要为医药品、农药、化学肥料、蚕丝、食品等方面的标准。与工业、农林、医药方面的标准相比，日本的文化行业标准数量不多。目前，日本文化相关标准存在的方式主要如下。

第一，包含在工业标准中的标准。

JIS 最初主要为日本的矿业标准，但由于信息技术也属于工业范围，信息技术需要根据对象制定标准，所以近年也开始制定不在“工业范畴”的 JIS，例如，2007 年就制定了图书馆统计标准“JIS X 0814”。

在日本 JIS 数据库中，“信息处理”相关标准有 3980 项，“图像技术”相关标准有 885 项。①

在这些标准中，ISO 国际标准被直接引用为国家标准的比率也很高。

第二，以政府文件的形式颁布的标准。

日本文部科学省（文部省）是主管日本教育、科技、学术、文化、运动的部门，作为文部省直属局之一的文化厅负责文化、艺术、著作权等事务。文部省与文化厅以政府文件的形式发布了很多与文化艺术相关的标准，如：

①日本文化财产保护委员会于 1954 年 6 月 29 日颁布、日本文部科学省于 2005 年 3 月 28 日最新修订的“名胜古迹天然纪念物标识等设置标准规则”。②

②文部科学省 1973 年 11 月 30 日颁布、1998 年 12 月 7 日第 161 号告示修订的“公立博物馆设置及运营相关标准”。③

③文部科学省于 2005 年 3 月 28 日颁布的“登录纪念物相关的文化财产登录底单、标识设置标注及申报书相关规则”。④

④文化财产保护委员会于 1956 年最初发布，文部省于 1996 年最新修订的

① http://www.webstore.jsa.or.jp/webstore/General/GeneralSearch.jsp?lang=jp.

② http://law.e-gov.go.jp/cgi-bin/idxselect.cgi?IDX_OPT=2&H_NAME=&H_NAME_YOMI=%82%b5&H_NO_GENGO=H&H_NO_YEAR=&H_NO_TYPE=2&H_NO_NO=&H_FILE_NAME=S29F31501000007&H_RYAKU=1&H_CTG=1&H_YOMI_GUN=1&H_CTG_GUN=1.

③ http://www.mext.go.jp/b_menu/hakusho/nc/k19731130001/k19731130001.html.

④ http://law.e-gov.go.jp/cgi-bin/idxselect.cgi?IDX_OPT=2&H_NAME=&H_NAME_YOMI=%82%c6&H_NO_GENGO=H&H_NO_YEAR=&H_NO_TYPE=2&H_NO_NO=&H_FILE_NAME=H17F20001000009&H_RYAKU=1&H_CTG=1&H_YOMI_GUN=1&H_CTG_GUN=1.

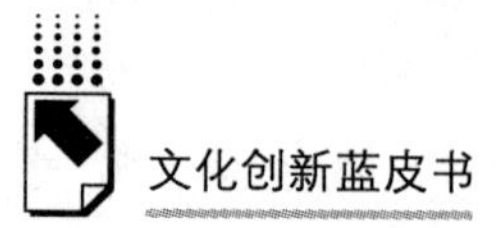

"国宝及重要文化财产制定标准"。①

⑤ 1951 年最初发布、1996 年最新修订的"昭和二十六年文化财产保护委员会告示第二号（国宝及重要文化财产制定标准及名胜古迹天然纪念物制定标准）"。②

⑥ 1950 年 5 月 23 日最初制定、由文部省发布的"关于博物馆的登陆审查标准要点"。③

⑦公立图书馆的设置及运营，以《图书馆法》（1950 年法律 118 号）第 18 条规定为基础。文部科学省 2001 年 7 月 18 日开始实施"公立图书馆设置及运营所希望的标准"。④

此外，还有一些文化相关标准是以文部省或文化厅发布的文件的组成部分的形式存在，其中文化厅颁布了 8 项，文部省发布 1 项。

第三，地方机构发布的标准。

地方机构也可以发布包括文化标准在内的地方性标准，在本地方管辖范围内实施。本报告只是提出在日本国内有一类这样的标准，具体数量无法统计。如 1976 年茨城县教育委员会发布的"相当于博物馆的设施的制定标准"。⑤

第四，由行业协会制定的标准。此类标准由行业协会制定，成为该行业的推荐标准。比较重要的此类标准有：

① 2009 年 5 月，由日本全国学校图书馆协会（JSLA：Japan School Library Association）制定了"全国学校图书馆评价标准"。⑥

②由大学标准协会于 1952 年 6 月 17 日最初制定、1982 年 5 月 18 日最新修订的"大学图书馆标准"。⑦

③由国立大学图书馆协会于 1991 年 3 月 6 日发布的"图书馆建筑标准相关报告"。⑧

④ 1950 年 10 月 12 日最初制定，2004 年 1 月 22 日最新修订的"广播伦理/

---

① http：//www. bunka. go. jp/bunkazai/shurui/pdf/yukei_ kenzoubutsu_ kijun. pdf.

② http：//www. mext. go. jp/b_ menu/hakusho/nc/k19510510001/k19510510001. html.

③ http：//www. mext. go. jp/b_ menu/hakusho/nc/t19520523001/t19520523001. html.

④ http：//www. mext. go. jp/a_ menu/sports/dokusyo/hourei/cont_ 001/009. htm.

⑤ http：//www. pref. ibaraki. jp/bukyoku/soumu/somu/reiki_ int/reiki_ honbun/ao40011961. html.

⑥ http：//www. j-sla. or. jp/pdfs/material/hyokakijun20090318. xls.

⑦ http：//www. lb. nagasaki-u. ac. jp/about/pdf/arikata_ ref_ 2. pdf.

⑧ http：//wwwsoc. nii. ac. jp/anul/j/publications/reports/39/39_ 01. html.

日本民间广播联盟广播标准”。①

⑤日本广播协会（NHK）于1959年7月21日最初制定、1998年5月26日最新修订的“国内节目标准”和“国外节目标准”。②

第五，某一机构发布的工作标准。

由电视台、图书馆等机构自行发布的标准，如：①日本TBS电视台1951年10月10日最初制定、1992年4月1日最新修订的“TBS放送标准”③。②国立国会图书馆发布的“国立国会图书馆元数据标准”。④

（2）日本文化标准的具体数量及内容

第一，日本文化标准数量。日本文化行业标准总数是498项，其中：有效标准461项，被废除标准37项。将ISO国际标准直接引用为日本国家标准的数量为231项，占46.38%。

第二，日本文化标准主题领域：①文字符号。②信息技术中的开放系统间的相互连接、界面之间的相互连接设备及数据存储装置。③信息科学、出版，包括图书馆相关统计及评价指标。④文字及符号化，包括信息交换的数据要素及交换形式、图像文字处理。⑤文件图像应用，包括缩微技术相关技术规格、电子文件的长期保存等。⑥游戏设施的检查标准。⑦舞台照明、电视、电影及照相摄影室照明用具的安全性条件。⑧娱乐设施，包括各种乐器相关标准、电子乐器的数字接口标准。

（3）小结

综上所述，日本文化标准的特点如下。

第一，与工业标准有统一的法律不同，日本的文化标准尚未像工业标准JIS那样，形成一个统一规范的体系，而是多以文部省、文化厅发布的政府文件的组成部分的形式存在。

第二，日本文化标准体系中还包括一些行业协会发布的标准，或某一机构、

---

① http：//nab. or. jp/index. php?%CA%FC%C1%F7%CE%D1%CD%FD%2F%C6%FC%CB%DC%CC%B1%B4%D6%CA%FC%C1%F7%CF%A2%CC%C1%20%CA%FC%C1%F7%B4%F0%BD%E0.

② http：//www. nhk. or. jp/pr/keiei/kijun/index. htm.

③ http：//www. tbs. co. jp/company/regulation/index-j. html.

④ http：//www. ndl. go. jp/jp/standards/index. html.

单位的工作标准。

第三，文化标准中很多同工业标准一样，直接引用国际标准作为国家标准的比率较高，这和日本重视准国际化、大力推进国家标准和国际标准接轨有着密切的联系。其中完全采用国际标准的占标准总数的40%，修改后采用的占56%。

例如：在“信息科学、出版”领域的日本国家标准中，共有121个标准，其中，仅有29个为日本自制的国家标准，其余的92个均为直接引用ISO国际标准作为日本的国家标准。自建标准比率为23.97%，引用国际标准达到76.03%。

4. 韩国文化标准概况

韩国产业标准（KS：Korean Industrial Standards）是根据1961年颁布的《韩国产业标准化法》，经产业标准审议委员会审议后规定的韩国国内产业领域产品、制作等方法的国家标准。它由技术标准院院长颁布，简称KS。

韩国产业标准（KS）的实行，提高了产品的安全性，节约了产品的成本，提高了生产效率。KS是产品之间相互转换、开发新产品和新技术的重要指南，它为规范企业之间的相互竞争起了非常大的作用。到2009年12月，韩国已有23372种产业标准，其中与国际标准（ISO/IEC等）一致的有14204种。韩国产业标准由三个大类、21个分类体系组成。

韩国文化行业包括图书出版、印刷、音乐、视觉艺术、电影、照片、广播、体育、游戏等。从1990年开始，韩国从连续出版物标准号码开始对文化行业制定了标准。在韩国已经实施了关于文化艺术、文化设施、文化产业、文化遗产的法律，部分文化行业标准是以法律形式规定的。

（1）韩国文化标准的数量及主题

韩国文化标准总数是144项，其中：有效标准140项，被废除标准4项。而这144项标准中直接利用国际标准的有84项（ISO 75项、IEC 9项），自建的60项。大部分为技术标准。主要涉及公共服务、音乐、电影院、舞台设计、传统艺术、图像技术、文献信息与图书馆和档案、乐器、网络音乐、电子游戏等。

为了最大限度地提高文化产业化的影响，积极推进文化产业标准化工作，韩国通过自建或直接使用国际标准的方式，对文化产业广泛实行标准化，从而为文化产业健康发展创造了良好的条件。

（2）韩国文化标准的特点

第一，标准化工作起步较早，发展较快。

第二，标准化工作的开展有比较完整的保障体系：法律层面——有29个相关法律和112个相关政策。人才保障——通过大学教育和协会教育，构建标准化人才体系。工作机制——标准的制定、认证、标识、认证管理等工作环节都有良好的运作模式。

第三，积极参加国际标准化组织的各项活动。

第四，采标率高：为了达到ISO标准，从2003年开始直接引用ISO标准，近4年的ISO的采标率达到99.9%。

第五，国家投资力度大：从2005年的69836百万韩元，已增加到90200百万韩元。

第六，标准向智能性行业、服务行业、环保行业、新能源、生物医学方向发展。

作为国家产业标准的有机组成部分，韩国文化标准也具备以上韩国国家标准化工作体系的特点。

（三）总结

通过对国际标准化组织、美国、欧洲主要国家（英、法、德）、日本和韩国标准化体系以及文化标准的调查与分析可知，各国文化标准涵盖领域互不相同，负责制定的机构也不唯一。许多民间组织、单位团体、行业协会、政府机构等部门，都可以根据自己的需要制定相关的文化标准。对于这类标准的管理，不同国家有不同的做法，有的要通过国家标准管理部门的认可，有的则不必通过认可。

通过分析可以初步归纳如下共同点。

——文化标准是整个国际标准化组织或国家标准化体系的组成部分之一，但所制定的标准成果占各组织或国家全部标准的比例偏低。

——标准制修订目标明确。无论标准的制定出自哪个部门，其制定标准的目的都是一致的，即提高工作效率，从不“为制定标准而制定标准”。

——重视标准的更新。ISO规定了标准的更新周期，其他标准发达国家也非常重视标准的修订、废止等工作，形成了标准更新的生命周期，确保了标准成果的时效性和适用性。

——标准的国际化程度高。可以采用国际标准的就直接采用，没有国际标准的就自己制定，并尽力将其发展为国际标准。与此同时，它们还注重在国际标准活动中的参与力度，占领标准制定的制高点，加大在国际标准制定中的话语权。

——现有文化类标准内容上偏重技术硬件指标，服务、管理标准有待发展。无论国际标准化组织 ISO 还是以上列举的部分标准化强国，它们制定的文化行业标准在内容上更倾向于技术标准，即对文化行业发展中应用到的各类技术、机械、设备、设施等“硬件”资源制定标准，而管理、服务、保障、评估等“软件”标准相对较少。产生这种情况的一个重要原因就是“软”资源因环境变化而致对它的要求不同，所以很难制定统一的标准。但地方、系统、行业可以根据自身特点，制定非强制性标准，为行业发展提供参考、指导与借鉴。

二　我国文化领域标准概况

本节探讨的是我国文化领域标准，它与文化部标准的不同之处在于文化领域标准的范围比文化部标准化工作范围大。我国文化领域标准既包括了文化部所属相关行业的标准，也包括了其他部委（如科技部、广电总局、教育部等）相关的文化领域标准。要了解我国文化部标准情况，非常有必要先了解一下我国整个文化行业大环境下的标准总体发展现状。

（一）我国文化行业标准数量

截至 2010 年 11 月底，我国文化相关行业标准（含行业标准）总数是 285 项，其中现行标准为 217 项，即将实施的标准为 14 项，被代替和作废的标准为 54 项；其中，行业标准 22 项，现行 21 项，作废 1 项。

我国文化行业国家标准共采用国际标准 77 项。领域分布以电子文献相关技术与保存、缩微技术领域为主体，少量属于字符集、著录规则、图书馆统计、开放系统互联、馆际互借等领域。

（二）我国文化行业标准主题领域

我国文化行业标准的主题领域主要涉及以下方面：①编码字符集处理，②技

术产品及互操作性问题（信息交换格式、字符集、开放系统互联馆际互借），③缩微与电子成像技术（传统缩微胶片规格、操作技术规范、电子成像技术），④图书馆相关的信息与文献工作，以及信息识别与描述（术语、字符处理、古籍修复、编目规则、元数据、书名页、索引编制），⑤质量统计与绩效评价（图书馆统计），⑥广电、新闻，⑦游艺机等娱乐设施技术条件，⑧演出场所声音与灯光技术，⑨美术用纸张，⑩音乐音率及电子琴性能评价，⑪图书馆、文化馆建筑、安全、用地，⑫古籍工作。

对比ISO文化领域相关标准，我国文化行业标准技术跟进相对薄弱，对技术标准的细分在标准制修订工作中有待加强，标准的实用性有待进一步提高。相对于传统文化领域标准化工作来说，文化大发展背景下的新文化标准化建设缺乏体系化、系统化建设规划。

（三）我国文化行业标准年代分布

我国文化行业标准相对较少。

1. 国家标准项目的研制和发布

从年代分布来看经历了三个小的高潮（见图2），分别是1985～1988年、1991～1996年，及2003年以后。

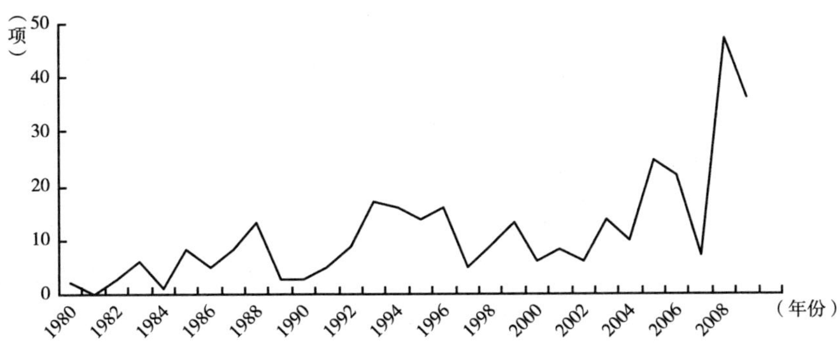

图2　国家标准项目数量与年代分布

2. 行业标准的研制相对处于弱势地位

目前我国已有的文化领域国家标准有335项，行业标准54项。从行业标准与国家标准的数量比较来看，行业标准作为更为专业、更为基础的行业管理依据，处于相对弱势的局面。

从2006年开始，文化行业的行业标准研制进入稳步发展时期，尤其是文化部代表的行政主管部门，对制修订本部门行业标准工作日益重视。这与“文化大繁荣”及创建“公共文化服务体系”的整体政策背景是紧密相关的。其中，文化行业基础性、服务类及管理类标准更成为各行业发展的重要部分。行业标准的研制为其进一步提升为国家标准打下坚实的基础。

（四）我国文化标准化的重要意义

文化标准化已经成为衡量一个国家精神文明发展水平的重要指标之一，在我国文化大发展中日益发挥着举足轻重的作用。通过组织开展标准化工作，充分发挥标准效用，推进我国文化行业标准化发展是一项带有基础性、长期性、前瞻性、战略性、根本性的工作，不仅有利于促进我国文化行业协调发展，有利于推进我国文化行业与国际规范接轨，同时，有利于构筑和谐社会，促进文化事业、产业深入协调发展。

通过以下我国文化行业标准化工作的具体事例，可以看出我国加强文化标准化建设的必要性。

例一：中外文化演艺活动中，因舞台搭建质量不合格而造成人员伤亡的消息屡见不鲜。截至2010年9月21日，通过百度查找到与“舞台倒塌”相关的国内外新闻报道378篇，其中既有商演临时舞台倒塌的报道，也有央视节目录制演播室舞台搭建出现问题的相关报道。造成这种后果的因素之一是：搭建舞台、舞美工程相关标准规范不健全，舞台、舞美工程企业多数处在小作坊状态，技术比较落后，从业人员素质偏低，工程质量良莠不齐，草台班子与正规公司抢活儿，恶性竞争导致施工质量日趋低劣，偷工减料现象频出……这些都为舞台安全埋下了隐患。为了从根本上解决舞台搭建质量安全问题，制修订合理的标准规范成为保证舞台搭建安全的重要依据，成为确保人民群众参与文化演艺活动安全的重要依据。针对这项需求，文化部所属全国剧场标准化技术委员会舞台机械分技术委员会（TC388/SC1）制定的国家标准《临时搭建舞台看台安全技术标准》现已进入标委会审查阶段，并且标准成果已在上海世博会中得到应用，公安等相关部门对该标准正式颁布执行的需求非常大。

例二：文化资源的数字化建设是实现文化资源在图书馆系统中共建共享的主要技术手段，由于缺乏图书馆资源数字化技术及管理方面统一的国家标准规范，图书馆系统的资源共建共享目前还是无法顺利实现。自20世纪90年代起，我国文化部、教育部、科技部等多个部委为了解决这个问题多次立项、拨款发展数字图书馆，通过近年来发展数字图书馆研究，我国已形成了有规模的几个项目成果：中国高等教育数字图书馆、中美百万册数字图书馆合作计划、国家科学数字图书馆、中央党校数字图书馆、国防大学数字图书馆、上海图书馆数字图书馆等。数字图书馆发展的需要，成为推动这一领域标准规范发展的根本动力。这种推动，一方面反映了业界对标准化工作效用的认同，另一方面也反映出业界对标准化工作没有系统的规划梳理，缺乏统一管理、规划、协调、组织、监督权威机构的现状。因此，各种标准规范研制项目有重复立项之嫌，科研做了不少，但是可作为国家或行业标准的成果还不足。文化部所属全国图书馆标准化技术委员会的成立，有望打破各系统无统一数字图书馆建设标准的局面，为实现文化资源图书馆系统的共建共享打下基础。

例三：2010年中国图书馆学会年会上，国家图书馆馆长周和平介绍：“在我国，每46万人拥有一座公共图书馆。全国333个地级行政区划中，还有41个地市没有图书馆。国际图联规定，公共图书馆人均藏书量应为1.5到2.5册，而2008年我国人均拥有图书刚刚超过0.4册。”《公共图书馆建设标准》的颁布为改变这一现状提供了可以参照的依据，为基层图书馆建设特别是经济欠发达地区公共图书馆建设提供了政策性依据。

三　我国文化行业标准化工作现状分析

文化部《文化建设“十一五”规划》（2006～2010年）在对“十五”期间文化行业发展建设取得的成就进行总结时指出，城乡基层公共文化基础设施得到进一步完善，公共文化服务网络初步形成，公共文化服务能力逐步加强。但是，外部硬件条件的完善只是有助于公共文化服务有效运行，文化行业软实力建设——标准规范建设较薄弱，行业管理、服务标准规范的欠缺尤为突出。文化部部长蔡武2010年10月接受媒体采访时指出，“十二五”规划的文化发展目标之一就是“在公共文化服务体系建设基本完善的基础上，县级图书馆、文化馆建设全部达标”。这里，“达标”首要的基础就是建立科学、完备的标准规范体系，使之成为支撑各项政策法规顺利实施的技术保障，以此保证“十二五”规划文化发展目标顺利实现。

总体上看，文化部各级领导都对标准化工作比较重视，为文化标准化事业的发展营造了良好的政策和舆论氛围。但由于文化部标准化工作起步较晚，加之目前人们对文化标准化还存在不同的认识，使得文化标准化中还存在与文化事业和产业发展不适应的一些问题。具体情况如下。

（一）文化部归口管理国家标准和文化行业标准情况

1. 文化部归口管理的国家标准

标准化工作机构成立之前，文化部归口管理的国家标准有7项。其中，1993年实施的四项国家标准目前已作废，一项2008年《古籍修复技术规范与质量要求》为现行标准，一项在修订中，一项编写工作还未完成。另外，参与制定国家标准一项。

随着文化事业的大发展、大繁荣，文化标准化工作也取得了较快的发展，其中2007年立项项目8项，2008年立项3项。特别是2008年底，文化部所属7个行业标准化技术委员会及1个分技术委员会成立后，文化部归口管理的国家标准立项项目有了大幅度的增加。2009年国家标准项目立项14项，2010年立项项目5项。

从近几年立项国家标准项目的内容来看，2007年立项项目中服务类标准有4项，安全与安全技术类标准有2项，专业技术类标准1项，基础类标准1项；2008年立项则全为服务类标准。

从2009年上报立项项目来看，文化行业标准化工作有了整体规划发展的趋势，突出体现在对文化服务标准体系的研制，对整个文化行业标准化工作指导原则编制等工作项目的规划。同时，2009年立项项目中，文化领域各行业专业工作管理及基础性分类标准工作得到了加强。标准的制修订工作更有针对性，2010年更加重视文化行业强制性标准的研究力度，标志着文化行业对标准化工作的理解与应用有所提升。

表3　2007～2010年文化部归口制定（及申报立项）国家标准分析

单位：项

年度 \ 标准分类	基础类	专业技术类	服务类	管理类	强制性	合计
2007	1	3	4	0	0	8
2008	0	0	3	0	0	3
2009	4	8	1	1	0	14
2010	0	4	0	0	1	5
合计	5	15	8	1	1	30

2. 文化部部颁行业标准

20世纪90年代初，文化部开始重视行业标准的制修订工作，1994年成立文化部科技司，负责标准化工作。目前为止，文化部归口管理的现行行业标准有39项，其中技术标准19项，基础标准14项，安全标准3项，管理标准3项。制定中的行业标准4项。从2006年到2009年间批准的行业标准19项，约占现行标准的一半。

表4　文化部现有行业标准分析

标准分类	基础类	专业技术类	安全类	管理类	合计
标准数量(项)	14	19	3	3	39
占总数比例(%)	35.9	48.7	7.7	7.7	100

目前，从标准制修订情况看，舞台机械技术、图书馆标准处于相对领先的位置，对比数据见表5。

表5　文化部现有行业标准所属行业分析

单位：项目

行业领域 \ 标准类型	基础类	专业技术类	安全类	管理类	其他	合计
舞台技术	6	10	2	2	0	20
图书馆行业	6	3	1	0	0	10
其　他	0	0	0	0	9	9
合　计	12	13	3	2	9	39

由以上内容可以看出，从标准项目（包括国家标准项目和行业标准项目）的立项、批准情况来看，文化部在近年的标准化工作中，都取得了一定的成绩，对规范行业行为、标准化发展起到了一定指导作用。但是现有标准体系建设不完善，行业间标准化工作发展不平衡，是当前文化标准化工作中存在的主要问题。

（二）文化领域标准化政策性文件

为了加快推进文化标准化工作，不断提升文化软实力，文化部在政策层面给予了高度重视。2007 年，颁布了《文化行业标准化中长期发展规划（2007～2020）》，并开始筹建文化部所属行业标准化技术委员会。

文化部颁布的《文化行业标准化中长期发展规划（2007～2020）》，对文化领域的标准化建设做出了全面部署和安排。这是我国文化领域第一部文化行业标准化工作发展规划，也是在国家标准化管理委员会颁布《标准化“十一五”发展规划》和文化部出台《文化建设“十一五”规划》的基础上，为更好地推动国家标准化发展战略在文化领域的贯彻实施，发挥标准化工作在落实科学发展观、建设先进文化和推动文化体制改革和文化创新中的技术支撑和保障作用而制定的专项工作发展规划。

在专业标准化组织机构层面，文化部所属相关标准化技术委员会在成立之初也都开始了本行业标准化发展政策的相关研究。如全国文化娱乐场所标准化技术委员会根据《文化行业标准化中长期发展规划（2007～2020）》，与国标委《关于印发〈全国服务业标准 2009～2013 年发展规划〉的通知》（国标委服务联「2009」7 号）的文件精神制定了《文化娱乐场所标准 2009～2013 年五年发展规划》。该规划于 2009 年由国家标准化技术委员会和文化部批准正式颁布。它公布了中国文化娱乐行业首套较为完整的标准框架体系，并明确了《文化娱乐场所服务规范》、《卡拉 OK 内容管理服务系统技术规范》、《电子游戏、游艺场所资质要求》等在内的共 9 个文化娱乐场所标准，是未来 5 年的工作重点。

同时期成立的其余 7 个全国专业标准化技术委员会（分技术委员会）也都对本标委会的标准化体系框架及发展规划作了梳理。

（三）文化部标准化技术委员会的建设情况

1. 文化部标准化工作组织的建设

根据 2008 年国家标准委员会综合第 114 号文件，正式批准成立了文化部下

属的7个标准化技术委员会和1个分技术委员会，文化部文化科技司于2008年12月9日正式举行8个标委会（及分技术委员会）的成立大会。

2. 标准化技术委员会的工作情况

作为标准化工作的组织机构，标准的制修订是各标委会工作的重要组成部分。近两年来，这8个标委会（及分技术委员会）积极开展工作，并取得了以下成绩，相关标准项目见表6。

①全国剧场标准化技术委员会及舞台机械分技术委员会（TC388/SC1）

已经完成国家标准项目《临时搭建舞台看台安全技术标准》，目前已在标委会内部审查中。

②全国图书馆标准化技术委员会（TC389）

截止到2010年12月底，图标委上报国家标委项目中，有8项标准项目已获批准立项，目前，4项正在研制过程中。2009年图标委上报一项文化部行业标准项目《图书馆应用无线射频技术：RFID数据模型》，目前该标准草案已经完成，正在征求意见中。

在实际工作中，图标委秘书处为了与分散全国的各位委员保持联系，不定期编写图标委工作简报，下发到各位委员手中。委员可以通过简报，及时了解图标委工作进展，它同时也为委员参与标准化工作建立了一个交流平台。并根据实际工作需求起草了本标委会《关于国家标准项目编制工作相关说明》，以此来规范标准计划项目制修订工作。

③全国文化馆标准化技术委员会（TC390）

国家标准项目《文化馆建筑设计规范》的编制、征求意见的工作已经完成，准备送审。参与《博物馆建筑设计规划》修订工作，并协同编制组对国家博物馆、故宫博物院等开展调研；参加《剧场建筑设计规范》修订的南方区域调查。

④全国网络文化行业标准化技术委员会（TC391）

开展了多项标准申报立项的前期调研工作，如《网络游戏安全规范》、《网络动漫安全规范》、《网络游戏测试规范》、《网络动漫测试规范》、《网络游戏监管规范》、《网络动漫监管规范》、《网络游戏设计与开发规范》、《网络动漫设计与开发规范》、《网络游戏、动漫设计人员岗位规范》等。

⑤全国文化娱乐场所标准化技术委员会（TC392）

该标委会秘书处根据行业亟须规范的领域，组织相关委员起草了《卡拉OK

表 6　各标委会国家标准及行业标准项目立项信息

标准化技术委员会名称	国家标准项目	行业标准项目
全国文化馆标准化技术委员会	《文化馆建筑设计规范》	
全国剧场标准化技术委员会及舞台机械分技术委员会	①《文化服务组织·标准体系》 ②《文化服务组织·术语及分类》 ③《文化服务组织标准化工作指南总则》 ④《舞台机械检验检测方法》 ⑤《刚性防火幕》	①《舞台机械设计导则》 ②《舞台机械性能参数》 ③《LED 舞台灯具通用技术条件》 ④《电脑灯具性能参数与测试方法》 ⑤《演出场所有源音箱性能参数与测试方法》 ⑥《演出场馆设备技术·术语剧场》
全国图书馆标准化技术委员会	①《古籍保护》 ②《图书馆古籍特藏书库基本要求》 ③《图书馆机读规范》 ④《图书馆机读目录》 ⑤《图书馆馆藏文本资源数据加工标准》 ⑥《图书馆馆藏图像资源数据加工标准》 ⑦《图书馆馆藏音频资源数据加工标准》 ⑧《图书馆馆藏视频资源数据加工标准》	《图书馆应用无线射频技术:RFID 数据模型》
全国社会艺术水平考级服务标准化技术委员会	①《社会艺术水平考级管理》 ②《社会艺术水平考级考场设置与环境要求》 ③《社会艺术水平考级术语和分类》	暂无
全国文化娱乐场所标准化技术委员会	①《文化娱乐场所服务规范》 ②《文化娱乐场所视频点播系统技术规范》 ③《文化娱乐场所音响设备技术规范》	①《文化娱乐场所视频点播硬件技术标准》 ②《卡拉 OK 节目制作规范》 ③《全国卡拉 OK 内容管理服务系统技术标准》 ④《网络 DVD 播放机设备技术规范》
全国网络文化行业标准化技术委员会	暂无	暂无
全国文化艺术资源标准化技术委员会	暂无	①《民歌音频资源元数据标准》 ②《民间器乐音频资源元数据标准》 ③《水书元数据标准》 ④《戏曲唱段视频资源元数据标准》 ⑤《戏曲剧目视频资源元数据标准》 ⑥《曲艺唱段资源元数据标准》 ⑦《曲艺曲(书)目视频资源元数据标准》

节目制作规范》、《全国卡拉 OK 内容管理服务系统技术标准》、《网络 DVD 播放机设备技术规范》、《文化娱乐场所视频点播硬件技术标准》、《歌舞娱乐场所服务规范》5 个草案。其中，《卡拉 OK 节目制作规范》、《全国卡拉 OK 内容管理服务系统技术标准》、《网络 DVD 播放机设备技术规范》已通过评审，作为文化行业标准正式施行；《文化娱乐场所视频点播硬件技术标准》、《歌舞娱乐场所服务规范》已形成征求意见稿。

另外，对现行的行业标准进行审查修订，目前，已形成《全国卡拉 OK 内容管理服务系统技术标准》修订稿，拟报请文化部组织专家评审。

标准成果的贯彻落实工作。标委会根据《全国卡拉 OK 内容管理服务系统技术标准》相关技术要求，开展娱乐场所视频点播（VOD）技术水平评价工作，对业界使用的 VOD 系统接口进行检测。该标委会秘书处通过编写工作简报、通过业界网络平台（中国卡拉 OK 网）设立信息交流专栏等，积极向社会宣传本行业的标准化信息。

⑥全国社会艺术水平考级服务标准化技术委员会（TC393）

2010 年，考级服务标委会国家标准计划项目通过审查公示项目有 3 项，分别是《社会艺术水平考级管理》、《社会艺术水平考级考场设置与环境要求》和《社会艺术水平考级术语和分类》。由于在实际批复项目的文件中，公示项目名称与申请立项的名称存在差异，这给该标委会工作带来一定困扰。

⑦全国文化艺术资源标准化技术委员会（TC394）

该标委会秘书处承担单位——文化部民族民间文艺发展中心，联合甘肃省艺术研究所、山西省音乐舞蹈曲艺研究所、贵州省荔波县档案局三家单位联合开展文化艺术资源领域工作项目标准的制订工作。目前制订完成 7 项元数据标准、3 项数字化加工标准和管理规程，涵盖戏曲、曲艺、民歌、器乐、民间文献多种艺术资源，覆盖文本、音频、视频 3 类资源介质。

3. 标准化科研工作

为了更好地开展标准的制修订工作，各标委会在做好标准项目立项申报工作的同时，也开展了一些标准化科研工作。通过研究，为本行业领域标准化工作持续发展奠定了基础。其中社科基金项目 1 项，部级科研课题有 15 项，其他课题 1 项。

（四）我国文化行业标准化工作中存在的问题

通过对文化部所属七个标准化技术委员会和1个分技术委员会的调查，以及对国家标准委服务业处、标准研究院标准研究所、文献影像标准化技术委员会和文献信息标准化技术委员会等有关领导专家的走访，通过对比发现，目前文化行业标准化工作存在一些问题。其中，既有标准化工作管理制度建设和标准化运行机制尚不健全，也存在着标准化技术委员会自身发展问题，还有标准化技术委员会秘书处挂靠单位问题等。到目前为止，《文化部标准化工作管理办法》仍在征求意见，基于标准全生命周期的管理与运行的工作机制还未形成。

总的来看，由于文化部标准化工作起步较晚，对于文化事业发展标准化工作的重要促进作用的认识还存在不足，所以标准化意识较薄弱，标准化工作有待继续加强。概括地说，主要有以下几个问题。

1. 标准化管理制度与工作机制问题

（1）标准化管理制度

2008年12月文化部成立了7个标准化技术委员会和一个分技术委员会，从数量上看并不多，从时间看运行的时间并不长。通过这次调研，一些问题已经暴露出来。其中，标准化管理制度缺失是一个比较明显的问题。由于标准化技术委员会存在“一对多”的管理主体（国家标准化技术委员会、文化部科技司和挂靠单位），工作中往往存在“责权利”不清的情况，导致工作效率低下，甚至难以开展工作。所以，要科学开展标准化工作，对标准化工作本身首先应予以规范管理，建设科学规范的管理制度和运行高效的工作机制。由于正式的《文化部标准化工作管理办法》还未颁布，挂靠单位对秘书处工作的管理尚无依据，加上对标准化工作的重要意义不够了解，因而对秘书处在人员和资金等方面支持不足，使得一些秘书处运行十分困难。

（2）标准化工作机制

标准的制修订是一项具有规范流程的科学工作。这不仅包括标准工作的制修订过程要规范、科学，同时包括对已有标准成果的宣传、推广、实施、监督机制及信息沟通渠道的建设等多方面。一项标准，从其提出（预研究）、立项、制修订、审查与审批、宣传与推广到实施、复审、再修订，是一个完整的标准生命周

期。标准化技术委员会只有严格按照标准全生命周期开展工作，才能保证标准化工作的科学运行。目前，这种机制还没有建立，这也是这些新建标准化技术委员会不知如何开展工作的重要原因之一。

现阶段需要重点建设标准化工作信息沟通机制，包括标委会与文化主管部门、标委会与标准化工作主管部门、标委会之间的信息沟通机制。现在文化行业标准化工作正在起步阶段，及时的指导与协助、各标委会间工作的配合，对于文化行业标委会来说，是非常必需的。

2. 标委会委员及构成问题

标委会委员应是切实推动所在领域标准化工作的专家，是规划并实施本领域标准化工作的具体执行人。标委会委员是关系到标准化组织正常开展标准化工作的关键因素。委员构成直接影响了标准化工作质量与开展情况。文化部在征集标准化技术委员会委员的函（教科函［2008］6号）中要求，所征集标委会委员“应在相关领域具有中级以上技术职称，并熟悉相关专业，热心本专业标准化工作，在所在领域有较丰富的工作经验”。但目前各标委会中，一方面不同程度存在着领导干部所占比重过大的现象；另一方面委员构成较为单一、专业知识结构不尽合理的问题也较为普遍。

（1）领导干部在标委会委员中所占比重过大

领导干部重视标准化工作，参与标委会工作，有利于标准化工作的开展。标准化工作中应重视发挥领导干部对标准化工作的重要指导作用。但领导干部往往身兼数职，难以面面俱到。从目前来看，一方面现有委员由于在任期内出现工作调动，离开原有工作领域，难以继续开展本领域标准化工作实践；另一方面领导干部由于行政工作繁忙，对于标准化工作投入精力有限。例如，某标准化技术委员会有34名委员，其中，18名标委会委员是地方省文化厅、局机关的处级以上领导，因工作原因无法有效地参与标委会工作，使得标委会的标准审查和年会等工作难以开展。

（2）标委会委员知识结构问题

当前各标委会委员多是文化领域的领导和专家，对于标准化工作的专业知识的理解、掌握与运用程度还有待提高。各行业的标准化工作都离不开标准化从业人员的具体实施与操作，离不开标准化从业人员有效的参与及推动。能否科学、合理地建设标委会组织、不断提升从业人员的标准化工作素质，关系到该组织能

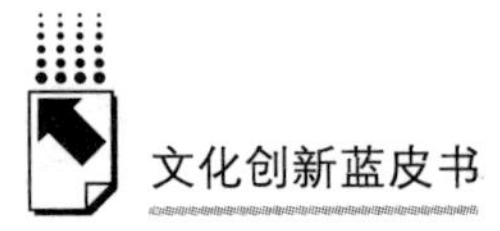

否有效地开展标准化工作。行业领导、行业专家在行业标委会人员构成中应该各自占有多大比重，如何配合才能有效地推动本行业标准化工作开展，是值得标准化技术委员会主管部门领导重视和关注的问题。

3. 各行业标准体系建设问题

2007 年，文化部颁布的《文化行业标准化中长期发展规划（2007 ~ 2020）》，是指导文化行业标准化工作发展的重要文件，是各标准化技术委员会制定发展规划、工作计划和体系框架的重要依据。各标委会在成立之初，都对本行业标准化工作有了一个基本规划，初步提出了本技术委员会工作的标准体系结构。但由于时间较为仓促，同时标准化工作刚刚起步，各标委会的标准体系不同程度地存在一些问题，需要进一步修改完善。到目前为止，个别标委会对本行业领域有哪些内容需要标准规范、需要什么样的标准规范并不明确。

与工业等技术密集产业相比较来说，文化行业服务标准与管理标准应成为其标准体系重要的组成部分。各国国情的差异，造成文化领域管理标准和服务标准很难相互借鉴，例如国内外在艺术考级配套政策、文化娱乐行业范畴定义、国民教育保障体系建设等方面的诸多差异，造成国内在发展文化领域服务标准中很难找到相关可供借鉴的国外标准。因此，开展适合我国国情的文化行业标准化工作，需要得到主管部门更多的关注和投入。当前标准化工作中，标委会的委员都是兼职开展工作，开展文化各行业标准化体系框架理论研究及科研工作的力度还有待进一步加强。就文化行业标准化体系建设，应邀请标准化工作领域专家及文化行业专家共同进行科学规划。

4. 标准化工作经费问题

标准化工作属于公益性服务范畴，文化行业标准化工作更是如此。目前，标委会秘书处的建设资金和人员都是由各挂靠单位承担的。为了标准化工作能体现公平、公开、公正的原则，保证标准相关利益方都参与标准的制修订工作，标委会委员一般来自全国各地。无论是标准的制修订过程，还是标准宣贯阶段，或是标准化科研，以及标准化工作知识培训都需要专项资金支持。目前，国家标准委拨付的标准编写补贴经费远远不能满足标准编写的实际需要。同时，文化行业各级主管部门、标委会秘书处承担单位给予秘书处日常的工作经费较少，有的还不能维持秘书处工作的正常运转。这为标委会开展标准制修订工作带来困难。这个问题，在现有标委会中普遍存在。

5. 文化行业行政管理、行业引导工作与标准化工作协调发展问题

标准是科学管理过程中管理技术具体应用的体现。标准应成为行政管理部门科学管理的重要依据。行政管理文件应提倡本行业使用本领域的国家推荐性标准及行业标准，并对标准实施效果予以关注和监督。

文化行业标准化工作应依托、扎根于我国文化行业发展与管理的实际。文化行业标准化工作的特点之一是管理、服务标准占很大比重。目前，各标委会在开展工作中存在着标准成果与政府文件相融合的问题。对于标委会自身来说，主动适应政府行业管理、行业引导的需要，力争为政府职能部门的管理提供一些便利与帮助，是目前需要明确的工作方向。对于政府部门来说，政府职能部门在行业引导与管理工作中，如何借推动行业标准化工作之力，通过标准的制定与宣贯，为行业服务及管理能效的评估、考核等工作建立标准依据，并进一步通过评级等手段，实现政府行业管理手段与效能的优化，这是值得深入思考的问题。

另外，公益性文化行业标准的应用中，监管机构的收费（盈利性）问题，也应引起重视。这种情况的产生，主要缘于行业行政主管部门与标准化工作管理机构合而为一的现状。标准的制定者和使用者、行政主管机构多重身份合而为一，直接影响标准化工作的公平性，标准成果有可能成为垄断的产物，并加剧行业垄断，给文化产业发展带来不利影响。

四　标准化发展趋势与文化行业标准化工作的对策

随着网络化和数字化的快速发展，全球一体化趋势越来越强，使得各国对标准制定权的竞争日益激烈。从国际上看，标准化组织越来越多，标准化领域分工越来越细，标准的生命周期越来越短。这为文化标准化工作的开展提供了可资参考的依据。

（一）标准化发展趋势

1. 国际标准化发展趋势

随着互联网的发展，经济、信息、科技全球化的趋势日益明显，从国际上看，标准化的内涵不断充实，外延不断扩展，整体上表现出以下发展趋势：国际标准的地位和作用越来越重要；国际标准化领域越来越广泛；国际标准的制定更加细化、科学；国际标准的制定更多以市场为导向；国际标准制定的主体更加多元化，既有政府、产业、企业，还有非政府组织；发达国家制定国际标准的比例不断提高；标准组织越来越多；健康、安全、环保、信息、服务等日益成为标准化的战略重点；标准化将成为新的贸易壁垒。①

通过分析国际标准化组织 ISO 和部分主要发达国家标准化工作发展趋势发现，标准化工作由单纯重技术向兼顾管理、安全、环保、信息和服务等标准的发展趋势已经凸显出来。也可以说，标准化工作逐步从重视“硬”的技术类标准，向重视“软”的服务类标准发展，这是国际大趋势，对我国标准化工作也具有重要的指导意义。

2. 国家标准化发展趋势

近些年，特别是“十五”和“十一五”期间，我国社会、文化、经济和科技都获得了快速发展，在整体国力不断提升的同时，标准化工作也迎来了新的发展机遇，但同时全球经济的一体化、各国之间的竞争不断加剧，也提出了更大的挑战。2008 年，温家宝总理、王岐山副总理分别对标准化工作作出了重要指示，要求全面提高国家标准化工作水平，要在我国经济发展中大力加强标准化工作。从全国范围来看，要充分发挥标准化在经济社会发展中的作用，需要抓好以下四个方面的工作②：

> ① 不断完善国家标准化体系，积极平稳快速发展；
>
> ② 全面加强标准化宏观管理和综合协调，提高标准化工作的有效性；
>
> ③ 不断加大国际标准化工作力度，提升我国实质参与国家标准化工作的能力；
>
> ④ 加快《中华人民共和国标准化法》的修订步伐，抓紧制定国家技术标准战略发展纲要，全面启动国家标准化体系建设工程，积极推动国家技术标准资源服务平台建设，从而夯实标准化工作科学发展的根基。

① 刘琦、石建莹：《国际标准化发展趋势及我国标准化发展思路》，《陕西经济干部管理学院学报》2006 年第 1 期。

② 中国标准化研究院：《2009 中国标准化发展研究报告》，中国标准出版社，2010，第 7 页。

从国内标准化工作看，也表现出几个明显的趋势：一是2008年以来，我国标准化组织获得了较快的发展，标准化组织越来越多；二是标准化领域专业分工越来越细；三是随着我国产业的升级与转型，管理和服务类标准建设得到了国家的重视。

（二）文化行业标准化工作的对策

"十一五"期间，无论是文化事业还是文化产业都获得了快速发展。现在全国上下文化建设呈现一片繁荣昌盛景象。"十二五"期间，在国家"文化大发展大繁荣"的宏观政策背景下，公益性文化事业、新型的文化产业，都将进入新的发展机遇期。

当前，文化体制改革正在全国范围内蓬勃展开，在推动文化经营性行业转企改制，探索创新公共文化服务运行机制，培育骨干文化企业，不断优化文化产业结构、提升规模和效益及加快构建统一开放、竞争有序的现代文化市场体系，稳步推进政府职能转变，加强文化宏观管理、创新文化交流模式等方面都取得了诸多成绩。无论是从文化改革的哪个方面，要保持并进一步发展文化体制改革的成果、规范行业行为、形成可持续的良性发展模式，都离不开文化行业的标准化建设。

通过对国家标准委服务业部、全国服务业标准化技术委员会秘书处的走访了解到，服务行业标准化工作应该大部分由国家根据本国实际制修订，同时由于各国文化界定范围、文化行业含义各异，因此，如网络文化行业标准化、卡拉OK标准化等内容不必强调借鉴国外发展模式。大众文化服务领域应分清市场准入标准、安全经营标准、从业人员资格认证标准、专业服务质量标准、开展服务流程管理标准、设备设施要求、文化产品出版制作技术标准等系列，来组织规划本领域标准化工作发展。

针对调研中发现的问题，结合标准化国际与国内发展趋势，建议文化部在今后的标准化工作中重点做好以下几方面工作。

第一，加强文化行业标准化制度建设，促进文化行业标准化健康有序发展。

文化标准化是促进文化与科技紧密结合，推动文化创新性发展的重要技术保障，是保障人民群众基本文化权益和国家文化安全的重要手段。文化部标准化工作起步相对较晚，但标准化工作涉及国家标准委、文化部、标准化技术委员会秘书处挂靠单位和秘书处等多个主体，理顺关系、明确各自的责权利，是文化标准化管理部门的首要任务。因而，通过制定并切实实施文化部标准化工作管理办法，对明确文化行业各自的“责权利”，加强对文化部所属行业标准化工作的管理具有十分重要的意义。只有健全文化部标准化工作管理办法体系，从制度层面提高对标准化工作的认识，保障对标准化工作的资金投入，才能确保文化标准化工作的有序发展。

2011 年 7 月，文化部科技司下发了《关于印发〈文化行业标准化工作管理办法（暂行）〉的通知》（以下简称《管理办法》），该《管理办法》是为加强文化行业标准化管理，有序开展文化行业标准化工作，根据《中华人民共和国标准化法》、《中华人民共和国标准化法实施条例》等有关法律法规，结合文化行业实际情况起草的。该《管理办法》对标准化工作从组织机构和职责、标准立项与制修订、标准实施与监督及标准化工作经费等问题做了较为全面的规定。《管理办法》的实施，为文化标准化管理形成有序化、制度化工作程序，提供了有力的政策依据。

第二，围绕国家重大文化政策（工程或项目），优先开展标准化工作，创新文化标准化工作机制，提高文化标准化质量与效率。

文化产业目前被认为是国际上又一“朝阳产业”，伴随着国际化发展进程，文化产业蓬勃兴起，成为国家核心竞争力的新的组成部分。文化标准化作为社会文化发展的重要技术支撑，应围绕国家重大文化发展政策、规划、工程或项目，以及文化发展中的新情况、新问题重点开展标准化工作。将党和国家确定的文化发展工程作为优先开展标准化的工作领域，创新标准化工作机制，提高文化标准化工作效率，更好地为文化大发展大繁荣服务。例如《文化建设“十一五”规划》（2006 ~ 2010 年）指出，将“编制图书馆、博物馆、文化馆（站）等公共文化设施建设的国家标准”作为健全公共文化服务体系、加强农村文化建设的首要内容。“完成公共文化服务质量标准体系的制定，建立健全公共文化机构评估系统和绩效考评机制”，成为提高公共文化机构的服务能力的重要内容。

工作机制，实际上就是保证工作有效运转的程序和规则。文化标准化工作机制是一个各方面相辅相成的整体，贯穿于标准化工作的各个环节。标准

化工作是一个从标准课题的预研、标准的申报到立项、制修订、审查、宣贯、实施和复审的全生命周期的过程。各环节相辅相成，紧密联系，形成一个整体。通常情况下，一个标准的制定往往需要两年，甚至更长。目前是我国文化大发展大繁荣时期，无论是文化事业还是文化产业，要获得快速发展，如果按部就班地开展标准化工作，就不可能更好地为文化事业和产业服务。只有创新文化标准化工作机制，不断提高文化标准化工作效率，才能满足当前和未来文化发展的需要。因而，需要建立基于文化标准全生命周期的文化标准化工作机制，加快文化标准的制修订工作，更好地为文化事业和产业服务。

第三，进一步加强文化行业全国专业标准化技术委员会的建设，提高文化标准化水平，提升文化软实力。

文化行业全国专业标准化技术委员会是文化部关于文化标准化政策的具体执行机构。文化部关于标准化工作的各项政策制度及指导意见，都需要标准化技术委员会组织的具体贯彻与实施。各个标准化技术委员会，特别是秘书处是否健全，是否有战斗力，对于文化标准化工作的开展影响极大。因而，除了有关文化行业标准化管理办法等政策外，加强对标委会的建设，也是提升标准化工作质量的有效途径。

标准化技术委员会秘书处的建设离不开秘书处挂靠单位的支持，离不开标委会委员的支持，尤其是秘书处自身组织体系建设。建议从以下三个方面着手加强对标委会的建设：①加强各标准化技术委员会专家队伍建设，调动其参与标准化工作的积极性，同时还要提高其标准化工作的水平。②加强秘书处的自身建设，规范其工作，提高其标准化能力与水平。③加强各自的标准规范体系建设，使标准化工作有据可依。

第四，建立多方自助标准化工作经费的资金保障体系。

根据前述对标准化经费组成及使用的调查分析结果，目前宜尽快建立有效的标准化工作经费筹措机制。标准化工作本身的公益性特点突出，同时，结合文化行业以公益性为主的特点，在实际开展文化行业标准化工作的过程中，资金问题成为目前制约工作开展的重要因素。政府对标准化工作的宏观管理和监督协调工作中，重要任务之一就是在政策层面建立有利于标准化工作资金筹集、运用监管的规章制度，出台相关支持政策，鼓励和引导社会各界，特别是一些文化企事业单位出资资助制（修）订行业标准。政府财政投入、行业资助、承担单位分担（承担单位既包括秘书处承建单位，同时也包括标准制修订工作牵头单位）、标委会监管，共同为文化行业标准化工作的开展建立良好的资金保障体系。

第五，建立文化标准化服务平台，加强对文化标准化的宣传与推广。

标准只有通过宣贯、落实及使用，才能真正发挥其价值和作用。从以前的标准化工作看，主要重视标准的制修订，对标准的宣传推广重视不够。以图书馆行业为例，国际和国家相关标准很多，但在图书馆实际应用的很少。这其中除了有关人员标准化意识较薄弱外，标准化组织机构宣贯力度较小是重要问题。建议建立文化标准化服务平台，加大对文化标准化信息的宣传与推广。同时，由于标准文献在信息化时代增长速度快、更新周期短、技术含量高、制定部门多、用户范围广，用户查询标准文献信息往往需要走访不同行业的标准信息服务部门和访问不同领域的标准信息网站。这为标准文献查找工作带来了一定的困难。

文化标准化服务平台的建设，应本着满足文化行业标准使用需求为目的，完善标准文献信息收集、整合等功能，以便于检索利用、信息共享为建设理念。在建设中，应以标委会提出的标准分类需求为基础，注重实用性。同时借鉴“我国标准文献共享服务平台建设”的服务机制，从建立“门户网站服务、协同服务、特殊对象服务、跟踪服务、研究咨询服务”① 等几方面出发，发挥文化行业标准化工作整体实力，为各标委会间合作开展标准化工作提供可能。

第六，鼓励支持标准化科研工作，推进标准化人才队伍建设。

我国文化领域标准资源虽然较为丰富，但总体上资源比较分散、不成体系，特别是标准化工作专家队伍人数少、不稳定等问题较为突出。建议鼓励支持有条件的标准化技术委员会开展标准化科研工作，推进标准化人才队伍建设。

同时，主管部门要为提高标委会工作水平创造更多的学习交流机会，不断提高标准化工作从业人员自身的标准化能力与水平。

---

① 宋寅平：《标准文献共享服务平台建设及其运行成效》，《标准科学》2009 年第 5 期。

Investigation Report of China's "Culture Industry Standardization Work Status and Developing Trend Research"

Research Group of "Culture Industry Standardization Work Status and Developing Trend Research"

Abstract: The author reorganizes and analyzes some current worldwide national culture standardization work status and features through studying documents about the development of culture industry standardization work and carrying out field investigation. In the meanwhile this paper puts forward measures and suggestions for promoting China's culture industry standardization work, based on the standardization developing status of Ministry of Culture in China and the developing trend of standardization at home and abroad.

Key Words: Culture Industry; Standardization; Present Status; Developing Trend

B.11

论发展文化产业对于区域经济社会发展方式转型的作用

——以湖北省为例

傅才武*

摘　要：在全球经济文化化和文化经济化的宏观背景下，民族文化遗产、自然生态资源随着国家经济社会发展整体水平的提升而具有了“价值增量效应”，在文化本体性价值之外被赋予了产业价值、品牌价值和社会价值等“溢出性价值”。中西部地区因现代化相对晚发而得以保存下来的丰富文化遗产和自然生态资源，日益成为欠发达地区实现跨越式发展的基础。梳理欠发达地区资源分布状况并评价其禀赋特征，在区域社会发展的总体战略论框内嵌入文化产业发展战略安排，可以借以创新文化产业发展模式，转变区域经济社会发展方式。

关键词：区域资源禀赋　文化产业　发展模式

在全球经济文化化和文化经济化的宏观背景下，文化发展已经不是纯粹单一的文化自身发展，在我国，文化产业对国民经济增长的贡献不断上升，日益成为新的经济增长点。《中共中央关于深化文化体制改革推动社会主义文化大发展大繁荣若干重大问题的决定》明确提出，构建结构合理、门类齐全、科技含量高、富有创意、竞争力强的现代文化产业体系，推动文化产业成为国民经济支柱性产业，使之成为新的经济增长点、经济结构战略性调整的重要支点、转变经济发展

---

* 傅才武，博士，武汉大学国家文化创新研究中心主任，教授，博士生导师。
本文是国家社会科学基金重大招标项目（09&ZD016）“我国文化资产发展的投融资及财政政策研究”的阶段性成果。

方式的重要着力点，为推动科学发展提供重要支撑。当前，在我国经济发展面临的资源约束和环境压力日益严峻的形势下，文化产业成为转变发展方式的主战场。① 将发展文化产业作为转变我国经济发展方式的重要途径成为国内学界讨论的一个焦点问题。

2007 年 12 月 14 日，国家正式批准武汉“1 + 8”城市圈成为“全国资源节约型和环境友好型社会建设综合配套改革试验区”。2008 年，湖北省委省政府决定构建鄂西生态文化旅游圈（简称“鄂西圈”），由此在湖北省形成了“两圈一带（长江经济带）”的区域发展总体战略布局。湖北文化产业的发展对这一区域经济、文化和社会的宏观战略的构建与实现，提供了另一个战略支柱。

一　文化产业发展的价值溢出效应

世界上一些国家将发展文化产业或创意产业作为推动国家经济结构转型和社会进步的政策渠道，主要基于文化产业发展的价值溢出效应。一方面，文化产业的发展能够带动国家实体经济的增值，形成文化产业经济与实体经济之间的价值倍增效应；另一方面，文化产业本身通过向社会提供“文化产品”这一特殊商品，极大增加了社会的福利总量，形成了社会文化福利的溢出效应，如通过文化供给的特殊作用降低了现代经济社会的伦理紧张。

一般认为，文化产业的发展对国家或区域总需求与 GDP 的贡献是文化产业发展价值溢出效应的主要方面，并且已经广为人知，成为各国制定文化产业政策的理论依据。但文化产业发展对于历史文化资源的“赋值效应”却并不广为人知。文化产业的发展有利于文化科技与文化内容的融合与传播，有利于建立全球化文化产品供给链。而文化产品的全球性贸易扩展，导致了先进国家和先进地区对后发国家和欠发达地区特色文化旅游服务总需求的快速增长，后发国家或欠发达地区人类文化遗产和优质自然生态资源被重新纳入一个新的价值发现过程，民族文化遗产不再仅仅表现为一种静态的精神价值存在，而随着国家经济文化发展整体水平的提升具有了动态的价值增量。

这种发展趋势以 20 世纪 60 年代以来的美国及欧洲的文化保护运动为典型。

① 谢名家：《文化产业创新与经济发展方式转变》，《中国发展观察》2011 年第 8 期。

在这一背景下，美国纽约出现了以早期工业区的功能重建为特征的“苏荷模式”。欧洲与美国百老汇齐肩的另一世界性文化艺术中心伦敦西区也日益显示其带动城市发展的综合性价值。2007 年伦敦西区剧院的票房收入约为 4.7 亿英镑，比 2006 年增加 0.69 亿英镑；① 观众人数为 13636540 人，比 2006 年的 12351495 人增加了 10.4%，为伦敦带来了巨大的活力。② 西班牙毕尔巴鄂市的发展则受惠于古根海姆博物馆的成长。1997 年博物馆落成后，第一年参观人数就达到 136 万人次，其中 85% 以上来自该地区以外，而这其中的 84% 又是专门为了博物馆而来到毕尔巴鄂，仅博物馆的门票收入就占当年全市财政总收入的 4%。截至 2000 年，博物馆的经济收入已达 4.55 亿美元，成为当地经济的龙头产业。③ 韩国在 1997 年遭受金融危机之后，不到五年时间经济再次崛起，文化产业在韩国整个经济的复苏中起到了核心作用。从 1995 年到 2001 年，韩国电影出口从 21 万美元增长到 1100 多美元，增长 51 倍。不仅如此，韩国的网络游戏产业带动宽带网络普及率在世界摇摇领先，并直接促进了电子商务在其他领域的发展。④

在世界文化产业发展的浪潮下，文化资源的价值不限于文化传承价值甚至不仅仅表现为“门票价值”，而表现出一种价值增量的积累过程，表现出对于区域经济社会发展的“乘数效应”。根据我国经济学家刘世锦等人的研究，2007 年全国文物系统投入与产出比是 1∶8.1。⑤ 尽管受到中部区位、交通和资源承载力的限制，据不完全统计，2008 年，武当山旅游经济特区的投入与产出比仍然达到 1∶6。⑥ 美国《文化投资：州的政策创新》显示，非营利性文化产业每年为联邦、地区、州及地方创造 244 亿元的税收。相比之下，联邦、州及地方各级政府每年为支持艺术而投入的资金不足 30 亿元。政府每年对非营利性文化产业投资的资金回报是 7 倍多。另一个事例同样引人瞩目：1980 年以来，美国国家重点街区保护中心

---

① 资料来源：http：//www. thisislondon. co. uk/standard/article – 23524709 – details/Is this the future we want for our West End theatre/article. do，2009 – 5 – 31。

② Summary of SOLT Box Office Data Report 2007，http：//www. solt. co. uk/about/data. html，2009 – 5 – 31.

③ 金元浦：《经营文化：大竞争时代的城市博弈》，载叶取源《中国文化产业评论》第 3 卷，上海人民出版社，2005，第 86、87 页。

④ 成立芳：《文化产业与经济发展关系探讨》，《辽宁工学院学报》2004 年第 5 期。

⑤ 刘世锦主编《中国文化遗产事业发展报告（2008）》，社会科学文献出版社，2008。

⑥ 根据鄂西生态文化旅游圈课题组的调查结果，2009 年 5 月。

项目启动以来，共获得公共及私人的重新投资达161亿美元，平均每个社区970万美元。而社区用于重点街区保护的每一美元，带来了40美元的再投资。①

在当代，文化产业与社会经济文化发展之间的关联日渐强化，在经济方面表现为对区域的直接经济贡献力、促进区域产业结构优化、形成区域产业集聚；在文化方面表现为对文化生态资源的保护与开发。与此同时，文化产业的发展又将会反哺文化行业和生态保护，为文化资源的保护提供价值回报，由此形成文化遗产资源“在保护中开发、在开发中建设、在建设中保护”的良性循环（见图1）。

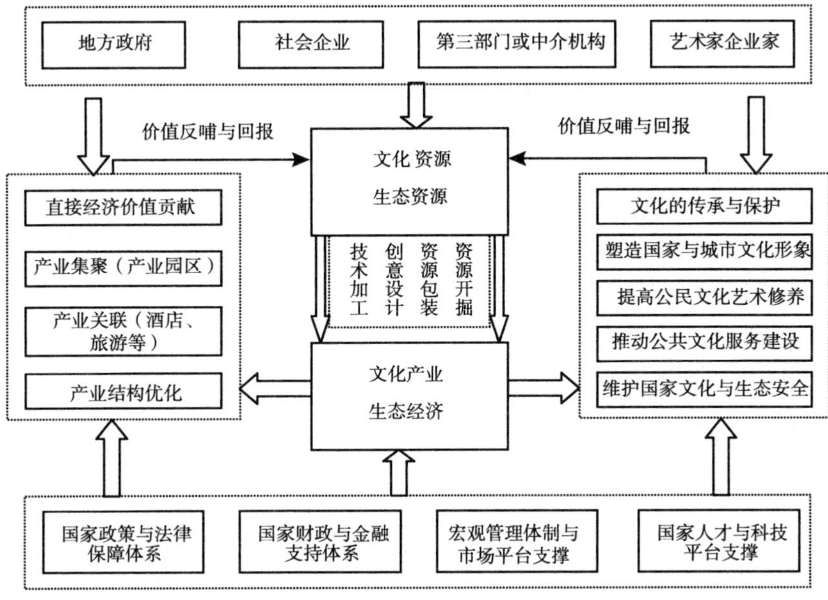

图1　基于文化资源的文化产业的作用机制与内在机理

二　文化产业对转变区域经济发展方式的独特价值

（一）大力发展文化产业成为转变经济增长方式的战略路径

我们认为，区域经济发展方式转型作为当代中国社会结构转型的基础部分，

① 章建刚、张晓明：《也是一种想象——知识经济时代的艺术投资和“宽视现象”》，《文艺研究》2004年第2期。

业已超越单纯的经济领域，包含了经济增长方式转变、社会公共需求转变以及基于这两大转变的政府公共管理职能转变。现代文化产业作为一种新兴的产业形态和现代经济结构中的新型增长极，正是通过推动区域经济增长方式的转型带动区域经济社会发展方式的转变，从而成为推动区域经济社会和文化发展的重要力量，成为克服改革开放以来我国粗放型发展模式的局限、推动转变经济发展方式的战略路径。

发展文化产业具有超越粗放增长模式的战略价值。改革开放 30 年来，尽管我国经济保持了年均超过 10% 的增长率，但这种规模增长的工业化发展模式具有明显的负面效应。主要体现在：

第一，我国的经济增长主要体现为一种强调数量、轻视质量，以损害总体经济的成长性为代价的工业化粗放型增长，具有资源的综合利用率、可再生能源的综合利用率和废弃物的回收利用率低等特点。据统计，2005 年我国的 GDP 约占世界的 5%，但消耗的石油、原煤、粗铁、氧化铝和水泥却分别约占世界消费量的 7.8%、39.6%、31.8%、24.4% 和 47.7%，消耗每吨标准煤实现的 GDP 仅为世界平均水平的 33% 左右。①

第二，改革开放 30 年，我国借助于外向经济的推动，逐步发展成为“世界工厂”，但也因此形成了中国经济的外向增长模式，即资本主要来源于国外，技术主要是从外部引进的，发展主要依托外部市场。我国这一外向型发展模式虽在发挥劳动力资源优势以弥补资本和技术不足方面起到了历史性的作用，但从环保角度看，在国际产业转移的大背景下，由于固有的后发劣势，中国的外向型发展模式往往要依靠大规模的资源开发。统计显示，中国的 GDP 中，至少有 18% 是依靠资源和生态环境的“透支”来获得。② 由于创新能力不够，不可再生资源的大量消耗使当代中国面临着越来越严重的资源约束、成本约束、生态约束、环境约束和市场约束，这种发展模式已经难以为继。

基于粗放型增长模式的缺陷，当前我国经济社会发展面临着严峻的资源约束和环境约束，迫切需要从工业化增长模式到向绿色高效、“又好又快”的发展模

① 蔡学英：《对“两型社会”建设的哲学思考——兼论环境保护中的博弈论》，《长沙理工大学学报（社会科学版）》2008 年第 3 期。

② 吴焕新、彭万力：《“两型社会”建设的经济发展战略选择与对策思考》，《湖南社会科学》2008 年第 5 期。

式转变，从外向增长模式向内生增长模式转型。而根植于创意的文化产业发展不同于其他消耗能源资源型行业的发展特质正好顺应了当前转变经济发展模式的需求，这主要体现在：

第一，文化产业的发展有利于促进文化理念渗透到传统产业的设计、生产、营销、品牌和经营管理等环节，使传统产业融入更多的文化元素，通过增加文化含量、提升文化品位从而改变传统产业的价值链条，通过提升工业、服务业的文化含量与经济价值，提升整个社会经济的质量。比尔·盖茨曾经这样评价创意产业："创意具有裂变效应，一盎司创意能够带来无法计数的商业利益和商业奇迹。"① 借助于文化创意平台，可促进经济增长方式的转变。

第二，文化产业有利于提升和丰富区域内文化资源总量。文化产业的发展主要不依赖物质、生态、环境等自生性资源，而依赖由知识、技术、智力、灵感组成的再生性资源，这类资源主要来源于人的创造力、技能和才华等非物质因素，能够通过教育、培训和社会环境的激发实现资源的创造和再生，可以使区域经济发展的生态环境的胁迫性大大降低，形成区域的内生发展机制。有学者通过对 2004 ~2009 年湖南文化产业发展与省域经济发展和社会变迁之间的关系的实证研究，提出文化产业发展对促进区域经济社会发展方式的转型具有重要影响："湖南文化产业的发展正在从优化产业结构、财政收入结构、居民消费结构、经济增长结构和经济发展环境等方面对经济发展方式的转变产生着重要作用。"②

第三，文化产业借助于转换功能促进社会资源逐步从传统产业流入现代服务行业，从而促进传统产业的结构调整，进而提升工业、服务业的文化含量与经济价值，实现经济结构的自我演进和扩张。其提升产业结构的基本路径主要体现为："文化产业——文化渗透产业——产业结构调整"，"文化产业——文化提升产业——文化渗透产业——产业结构调整"，"文化产业——文化驱动产业——文化渗透产业——产业结构调整"，"文化产业——文化驱动产业——文化提升产业——文化渗透产业——产业结构调整"。③ 文化创新和创意因素渗透于传统

① 白素霞、蒋同明：《大力发展文化产业》，《产业与科技论坛》2008 年第 6 期。

② 邓微：《发展文化产业，促进湖南经济发展方式转型》，《湖湘论坛》2011 年第 1 期。

③ 焦斌龙：《文化产业怎样推动产业结构调整》，《思想工作》2008 年第 1 期。

产业，能够实现对传统产业的结构优化和提升。

总之，文化产业是区域环境友好型产业体系的重要组成部分，文化产业位居价值链的高端，是可持续发展的新兴产业。文化产业也是创新性产业，属于现代服务业新型产业范畴，具有节约型经济的特征。① 文化产业作为知识经济的重要组织部分，只有在经济社会整体进入知识经济时代才能显示其特有的功能与作用。在国家或区域经济社会发展方式转型升级的特殊历史阶段，文化产业日益成为引领经济走入新一轮增长的“发展引擎”和转变经济社会发展方式的“结构性力量”。文化产品的生产过程中固有的内容创意与科技创新的融合，既可以为产业本身带来持续的递增效益，又可以在物质产品生产过程中“植入”文化含量和文化价值，提高产品的附加值，带动相关产业横向发展。同时文化产业是一种“长尾产业”，通过与旅游、信息、制造业等相关产业联动发展，形成相关产业链条，带动众多企业的业务拓展和产业升级。正是在这一意义上，文化产业以其固有的产业特征，为现代社会发展中的经济增长与资源、环境的矛盾提供了一种可供选择的技术解决方案，使环境友好型、资源节约型的经济社会可持续发展方式能够得到这一类技术路径的支撑而成为可能。

（二）案例研究：文化产业成为建设武汉城市圈“两型社会”的现实路径

文化产业的产业特征和增长潜力，为武汉“1 +8”城市圈“两型社会”试验区建设提供了一种可行和可靠的实现路径。

我国“两型社会”建设方略的出台背景是我国日益严峻的资源约束与环境压力。伴随着30年来中国经济规模的扩张和高速发展，粗放型发展模式造成了我国严重的生态环境问题。② 日益严重的环境问题不仅使我国社会经济的可持续发展空间大大缩小，也使社会的安全程度和广大群众的生活质量、幸福指数大大降低。我国“两型社会”建设战略目标的提出与确立，体现了中国在历经工业化发展初期之后一种人与自然互助协调、和谐共存的科学理念的回归。

---

① 尹宏：《创意经济：城市经济可持续发展的高级形态》，《中国城市经济》2008年10期。

② 蔡学英：《对“两型社会”建设的哲学思考——兼论环境保护中的博弈论》，《长沙理工大学学报（社会科学版）》2008年第3期。

与两型社会建设的理念相一致，文化产业从方法论层面上满足了我国社会重建资源环境理性的要求。文化产业是一种与传统的“资源——产品——废品”资源产业完全不同的新型创意产业。传统产业的发展必须建立在对土地资源、矿产资源、生态资源等物质资源要素的消耗之上，而在文化产业中，文化、信息、技术和教育等智力资源要素具有决定性的影响。而“文化”、“信息”与“创意”这种资源不像石油、天然气等自然资源那样只能一次性开发利用，它是一种取之不尽、用之不竭的资源，与对土地、资源有巨大需求的传统制造业不同，它不受土地、矿产资源相对稀缺的限制，而是随着教育、文化的发展而不断发展。从资源的再生性看，文化产业的资源具有可再生性和不可穷尽性；从资源产业的服务内涵看，文化产业不仅具有传统意义上的服务功能，也可以作为资源元素输入实体经济系统中实现价值增值；从资源的载体看，文化创意资源具有低成本、无污染的突出优势。“文化产业是一种新型资源产业”。[①]“资源有限，创意无限”。在我国社会发展日益面临环境挑战的今天，文化创意资源具有独特性、可传承性、非磨损性、流动性、共享性和无限增殖性，对协调经济发展和保护环境来说具备独一无二的优势，这决定了文化产业的可持续属性。

因此，文化产业在发展理念、行为模式上可以实现与两型社会建设目标的同构。文化产业从国家宏观层面上将环境伦理观、生态价值观和社会效益观纳入经济价值核算体系，借助于“无烟”生产和绿色消费最大限度地满足人们的发展需求，从居民的消费结构上实现对社会消费结构的替代，通过减少物质消费、污染物排放，为生态恢复和环境改善创造条件，符合两型社会建设中的绿色发展、清洁发展和效率发展的目标要求；它通过文化价值引导推动居民生产方式和生活方式的全面变革，从根源上有效遏制物质生产过程中资源枯竭和环境恶化给人类带来的生存威胁，符合两型社会建设中实现可持续发展目标的内在要求。

由于文化产业与“两型社会”建设的协同性，近年来武汉市文化产业发展迅速，业已成为支柱性产业。统计数据显示，2007 年武汉市文化产业增加值为 163.65 亿元，占 GDP 的 5.2%；2008 年增加值 213.87 亿元，占比为 5.4%；2009 年增加值 259.92 亿元，占比为 5.7%，2010 年增加值 303.37 亿元，占比为 5.5%。2010 年，武汉市委市政府以制定“十二五”文化发展规划为契机，以

① 宫承波、闫玉刚：《文化产业总论》，中国广播电视出版社，2008，第 14 ~ 15 页。

“大文化”概念整合哲学社会科学、广播电视及新媒体、新闻出版、社会文化、体育休闲业、文化旅游业、广告业、会展业等八个领域，以文化艺术、广播影视、出版发行等传统行业为基础，延伸到数字创意、旅游休闲、广告会展等相关创意产业，将武汉市文化发展放到全国乃至世界文化发展的大格局中去考虑。通过支持湖北日报传媒集团、湖北省广播电视总台、湖北长江出版传媒集团有限公司、知音传媒集团公司、今古传奇报刊集团等国有文化集团持续快速发展，建设武汉市的文化产业核心企业集团；通过政策引导、产业扶持、搭建平台等方式，大力推进华中出版物流产业园（一期）、楚天印务产业园、出版文化城、知音文化产业园、传奇文化产业园、光谷动漫产业园、楚天181文化创意产业园等重点产业园区的建设，发挥产业聚集的溢出效应，形成武汉市文化产业聚集战略。

武汉市文化产业的快速发展，对于“两型社会”建设的意义在于：文化产业有助于推动武汉城市圈由低附加值产业向高附加值产业的转型。文化产业作为一种全球生产与全球消费的产业，可以带动地方经济也逐渐嵌入全球产业网络，推动地方经济发展进入全球价值链。对于中西部企业来说，价值链的形成过程本身就是中西部企业不断参与价值链并获得必要技术能力和服务支持的过程。文化产业一般在产业价值链中处于高价值含量核心环节，具有在价值链分工体系中争夺高端资源的内在动力，能够引导中西部企业内容与技术的融合创新，从而推进区域产业结构在价值链上攀升。

三　文化产业对创新欠发达地区经济社会发展模式的意义

（一）文化产业的产业特征符合欠发达地区建构跨越式发展模式的需求

对于欠发达地区来说，一般要面临两种现代化道路的选择：一种是承接发达国家和地区的产业转移，走一条由工业化到现代化的传统发展道路；另一种是通过发展现代新兴产业如高技术产业、旅游产业、文化产业和生态产业等，推动区域经济社会的跨越式发展，从而创新欠发达地区的经济社会发展模式。

欠发达地区的两种现代化道路的选择基于对“技术价值”和“知识价值”特征的分辨与把握。欠发达地区根据本地资源禀赋条件是选择技术优先还是知识

优先、以承接技术溢出价值为主还是承接知识溢出价值为主，基于不同的选择，就可能形成不同的现代化道路。所谓“技术溢出价值”是指先进技术拥有者通过转让或传播先进技术而对技术输入地产生的外部性。“知识溢出价值”是指知识溢出的接受者（价值主体）利用溢出知识（价值客体）进行模仿创新所创造的价值，或者是知识溢出的接受者利用溢出知识所节约的与 RD 投入相当的研发成本。① 一般说来，传统现代化道路基于工业现代化理论，欠发达地区通过获得先进国家和发达地区的技术溢出价值而带动生产与需求总量的大幅度增长，进而实现社会富裕。跨越式发展道路基于后现代理论，欠发达地区通过获得先进国家和发达地区的知识溢出价值而带动生产与需求总量的大幅度增长，进而实现社会富裕。当然欠发达地区也可能同时承接技术溢出与知识溢出，通过多种途径加速推进区域经济社会的现代化进程。

对于欠发达地区政府而言，一般都要面临维持本地 GDP 的增长速度与“富民”两大任务。发展文化产业能够满足这两大目标要求。联合国贸发大会《2008 创意经济报告》称，文化创意产业是当今成长动力最为强劲的贸易部门，文化创意产业的增值贡献力和就业贡献力表现大大超越一般产业。“对 18 个对象国家文化创意产业的调查表明，对 GDP 的平均贡献率为 5.45%，对就业的平均贡献率为 5.68%。在全球范围对 GDP 贡献率最高的是美国，为 11.2%，就业贡献率为 8.49%。文化创意产业对发达国家、发展中国家和转型国家 GDP 的贡献率分别为 7.5%、4.04%、4.8%；对这三类国家就业的贡献率分别是 6.04%、4.79% 和 6.21%。”②

在经济和文化一体化的高技术时代，欠发达地方政府大力推进本地文化产业的发展顺应了国际上由现代化模式向后现代化模式转型过渡的时代特征。文化产业既是新兴产业，同时也是创意产业、内容产业，具有典型的知识经济的特征，能够成为支撑欠发达地区实现跨越式发展的战略性产业。欠发达地区往往具有经济欠发达而生态文化资源富存的初始条件，能够借助于文化产业的“溢出价值”建立后工业化的发展模式。这一发展模式在一定程度上能够突破以工业化为基础的传统现代化的局限，以文化产业、生态产业和高技术产业等新兴产业带动区域

① 王立平、王健、王航：《知识溢出价值论》，《科学经济社会》2011 年第 2 期。

② 邓微：《发展文化产业，促进湖南经济发展方式转型》，《湖湘论坛》2011 年第 1 期。

现代化，例如，借助于文化产业固有的文化与科技融合机制、政府主导与商业模式的互动机制，能够推动欠发达地区从工艺创新、产品创新向知识创新、科技创新转变，从局部创新到区域综合集成创新转变，从以商品生产为主导的经济发展模式向以服务为主导的经济发展模式转变，最终实现欠发达地区生产力形态的转型升级。

同时，通过确立区域文化产业发展战略，推进区域文化产业战略与经济发展、社会发展战略的融合创新，在文化产业的战略平台上实现生态、文化和其他产业资源整合，发挥区域特色资源的综合效益，确立欠发达地区的内生发展模式。

（二）案例研究：文化产业助推鄂西欠发达地区跨越式发展

相对于武汉“1 + 8”城市圈，湖北西部的荆州、随州、恩施、神农架等 8 个市（州、林区）社会经济发展整体相对滞后，属于比较典型的欠发达地区。2008 年，湖北省委省政府做出战略决策，要在 10 年内即到 2020 年，将湖北西部 8 市（州、林区）建设成为集生态观光、休闲度假、民俗体验、民族艺术鉴赏、文化考察、健身娱乐等功能于一体的综合性文化旅游圈，生态保护良好、生态旅游发达、生态经济繁荣的生态文明圈，集楚巴文化、三国文化、土（家）苗民俗文化、山水文化、宗教文化等于一体的特色文化圈，经济结构优化、产业特色鲜明、城乡统筹发展、社会和谐稳定的科学发展圈，实现年游客接待量超过 2 亿人次、直接和间接就业人数 600 万人的目标。①

1. 发展文化产业有助于推进鄂西地区的产业结构优化

按照现有鄂西圈现有文化资源禀赋的差异，可以将鄂西圈域内的文化资源区分为世界级、国家级和省级三个基本层次；按照突出重点、加强特色的基本思路，将鄂西 8 市（州、林区）划分为三个层级，确立“二特三轴四镇五线”的空间布局，形成鄂西圈的三层结构形态，实现鄂西圈内产业结构的优化与升级（见图 2）。

“二特”：在鄂西圈建设过程中确立“文化特区”的概念，重点打造三峡大

---

① 湖北省发改委、武汉大学编《鄂西生态文化旅游圈发展总体规划（2009 ~ 2020）》，2009 年 12 月。

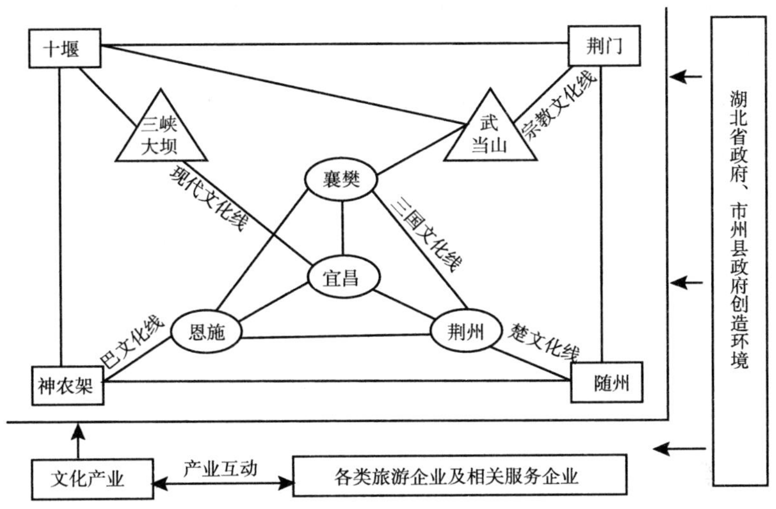

图 2　鄂西圈文化遗产保护与文化产业发展空间布局

坝和武当山两大文化特区。就文化影响力和文化辐射的范围而言，目前鄂西圈中三峡大坝和武当山业已具有世界级的影响。将十堰—武当山—襄樊“三角区”建设成为圈域增长极。与武当山特区相对应，应确立三峡大坝特区行政建制以及完善相应的管理体制。

“三轴”：即打造襄樊、荆州、恩施三个区域轴心。襄樊、荆州、恩施在鄂西圈中分别承载了不同类型的文化资源，具有发展成为文化旅游中心轴的潜在空间。如荆州拥有丰富的楚文化遗存，应定位于发展成为中国乃至于世界级的楚文化展示和研究中心；襄樊具有三国文化资源特色，拥有诸葛亮和隆中两大文化名片，应定位于发展成为三国旅游文化中心；恩施富有巴土民俗文化资源，应定位于发展成为鄂西民俗风情旅游文化中心。

“四镇”：即打造十堰、荆门、随州、神农架四大区域重镇。根据不同的资源禀赋，确立差异化的文化发展定位。十堰是现代汽车文化中心重镇，宜发展现代文化旅游和现代工业遗产旅游线；随州和荆门富于楚文化资源和山水生态资源，且为“两圈”通道，宜发展成为文化旅游与山水休闲旅游的综合性旅游名镇；神农架生态资源极为丰富，宜发展成为高端生态疗养旅游名镇。

“五线”：是指五条文化精品旅游线路，即：巴文化线、楚文化线、三国文化线、宗教文化线和现代文化线。

如三国文化旅游线。鄂西和湖北省曾是三国时期兵家必争之地，留下 180 多处三国文化遗迹。包括据传埋葬关羽身躯的关陵、当阳长坂坡古战场以及刘备三顾茅庐的襄阳古隆中等，涉及武汉、荆州、宜昌、襄樊等城市。鄂西圈可以凭借丰富的三国文化资源，大力开发三国民俗风情游、古战场体验游、山水观光等旅游产品，搭建区域旅游合作营销平台，把三国文化旅游建成湖北省的精品旅游线路。

又如巴土民俗文化线。恩施土家族苗族自治州和宜昌市的长阳五峰是土家族居住最集中的区域。土家族服饰文化、饮食文化、民居建筑、丧葬（跳丧舞）、婚嫁民俗（哭嫁）、节庆活动（女儿会、年庆活动、牛王节等）表现出与汉民族和其他少数民族不同的特征浓郁的土家族风情，赋予鄂西旅游资源以独特的民族个性。

这一模式的意义在于：借助于文化产业的发展平台，文化部门与旅游产业及其他经济部门之间形成了比较密切而广泛的多向关联，在鄂西圈域内的文化空间和地域空间上突破原有行业部门的限制，使文化、生态和旅游资源得以重新整合，重新构建区域内具有更高附加值的相关产业价值链。因此，发展文化产业不仅可推动鄂西圈内部进行资源优化配置，同时，也促进了文化、生态、旅游和其他要素资源在整个区域空间内的流动和有效整合，从而实现了区域产业功能结构的优化。

2. 武当太极文化产业聚集区成为鄂西欠发达地区的增长极

从 2007 年开始，在世界文化遗产武当山脚下 67 平方公里的范围内，武当山特区和湖北武当太极湖投资集团股份有限公司共同打造武当太极湖生态文化旅游区，园区总投资约 200 亿元，旨在打造中国最大、世界知名、国际一流的复合型文化旅游目的地。园区预计 2012 年底完成所有项目主体工程，2013 年 6 月完成园区建设。

武当太极湖生态文化旅游区同时是文化产业聚集区。聚集区由两大区域、4 大板块、17 个分区、9 个项目群、180 多个项目组成。其中，涵盖了特色演艺产业、出版产业、音乐产业、动漫产业、网游产业和文化旅游产业等多条产业链的设计布局，使太极湖文化产业聚集区形成网络化多产业链结构，形成一种以文化创意为源头的文化产业链与旅游产业链的柔性协作网络，成为了鄂西圈域的发展引擎和新的增长极。

武当山文化遗产旅游产业的发展轨迹说明了文化产业聚集区建设对于区域发

展的影响和作用。2007 年武当山全年接待游客 102 万人次，实现财政综合收入 1.2 亿元。2008 年武当太极湖文化产业聚集区建设启动并联合武当山特区政府进行了全方位的营销策划，武当山特区旅游业强劲增长，带动特区经济社会全面发展。2010 年，全年完成国内生产总值 9.61 亿元，同比增长 47.1%；综合财政收入达到 3.2 亿元，同比增长 72.2%；接待游客 230 万人次，门票收入首次过亿元，达到 1.25 亿元。客源市场由传统市场和周边市场向北京、上海、广州、长沙等中远程市场扩展，远程和海外市场游客超过 20%。游客停留时间也由以前的一天延长到现在的 1.5 天或两天以上。2011 年接待游客 330 万人次，旅游收入达 20 亿元。据预测，未来五年武当山的游客量将有更为明显的倍增，2012 年将达到 400 万人次，2013 年达 500 万人次，2015 年有望突破 1000 万人次，旅游收入突破 50 亿元。其深层次的原因在于：

第一，武当太极湖文化产业聚集区建设日益成为推动鄂西北区域发展的结构性力量。这一文化产业聚集区建成后，将会在最短的时期内大幅度提高大武当的接待能力。武当太极湖文化产业聚集区将通过与长江三峡、神农架文化旅游规划的对接，形成鄂西圈域发展的战略支撑点；同时借助于文化旅游产业的商业平台，积极推进武当太极湖与西安、武汉的市场联动，与“北京故宫、河南少林”的战略连接，有效地推动鄂西北、湖北省以及豫陕周边地区生态文化旅游产业的升级和结构优化。同时，太极湖文化产业聚集区借助于市场要素载体功能，推动文化、生态、信息、技术和教育培训等智力资源要素的融合，推进文化、旅游和现代休闲养生项目的空间聚合，从而带动鄂西北社会的开放、文化的发展和城市经济结构的提升，成为鄂西大武当地区的增长极和发动机。

第二，借助于商业模式突破行政壁垒，发挥区域特色资源的综合效益。文化产业聚集区建设推动了政府与社会力量相结合，通过建立政府主导下的市场商业模式贯通“文化—生态—旅游”三大行业，充分利用市场机制和商业模式的资源配置功能，突破文化、文物和旅游等体制分割障碍，创新管理体制、经营机制、投融资体制和利益机制，推动区域形成内生发展模式的雏形。如太极湖文化产业聚集区建设将对 500 多户原住居民实行整体移民建村，以规划建设现代观光农业为基础，推动文化旅游产业与旅游惠民富民工程的和谐共生，推动文化从单纯“乐民”转向文化“富民”，形成中西部欠发达地区文化惠民富民的实践示范基地。

第三，借助于商业模式建立起鄂西圈遗产保护与生态保护的内在约束机制。我国30年来的传统工业化发展道路证明，基于“主体—客体”两分、主体对客体的控制的传统工业化增长模式存在着深层次的结构缺陷，由此引发了一系列以持续发展权为核心的代际公正与代际伦理的矛盾和问题。当代中西部地区发展需要重建区域可持续发展模式，重建对资源与环境的约束保护与高效利用机制。

现代文化旅游产业的发展，有助于建立起遗产保护与生态保护的内在约束机制。在当代中国，不论是武当太极湖文化产业聚集区和西安曲江文化产业园区，都是一种基于稀缺性文化遗产资源而建立起来的下游价值或延伸价值开发模式。由于产业园区的旅游、会展、论坛、出版、传媒、演艺等产业价值都要建立在文化遗产资源和生态资源的延伸价值上，是文化遗产资源和生态资源的“价值溢出”，其市场价值、商业价值的实现必须要立足于遗产资源和生态环境的“品质价值”之上，存在对文化价值和品牌价值的依赖，只有进行遗产保护与生态保护才能实现市场主体利益最大化的目标，这就在商业逻辑上形成了对遗产保护与生态保护的内在激励机制。

在其商业化利益的实现过程中，其商业价值的增量开发不能以损害文化环境和生态环境为代价，无法像传统工业经济那样向社会转嫁其“负外部性”，如任意排污、破坏性建设等。因此，保护遗产、保护生态就成为市场主体实现其商业价值的一部分，使文化遗产和生态资源“在保护中开发、在开发中建设、在建设中增值”成为市场主体的内在要求。西安市政府投入巨资建设大慈恩寺遗址公园、陕西民俗大观园、大唐不夜城、曲江池遗址公园、唐城墙遗址公园等一系列城市公共文化景区，形成了“曲江城市文化经营模式”；投入近100亿元建设大明宫遗址公园，使过去“野狼出没”的大明宫遗址成为城市的核心景区，即出于这种内生发展和内在约束机制的激励。文化产业聚集区的建设，始终要遵循当代人的发展与自然发展的统一、主体与客体之间的协调统一的基本原则，这就为文化遗产和生态环境保护理性的回归与重建创造了条件。

四　简要小结

经验表明，对于中西部欠发达地区来说，发展文化产业既能够大大增加区域需求与供给总量，改善区域产业结构，同时又能够为本地提供“知识溢出价

值”。作为内容产业与创意经济，文化产业本质上具有知识生产与再生产的特征。文化企业一般都是学习型企业，文化产业价值链的创建过程也是文化企业及其相关企业群不断学习和模仿并促使区域产业集群完成跨产业升级的过程。通过文化企业间的学习和区际学习，文化产业集群能够不断地获取知识、在集群内部传递并不断创造出新的知识，从而不断提升区域内产业结构的动态升级能力，为本地区建构在全球产业链分工体系中技术含量更高、价值更高的产业链和价值链。

可以预期的是，经济文化全球化和区域经济文化一体化的快速发展，将推动我国快速进入产业结构升级和社会发展方式转型时期，“十二五”以后发展文化产业将成为区域产业结构调整和社会发展方式转型的主要路径之一，通过制定优惠政策培育壮大文化产业将成为地方政府重要的战略选择。关键是地方政府要如何立足于区域文化、生态、旅游和人才技术等资源优势，选择区域文化产业差异化发展战略，并创新区域权威性资源与分配性资源的配置方式，借助商业模式突破行政区划模式的局限，这成为地方政府必须要重视和认真应对的课题。“十一五”期间，湖北省政府在推动中部欠发达地区发展方式转型过程中嵌入文化产业发展战略的总体路径设计，提供了一种有益的探索性经验模式。“十二五”期间，随着十七届六中全会后国家文化大发展大繁荣战略的全面实施，中国将会出现区域性文化产业大发展的基本态势，地方政府对文化产业的重视程度和战略管理创新的程度，将成为形成不同区域间文化产业发展差序格局的重要因素。

Analysis of the Culture Industry's Influence on the Transformation of the Mode of Regional Economic Social Development

—Based on Hubei Province

Fu Caiwu

Abstract: Under the background of culturalization of global economy and economization of global culture, national cultural heritage and natural ecological resources along with the national economic and social development had the "Value Increment Effect", which are endowed with some added values, for instance, industrial value, brand value and social value besides their own cultural values. The Midwest of China, due to its relatively late modernization, preserves rich cultural heritage and natural ecological resources. Those heritage and resourses become increasingly the foundation for less-developed regions to achieve a leap in the development. To sort out the resources distribution of the less-developed regions and to evaluate its endowment characteristics, with culture industry developing strategy embedded in the overall strategy of the regional social development, we will change the way of the regional economic social development with the help of innovating the developing mode of the culture industry.

Key Words: Regional Natural Endowment; Culture Industry; Developing Mode

B.12
从国际化到国际市场化

——中国纪录片产业发展背景与趋势

张 卓　石义彬*

摘　要：纵观中国纪录片的国际化历程，1980 年代以国际合作拍摄为主，1990 年代以国际获奖为盛，2000 年以来则在全球化浪潮中逐渐意识到纪录片国际贸易的重要性。在某种意义上，国际市场化是市场化与产业化的必然趋势，对中国纪录片而言，这既是历史的推动，也是现实的选择。本文将以文化创意产业的全球化大发展为背景，在中西比较的语境下，探讨中国纪录片国际化的历史变迁与现实状况，以此作为探讨中国纪录片跨文化传播的基础和土壤。

关键词：纪录片　文化创意产业　国际化　市场化

纪录片是跨越意识形态和文化障碍、进行跨文化传播的有效途径。因其“记录真实”的社会认知价值、历史文献价值和“神形兼备”的文化传承价值、艺术欣赏价值，而拥有了其他新闻产品和艺术作品无法企及的国际传播力，成为构建国家形象、提升国际影响力以及传播本国文化的重要载体。在西方，纪录片频道是文化输出的重要窗口，美国探索公司（Discovery）在本土有 13 个频道，但它在全球其他国家的落地频道却多达 20 个以上。21 世纪以来的 10 年，随着中国国际地位的变化，中国题材无疑是当今世界最受关注、最受欢迎的内容之

* 张卓，博士，武汉大学新闻与传播学院副教授，主要从事广播电视研究；石义彬，博士，武汉大学新闻与传播学院教授，博导，主要从事传播学研究。本文系武汉大学自主科研项目（人文社会科学）“跨文化语境下中国纪录片的生产与传播”的研究成果，并得到“中央高校基本科研业务费专项资金”资助。

一，Discovery 亚洲频道在过去三年制作了超过 100 个小时的节目，其中 25% 与中国有关。2010 年，探索频道在中国题材纪录片的制作上投入了 64 万美元，大陆桥公司投入的经费为 255.5 万元，良友公司投入 1000 万元。[①] 但中国制作的纪录片却由于缺乏对西方受众观赏习惯和国际市场的了解，往往难以达到预期的传播效果。正如辛克莱尔（John D. Sinclair）所言，文化产业生产出的产品或服务，比如电影或电视，提供给我们各种术语和象征，我们在生活中的思考和交流无时不在运用这些术语和象征：社会差别的形式、群体认知和认同的热望、社会价值与理想的肯定与挑战以及社会变化的经历。[②] 在这个意义上，文化产业视野下的纪录片是保留国家独特价值观、维护民族认同的关键因素。

一　中国纪录片的国际化进程与现状

中国电视纪录片的发端可追溯至 1950 年代，在"形象化政论"主导的创作理念下，中国纪录片更多地被认为是宣教作品而非文化产品。此种状况一直持续到 1970 年代末。1979 年 8 月，中央电视台和日本放送协会（NHK）合作拍摄《丝绸之路》，迈开了中国纪录片走向国际的步伐。此后，中央电视台又相继与日本媒体合作拍摄了《话说长江》（1983 年，25 集）、《黄河》（1985 年，30 集）、《望长城》（1991 年，12 集）等系列纪录片。这一时期"阶级斗争虽然已不再被提及，但意识形态作用仍笼罩着传媒"，1980 年代是"政治权力话语主导下的合作表演"。[③] 1980 年代末至 1990 年代初，在经历了合作拍摄的全面学习之后，中国纪录片进入自觉的国际化阶段。"当时所谓的国际化，主要是在创作理念方面要学习国际上的纪录片观念、语言、手法和风格等等，使缺少生气的中国纪录片在观念和形态上有一个改变，同时便于拿出去与国际同行进行交流。……成为中国纪录片的一个黄金时期"。[④] 当时有众多纪录片获得国际大奖，成为经

① 何苏六、李智、毕苏羽：《中国题材纪录片的国际化传播现状及发展策略》，《中国广播电视学刊》2011 年第 5 期。

② 考林·霍斯金斯等：《全球电视和电影产业经济学导论》，刘丰海、张慧宇译，新华出版社，2004，第 5 页。

③ 邢勇：《话语变迁与权力表达——观察中国电视纪录片三十年的一种视角》，《现代传播》2009 年第 1 期。

④ 何苏六：《纪录片市场化：中国问题与外国方法》，《现代传播》2005 年第 3 期。

典。如《藏北人家》（1991 年，王海兵，四川国际电视节“金熊猫大奖”）、《沙与海》（1991 年，康健宁、高国栋，第 28 届亚洲广播电视联盟奖）、《最后的山神》（1993 年，孙曾田，亚洲广播电视联盟大奖）、《两个孤儿的故事》（1993 年，高国栋，日本福冈亚洲电影电视节纪录大奖）、《八廓南街 16 号》（1996 年，段锦川，法国真实电影节大奖）、《神鹿啊，我们的神鹿》（1997 年，孙曾田，获爱沙尼亚国际影视人类学电影节大奖）、《三节草》（1997 年，梁碧波，第 20 届法国真实电影节特别奖）、《海选》（1999 年，胡劲草，蒙特卡罗国际电视节银奖）等。2000 年以后，虽然仍有个别中国纪录片获得国际奖项（如 2000 年朱传明的《北京弹匠》获山形国际纪录片节亚洲新人奖，2002 年贾樟柯的《公共场合》获法国马赛国际纪录片电影节大奖，仲华的《今年冬天》获第 13 届法国马赛国际纪录片电影节“最佳导演处女作奖”等），但总体上，“这种势头并没有保持多久，而是逐渐地减弱。事实上，我们的纪录片不仅在国际舞台上始终缺乏整体的竞争力，而且在国内也没有真正形成像电视台其他类型节目的那种气候。”①

据国家有关部门统计，每年中国各级电视台播出的纪录片中，来自境外的纪录片总时长达到了 1.5 万~2 万小时，而国产纪录片总量只有区区 1000 小时。② 2010 年，中国国际总公司海外纪录片销售金额在国际节目销售金额中占比 6% 左右，比 2009 年的 23% 下滑了 17 个百分点，③ 对外传播的中国题材纪录片仅 155 部，传播地区分布为：中国港澳台 3 部、东北亚 60 部、东南亚 5 部、北美 110 部、欧洲 117 部、非洲 11 部、澳洲 1 部。④

数据表明，中国引进纪录片和输出纪录片比例严重失衡，这在很大程度上已经成为关乎国家整体文化战略的重大问题。原国家广播电影电视总局副总编辑、宣传管理司司长金德龙认为，境外纪录片的巨大引进量和不断重播已经严重压缩了中国国产纪录片的生存空间。用纪录片进行有效的跨文化传播势在必行。中国纪录片在经历了 20 世纪 50 年代的宣传教化、80 年代的民族表征和 90 年代的百

---

① 何苏六：《纪录片市场化：中国问题与外国方法》，《现代传播》2005 年第 3 期。

② 《纪录片进口量超国产量 15 倍广电总局将总量控制》，人民网，2010-12-9。

③ “中国纪录片发展战略研究”课题组：《2010 年中国纪录片发展研究报告》，《现代传播》2011 年第 5 期。

④ 何苏六、李智、毕苏羽：《中国题材纪录片的国际化传播现状及发展策略》，《中国广播电视学刊》2011 年第 5 期。

姓讲述之后，在全球文化创意产业大发展的背景下，亟待开始重新思考纪录片在国家和民族层面的功能与意义。

二 “文化强国战略”下的政策准备与平台搭建

2009 年 7 月 22 日，国务院讨论并原则通过《文化产业振兴规划》。作为建国六十年来首次对文化产业作出的规划，它明确指出要“结合当前应对国际金融危机的新形势和文化领域改革发展的迫切需要”，“将文化产业培育成国民经济新的增长点”，重点发展包括传媒业在内的文化创意、影视制作等多个产业，提升文化产业在国民经济中的重要性，并强化传媒业在文化产业中的作用与地位。同时将“扩大对外文化贸易”作为重点任务，落实国家鼓励和支持文化产品和服务出口的优惠政策，形成鼓励、支持文化产品和服务出口的长效机制。重点扶持具有民族特色的文化艺术、展览、电影、电视剧、动画片、网络游戏、出版物、民族音乐舞蹈和杂技等产品和服务的出口，抓好国际营销网络建设。

2010 年 10 月国家广播电影电视总局出台专项文化政策《关于加快纪录片产业发展的若干意见》，以鼓励和扶持中国纪录片更充分地参与国际竞争、走向国际市场。该意见指出：“国产纪录片是形象展示中国发展进步的重要文化传播载体。纪录片产业是重要的文化产业”，但“我国纪录片产业整体水平不高，产业资源没有得到很好的开发，总体规模偏小，产品种类、样式偏少，优秀作品不多；体制机制不活，面向市场的策划、制作、营销能力有待提高；管理、人才队伍建设和走出去都亟待加强”，因而要“加大对国产纪录片出口的支持力度，重点扶持优秀国产纪录片打入国际市场，创建中国纪录片品牌形象”。

2010 年 11 月 12 日国家广电总局下发《广播影视知识产权战略实施意见》，针对网络盗版剧集展开清理。“鼓励广播影视知识产权创造。以知识产权创造为目标，形成广播影视创意产业群。大力实施广播影视精品工程，坚持抓创意、促原创，扶持内容创作生产，提高影视剧、动画片、纪录片的原创能力”①。合法版权是视频网站成功营销的基础，不可替代性和针对性是其发展的重要特征，而

① 广电总局关于印发《广播影视知识产权战略实施意见》的通知，见 http：//www. sarft. gov. cn/articles/2010/11/17/20101117170623880192. html。

纪录片与新媒体网站的合作，为网站的发展提供了新的契机，同时为纪录片的发展开辟了新的道路。

传统媒体中，目前已经有七大纪录片播出平台（详见表1、表2）。中央电视台是中国纪录片跨文化传播的主要力量，2011 年 1 月 1 日 CCTV－9 纪录频道正式开播，成为我国第一个面向全球卫星覆盖的专业纪录片频道。网络媒体成为新生力量，2009 年以来，搜狐传奇高清纪录片频道、中国网络电视台纪录片频道和 2010 年奇艺网纪录片频道相继建立，开创了中国纪录片网络传播的新局面。此外，网易、凤凰网、腾讯网、激动网和酷 6 网也开设了网络纪录片频道，视频分享网站 56 网、优酷、土豆等，也有原创纪录片上载，但质量参差不齐。

表 1　中国纪录片传统媒体主要播出平台

类型	频道名称	影响	运营特色/盈利模式
专业纪录片频道	上海纪实频道（2002.1.1 开播）	2010 年平均收视率为 0.20%	由上海东方传媒集团隶属的真实传媒有限公司独家运营内容生产和整合营销。覆盖上海 450 多万户家庭。2010 年立项的节目总量为 130 部，其中 1/3 委托制作，1/3 外购，1/3 自制。截至 2010 年 10 月 31 日，总收入 1.16 亿元。其中广告创收 1.05 亿元，节目销售总额 379.5143 万元。国际销售同比增长 211%，国内销售同比增长 151%
	金鹰纪实频道（2008.3.12 开播）	2010 年平均收视率为 0.19%	前身为湖南经视生活频道。覆盖湖南省内地区，以外购栏目为主。7 个栏目中，除《丁点真相》、《面孔》、《故事湖南》为自办栏目外，其余皆为引进栏目 2010 年广告创收 2500 万元，目前主要以贴片广告支撑整个频道的运营
	中央电视台纪录频道（2011.1.1 开播）	开播 11 个月全国受众超过 6.5 亿人	全球卫星覆盖
	重庆科教频道（2008.2.18 开播）	2010 年平均收视率为 0.17%	前身为重庆教育电视台，以外购栏目为主。覆盖重庆地区。2010 年播出的纪录片栏目中只有《真实》与《纪录重庆》为重庆广电纪实传媒公司自制栏目，其余皆为外购栏目。美国国家地理频道、Discovery 频道、美国历史频道以及大陆桥，为其四大节目源 2010 年频道总收入 2200 万元左右，其中广告收入 1970 万元左右，节目销售 250 万元左右。2010 年重庆科教频道运营总成本为 1700 万元左右

续表

类型	频道名称	影响	运营特色/盈利模式
以频道栏目集群出现的纪录片播出平台	CCTV - 10（2001.7 开播）	2010 年平均收视率为 0.15%	覆盖全国、自制自播为主
	中国教育电视台三套（2007 年改版）	2010 年平均收视率为 0.21%	覆盖北京及其周边地区。纪录片栏目数量占频道总栏目的 59%，纪录片播出时间占总栏目的 2/3。节目来源为“自制 + 外购”，采用项目负责人制，向社会招标 2010 年广告收入过亿元
	辽宁北方频道（2010.1.1 开播）	—	频道栏目分为新闻栏目和纪录片栏目两大块，11 档纪录片栏目全部外购

资料来源：①“中国纪录片发展战略研究”课题组：《2009 年中国纪录片发展研究报告》，《现代传播》2010 年第 10 期。②“中国纪录片发展战略研究”课题组：《2010 年中国纪录片发展研究报告》，《现代传播》2011 年第 5 期。③张同道、许乔、赵蓉：《2010 年纪录片网络新媒体传播研究报告》，《南方电视学刊》2011 年第 2 期。④张同道、赵蓉：《2010 年中国纪录片频道发展报告》，《电视研究》2011 年第 6 期。

表 2　中国纪录片新媒体主要播出平台

名称	影响	运营特色/盈利模式
搜狐高清纪实频道（2009 年上线）	2010 年搜狐纪录片上载总量为 22476 部。截止到 2010 年 12 月纪录片频道总点击率 189 亿次	中国首家正版高清纪实频道。与国内外权威的版权所有方及独家版权代理公司进行合作，合作伙伴包括 SAGA 传奇、凤凰网、BTV 北京、BBCWORLDWIDE、中国网络电视纪实台、金鹰纪实
CNTV 中国网络电视台纪实台（2009 年 12 月上线）	2010 年中国网络电视纪实台上载纪录片 1300 多部	以中央电视台为主要节目依托，集纳国内地方台、BBC、国家地理还有民间制作机构等各种纪录片资源
奇艺网 高清纪录片频道 （2010.4.22 上线）	2010 年 12 月，上线 8 个月月度用户覆盖超过 1 亿人，截至 2010 年 12 月总上载 6000 余集纪录片，总时长超过 3000 小时，获得百余万次的播放量	奇艺由百度创立，美国私募股权投资基金普罗维登斯资本（Providence Equity Partners）参与投资，提供免费、高清网络视频服务

资料来源：①“中国纪录片发展战略研究”课题组：《2009 年中国纪录片发展研究报告》，《现代传播》2010 年第 10 期。②“中国纪录片发展战略研究”课题组：《2010 年中国纪录片发展研究报告》，《现代传播》2011 年第 5 期。③张同道、许乔、赵蓉：《2010 年纪录片网络新媒体传播研究报告》，《南方电视学刊》2011 年第 2 期。④张同道、赵蓉：《2010 年中国纪录片频道发展报告》，《电视研究》2011 年第 6 期。

电影方面，中国纪录电影发展滞后，2010 年院线总共放映 7 部纪录电影，国产纪录电影为 4 部，进口为 3 部。纪录电影的票房总额为 2629.5 万元，不及一部热门电影的周末票房。①

总体而言，在政策准备和平台搭建两方面中国纪录片已经越来越明显地呈现出与国际接轨的态势，借鉴探索频道、历史频道和国家地理频道等国际知名纪录片品牌频道运作模式，“纪录片频道化”逐步取代栏目化，传统媒体与新媒体共同携手，建立多样化的国际传播平台。

三 “政治化产业时期”的困境与突破

《中国纪录片发展报告（2011）》认为中国纪录片进入“政治化的产业时期”。国际传播纪录片的资金投入并没有显著提升其产品影响力。2010 年对外传播的中国题材纪录片 155 部，国新办下属的五洲传播中心自制和译制的片子数量达到了 73 部，总投入达到 4500 万元；文化部投入制作的纪录片 25 部，探索频道在中国题材纪录片的制作上投入了 64 万美元。总体资金投入不少，但在世界范围内产生影响的中国题材纪录片却并不多。《龙脊》、《故宫》、《回家的路有多长》、《复活的军团》等纪录片的国际版虽然已经登陆国外一些纪录片频道，但常常呈现出“压缩版”、“素材化”等现象。中国纪录片在国际传播中遭遇的困境，一方面是由于缺乏与国际市场化机制接轨的商业运作模式，一方面是由于对纪录片跨文化传播表达技巧的忽略。

统计显示，中国纪录片国际传播的主要路径，“一是行政管理机构通过中国驻外使领馆等部门进行传播；二是通过联合制作的方式，借助境外协作媒体进行传播；三是借助自有媒体平台，如长城平台进行传播；四是以音像制品的方式进行传播；五是通过新媒体平台进行传播。而在海外的院线、当地主流媒体、国际知名电影电视节、外国高等院校等有较大影响力的平台上播放则相对缺失。”②这其中或是单一机构的行政手段，或是小规模的“单打独斗”，与全球影视贸易

---

① http://news.china.com.cn/txt/2011－11/10/content_23877244.htm

② 何苏六、李智、毕苏羽：《中国题材纪录片的国际化传播现状及发展策略》，《中国广播电视学刊》2011 年第 5 期。

的策略相去甚远。依照产业经济学家考林·霍斯金斯（Colin Hoskins）等人的观点："当你做的生意与经营艺术相关时，你的公司就面临着很高的不确定性。……在这样高风险的环境下，产业的第一宗旨必须是发展能成功地减少风险的策略。好莱坞的主要电影公司采取了两个主要的策略来确保他们长期的生存。一个策略是大规模运作……第二个关键策略是发行体系的建立。"① 因此，中国纪录片迈向国际市场化的重要一步是运作模式上的国际化。

目前国际纪录片市场较为通行的运作模式包括：①"预售"（Pitch）。"是指一个节目在未开拍或拍摄进行阶段，仅凭节目创意方案或初步取得的拍摄素材，去争取投资方（如电视台和节目发行公司）拍摄的一种融资行为。"② ②联合制片。是指不同国家组织间的制作合作或商业合作。可以是联合融资（其中一方主要是提供资金支持），也可以是整体联合制作（合作方在艺术创作和资金等各方面投入基本相当）。这"是一种利用影视节目共同消费和文化贴现特性赢利的策略"。③

霍斯金斯等人提出，影视商品具有三个非同寻常的特点：跨边境交易时的文化贴现（cultural discount）、属于共同消费品（joint-consumption goods）以及具有自身的外部利益（external benefits）。我国对外传播的纪录片中，人文政论类题材偏多，自然生态类题材偏少。2010 年，文化部投入制作的纪录片共有 25 部，其中，自然类占 12%，社会人文类占 88%。这种选题方式，一方面与国际纪录片市场目前对环保、动植物等生态题材的青睐有所出入，另一方面在跨文化传播中，人文类纪录片也更容易引起由文化传统和政经体制差异造成的解读偏向。因此更需要在表达层面寻找具有普适性的"国际语言"。

在语言层面，在跨文化传播中，将纪录片的解说词与同期声对白翻译成不同语言，要做到语义内涵平移、语意表达清晰，实属不易。在某种意义上，跨文化传播的所谓"文化折扣"是语言符号与文化感知上的折扣，因此，纪录片的跨文化影像表达应该紧扣解说、同期声对白与声画关联来寻求一种"文化补偿"。

---

① 考林·霍斯金斯等：《全球电视和电影产业经济学导论》，刘丰海、张慧宇译，新华出版社，2004，第 73 页。

② 傅新原：《纪录片国际化之"方案预售"机制初探》，《中国电视》2011 年第 7 期。

③ 考林·霍斯金斯等：《全球电视和电影产业经济学导论》，刘丰海、张慧宇译，新华出版社，2004，第 156 页。

以《故宫》和《解密紫禁城》为例，《故宫》在华语世界获得的巨大反响，体现了汉语文字符号及其文化内涵在纪录片表达中的重要作用。《解密紫禁城》作为《故宫》的国际版，在为国家地理频道进行再度制作时，创作者们对原作的大量解说语言采取了“加减法”，最大限度地从语言符号与文化感知层面减少文化折扣，增加文化补偿。所谓“减法”，即尽可能多地发挥画面自身的表意功能，尽可能少地使用解说文字，讲求画面与解说在表意上尽可能的一致匹配，解说词只是在一定程度上辅助画面承载意义，完成叙事。所谓“加法”，即在解说词或字幕中增加文化历史背景知识介绍，增强解说词与观众的母语表达、文化观念之间的关联度。

在编码策略层面，英国文化研究学者斯图亚特·霍尔（Stuart Hall）认为，受众对媒介文化产品的解释，与他们在社会结构中的地位和立场相对应。在跨文化传播的解码过程中，当外来文化群体的媒体产品所携带的“他者”文化意识形态出现在受众面前时，受众自主判断的两重因素——本土的主流文化思想和个体的文化经验均受到新的挑战与冲击。因此，在跨文化传播中常常遇到解码“困境”：无论是因为不同文化间语言符号所指的不同，还是因为外来媒介产品反映的思想内涵与本国主流思想相左，人们总是会在接收过程中感受到一种强烈的抉择性与抵触感。因此，考虑到跨文化传播的解码特征，传播者往往相应地调整其文化编码策略。这种编码策略在某种意义上通常也是基于意识形态和市场营销的价值判断。从《故宫》到其国际版《解密紫禁城》的改编中，处处可见这种编码策略，例如：

《故宫》一方面讲述了外国入侵者对紫禁城的破坏，另一方面也讲述了在修缮故宫的工程中，国外专家的积极作用。而《解密紫禁城》中并未提及八国联军当时的暴行，反而着墨讲述西洋发明是如何改变皇帝的生活，以及西方技术对故宫修缮的积极帮助。

《故宫》提及太监时，讲的是宦官的作用和在明朝历史上他们曾经的政治地位，而《解密紫禁城》的表述是“未成年俘虏强行净身，成为太监”。

《故宫》中用了三集来讲述故宫的藏宝，以及它们的历史由来，而在《解密紫禁城》中仅仅讲述了西洋乐器、钟表、电话对皇宫产生的影响。

在很大程度上，现阶段中国纪录片的“国际化”是“文化强国”战略下的行政推动的结果，但中国纪录片创作早已告别了否定文化差异的时代，也摆脱了盲目抵制文化差异的状态。近年来以《公司的力量》、《同饮一江水》等为代表的中国纪录片创作，已经呈现出创作者在各种文化视野之间自由交融切换的信心与能力。在某种意义上，这也是中国纪录片在生产层面表现出的国际市场化理念。

1980年代以来中国纪录片30多年的国际化进程，如今已进入转轨时期，一方面在国家政策层面纪录片国际传播功能和战略走向已具有充分而明确的导向性，另一方面在操作层面纪录片生产初步具备了运用国际话语传递中国形象的意识与能力，行政力量和国家资本推动中国纪录片国际化已取得瞩目成果，然而如何实现超越政治话语的“国际市场化”仍是亟待解决的问题。

From Internationalization to International Marketization

—The Development Background and Trend of Chinese Documentary Industry

Zhang Zhuo　Shi Yibin

Abstract: Throughout the internationalization process of Chinese documentary, international cooperative shooting was prevailing in the 1980s, then China winning photography awards in international society swept the 1990s, and since 2000 we gradually realized the importance of international trades of documentary in the wave of globalization. In a sense, international marketization is the inevitable trend of marketization and industrialization. To Chinese documentary, this is not only the promotion of history but also the choice of reality. This paper discusses the historical changes and the realistic situation of Chinese documentary internationalization under the big background of culture innovation industry globalization and the comparative context between China and the Western countries, and regards the discussion as the foundation and soil for exploring intercultural communication of Chinese documentary.

Key Words: Documentary; Culture Innovation Industry; Internationalization; Marketization

B.13

文化与科技融合的世界趋势下中国演出业当下问题思考

闫贤良　陈 林　张素贤*

摘　要：近三个世纪文化与科技融合始终没有停息。中国在西方科技文明的影响下走过百年历程，政治、经济、文化、社会发生广泛而深刻的变化。科技对艺术必然产生影响。“科技现代化”改变了表演场所，也改变了艺术生产方式，舞台技术衍生新的舞台叙事语言，舞台艺术与舞台技术融合构筑了新的舞台叙事模式和表演方式。在文化与科技融合的世界性趋势下，我国“科技”推动演出业“四重转型”，促进演出业生产关系重构和演出市场供需关系重建。院团体制改革遭遇历史必然的同时，传统文化面临现代化解构，舞台艺术面临娱乐化解构，技术变革中“剧场闲置”，制度变革中“院团恐企”，文化变迁中“艺术需求疲软”，整个演出业面临“艺术与技术”、“传统与创新”、“文化与市场”的现实挑战。在生态现代化和国家战略转型赋予剧院文化全新使命的同时，演出业的机遇与挑战、问题与使命从某种程度上正在反映我国文化业态的现实境遇。

关键词：文化与科技融合　舞台科技　舞台艺术

引　言

2011 年文化部文化科技司设立“中国剧场建设运营管理问题调查”研究课题，来自中国艺术科技研究所、国家大剧院、清华大学、北京工业大学、中国传媒大

---

* 闫贤良，中国艺术科技研究所文化标准研究中心主任、高级工程师；陈林，中国戏剧学院博士生；张素贤，中国艺术科技研究所文化标准研究中心工程师。

学、总装备部工程设计研究院、广州励丰文化科技股份有限公司等机构的专家组成调研组①，分别就我国剧场建设、剧场运营管理问题，舞台机械、舞台灯光、舞台音响等舞台科技发展问题进行了专题研究，认为制约我国演出业迅猛发展的核心问题集中在“文化与科技的融合”，并对中国演出业当下面临的十大问题进行了详细分析，提出“舞台艺术与舞台技术融合”是中国演出业走出瓶颈期的关键，科技不仅是表演艺术创新发展的核心引擎，是艺术走向大众的通途，是剧院兴起消费新高潮的动力；而且科技是院团改制走向专业化分工、社会化合作必要的生产工具，也是民族文化走出国门的世界语系。“艺术与技术的融合”有可能使中国成长为亚洲第一国际演出市场。科技作为人类第二次文明的主题，“民族表演艺术与现代科学技术的全面融合”是中国演出业或早或晚的必然选择，意味着科技文明对传统文化的必然影响，意味着中国演出业科技现代化的必然走向，意味着传统表演艺术面向世界面向未来面向现代化的根本转型，意味着民族的科学的大众的中国特色演出业兴起。

一　当今世界正在发生怎样的大发展大变革大调整

政治、经济、文化、社会、科技、生态始终决定着一个国家经济社会发展的命脉，政治力量、社会力量、资本力量、文化力量、科技力量及资源与环境决定的自然力量始终是影响一个国家发展能力至关重要的六要素。从人类文明的进程到社会制度的变革，人们都能清晰地分辨每一阶段、每一时期各种力量或几种力量融于一体的深刻影响②。自从文艺复兴推动科学启蒙以后，科技以社会创造力的角色穿越神话，不断提升人类认识自然和改造自然的能力。直到今天，科技迅猛发展使人类的力量与自然的力量出现了前所未有的新变化新格局。

面对自然生态问题、科技发展的道德伦理问题，当今世界“文化与科技融合”正在呈现一种新兴聚合力，主导经济社会新的文明转型。

1. 高科技发展影响文化的趋势

从物质世界的微观层面到宏观层面，从物质创造到精神创造，从现实生活到

---

① 本文引自调研组成员共同成果。调研组成员：闫贤良、阎常青、徐奇、李国棋、郑辉、卢向东、代旭、张宜春、李小妹、张素贤、胡晓群、陈林、郑敏、徐霄。

② 李发平、傅才武主编《文化资源 文化产业 文化软实力》，中国社会科学出版社，2011，第384页。

第三时空，科技进步正在显现人类强大的能动性。随着科技进步的步伐不断加快，科技更替的周期不断缩短，科技渗透的领域不断扩大，科技营造的第三时空不断延伸，各国的政治、经济、文化、社会、生态无法回避也无法选择地被现代科技深刻影响着，各个国家的产业结构、经济增长、社会结构、政治诉求、文化业态以及自然环境因为科技的力量而不断发生变化，内容产业、知识经济、生物技术、网络民主、网络文化、移动媒体应运而生。当今世界，科技正在促使政治管理形式、经济增长方式、社会合作模式和文化表达范式发生根本转变。社会的知识力量早已超过了资本力量，科技正在深刻而广泛地影响当今世界。科技对文化的影响成为历史的必然。

2. 文化与科技融合的世界性趋势

发端于18世纪后半叶的前“文化与科技融合”，画家从事解剖学，科学家从事文学创作，创造性地推动了科技革命。科技革命引发工业革命以来，科技第一次改变人类的生产方式、生活方式和生存方式，从此就始终没有停止过对人类文化的影响。近三个世纪文化与科技的不断融合形成了以“科技文明”为鲜明标志的新文化，构筑了现代社会的科技主流语系，成为人类第二次文明的主旋律。“文化创新”因此被赋予“文化与科技融合”的现代化意义。电影、电视、网络文化、新媒体等相继成为文化现代化产物，成为文化行业重要业态，成为现代文化的核心内容，成为各个国家民族文化不可分割的一部分。人类学意义上的文化结构和文化要素因为科技而发生根本变化。今天，智能科技作为科技的“科技”使人类超越自身原有的创造能力和创作能力，穿越神话、彻底改变社会，人类的社会力量与环境的自然力量出现了史无前例的相互激扬与制约。

然而，科技进步给人类带来的不仅是创造力提升和物质财富剧增，还带来了自然环境的污染和人文环境的污染。这促使人类对科技进步进行反思，促使人类从技术理性走向文化检讨。

从1973年开始，尤其是进入21世纪以来，各个国家的巨型城市被迫“退二进三”，向生态文明转型。20世纪90年代以后，先后有23个国家提出“文化立国”战略，认为要改变人类文明进程应当迅速从“资本驱动”下的科技发明向“文化驱动”下的科技发明转型。1998年联合国教科文组织提出“将文化置于人类发展的中心位置”。哥本哈根国际会议倡导“低碳经济”和“节能减排”成为

"道德伦理"驱动人类科技进步、经济发展的第一个国际共识。于是，在工业现代化以后，"文化与科技融合"成为后工业时代的主旋律。

二　演出业面临的十大行业问题

当今世界正在发生大发展大变革大调整，文化的地位与作用日益重要，文化与科技融合成为新时期文明转型的核心动力。当下中国文化正在发生深刻变化，文化与科技融合成为历史必然，文化的科技自觉、科技的文化自觉日益迫切；同时，文化引领经济社会发展的迫切性更加凸显。演出业作为传统文化业态，正因不适应这样的国内外环境变化，凸显行业十大问题。

1. "空巢剧院"问题

从20世纪90年代初我国现代化剧院建设开始，二十年间经历了启蒙和高潮两个阶段，截至2011年6月，全国剧场总数2112座，文化部系统剧场数量占70%，全国省会城市、中心城市、单列市基本建成了现代化大剧院。剧院建设高潮正在向中小城市和县级市发展，对演出团体专业剧场和群艺馆综合排练厅的需求逐渐迫切。

与剧场建设高潮不相适应的是我国剧院运营状况堪忧。据不完全统计，我国剧场年演出达到300场次的不足30%，这意味着我国有近1500座剧场处于闲置状态，说明中国绝大部分新建剧场闲置。当前，全国演出市场消费群主要集中在大型城市和旅游景区，其中北京市、上海市、广州市消费市场占全国的70%。因此，出现全国剧场呈现普遍闲置这一问题。

2. "消费疲软"问题

改革开放30年来，"通俗歌曲"和"娱乐文化"推动了中国文化市场和文化产业发展，最终形成了今天以"娱乐文化"消费为主的文化市场。在这样的市场背景下，我国娱乐性演出与文化市场很快接轨，形成了庞大的娱乐性演出消费群体。剧场作为艺术表演场所，同样具有可经营性。但是，由于我国艺术素质教育尚未普及，区域上只有北京、上海、广州集聚了相对饱满的艺术消费群体，在全国普遍建设剧场的形势下，并未形成全国普遍的艺术消费群体；消费群体上只有艺术工作者或相对较少的群体具有艺术消费能力，在全面实现剧场市场化运营的设想下，并不具有大众化艺术的潜在消费群。

我国艺术消费能力不足、艺术消费市场不成熟的现状，意味着我国剧院作为艺术殿堂进入产业领域的市场条件还不具备。

3. “创新不足”问题

现代化剧场建设拉开了演出行业升级换代的序幕。表演艺术与科学技术相融合、演艺经济与市场经济相融合、演出行业与其他行业相融合的时代已经来临。我们面临着表演艺术科技现代化、艺术享受大众化、舞台演出市场化的新形势、新情况、新变化。民族表演艺术面临着科学的、大众的、世界的新挑战，面临着具有观赏性、思想性、艺术性的精品力作严重缺乏的现实问题。

在这样的新形势下，尽管我国演出团体与剧场数量比从2008年的5：1增加到2011年的3：1，尽管我国演出团体体制改革全面推开，但是，当前表演艺术创新生产能力仍然不足，适合于地区消费偏好、民族的、艺术的、科学的、寓教于乐的剧目创作生产供给能力远远不能满足剧场演出需求，剧目创新生产能力与现代化剧场建设速度不相适应。剧目创新不足是我国“空巢剧院”、“消费疲软”行业自身问题的根源。

4. “饥饿经营”问题

“表演艺术”是传统文化中最为古老的艺术门类之一，继电影、广播电视对“表演艺术”文化形式产生重大影响之后，当前，“网络文化”对“表演艺术”形式正在产生影响。现代化剧场建设为我国表演艺术改造升级提供了良好的环境和条件，但是，受制度、经济、消费市场和其他文化形式的影响，我国剧院经营普遍处在生存线上，维持生存、苦心经营。尤其是房产税、折旧费、所得税、营业税等税负，电费、油费等成本及高额演出费、退休员工负担等，与剧院经营性收入严重失调。在剧场运营的票房收入很难支撑演出成本和剧场运营管理成本下，为降低成本而降低剧目制作费用、为增加观众而降低剧目艺术性，最终导致表演艺术俗化的恶性循环。剧场运营和经营管理具有市场客观性和经济规律性，现行财政补助机制缺乏科学性和客观性。我国除国家大剧院等部分剧院成本不足由政府财政补贴之外，大部分剧场依靠多种形式的自主经营。剧院运营经费投入不足是文化投入长期不足的另一体现。整体上的经济拮据是制约我国表演艺术良性发展的主要瓶颈，是剧院当前塑造城市“艺术殿堂”最迫切需要解决的严重问题。剧院“饥饿经营”问题反映出我国文化政策法规滞后，与我国当前文化建设的新形势不相适应，与国情、区情、市情不相适应。

5. “票价高”问题

“演出成本高、出场费高、票价高”是我国剧院长期以来一直存在的“三高”问题。但“票价居高不下”不是单纯的剧院经营问题，更是社会问题。

剧院是公共文化场所，尤其是政府投资兴建的大剧院，是我国公共文化服务体系的重要组成部分，承担公平、公正、公开的公益性服务义务，承担保障公民平等享有文化权利的社会责任。票价居高不下意味着部分居民的可支配收入可能支付不起高额票价，自然形成的门槛限制了部分公民应享有的权利，导致“免费的不想看、想看的看不起”这一社会现象，使城市艺术殿堂自然演变成“贵族场所”，不仅没有发挥公共服务促进社会管理的社会效益，而且加剧了“仇官”、“仇富”的社会不满情绪。

6. “定位模糊”问题

从“两会提案”到媒体报道，认为我国大规模现代化剧场建设是“跟风”、“盲目建设”和“政绩工程”的评论很多，有观点认为这是对当代剧场建设高潮的社会主流评价。

社会负面评价较多的主要原因是我国剧院定位模糊，诸如“剧院的主要职责”、“剧场建设目标”和“剧院文化价值体系”的根本定位尚不清晰，对剧院在演出、演艺等行业链、产业链中的角色、地位、功能缺乏清晰定位等问题未能得到统一解决。

7. “奢华建设”问题

我国剧院现代化建设高潮中，“技术奢华”和“物质奢华”问题凸显，“大体量、高投入，外观追求奇异、建设装修比豪华、技术装备争第一，忽视剧场表演艺术使用功能，忽视剧院历史记忆功能，忽视剧院城市特色文化承载功能，忽视剧院与自然环境、人工环境和人文环境相协调”等现象频发，与其他公共建筑一起引起社会的广泛议论和中肯批评。“蛋”、“石”、“龟”、“巢”等怪异建筑，剧场钢材用量第一，黄金铺满大幕，管风琴装饰音乐厅等奢华现象不断涌现；先定外形后装舞台蔚然成风。原建设部等五部委对此类问题提出强制性“意见”：一些大型公共建筑工程，特别是政府投资为主的工程，重点是文化、体育等大型公共建筑，存在着亟待解决的问题。不顾国情和财力，热衷于“形象工程”，片面追求外形，忽视使用功能，忽视内在品质与经济合理性，忽视城市地方特色和历史文化，忽视与自然环境的协调，甚至存在安全隐患。要求剧院

等公共文化设施停止单纯追求建筑外观形象的做法，必须首先注重建筑使用功能，保护和体现城市的历史文化、风貌特色，还要考虑建筑外观与传统文化及周边环境的整体和谐。

“奢华建设”问题本身不是投入高的问题，也不是要不要建筑艺术、建筑科学的问题，而是剧场现代化建设与城市现代化建设是否同步的问题，是舞台艺术是否与文化现代化同步的问题。

8. “泛娱乐化”问题

从文化市场的形成到演艺产业繁荣，“娱乐文化”作出了积极贡献。但是，在艺术消费市场疲软的现实条件下，部分剧院运营机构为了追求经济利益，将剧院文化和舞台艺术娱乐化，甚至庸俗化、低俗化。广大文艺工作者和文化学者对此十分担忧，将演出业、电视业、电影业、出版业中这类现象统称为“泛娱乐化”或“娱乐泛化”问题。因此，“十二五”期间，“反三俗”和“加强文化产品创作生产引导”成为文化建设与管理的重要任务。

9. “去民族化”问题

1949 年前后，我国长期探索和实践西方文化的引入、消化、吸收，经历了“科学思想”、“自然科学”、“社会科学”的学习历程。但是，在西学东渐、洋为中用的文化建设过程中，剧院文化建设出现了“去民族化”问题。舞台形式、舞台技术、剧场建设、剧院经营等各个方面呈现全面西化的文化倾向，剧场的古戏台文化要素丧失殆尽，剧院的东方之美无人问津，建筑的东方构造远离古城，甚至部分剧院被认为是“城市失去记忆”的起因。尤其是近年来剧院设计、舞台艺术在全国出现崇洋之风，剧院文化整体上呈现“中外比例”失调之势。

10. “理论缺位”问题

作为我国古老而传统的文化业态，演出行业既无完整的学科体系建设和理论研究队伍，也无战略研究、文化学研究、产业经济学研究，整个行业处在一种西方文化影响下的社会自觉中。

上述九大问题是制约我国演出行业蓬勃发展的关键问题和主要问题，是影响我国建设“面向现代化、面向世界、面向未来，民族的科学的大众的剧院文化”的主要症结。但是，这些问题长期得不到解决，并有积重难返局势的根本原因是“剧院发展战略研究”的缺位。这直接影响了我国剧院建设与管理的有序化系统化科学化进程。

如何建设“科学的”但不是“去民族的”、“大众的”但不是“泛娱乐化的”、“民族的”但不是“远离时代和世界的”、“产业的”但负有“社会责任的”中国特色剧院文化，如何从“空巢剧院”的困境中走向剧院文化繁荣，如何从“艺术消费市场疲软”的现实社会系统地提升中国国民的艺术素质，如何使“优秀的民族传统表演艺术”与现代智能科学技术深度融合，如何走出“经济拮据”的历史困扰，如何让居民平等地享有“艺术殿堂”启智明德的权利，如何使地方政府和经营团体清晰地理解剧院的功能和价值意义，如何将剧院建设成为“艺术殿堂”和“智慧殿堂”，如何将演出行业建设成以“舞台艺术”为核心的多样化、多形式、多方面的表演行业，如何实现剧院文化的文化本体价值、城市文化价值、社会文化价值、经济文化价值、政治文化价值，这些问题都需要广泛的文化学、经济学理论研究。

三　演出业面临的三大核心问题

当前，现代化剧场在大面积建设的同时普遍闲置，院团在体制全面改革的同时普遍恐企，在演艺市场日益繁荣的同时艺术消费普遍疲软。“三大问题”困扰着中国整个演出行业的全局。长期存在的“三高问题”① 也映射出中国演出业的“三大问题”。

1. 基于“剧场中心论”的核心问题

与现代化剧场建设速度不相适应的是我国剧院运营状况堪忧。2011 年全国政协会议上梅葆玖提交“剧场演出”提案，提出“不少城市剧场闲置，挺好的演出环境没戏演，看了让人可惜”。这一现象被社会称为中国“空巢剧院”，受到政界和媒体越来越多的拷问，媒体以“空巢剧院”直指“政绩工程”、“面子工程”，强烈影射主管部门的行政缺位。“奢华建设为民还是为名”的两会提案引发新闻媒体广议。现象的本质是剧院运行效率不高造成的剧场无效空置，行业上称为运营管理效率的“剧场闲置问题”，属于文化建设阶段性问题，或者说演出行业现代化建设进程中的转型问题。但是，这一问题长期得不到解决，一方面全国大面积建设现代化剧场，另一方面投入运营的剧院呈现普遍性闲置，“政府

① “三高”指出场费高、场租费高、票价高。

作为”时刻面临潜在的社会舆论风险。

剧场上联艺术生产，下联艺术消费。所以，剧场闲置是我国艺术表演行业整体问题的集中反映，行业普遍面临上缺艺术剧目、下缺消费市场、中间政策缺位的尴尬局面。这从逻辑上反映出“剧场闲置”的必然性。

（1）结构失调

从演出行业链整体出发，现代化剧场建设带动演出行业整体现代化转型的进程中，院团剧目创作生产并没有被带入现代化进程之中，适合于现代剧场演出的剧目供给能力不足，或者说，院团生产能力与全国现代化剧场建设速度严重不相适应，反映在“空巢剧院”问题上，即“上缺艺术剧目”，本质上是艺术生产与现代科技迅猛发展不相适应。

2009 年全国 6139 个艺术表演团体，2137 个剧场，大约全国平均 3 个院团对应一座剧场，为什么剧场呈现普遍“闲置”、“空巢”？场租高是一方面原因，尤其是 6139 个艺术表演团体中的 5110 个县级院团，在缺资金、缺人才、缺技术、缺创作、缺管理的条件下，几万至几十万的场租费对于它们而言是不可逾越的门槛。况且，创作生产能够适合于现代剧场演出的剧目，或者说以现代科技叙述传统故事的创新剧目生产，普遍不具备条件、不具有能力。那么，一千多个院团对应两千多座剧场，按照艺术创作生产规律，显然供多于求。况且，国内一千多院团也不都具备进入现代剧场演出的能力。内蒙古自治区 43 个旗县乌兰牧骑的现实状况充分说明了这一点。为了增加年演出场次，剧院大量引进国外剧目就成为我国当前演出市场主要的模式。这就是为什么媒体报道、“两会”反映我国演出市场上西方剧目占主流。在文化同化、文化殖民的危机意识下，在文化产品“中外比例结构性失调”的安全意识下，政府激活县级院团、推动院团现代化改造升级就成为当前解决“空巢剧院”问题的首要举措。

（2）流转遇障

院团的现代化升级、规模化发展、产业事业总量提升，能够解决行业结构性失调问题，然而，不能解决行业内产品流通和消费流通问题。“空巢剧院”的根本问题在于“高出场费、高场租费、高票价”引起剧院门槛过高，“剧目流”和“观众流”双向阻塞，民族艺术产品进不来，中层消费群体进不去，“上缺剧目”、“下缺市场”使“空巢剧院”成为必然，表现出“三高”阻塞“双流”的典型症状。

旧剧目没有市场，传统剧目除少量的经典作品和个别曲种在“三老”市场中维系生存以外，大部分没有支撑其可持续发展的消费群体。21 世纪初全国剧院上演传统剧目不断亏本不断失败的现实，使剧院经营者为保本提高场租，这成为当前不得已的管理方式；剧团既无市场营运能力、企业赞助，也无政府支持，更无风投管理能力，高场租意味着高门槛，尽管文艺工作者期盼剧场演出，但只能望门兴叹、远离剧院之门。新剧目创作生产成本高，尤其是包括编导在内的“高出场费”，极大地提高了新剧目的创作生产成本。在剧场有限的坐席条件下，经营者期望提高票价收回成本，结果潜在观众在“票价居高不下”、“剧院蜕变为贵族消费”的埋怨声中，也只能望门兴叹。全国“空巢剧院”普遍面临的问题都集中在“剧目流”和“观众流”流通环节上。通过财税优惠政策、公益性服务财政补偿机制解决剧场双向门槛高的问题，使“剧目流”和“观众流”畅通穿梭于剧院，成为解决我国当前“空巢剧院”根本问题的关键。

（3）创新遇阻

传统表演艺术要保护性发展还是创新性发展，现代科技的大众化、通俗化、娱乐化引发的“包养意识”对撞“创新意识”。

“艺术要养”还是“创新发展”，抑或“养发并存”，是当前学术界热议的命题。当前，文化理论学界和表演艺术管理界流行这样的“意识”，从国内外看，只要剧院定位于“艺术殿堂”，收支不可能平衡，政府必须免税，财政必须给予补偿性支持；只要表演艺术是民族传统艺术，不可能依靠市场维系生存，必须政府“包养”。或者说，艺术不可买卖，只要是艺术就需要政府“包养”，一旦艺术进入市场寻求生存，必然被“娱乐”绑架，艺术堕落到媚俗不可避免，或泛娱乐化而变质，或解体消亡，艺术脱离政府“包养”必然消亡。在这一主导意识支配下，大量的剧院运营管理者等待政府“包养”，以捍卫剧院“艺术殿堂”的神圣性，广泛呼吁财税政策支持，以拒绝泛娱乐化为由拒绝所有改变传统形态的创新。

与此相对应的文化体制改革，将大部分艺术院团转企改制，甚至预测不久的将来所有院团将全面转企改制，置身于市场环境下，以适应市场消费需求推动传统艺术创新发展。于是，“包养意识”和“创新意识”形成两大对垒阵营。两大阵营围绕两个不解的命题：①适应市场就必定使表演艺术娱乐化而趋于解构消亡；②具有特定形态的民族表演艺术现代化创新，就是解构传统艺术，民族艺术

将不民族。“适应市场即艺术解构，创新发展即传统解构”，两大命题无解，致使当前剧院处在深度困惑期。

由此看来，文化创新具有斗争性。但“创新是文化生命力的重要表征”，只有解决表演艺术团体创新能力问题，实现艺术生产与艺术消费对接；解决剧院体制机制创新问题，降低运营成本，实现产业与事业对接，才能使我国表演艺术行业走向良性循环，形成自觉发展繁荣的内生动力。

但是，经过30年发展的文艺院团，既缺人才，更缺资金，最重要的是缺乏创新意识。“科技是文化创新的核心动力”并没有使广大文艺工作者认识到“科技同样是艺术创新的核心动力”。科技改变了北京奥运会的表演方式，科技改变了音乐舞蹈史诗《复兴之路》的叙事方式，同样因为现代科技才有了实景演出的民族艺术表现方式。尽管中国艺术与科技融合的雏形显得幼稚、空洞、粗糙，就像对国家大剧院现代版京剧“赤壁”的广泛争议一样，但科技推动艺术创新发展的意识没有形成，或者说还存在严重的抵触力量，分不清“传统保护”与“创新发展”的方式，创新能力建设很难实现。科技推动表演艺术创新主要集中于艺术院团，体现为“文化高新技术产业”形态的文化创意产业。所以，文艺院团高新科技创意产业发展显得更加重要，适合于高科技文艺创意产业发展的人才、资金、技术要素市场培育显得更为关键。

通过转企改制建立国有院团市场产品生产主体，扩大规模、扩大数量；通过民营资本进入文化产业，增加国内院团数量和生产能力；“国进民进”多种经营体制战略推动国家演艺产业总量提升，解决我国“从剧团到剧院”的“结构失调问题”。通过降低剧院门槛，也能解决我国产品流通和消费流通的“双流问题”。通过创新使传统艺术适应现代文化生活方式，满足市场需求，实现表演艺术与市场对接，形成良性循环；通过公共文化服务展演传统经典艺术剧目，记住历史，培育艺术市场需求，提高城市居民文化素养。表演行业整体“三段”改革创新才能从根本上解决全国剧场普遍闲置的问题。其中，“改革创新、政策标准”是解决这一问题的关键，院团体制改革解决结构失调问题；财税政策支持解决传统艺术、创新剧目进剧院，公民公平享受剧院文化和消费表演艺术产品的门槛问题；舞台科技推动舞台艺术创新发展以满足表演艺术与市场相适应的现代化要求。而所有上述问题的解决都需要标准化先行提供科学支撑。对这一迫切要求虽然国内文化界当前还没有清晰认识，但随着国际标准化管理技术在服务业的广泛应用，人们越来越清晰地认识到“科技是文化的重要支撑”，文化标准的作用将越来越被关注，文化标准的缺位将越来越导致政策法规的被动。

2. 基于“行业整体论”的核心问题

“行业整体论”将剧院或剧场的问题从演出行业整体角度来认识，认为“剧场闲置”问题除了剧场本身运营管理和体制问题以外，上游“院团体制改革”和下游“艺术消费”问题是影响“剧场发展”的主要因素。

（1）产销链的体制改革问题

现代剧场建设掀起了我国演出业科技现代化浪潮，舞台技术进步已经改变了我国表演艺术的创作生产方式，灯光、音响、机械、舞美、舞台监督、服装、化妆、乐队、导演……专业分工越来越精细，创作生产越来越社会化，科技造就了新的一批社会化专业工作者和职业组织，即使是编剧、导演、舞美、主要演员等院团核心生产力资源也开始呈现“走穴”式社会化趋势。正如文化部直属院团很多在职演员从事自由职业经纪一样，明显地反映出文化制度不适应生产力变革的问题。所以说，院团体制改革具有必然性，更具有必要性，是一种适应科技现代化的生产关系重构。

智能化技术以营造新型舞台叙事场景为目标，正在触发整个表演艺术演出的规模化、生产的社会化、分工的专业化，正在促进演出业低成本、高质量、短周期转型。在这样的国际化信息技术推动下，我国计划经济条件下的院团体制必然无法适应“高新技术的迅猛发展”，必然无法适应“科技现代化”和“知识经济转型”的同期进行。

科技推动演出业生产社会化，集权管理向社会管理转移成为定势。然而，表演艺术同期遭遇的不仅是科技现代化的国家工业现代化、混合经济制度转型、知识经济转型，还遭遇了生态现代化转型，体现了中国传统文化的国际性需求，国内“带状文化”也同时呈现传统文化集体回归，传统表演艺术的范式保留不仅仅是“文化遗产”的保护，也呈现出国内外空前的需求。于是，院团体制改革在与“四重转型”同期进行的复杂蜕变过程中，出现了激烈对撞的“传统保护”与“改革创新”两大阵营。在既要保护又要创新的国策下，传统表演艺术行业因为历史性萎缩，整体规模不足以按剧种一分为二既保护又创新，于是，政府划分出一部分剧种的一部分院团予以保护，大部分予以转企改制、创新发展。

被政府给养的院团被视为“瑰宝”，原汁原味地保留传统剧目和传统艺术表

演方式，一方面被作为“文化遗产”保护，另一方面成为国内外中国传统文化需求的供给主体。然而，这一形态是短暂的，或者说是暂时的。因为科技不仅改变着生产方式，也改变着人们的生活方式，包括文化生活方式。没有改制的院团如果长期不与科技现代化接轨，随着“三老①”的过渡，必将成为现代化过程中的完全“遗产”而失去需求市场，意味着老演员、老剧目成为历史记忆，只能像馆藏文物一样予以活态保存。在这一历史潮流中，没有改制的院团同样心存对未来变化的恐惧。

对于转企改制的院团，在“人才、技术、投资”生产性要素建设还不具备现代化转型条件的前提下，面对娱乐文化占据演出市场主流、现代科技时空观占据消费偏好主流、传统艺术集体性失忆的现实状况下，深感改革的艰难和异化的可能。“市场化的娱乐趋势意味艺术解构、现代化的科技融合意味传统解构”不仅是学术界热议的话题，也是身处改革中的院团员工的疑虑和困惑。“没有列入保护的剧种意味着消亡”，“列入保护剧种而没有列入保护的院团，意味着艺术解构”等顾虑，反映出当下文化体制改革“普遍恐企”的社会心理。

体制改革的普遍恐惧症大致源于：现代剧场建设带动了表演艺术行业整体现代化进程，使整个演出行业呈现出典型的工业化特征，艺术生产规模化，社会分工精细化，文化资源市场化，演出剧目国际化。信息时代高新技术对文化的影响超出想象，以物联网为基础、以云计算高端服务平台为代表的智能化系统在演出行业的应用，使艺术对技术的依赖程度更高，资源市场化程度加深，社会分工更加细化，艺术创作生产呈现分散式，更加国际化广域化，随着异地实时互动的艺术创作时代到来，现有院团转企改制以后，能否顺应时代潮流，接受现代高新技术的冲击，完成艺术创作生产技术改造？在当前文化领域科技认知的前提下，在现有的国家科技支撑严重不足的前提下，院团无法排除对未来未知的恐惧。

在“文化与科技融合”、“文化与高新科技融合”、“文化体系与科技体系融于一体，并与产业更加广泛地融合”下，在“文化科技”、“文化高新科技”、“文化创意”国际性发展的潮流中，中国大部分从事民族传统艺术表演的演出团体还停留在计划经济时期为意识形态服务的单一模式下，对现代高新技术不敏感，对消费偏好现代化的市场不敏感，对中华文化的世界性需求不敏感。在表演

① 指老演员、老剧目、老观众。

艺术人才队伍已经萎缩、现代舞台科技生产条件建设投入严重不足、智能技术公共支撑平台完全缺位、生态现代化艺术服务公共平台基本空缺的现实状况下，在财政支付的改革成本也准备得不充分，融技术与艺术于一体的复合型人才培养体系还没有建立，适应院团现代化生产的文化科技体系还没有成型，适应现代化剧场演出、融技术与艺术于一体的剧目创作生产投资体系也没有建立的前提下，习惯于依偎在政府怀抱里一心维护传统艺术、一意服务意识形态的艺术院团，一夜之间被要求转型为适应高新技术发展、市场化竞争、国际化创新，如果没有恐惧或许将成为中国现代神话。

当下全国现代化剧场普遍闲置的现象，反映出我国艺术院团现代转型与剧场现代化建设没有同步，正所谓“文化发展与现代高新技术迅猛发展不相适应，与日益成熟的社会主义市场经济不相适应，与不断对外开放的国际形势不相适应”，导致了演出业结构性失调、“意识”对撞。所以，站在“行业整体论”的角度看剧场上游问题，可以清晰地认识到“剧场闲置”的必然性。

（2）供需链的艺术消费问题

科学技术影响中国近两个世纪以来，中国文化经过三次变迁，艺术文化的通俗化解构、内生性传统文化的外生性文化植入、原生性传统文化的再生性文化变革，中国不仅对传统艺术文化呈现“集体失忆”，而且消费能力呈现出历史性退化。

新民主主义革命时期，基于“马克思主义科学思想”的新文化运动，不仅通过“白话文运动”解构了“文言文”美学文体，而且，将艺术文化进行了全面的“大众化、通俗化”解构。通俗化的表演艺术在广大人民群众中得到蓬勃发展，“艺术美学”的欣赏能力同时消减。“文化大革命”时期，在全面批判传统文化的同时，传统艺术文化同样受到摧残，表演艺术缩减为“八个样板戏”，同时，话剧、歌剧、芭蕾舞等西洋艺术外生性文化全面植入中国，中国艺术文化本体发生了根本性变化，在西方艺术文化获得增长的同时，东方艺术多样化迅速消减。改革开放30年，随着文化科技的发展，以“流行音乐”为代表的“大众化、通俗化”表演获得快速发展；随着市场经济体制改革，娱乐性“文化市场”和“文化产业”形成，高雅艺术文化在文化市场中渐渐虚化。

中国文化在科技影响下经历三次变迁的同时，我国教育体系的“文理分科”和“高考制度”也促进了艺术教育解构，国民教育体系中“科学文化”获得长

足进步的同时，“艺术文化”迅速消减。30年间，至少三代人没有获得基本的艺术系统教育，60后、70后、80后呈现集体性“艺术失忆”，基本没有艺术欣赏能力。对于完整的传统表演艺术而言，从“文化大革命”时期的育龄儿童算起，20世纪50年代至80年代出生的人基本没有获得完整的传统表演艺术美育教育，也就是说，今天的30～60岁人群中，基本没有获得传统艺术欣赏能力培养。而对于90后、00后的艺术欣赏能力和艺术文化消费偏好而言，现实和众多的研究报告给予了清晰答案。中国的消费者对传统艺术文化普遍缺失欣赏力的现实是我国表演艺术消费市场疲软的根本原因。原汁原味传统表演艺术的市场化、产业化面临历史性困境，尽管在农村、城市有一部分消费群体，但从历史来看，不具有普遍性。

之外，世界性科技文明对表演艺术的影响不独发生在中国，更是世界性的，欧洲传统歌剧、话剧、芭蕾舞在政府资助下转为“遗产性保护”项目的事在中国同样发生。我国院团体制改革中受政府资助保护的剧目、剧团，与其说是对“艺术瑰宝”的保留，不如说是“遗产保护”，说明我国传统表演艺术的市场消费能力不足以支撑其产业化、市场化。

如果说世界性科技文明已经改变了演出业的消费模式，世界性流行音乐演出、美国百老汇音乐剧演出的市场火爆，或许说明了我国艺术消费疲软的另一个原因。与其说中国文化消费偏好美国化，不如说现代科技条件下快捷、直观、多彩、审美文化的时空场自然回归，使当代世界性文化消费观转变。美国现代文化的形成主要基于科技现代化的作用，而中国现代化转型的美国化雷同或许有其潜在规律。

从“五四时期”的文化启蒙运动开始，中国文化就沿着西方“科学思想”体系日益向“大众化”迁移。“白话文运动”、“简化字改革”、“文化大革命”、“娱乐文化”、“网络文化”无一不与文化大众化、通俗化相关，并在科技与文化深度融合的四次转型中实现了大众文化通俗化变迁。科技对文化本体的大众化驱动，直接效应是“通俗化”，通俗过程中的意义解构和美学解构又导致了娱乐化，甚至庸俗化、低俗化、媚俗化。于是，中国文化的三次转型，因为民族的、艺术的教育缺失，付出了文言文美学文体、汉字书法美学、艺术美学和优秀传统文化集体性失忆的沉重代价，并使民族的、科学、大众的社会主义文化在科技驱动下，走向了无法逆转的美学解构，尤其是文化大众化形成了庞大的需求市场，使文化彰显出商品属性和经济属性，在强大的经济利益驱动下，表演艺术被

“娱乐文化”绑架，甚至滑向“三俗化”的厄运。对此，科技现代化对表演艺术负面影响的逻辑关系可以概括为：科技化—通俗化—大众化—市场化—“三俗化”。所以，为了避免这一负面影响扩大化，我国文化政策要求“文化产业应坚持社会效益第一原则”，而“社会效益”的第一原则就应当是保持“艺术文化”的美学特征。

在科技文明进程中，中国传统表演艺术消费疲软得到根本好转的关键，在于我国关于艺术普及教育的“教育体制改革”。然而，国民艺术素质教育长期得不到高度重视，民族艺术进校园还停留在京剧片段、戏曲试点的初级阶段，至今没有有效的根本的解决方法。因此，剧院文化的首要职责落在了“艺术文化社会教育”或者说“普及教育”的公共文化服务上，也是关于“艺术消费能力”的培育性服务。

四　演出业转型面临的文化安全

现代高新技术推动文化创新发展不可逆转，主线是“表演艺术与舞台技术融合”推动传统表演艺术创新。科技已经改变了国人的文化生活方式和文化生活内容，科技正在改变艺术表演场所和艺术的创作、生产、表演形式和叙事方式。但是，科技在改变艺术表演创作生产的过程中遇到了前所未有的挑战，学术界和业界反应较为强烈的集中在“艺术与技术”、“传统与创新”、“文化与市场”挑战，意指科技推动文化创新过程中潜在的几种“解构威胁”：“技术对艺术解构”，“创新对传统解构”，“市场对文化解构”。

1. 艺术解构

“技术对艺术解构”指“传统表演艺术的技术化，引发艺术文化通俗化，形成艺术文化的大众文化趋势和大众文化新形态，对原有的艺术文化形态可能造成解构的威胁。”即：“技术化”的大众化趋势对表演艺术的“艺术文化”形成“解构”威胁，意指技术支持下的通俗化大众化艺术降低了“艺术水准”，在学术命题上表述为“艺术的技术化意味着艺术解构”，简称为“艺术的技术化解构”。

2. 传统解构

“创新对传统解构”指“传统表演艺术的科技现代化，改变了表演的时空场，形成表演艺术新的舞台叙事模式，现代科技语言对我国传统舞台艺术的抽象

性、表意性叙事模式造成解构的威胁。”“四次科技革命”都源于欧美，“科技语言”意味着“西方文化”，科技推动表演艺术现代化创新，意味着中国传统艺术的西化。即科技推动表演艺术“现代化”创新对中国传统表演艺术的表现形式、表现手法形成“解构”的威胁，在学术命题上表述为“艺术的现代化意味着传统解构”，简称为“传统的现代化解构”。

3. 文化解构

“市场对文化解构”指“科技为文艺创作生产提供了现代技术手段，引发文艺创作生产的社会化、专业化分工，生产力变革解构了原有的生产关系，引发了传统文化制度改革，文化发展的驱动从政府转向市场，由于市场受经济利益最大化逐利性驱动，而娱乐文化具有受众体最大化特征，使文化的市场化驱动形成了娱乐文化对高雅文化解构的可能，当前网络文化、电视文化的‘泛化’现象，正在形成对传统文化和艺术文化全面娱乐化的威胁。”业内表述为：“市场化”的娱乐化趋势对表演艺术的“高雅文化”形成“娱乐化解构”的威胁。学术命题上表述为“文化的市场化意味着文化解构”，简称为“文化的市场化解构”。

在世界性文化与科技融合趋势下，生态现代化新文明时代蹒跚而至，文化驱动生态现代化的地位和作用日益明显。党的十七届六中全会适时作出“深化文化体制改革，推动社会主义文化大发展大繁荣若干重大问题的决定”，提出文化强国发展战略。表演艺术作为传统文化的重要形式和重要组成部分，在生态现代化和国家战略转型中被赋予新使命。当下中国演出业存在的若干重大问题，从某种程度上反映了我国文化业态的现实境遇。面对未来，机遇与挑战、问题与使命正在考量中国文化创新的能力和进程。

The Current Issues of Chinese Performances Industry Under the Global Trend of Culture and Technology Integration

Yan Xianliang　Chen Lin　Zhang Suxian

Abstract: Culture and technology integration has never been stopped during these recent three centuries. Under the influence of western scientific and technological civilization, China has gone through a hundred years of journey. Thus, the politics, economy, culture and society in China have been changed deeply and widely. Therefore, science and technology will influence on art inevitably. "Technological modernization" has changed the performance arena, which has also changed the way of artistic production. The stage technique derived a new narrative language, and the integration of stagecraft and stage technique built the new mode of stage narrative and performance style. Under the global trend of culture and technology integration, "technology" in our country has pushed "quadruple transition" of performance industry, which promoted the relation reconfiguration of performances production and reconstruction of the relationship between the supply and demand in the performance market. Troupes' system reform has suffered a historical necessity. Meanwhile, the traditional culture faces modern deconstruction, the stagecraft faces entertainment deconstruction, "idle theatres" due to technological change, "troupes fear enterprise" due to institutional change, and "art demand weakly" due to cultural change, thus the whole performance industry faces the real challenges in "art and technology", "tradition and innovation" and "culture and market". The ecological modernization and national strategic transformation endow a new mission to theatre culture. At the same time, the opportunity, challenge, issue and mission from performance industry are reflecting the real situation of cultural industry in China.

Key Words: Culture and Technology Integration; Stage Technology; Stagecraft

B.14
我国动漫法规政策的发展及其产业效果评价

李国东*

摘　要： 近年来，在国家以及各相关部门的高度重视下，我国的动漫法规政策体系逐步形成，动漫产业得到了快速发展。在我国动漫业发展取得成绩的同时，我国的动漫政策还需要进一步完善，动漫产业发展应由量的扩大向质的提升转变。

关键词： 动漫政策　动漫产业　效果评价

一　我国动漫法规政策的构成及其现状

（一）我国动漫法规政策的构成

作为21世纪的新型产业，动漫产业不但是科学技术发展的具体体现，也是当今社会经济转型的一个新途径。目前我国出台的动漫产业政策种类繁多。从政策类型上分析，主要由管制型政策和经济型政策构成；从政策来源上分析，主要有国家宏观政策、区域政策和地方政策。国家宏观政策体系包括与动漫产业相关的金融政策、财政政策、税收政策、贸易政策、环境政策、产权政策、区域协调政策等。区域政策体系主要包括省级人民政府依据国家宏观政策，按照自身的实际情况制定并在本区域内实施的管理措施和扶持政策。地方政策主要包括省级以下人民政府制定并在地方范围内实施，促进动漫产业发展的各种管理和扶持政策

* 李国东，硕士，就职于湖北省电影发行放映总公司，研究方向为文化管理、文化产业。本文为文化部委托课题“我国动漫发展政策研究”的阶段性成果。

措施。

我国动漫产业是文化创意产业中的高技术含量的产业门类，体现了文化创意产业中的技术发展趋势，在中央与地方政府“分灶吃饭”财税体制的激励下，各级政府表现了发展区域动漫产业和其他领域文化创意产业的强烈冲动。近年来，省级及东部发达地区的市级政府出台了各类动漫产业政策，形成了中央、省（市、自治区）、地方政府三级政策体系（见图1）。

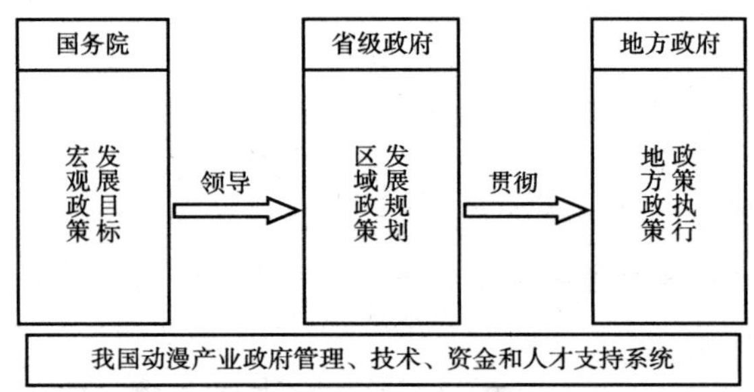

图1　动漫产业发展政策实施结构

（二）我国动漫法规政策的现状

在我国，动漫产业的发展受到党和政府的高度重视，国务院、文化部、广电总局、财政部等国家相关部委以及各级政府制定出台了一系列重要政策和文件。2006年，国务院办公厅转发财政部等部门《关于推动我国动漫产业发展若干意见的通知》（国办发［2006］32号）和文化部印发的《关于扶持我国动漫产业发展的若干意见》（文市发［2008］33号），有力地促进了我国动漫产业的发展。因此，本文将对《中国动画年鉴》（2006～2009年）刊登的中央、各部委出台的120条、各级政府出台的129条动漫政策作为样本进行分析。

第一，分行业管理特征明显。中央、各部委制定出台的120项动漫法规政策中，广电总局出台的动漫法规政策占主导地位，占27%，其次是文化部，占24%，新闻出版总署占18%，这三个部门制定出台的动漫法规政策占整体的69%，国务院占0.09%，联合部门占21%（见表1）。由此可以看出，动漫产业法规政策的制定和出台充分体现了我国文化管理体制分行业管理的特征。

表1　2006～2009年国家层面出台的动漫法规政策数量

部门＼年份	2006	2007	2008	2009	合计	所占比例
国务院	1	—	1	9	11	0.09
文化部	—	—	6	23	29	24
广电总局	14	1	4	13	32	27
新闻出版总署	—	1	8	13	22	18
财政部	—	—	—	1		0.01
联合部门	1	3	4	17	25	21

资料来源：根据2006～2009年《中国动画年鉴》整理。

第二，法规政策效力层次较低。动漫产业作为文化产业的重要组成部分，法规政策层级主要表现在5个方面：[①] 国家法律、行政法规、部门规章、法规性文件和部门性文件。统计结果表明，在2006年以来出台的直接针对动漫产业的法规政策中，还没有涉及法律。其政策内容多关于发展规划、指导意见、资格认定、税收优惠以及市场管理等。从法规政策制定和出台的层次来看，部门所占的比例较大，国家层面占的比例较小，动漫产业法规政策呈现了“下多上少”、效力层次较低的现象。

第三，地方性文件数量差异较大。经过统计地方出台的动漫发展文件发现，在出台动漫产业发展文件上，西部地区远远少于中东部地区，呈现了“东多西少”特点。从各级政府出台的动漫产业发展文件来看，沿海经济发达地区出台的动漫产业发展文件较多（见表2）。

表2　2006～2009年各级政府出台的动漫法规政策数量

年份＼区域	华北地区	华东地区	华南地区	西南地区	西北地区	合计
2006	5	9	5	3	—	22
2007	7	13	—	7	2	29
2008	9	11	3	3	3	29
2009	12	22	9	1	5	49
小　计	33	55	17	14	10	129

资料来源：根据2006～2009年《中国动画年鉴》整理。

① 张晓明等：《2010年中国文化产业发展报告》，社会科学文献出版社，2010，第68页。

二　我国动漫法规政策的特性

（一）法规政策内容分析

第一，从横向政策功能配套看，我国动漫产业内容广泛，涵盖了动漫产业从生产、流通到增值的各个环节，包含了政府从规划调控到播出管制的各个管理环节，初步形成功能完备的产业政策体系。如，《国家“十一五”时期文化发展规划纲要》、广电总局《影视动画业“十五”期间发展规划》等对动漫产业的发展目标和发展规划进行了基本规定；广电总局《国产动画原创精品发展专项资金管理办法》、《关于加强电视动画片播出管理的通知》，文化部《关于原创动漫扶持计划（2008）申报工作的通知》，财政部、海关总署、国家税务总局《关于文化体制改革中经营性文化事业单位转制为企业的若干税收政策问题的通知》、《关于文化体制改革试点中支持文化产业发展若干税收政策问题的通知》，广电总局《国产原创精品发展专项资金管理办法》、《关于我国影视动画创作发展的具体措施》等则对发展动漫产业的具体路径进行了规定。

第二，从纵向政策执行看，国家宏观政策、区域政策和地方政策构成三级结构体系，构成了制定、贯彻和执行的系统性政策实施体系。如：国办发［2006］32号文《关于推动我国动漫产业发展的若干意见》、文化部《关于扶持我国动漫产业发展的若干意见》、广电总局《关于发展我国影视动画产业的若干意见》、新闻出版总署《关于〈做好图书期刊动漫出版专业人才业务培训推荐工作〉的通知》等体现了国家层面的战略安排；浙江省《关于鼓励为文化创意企业提供融资担保的实施办法（试行）》、陕西省《关于鼓励和推动我省动漫产业发展实施意见》、广州市《进一步扶持软件和动漫产业发展的若干规定》、深圳市《文化产业发展专项资金管理暂行办法》等则体现了省、市地方政府发展地方动漫产业的政策目标。

总体上，近年来中央和各级地方政府对于动漫产业进行扶持，形成了完善的动漫产业发展政策支持体系。从纵向来看，中央、省、地（市）都为促进动漫产业发展出台了各种激励和保障措施；从横向来看，出台的政策涉及市场规范、

产业聚集、税收优惠、投融资、知识产权保护、人才培养、专项扶持等各种激励政策和市场规范措施。

（二）法规政策的特征

1. 明确了产业发展目标

《国家“十一五”时期文化发展规划纲要》确立了我国动漫产业发展战略和重点，明确指出：加快发展民族动漫产业，大幅度提高国产动漫产品的数量和质量。建设国家动漫产业基地和教学研究基地，建立动漫技术设备和公共技术平台支撑服务体系共享机制，增强国产动漫的原创制作能力和衍生产品开发能力，培育一批充满活力、专业性强的中小型动漫企业和具有中国风格、国际影响的动漫品牌。国办发［2006］32号文《关于推动我国动漫产业发展的若干意见》对我国动漫产业的发展目标给予了明确阐述：力争用5至10年时间，使国产原创动漫产品的生产数量大幅增加、产品质量明显提高、技术创新能力持续增强、精品力作不断涌现，动漫产业创作开发和生产能力跻身世界动漫大国和强国行列，在逐步占据国内主要市场的同时，积极开拓国际市场。文化部《关于扶持我国动漫产业发展的若干意见》也指出：努力增强国产动漫的原创制作能力、衍生产品开发设计能力，培育一批具有活力、专业性强的动漫企业和具有中国风格、国际影响的动漫形象、动漫品牌。广电总局《关于发展我国影视动画产业的若干意见》就我国影视动画发展目标给予了规划：要以创作、播映优秀国产动画片为龙头，积极开发国产动画原创产品和衍生产品，形成多媒体播映、多产品开发的影视动画产业发展新模式；要扶持一批实力雄厚、竞争力强的国产动画企业，打造一批有中国风格和国际影响的国产动画品牌。

2. 明确了产业发展思路

动漫产业发展政策处于中央文化发展政策整体框架之中。《国家“十一五”时期文化发展规划纲要》对我国的文化发展作了宏观安排：各地区各部门要根据实际情况，制订实施方案，加强统筹协调，采取切实有效措施，确保各项任务的落实。各有关部门根据纲要的要求，制定配套政策，抓紧出台实施。要建立纲要实施督促检查机制，在党中央、国务院的领导下，充分发挥各地区各部门的积极性和主动性，共同推动纲要的组织实施。文化管理部门、发展改革部门、财政部门等综合管理部门要加强对纲要实施情况的跟踪分析和具体指导。国办发

[2006] 32号文《关于推动我国动漫产业发展的若干意见》就针对动漫产业的发展思路作了具体规划：努力消除影响动漫产业发展的体制、机制和制度性障碍；重点支持国内企业自主研发具有我国自主知识产权的动漫图书、报刊、电视剧、电影、音像制品、舞台剧和基于现代信息传播手段的动漫新品种等；鼓励与动漫形象有关的服装、玩具、电子游戏等衍生产品的生产和经营。文化部《关于扶持我国动漫产业发展的若干意见》就文化部扶持动漫产业发展的思路作了明确规定：加强创作、培育精品，倡导、扶持动漫产业走民族风格和时代特点相结合的原创之路，坚持走技术创新与市场开发相结合的产业发展道路，大幅度提高我国原创动漫产品的数量和质量。

3. 明确了基本经费来源

企业和产业创始阶段需要一定的资金支持，只有解决了创业资金，才能更好地发展。《国家“十一五”时期文化发展规划纲要》明确提出了设立国家文化发展专项资金和基金，重点用于扶持国家公益性文化事业发展、支持文化创新和精品生产、扶持具有示范性和导向性文化产业项目的研发。国办发［2006］32号文《关于推动我国动漫产业发展的若干意见》确立了我国动漫产业发展的扶持经费来源：中央财政设立扶持动漫产业发展专项资金，鼓励利用中小企业创业投资有关基金加大对动漫产业的风险投资，鼓励我国有实力的大型企业通过参股、控股或兼并等方式进入动漫产业，鼓励非公有资本平等地投资和参与各类动漫产品的研究开发和创作生产。

4. 明确了税收优惠方式

为鼓励动漫企业发展、壮大我国动漫市场主体，国办发［2006］32号文《关于推动我国动漫产业发展的若干意见》明确提出：经国务院有关部门认定的动漫企业自主开发、生产动漫产品，可申请享受国家现行鼓励软件产业发展的有关增值税、所得税优惠政策；动漫企业自主开发、生产动漫产品涉及营业税应税劳务的（除广告业、娱乐业外），暂减按3%的税率征收营业税。文化部、财政部、国家税务总局《关于印发〈动漫企业认定管理办法（试行）〉的通知》也提出：重点动漫产品、重点动漫企业优先享受国家及地方各项财政资金、信贷等方面的扶持政策。

5. 优化了动漫产业的市场环境

市场是产业发展的载体，产业是市场形成的主体；市场是产业发展的助推

器，产业是市场繁荣的铺垫石，两者之间是相辅相成的。只有规范了市场，产业才能更好地发展。如文化部《关于扶持我国动漫产业发展的若干意见》从两个方面加强了对动漫市场的监管：要加强市场监管，保护动漫知识产权；加强动漫产品内容监管，净化市场环境，严厉打击违法动漫经营活动，保护合法经营，规范市场秩序，为动漫产业发展创造公平竞争的市场秩序。广电总局《关于加强动画片播出管理的通知》对动画片的播出进行明确了规范：严禁播出盗版的境内外动画节目；版权过期的境外动画片，如还需在国内播放，须按有关程序重新报批；对未经批准重播的版权过期的境外动画片，各级电视播出机构一律不得购买和播出。

6. 明确了政府管理职能

产业的发展需要政府以及各级部门（单位）实施有效的管理，只有明确了政府的管理职能，才能更好地为动漫产业发展提供服务。《国家“十一五”时期文化发展规划纲要》明确提出各级党委和政府要把文化建设列入重要议事日程，建立工作责任制，把文化建设作为评价地区发展水平、衡量发展质量和领导干部工作实绩的重要内容。党委宣传部门充分发挥协调指导作用，相关部门积极支持、密切配合，文化管理部门切实履行各自职责，形成推动文化发展的合力。要因地制宜、分类指导、总结推广成功经验，兼顾各方利益，做好深入细致的思想政治工作，保证文化健康繁荣发展。国办发［2006］32 号文《关于推动我国动漫产业发展的若干意见》要求各级文化、广电、新闻出版和信息产业部门要对动漫产业实行行业管理和监督。鼓励根据动漫产业发展程度、集聚程度成立不同层次的动漫行业协会，支持行业协会配合政府部门制定行业标准和动漫分级制度，畅通企业和政府之间的沟通渠道，保障和促进动漫产业健康有序发展。文化部在《关于扶持我国动漫产业发展的若干意见》中明确了自身在动漫产业发展中的职能：加强市场监管，保护动漫知识产权；加强动漫产品内容监管，净化市场环境；指导动漫行业协会建设；加强组织领导和部门协作。

通过以上分析可以看出，党和国家对动漫产业的发展高度重视，在政策制定过程中，不仅对动漫产业发展作了长远的、科学的规划，还充分考虑到了动漫产业在发展中的各项需求。尤其是在动漫产业发展管理职能方面，为了优化动漫产业的发展环境、提高动漫产业的综合实力，相关部委（单位）联合制定政策，以确保动漫产业的正常发展。从出台的政策来看，各类动漫政策都涉及了动漫产业发展的扶持，不仅设立了动漫产业扶持资金，还从税收、进出口方面给予了极大的优惠。

三　我国动漫法规政策实施效果评价

（一）动漫市场发展迅速，国产动漫产品质量有待提高

从产量看，2004 年，广电总局推出鼓励政策后，当年国产动画产量就达到了 2.18 万分钟；到了 2009 年已超过 17 万分钟；2010 年 1～10 月超过了 10 万分钟。与此同时，国产动画片的质量也在不断提高。2008 年，全国有 52 部优秀国产动画片面向社会推出，它们在内容情节、形象设计、制作技术和发行营销等方面达到了很高水准；2010 年 1～2 季度有 34 部具有中国特色、制造精良、构思巧妙的动画片推出。而且动漫电影也取得了较大突破。2009 年全国申报备案的国产动画电影有 116 部，批准备案的有 86 部，获得许可证的有 27 部，而 2008 年仅有 16 部。①

网络动漫市场近两年也得到了快速发展。2005 年网络动漫市场规模约为 800 万元，2006 年突破 1000 万元。2007 年市场规模达到 2500 万元，增长率约为 150%。随着政府推动下国内动漫产业的整体好转，各项针对网络出版法律规范的陆续出台，网络动漫行业发展将呈现良好势头，网络动漫市场规模的增长速度将会越来越快。②

2010 年，中国动漫市场的规模创纪录地达到 208 亿元，《爱丽丝梦游仙境》、《驯龙高手》等动画片票房都过亿元。而反观国产动画，只有一部《喜羊羊与灰太狼》（第一部、第二部）票房过亿元赚了钱，其他国产动画片绝大部分都亏本。最极端的例子是投资高达 8000 万元的《梦回金沙城》，放映 10 天票房才 90 万元，最后也就百万元左右。《超蛙战士》的票房为 2500 万元，已经算是国产动画片中的佼佼者，但其投资达 4000 万元，做的仍然是亏本生意。③

---

① 《我国动漫产业发展驶入“快车道”》，新华网，2010－10－31。

② 张晓明、胡惠林、章建刚：《2009 年中国文化产业发展报告》，社会科学文献出版社，2009 年电子版。

③ 《中国动漫市场规模超 200 亿，国产片却大多在亏本》，2010 年 11 月 4 日《法制晚报》。

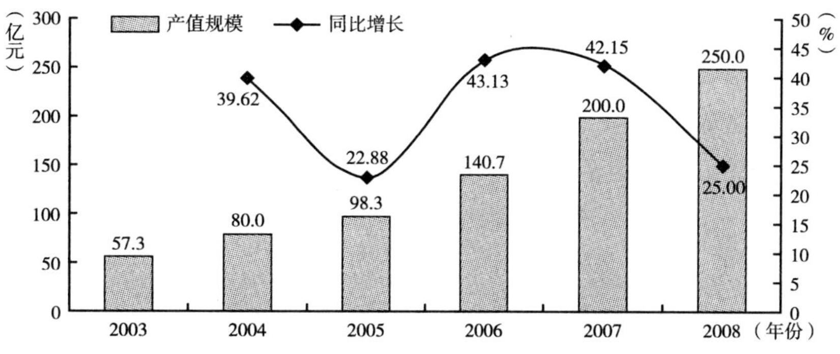

图 2　2003～2008 年我国动漫市场规模增长趋势

资料来源：《2008～2010 年中国动漫行业市场调查及投资咨询报告》，中商情报网。

（二）动漫产业基地功能不断强化，原创动漫企业的生存状况不容乐观

2009 年，国家动画产业基地自主制作完成国产动画片 221 部，132325 分钟，约占全国总产量的 77%，比 2008 年增长 30%。其中排名前十名的国家动画产业基地自主完成 176 部，1117275 分钟。①

表 3　2009 年度国产电视动画片创作生产位居前十位的国家动画产业基地

排名	动画产业基地	部数	分钟	分钟所占比重(%)
1	杭州高新技术开发区动画产业园	35	27409	16
2	无锡国家动画产业基地	26	19214	11.2
3	南方动画节目联合制作中心	26	16445	10
4	沈阳高新技术产业区动漫产业园	13	10366	6
5	苏州工业园区动漫产业园	13	9801	5.7
6	中央电视台中国国际电视总公司	15	8478	4.9
7	湖南金鹰卡通基地	12	7078	4.1
8	北京市文化创意产业集聚区	18	7077	4.1
9	深圳市动画制作中心	14	7042	4.1
10	三辰卡通集团	4	4365	2.5
总计		176	117275	68.3

① 《中国动画年鉴》(2009)，连环画出版社，第 728 页。

然而，有调查显示，原创动漫企业的生存状况不容乐观，近80%的加工型动漫企业略有盈余或持平，在被调查的11家专营原创动画的公司中，8家亏损、2家持平、1家略有盈余，亏损企业比例达73%。其主要原因是：中国动漫企业60%的资金都投入中期生产这个环节，忽略了策划、前期、后期、市场的运营。这种把动漫产业环节按1∶4分开做的模式，是企业失败的关键原因。① 广东动漫游戏产业研究中心主任张新雄认为，资金不足是动漫企业难以可持续发展的首要原因。目前国内90%以上的动漫企业都是小规模的民营企业，这些小企业往往无力自主开发动漫产品。蔡大明指出，自2006年国务院转发财政部等十部委《关于推动我国动漫产业发展的若干意见》起，前来基地找项目的银行、风投机构可谓踏破门槛。但是到目前为止，仅有一家公司获得银行贷款700万元。② 其主要原因在于动漫企业规模小、没品牌、抗风险能力差、可信度低。这些动漫企业大多只设计了几个产品，办公场地、生产场所不是自己的，对于银行来说，以什么作抵押、谁作担保都是问题，因此银行也是有心无力。

（三）原创动画制作机构数量庞大，市场竞争力急需增强

据国家工商总局2009年1月份出版的《全国动漫企业集录》统计，截止到2008年7月份，全国注册的与动漫相关的公司及企业共计10181家，注册资本（金）总额计125亿元。其中，以动漫产品的创意、设计、制作、销售等为主的主营企业共5037家，注册资本（金）81亿元；以信息技术、科技开发、建筑设计等为主的兼营企业共5144家，注册资本（金）44亿元。③ 但是，从目前我国的动漫市场份额来看，日本动漫占60%，欧美动漫占29%，中国原创动漫仅占11%，近90%的中国动漫市场份额被国外动漫产品垄断④（见图3）。

（四）动漫人才培养形式多样，精英人才培养有待加强

近年来，随着我国动漫产业发展的逐步深入，动漫人才培养也受到了政府和教育部门的重视，针对动漫产业发展的需要，形成了形式多样的动漫人才培养方

① 《“大动漫”时代，“原创”从何而来?》，2010年7月15日《光明日报》。

② 《中国动漫产业的烦恼》，2010年7月27日《光明日报》。

③ 《中国动画年鉴（2008）》，同心出版社，2009，544页。

④ 《2008～2010年中国动漫行业市场调查及投资咨询报告》，中商情报网。

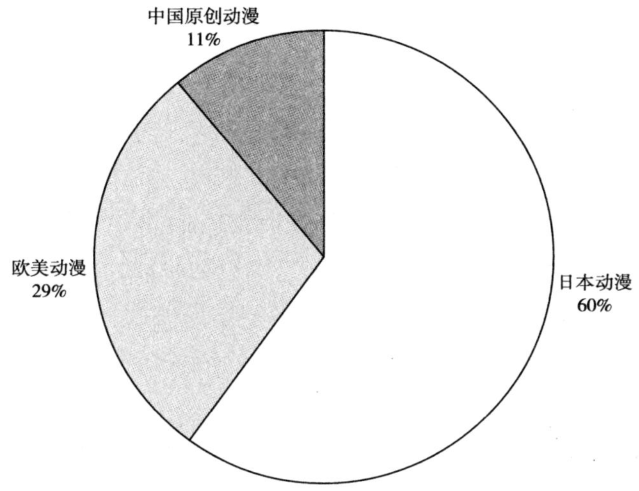

图3 国内市场各种来源动漫产品比重

式。据统计，截至2009年底全国开设动漫专业的本专科院校共1279所，设置动漫相关专业1877个。根据国家教育部门数据显示，2009年度，动画专业本科毕业生人数6754人，招生人数15549人，在校学生数达到50483人；而艺术设计学、影视艺术技术、数字媒体艺术等相关专业毕业生138021人，在校生478004人，2009年新招生人数138021人。专科层次动漫相关专业毕业生达到24589人，在校生106585人，招生人数39208人。① 此外，文化部在培育动漫人才方面也做了大量的工作。2008年文化部开设国家原创动漫高级研修班，2009年开设了动画导演班，在2010年初又开设了动漫市场班。高校设置的动漫专业课程以及相关政府管理部门开办的动漫产业培训，为我国的动漫人才培养和供应提供了保障。据了解，从2003年起，安徽省部分高校就开始设立动画等专业，培养动漫方面的人才。多年来，动漫专业在各高校如雨后春笋般涌现。

从上面的数据不难看出，我国在动漫人才培养方面取得了骄人的成绩。但麦可思公司发布的大学生就业调查报告显示，2009年十大就业困难专业中，动画专业以“本科毕业生半年后22.5%的失业率、平均月薪2359元”高居榜首。自2008年以来，动画专业已再度进入“失业率最高专业的前10名”。针对此情况，

① 《中国动画年鉴》(2009)，连环画出版社，第730~731页。

业内专家认为："中国动漫还是人才太少，这个'少'是指高精尖的、具有原创能力的人才太少；中国动漫人才也可以说太多了，因为几百所院校都在培养。但是我们培养出来的人才，却成为了他国动漫工业'外包'流水线上的画工。这说明人才和市场、动漫艺术之间的桥梁没有搭建好，这是高校要解决好的问题。"专家的观点在苏州一家动漫企业负责人那里得到了证实："学用脱节，学校培养的人才用不上，是动漫企业面临的困境之一。我们缺的不是基础性的绘制人才，而是专业的编剧、导演以及产品研发、市场运作的高手。"① 张天晓说："中国动漫要走出去就需要一批真正懂得国际运营的制片人。这样的制片人需要懂专业、懂市场，知道哪个导演适合拍哪个类型的片子，能够募集资金，同时对于市场有敏锐的嗅觉，有广泛的人脉。"而这样的人才可谓凤毛麟角。②

（五）动漫品牌逐步形成，动漫产业链有待完善

"蓝猫"系列作为三辰卡通的品牌产品，带动了横跨图书、音像、文具、玩具、服装等十几个行业的6600多个动漫衍生品种，建立了全国销售网络和产品授权机制，发展了3000多家各类"蓝猫"产品专卖店，2004年其销售收入达到4.7亿元。③《喜羊羊与灰太狼》作为我国近两年动漫发展的成功典范，在开发过程中，加大了衍生产品的推广力度，在其授权的产品中，除了图书、音像、文具、玩具、食品、服装领域外还包含了信用卡和快餐等新领域。目前在市场销售中，播出版权只占其全部收益的30%，其余70%全部来自衍生产品的形象授权。④

骅威股份财务总监陈楚君介绍，2009年12月起，《蛋神奇踪》在全国十多家电视台陆续播出，相关衍生玩具产品同时推向终端市场。《蛋神奇踪》的播放未收取电视台费用，公司盈利全部来自衍生玩具产品的销售。截至2010年6月30日，《蛋神奇踪》系列玩具产品共实现销售收入4209.23万元，实现毛利润1695.92万元，实现净利润465.03万元。⑤

① 《"大动漫"时代，"原创"从何而来?》，2010年7月15日《光明日报》。
② 《中国动漫企业亮相"法国安纳西国际动画电影节"》，电影网。
③ 谭玲、殷俊：《动漫产业》，四川大学出版社，2006，第101页。
④ 王传东、郑琳：《动漫产业分析与衍生产品研发》，清华大学出版社，2009，第32页。
⑤ 《骅威股份：以动漫投资推动玩具销售》，2010年11月3日《证券时报》。

与国外的动漫产业链相比，我国的动漫产业链还有待进一步完善。在动漫界，迪斯尼动画片《狮子王》及其衍生品的成功，一直为人津津乐道。这部电影前期投资4500万美元，斩获了7.8亿美元票房，而它的衍生品收入更为惊人，高达20亿美元。有人甚至戏称，《狮子王》是迪斯尼制造出的“印钞机”。①

作为全球第一漫画大国，日本漫画出版物占整个市场的40%，漫画杂志有350种，漫画单行本（图书）为9829种，平均每天有27本漫画单行本出版，漫画家有3000人之多，凭动漫形象制作成的衍生产品的收入有2万亿日元的市场规模。② 据统计，2002年，日本动画片，不包括在国外的收入，其在影院上映、电视播放、录像带的销售和出租方面的收入为1500多亿日元。而根据动画片主人公形象制作成的玩具以及装饰着动画图像的卡通商品拥有2万亿日元的市场。1979年开始播出的机器人动画片《机甲战士》系列就是最好的例子，以片中机器人形象制成的玩具热销至今。日本最大的玩具制造商万代集团2001年的总销售额为1184亿日元，机器人玩具占了200亿日元的份额。③

（六）国内动画电影市场逐步形成，国产动画电影盈利能力有待提高

2009年初上映的国产动画电影《喜羊羊与灰太狼之牛气冲天》凭借国产动画电视品牌的号召力、电视媒介宣传资源的整合营销能力、对投放档期的准确把握以及通过吸引儿童进而拉动家庭消费的营销理念的运用，斩获8600万元的票房；暑期档推出的《麦兜响当当》票房达到7600万元。从进口动画影片看，《冰河时代3》票房达到1.61亿元，《飞屋环游记》票房8400万元，《阿童木》票房4400万元，《豚鼠特工队》票房2800万元。④ 从这些动画电影的票房收入可以看出，我国的动画电影市场正在逐步形成。

来自国际咨询公司摩根史坦利的数据显示：中国动画片在过去5年间保持了70%以上的增长速度。但是，数量的增加并不一定与票房成正比，以《铠甲勇

---

① 《衍生品，动漫产业的救赎者?》，2010年7月15日《第一财经日报》。

② 刘玉珠：《2006中国文化市场发展报告》，中央民族大学出版社，2007，第63页。

③ 曹鹏程：《日本动画业成功秘诀：创意+流动开发+经营意识》，2003年6月30日《人民日报》。

④ 刘浩东：《2010中国电影产业研究报告》，中国电影出版社，第16页。

士》为例，上映超过一周，南京的几大影城票房只有区区几万元。其实，最近几年，国产动画电影一直处在“吆喝声挺大，真章没见着”的尴尬境地。2006年，投资8000万元的《龙刀奇缘》全国票房仅为26.8万元，投资1.3亿元的“国产巨制”《魔比斯环》票房为340万元；2007年，投资1000万元的《闪闪的红星》票房为41万元；2008年创下当时国产动画电影3300万元票房纪录的《风云决》，其投资近8000万元……更悲惨的是，2005年，号称由众多老艺术家加盟配音、历时6年完成的动画电影《小兵张嘎》，至今没能在影院公映。究其原因，在电影业摸爬滚打20多年的院线经理欧阳冲认为，国产动画片要想再现20世纪六七十年代的辉煌，仅靠数量的增加是不算数的，仅靠一部《喜羊羊》的亿元票房也掩盖不了整体水平不高的现实，国产动画片的最大症结是，缺乏想象力，缺乏好的故事，没有吸引人的情节，教育意味太重。①

四　完善我国动漫政策和发展我国动漫产业的几点想法

政策是产业发展推动器，是调控市场的基本力量。市场发展的动态是政策实施的具体反映，产业是政策实施的结果。从以上的分析可以看出，我国的动漫法规政策虽然涉及面比较广，但还需要进一步完善；动漫产业虽然获取了一定的社会和经济效益，但还需要从量的提升转向质的提升；动漫市场虽然有了一定的繁荣，但还需要加强调控手段。

第一，加快促进我国动漫产业发展的立法工作。从上面的分析以及我国当前动漫发展政策来看，我国在动漫业方面虽然出台了一系列的发展政策、扶持文件，但立法工作还没有完全展开。作为新的经济发展方式，动漫业在发展过程中，涉及生产主体和消费主体。近几年来，日本、韩国、美国等西方国家的动漫产品占据了我国的大部分动漫市场。我国要想推动国内动漫原创产品的发展，只有加快动漫行业的立法工作。

第二，对我国的动漫产业园区（基地）进行清理和规范。从目前来看，文化部、广电总局以及各级政府都在进行动漫产业园区（基地）的审批，各级政府对获得认定的动漫产业园区（基地）从政策、资金等方面给予大力扶持，我

① 《〈喜羊羊〉能否让国产动画“喜洋洋”集体翻身?》，2010年2月4日《新华日报》。

国的动漫产业园区（基地）遍地开花。对于得到认定的动漫产业园区（基地）没有形成能上能下的机制。具体而言，对这些获得国家或各级政府认定的动漫产业园区（基地）所生产的产品或取得的社会、经济效益没有形成一个有效的监督机制。也就是说，在现阶段，就获得认定的动漫产业园区（基地）要达到什么样的规模、其产品要占有多大的市场，还没有形成一整套完整的体系。

第三，创新动漫行业的扶持方式。从目前出台的奖励政策或措施来看，各级政府和部门对动漫产业的扶持主要针对企业。国办发［2006］32号文《关于推动我国动漫产业发展的若干意见》明确提出：动漫企业自主开发、生产动漫产品涉及营业税应税劳务的（除广告业、娱乐业外），暂减按3%的税率征收营业税。文化部、财政部、国家税务总局《关于印发〈动漫企业认定管理办法（试行）〉的通知》也提出：重点动漫产品、重点动漫企业优先享受国家及地方各项财政资金、信贷等方面的扶持政策。这造成了没能获得国家或省级认定的动漫企业创作的一些好的动漫产品得不到扶持。

第四，加大动漫产品的科技含量。目前，我国的动漫产品在设计、制作以及传播等环节，应用高新技术还很不够，在相当多的生产过程中仍沿用传统技术，与发达国家相比存在较大的差距。动漫产业是欧、美、日等地文化支柱产业之一，它的发展，更直接体现了科技创新对文化产业的引领作用。粗略统计，仅交互媒体和游戏动画这个方向，就涵盖了计算机软硬件、数学和工程科学、物理学、电子学、光学、艺术以及心理学、纳米、人文学科等多项交叉学科和技术。① 而我国动漫产业对这方面高新技术的应用远远不够。

The Development and Effect Assessment of Animation Regulation and Policy in China

Li Guodong

Abstract: In recent years, since nation and all related departments attache great

① 吴忠泽：《科技创新：现代文化产业翱翔之翼》，《中国软科学》2006年第2期。

importance to it, the animation system of regulations and policies have gradually formed, and the animation industry has also developed rapidly. When animation industry development in our country had some achievements, our country's animation policies need to be further consummated, and animation industry development should also change from the increase in amount to the promotion of quality.

Key Words: Animation policy; Animation industry; Evaluation of impact

技术创新篇

Techonological Innovation Reports

B.15 “十二五”时期我国公共数字文化发展战略研究

于 群*

摘　要： 公共数字文化是我国公共文化服务体系的重要组成部分，对于解决制约公共文化服务体系发展的矛盾和问题，加快实现基本公共文化服务均等化具有重要意义。推动“十二五”时期的公共数字文化发展，要立足当前经济社会发展阶段，明确公共数字文化建设的总体目标和基本任务；大力实施重点数字文化惠民工程；不断改革和创新公共数字文化服务机制，增强公共数字文化供给能力；加快建立公共数字文化建设的资金、人才和技术保障机制。

关键词： 公共数字文化　公共文化服务体系　战略

* 于群，法学硕士，国家文化部社会文化司司长。

一 “十二五”时期我国公共数字文化建设面临的形势

党的十七届六中全会把大力发展公益性文化事业作为今后一个时期文化建设的重点工作，提出了2020年覆盖全社会的公共文化服务体系基本建立、努力实现基本公共文化服务均等化的目标。公共数字文化是我国公共文化服务体系的重要组成部分，是以政府为主导、以公共数字文化惠民工程为载体的数字化、信息化、网络化环境下文化建设的新平台、新阵地，是利用信息技术拓展公共文化服务能力和传播范围的重要途径。相比阵地文化和流动文化，公共数字文化具有信息量大、辐射面广、传播速度快、资源广泛共享等特点，能够弥补阵地文化服务和流动文化服务的不足，拓展公共文化服务的空间和范围，满足人民群众多样化的精神文化需求，加快实现基本公共文化服务均等化。当前，加强公共数字文化建设，是加快公共文化服务体系建设、增强文化发展活力与动力，全面提升公共文化服务能力和服务水平的基本要求，对于消除数字文化鸿沟、完善公共文化服务体系、提高全民族文明素质有重要意义。

欧美等西方发达国家，早已充分利用现代信息技术推动实现公共文化资源的数字化，构建起海量的数字文化服务平台，形成了较为完善的公共数字文化服务网络。近年来，我国努力推动运用现代信息技术提升公共文化服务水平，相继实施了全国文化信息资源共享工程、数字图书馆推广工程和公共电子阅览室建设计划，逐步构建起了具有中国特色的公共数字文化框架。但总体而言，相比西方发达国家，我国公共数字文化建设尚处于起步阶段，与经济社会发展水平、现代科学技术发展成果以及人民日益增长的精神文化需求还不相适应，仍存在一些突出的矛盾和问题：一是尚未形成完善的公共数字文化理论体系，公共数字文化建设缺乏科学的理论支撑；二是公共数字文化建设的资金、人才、技术保障机制还不健全；三是在公共数字文化制度设计、技术提升、资源整合、服务机制建设等诸多方面迫切需要加强；四是公共数字文化在城乡和区域之间发展还不平衡；五是我国公共数字文化发展还缺乏完善的指标体系和考核评价机制。

在数字化、信息化、全球化的时代背景下，深刻认识并准确把握国内外形势变化的新特点，结合人民群众不断增长的精神文化需求，将信息技术、数字技

术、网络技术等现代科学技术和传播手段应用于公共文化服务体系建设，是维护文化安全、积极抢占网络文化阵地、把握信息技术环境下文化发展主导权的需要，也是适应时代发展的必然要求和战略选择。

二 “十二五”时期我国公共数字文化建设的基本原则和目标任务

近年来，我国适应信息化、网络化的发展趋势，对公共数字文化建设进行了有益的探索。文化部、财政部相继共同组织实施了全国文化信息资源共享工程（以下简称“文化共享工程”）、数字图书馆推广工程和公共电子阅览室建设计划，并取得积极进展，为“十二五”时期的公共数字文化建设奠定了坚实的基础。但总体上看，我国的公共数字文化建设还处于起步阶段，正在探索之中。

“十二五”时期，我国数字文化建设将坚持以下基本原则：一是坚持政府主导、社会参与的原则，突出公益性，把维护和保障广大人民群众的基本文化权益作为公共数字文化建设的出发点和落脚点；二是坚持统筹规划、协调发展的原则，推动资源整合，充分发挥重点公共数字文化惠民工程的整体优势；三是坚持需求主导、服务为先的原则，了解群众对公共数字文化的需求，建设丰富适用的数字文化资源，提高公共数字文化服务水平；四是坚持规范建设、科学管理的原则，发挥先进信息技术和标准规范在公共数字文化建设中的基础作用，推动先进科学技术与公共文化服务各环节的有机融合；五是坚持合作共建的原则，鼓励、引导社会力量参与公共数字文化建设，开创互利共赢的局面。以这些原则为指导，“十二五”期间，我国将以重点公共数字文化惠民工程为抓手，以现代信息技术为支撑，以资源建设为重点，以打造基于新媒体的服务新业态为目标，努力满足信息化环境下人民群众日益增长的精神文化需求。

公共数字文化建设主要包括数字化平台建设、数字化资源建设、数字化服务提升等基本内容。“十二五”时期，我国数字文化建设的具体目标是，以制度体系、网络体系、资源体系、管理体系和服务体系建设为着力点，构建海量分级分布式公共数字文化资源库群，建成内容丰富、技术先进、覆盖城乡、传播快捷的公共数字文化服务体系，为广大人民群众提供丰富便捷的数字文化服务，切实保障信息技术环境下公共文化服务的公益性、基本性、均等性、便利性。重点实施文化共享工程、数字图书馆推广工程和公共电子阅览室建设计划三大公共数字文化惠民工程，在此基础上，广泛动员各方面力量，逐步拓展范围，带动数字美术馆、数字文化馆、数字博物馆、数字爱国主义教育基地等建设，大力整合汇聚非物质文化遗产、国有艺术院团、民间文艺社团等方面的数字化资源，丰富公共文化服务内容，拓展公共文化服务阵地，整合公共文化服务资源，创新公共文化服务手段，提高公共文化服务水平。

三　“十二五”时期公共数字文化建设要重点实施的三大文化惠民工程

“十二五”时期，我国公共数字文化建设的重点是实施全国文化信息资源共享工程、数字图书馆推广工程和公共电子阅览室建设计划，提升三大公共数字文化惠民工程的整体效能。三大公共数字文化惠民工程是公共文化服务体系的基础性工程，是政府提供公共文化服务的重要平台，三者既有内在联系又各有侧重。文化共享工程自2002年开始实施以来，已经构建起覆盖城乡的共享工程服务网络，初步实现了优秀文化信息资源的全民共享；数字图书馆建设经过多年的发展，在数字资源、技术与标准规范方面成果显著，能为公共数字文化建设提供强有力的服务资源保障与技术、标准支撑；公共电子阅览室作为基层服务窗口，是汇聚共享工程、数字图书馆及互联网海量信息资源的公共数字文化服务终端。通过实施三个重大公共数字文化工程，可形成互为支撑，互相促进、共建共享的公共数字文化发展格局。

1. 文化共享工程

全国文化信息资源共享工程（简称文化共享工程）是2002年4月由文化部和财政部共同组织实施的一项繁荣社会主义先进文化的创新工程。文化共享工程利用现代技术手段，对中华优秀文化信息资源进行数字化整合，利用覆盖全国的网络服务系统，实现文化信息资源在全国范围内的共建共享。

文化共享工程作为公共文化服务体系的基础工程和重要平台，被相继列入国家“十一五”规划和“十二五”规划。经过9年来的建设，到2010年底，文化

共享工程已初步建成国家、省、市、县、乡镇（街道）、村（社区）六级服务网络，包括1个国家中心、33个省级分中心、2867个县级支中心、22963个乡镇基层服务点，以及与全国农村党员干部现代远程教育工作和农村中小学现代远程教育工程合作共建的59.7万个基层服务点。文化共享工程资源总量达108TB，其中，共享工程国家中心建设的资源达28.9TB，包括艺术欣赏、农业科技、少儿动漫等视频类资源3万部、近2万小时，少数民族语言资源1956小时；各地建设的资源总量达到76.4TB。"十二五"时期，文化共享工程将进一步加大整合力度，建设"公共文化数字资源基础库群"，资源总量达到530TB；在文化馆、城市社区新建基层服务点，加强已建基层服务点的管理，发展完善覆盖城乡的服务网络，力争到"十二五"末达到基层服务点100万个，入户覆盖全国50%以上的家庭；利用"云计算"和"三网融合"技术，提升整个网络的服务能力与管理能力；大力推进文化共享工程进村入户，广泛开展惠民服务，实施以"农村实用技术人才培养计划"为重点的网络培训；与公共电子阅览室建设计划相结合，加快建设以公共图书馆、学校电子阅览室、社区文化活动中心为载体的未成年人公益性上网场所，更好地满足人民群众特别是广大青少年的精神文化需求。

2. 数字图书馆推广工程

数字图书馆推广工程的核心内容是建设覆盖全国的数字图书馆虚拟网、互联互通的数字图书馆系统平台和海量分布式数字资源库群，形成完整的数字图书馆标准规范体系，借助全媒体提供数字文化服务。在数字图书馆推广工程方面，"十二五"时期，应进一步扩大资源总量，加强资源共享，形成规模效益，有效扩充全国各级公共图书馆的数字资源，避免重复建设；全面提升各级公共图书馆的文献保障水平和信息服务能力，拓展服务渠道，丰富服务手段；推广我国在数字图书馆软硬件平台建设方面的成果，搭建标准化和开放性的数字图书馆系统，为广大公众提供多层次、多样化、专业化、个性化的数字图书馆服务，打造基于新媒体的图书馆服务新业态。预计到"十二五"末，全国各级公共图书馆的数字资源量将得到较大、均衡的增长，工程数字资源总量达到10000TB，其中国家图书馆数字资源总量达到1000TB，与2010年底的480TB相比翻一番；每个省级数字图书馆数字资源量达100TB，每个市级数字图书馆数字资源量达30TB，每个县级数字图书馆数字资源量达4TB。通过实施数字图书馆推广工程，整体提升我国各级图书馆的服务能力和服务水平，到“十二五”末，以互联网、移动通信网、广电网为通道，借助手机、数字电视、移动电视等新兴媒体，使数字图书馆的服务覆盖全国省、市、县、乡镇（街道）、村（社区），形成公共文化服务的新业态。

3. 公共电子阅览室建设计划

公共电子阅览室建设计划以保障人民群众的基本网络文化权益为目标，以未成年人、老年人、进城务工人员等群体为重点服务对象，依托文化共享工程的服务网络和设施，以及文化共享工程、国家数字图书馆丰富的数字资源，与文化共享工程建设、乡镇文化站建设、街道（社区）文化中心（文化活动室）建设，以及中央文明办组织实施的“绿色电脑进西部活动”相结合，在城乡基层大力推进公共电子阅览室建设，努力构建内容安全、服务规范、环境良好、覆盖广泛的公益性互联网服务体系。通过实施公共电子阅览室建设计划，为广大人民群众特别是未成年人提供公益性上网场所，吸引广大人民群众参与积极、健康的网络文化活动。“十二五”期间，要进一步完善全国各级公共图书馆、文化馆（站、室）的软硬件设施，增强各级公共图书馆、文化馆（站、室）的数字文化服务能力，把更多适应人民群众需求的数字资源传送到社区、城镇和农村，活跃基层群众的文化生活，推进全社会的信息化。到“十二五”末，努力实现公共电子阅览室在全国乡镇、街道、社区的全覆盖。

四　创新公共数字文化服务机制，提高公共数字文化供给能力

在实施重点公共数字文化惠民工程的基础上，“十二五”时期我国应不断创新公共数字文化服务机制，重点加强公共数字文化的制度体系、网络体系、资源体系、管理体系和服务体系建设，提高公共数字文化供给能力。

1. 推进公共数字文化建设制度设计，科学规划我国公共数字文化发展

“十二五”时期，应积极开展专题调研，推进公共数字文化建设的制度设计和机制研究，实现科学规划和全面可持续发展。要推动成立专家委员会，充分发挥专家智囊团的作用，加强宏观研究工作，包括顶层设计、总体规划、技术创新、绩效评估等。积极开展公共数字文化建设管理体制创新研究，坚持政府主

导、多方参与、统筹兼顾、动态协调的原则，不断完善管理格局，创新管理机制，提升管理和服务水平。探索科学的运行机制，推进建立各部门协调联动机制，加强各有关部门的责任分工、协调与合作。

2. 加强公共数字文化基础设施建设，完善公共数字文化设施网络

重点是依托各级公共图书馆、文化共享工程各级中心、公共电子阅览室以及文化馆（站、室）、社区文化中心等公共文化基础设施，发展完善公共数字文化设施网络。以文化共享工程的服务网络和数字图书馆的虚拟网为基础，构建覆盖城乡、便捷高效的数字文化服务网。加快建设全国公共数字文化资源推送平台，将各类数字资源，包括电子图书、电子期刊、电子报纸、图片、音视频等推送到基层。建设全国范围的数字文化统一搜索系统，实现全国用户对资源的统一搜索和主动获取。加快建立全国公益性数字信息采集系统，在提供资源服务的同时，采集用户的个性化行为需求和数字资源使用信息，从而掌握舆情信息和文化需求，引导资源投放和服务侧重，形成双向互动的良性循环，保障公共数字文化服务的高效运行。

3. 加强公共数字文化资源建设，推动实现公共数字文化资源共建共享

丰富的公共数字文化资源是开展公共数字文化服务的基础。在"十二五"期间，应统筹规划文化共享工程与数字图书馆推广工程的数字资源建设，调动各地积极性，拓展资源征集渠道，提高公共数字文化资源供给能力。建立群众对数字文化服务需求的反馈机制，以满足群众精神文化需求为导向，有针对性地开展资源建设，提高数字资源建设的针对性。注重建立资源之间的关联，实现数字资源的深层揭示与知识组织，以文本、动画、影像、音视频、在线讲座和在线展览等多种手段展现优秀文化资源。通过在全国建立资源建设中心、资源保存中心和资源服务中心，构建分级分布式公共文化资源库群和全国数字资源保障中心，在全国范围内形成有效的数字资源保障体系。

4. 搭建集中统一的公共数字文化运行管理平台，提高管理和服务的规范化水平

要采取科学化、系统化、规范化的管理手段，确保公共数字文化体系的稳定运行和有效监管。加快搭建中央控制管理平台，实时采集各级各类终端的运行情况信息及用户的个性化需求信息，实现对各级服务站点和个人用户的精细化管理。构建公共数字文化安全管理平台，应用网络安全技术、网络安全设施，保障用户上网安全。建立健全管理制度，通过统一管理、专业化培训、标准化服务以及统一标识、树立品牌形象等管理及推广手段，提高公共数字文化管理和服务的规范化水平。

5. 适应现代信息技术发展的趋势，打造基于新媒体的服务新业态，推动公共数字文化服务创新

要适应现代科技发展的新趋势，打造基于互联网、广播电视网和移动通信网的跨网络、跨终端的服务新业态，通过服务模式创新、新技术与新媒体应用、系统平台搭建与推广等方式，建设基于互联网的综合服务系统、覆盖全国移动通信网的数字内容体系，借助新兴媒体，提供多层次、多样化、专业化、个性化的数字文化服务，扩大、提升公共文化服务的覆盖面和辐射力，切实保障人民群众获取公共文化服务的普遍性和均等性。同时，以促进公共数字文化服务均等化为导向，建设满足不同层次用户需要的开放式数字文化服务平台，使数字文化建设成果能够融入人民群众日常生活与工作学习中，实现公共数字文化资源的全民共享。

6. 推动社会力量参与公共数字文化建设，形成开放合作的公共数字文化建设格局

在资源建设、技术平台建设等方面，通过制定优惠政策，加强与教育、科研等系统数字图书馆建设项目的合作共建、互联互通。探索、引导社会力量参与公共数字文化建设，以优惠条件鼓励企业参与公共数字文化建设，通过与电视媒体、网络媒体和通信运营商的合作，拓展公共数字文化的服务渠道，扩大合作者的用户群体。同时，积极探索国际文化交流与合作模式，学习国外公共数字文化建设的典型经验，推动我国公共数字文化科学发展。

五　强化对公共数字文化建设的领导，建立健全公共数字文化建设的资金、人才、技术保障机制

1. 加强公共数字文化建设的组织领导，推动公共数字文化建设的统筹规划

积极推动将公共数字文化建设工作纳入地方各级政府文化发展规划和公共文化服务体系建设，切实加强组织领导，做好统筹规划，充分发挥文化共享工程、数字图书馆推广工程、公共电子阅览室建设计划三大数字文化惠民工程的

整体优势，依托各级公共图书馆、文化共享工程各级中心、公共电子阅览室以及文化馆（站、室）、社区文化中心等公共文化基础设施，注重与教育、科研等系统的合作共建，形成合力，共同促进公共数字文化的建设。同时，要加大宣传力度，营造全社会共同关注、参与和支持公共数字文化建设的良好氛围，让群众充分享受公共数字文化服务，使公共数字文化建设成果惠及更广泛的基层群众。

2. 完善经费投入保障机制，加强资金管理，提高资金使用效益

完善的经费保障机制是公共数字文化建设的基础条件。要加快制定公共数字文化建设资金投入的相关政策法规，建立财政资金投入的政策保障机制，确保财政资金投入足额按时到位。制定优惠政策，鼓励社会力量投资公共数字文化建设，逐步形成政府投入为主、社会多渠道筹资为辅的投入格局。健全和完善管理和考核机制，加强对公共数字文化建设的督查，确保经费的有效管理和使用，使财政资金充分发挥效益。

3. 加强公共数字文化人才培养和队伍建设，全面提高从业人员的业务水平

公共数字文化建设对从业人员的文化水平、知识结构、科技素养、管理能力等综合素质提出了更高的要求，因此，必须紧跟现代科技发展趋势，有针对性地做好公共数字文化人才培养计划和发展规划。要充分发挥中央和地方文化单位积极性，通过分级培训的方式，对从业人员进行业务技能和计算机技术、网络技术、数字化存储技术等现代信息技术的培训。积极组织公共数字文化领域的专家编制教材，面向省级图书馆和省级支中心开办骨干培训班。同时，要拓宽视野，把社会工作者、志愿者作为人才队伍建设的有机组成部分，纳入人才队伍建设体系，强化公共数字文化队伍建设。

4. 加强对公共数字文化领域现代信息技术的开发，推动现代信息技术和公共文化的融合

公共数字文化是现代信息技术与文化资源融合的产物，推动公共数字文化发展，必须加强对现代信息技术的开发，推动现代信息技术在公共数字文化领域的应用。通过政策鼓励、政府采购等方式，推动企业、社会力量参与公共数字文化建设所需的存储技术、网络平台、数字传输技术的研发，拓展现代信息技术在公共数字文化建设领域的应用范围，建立公共数字文化建设的技术支撑体系。

China's Public Digital Culture Development Strategical Research During the "12th Five-Year Plan"

Yu Qun

Abstract: Public digital culture is an important component of China's public culture service system, and of a great significance to solve and control the conflicts and problems in the development of public culture service system and accelerate achieving equalization of public culture service. In order to impulse the development of public digital culture during the "12th Five-Year Plan", we should base on the present economic social development phase and make clear the general target and basic tasks of public digital culture construction; vigorously implement key digital culture civilian-benifitting programs; continually reform and innovate public digital culture service system to improve the public digital culture's supply ability; accelerate establishing funds, talents and technology security system of public digital culture construction.

Key Words: Public Digital Culture; Public Culture Service System; Strategy

B.16

激光演示在动态视觉艺术领域的应用与发展

方学富　葛进军*

摘　要： 作为光学世界的一个年轻分支，激光的诞生不仅使古老的光学科学萌发了崭新的生命力，也将光学技术的发展提升到一个崭新的高度和空前的广度。激光已经渗透到各行各业，一大批新兴产业随之出现。其中，激光演示以其丰富的技术手段和全新的表现能力在动态视觉艺术领域的应用得到不断拓展。本文阐述激光的基本原理和应用，激光演示的手段和应用案例、创意激光的发展前景。

关键词： 创意激光　激光演示　动态视觉艺术

一　激光的产生及其应用

（一）激光的发现和发展

激光指窄幅频率的光辐射线通过受激辐射放大和必要的反馈共振，产生准直、单色、相干的光束的过程及仪器。激光的英文名称为 Laser，即由英文词组

* 方学富，武汉大学国家文化创新研究中心特聘研究员、中国演出家协会常务理事、湖北省演出协会会长；从事文化法规及文化市场、文化遗产的管理和研究；负责和参与多项大型演出活动的组织和管理；长期关注并研究文化产业及新业态的发展。葛进军，华中科技大学数字城市研究所研究员、华科楚天新媒体艺术研究所副所长、武汉楚天激光集团副总裁、武汉市楚坤文化科技有限公司总经理；长期从事激光艺术的研究与推广，探索激光与其他科技、艺术形态的融合；拥有激光琴、激光工艺品等 34 项国家专利；带领团队参与实施利川腾龙洞激光秀、武汉月湖琴台知音、西安大明宫、2008 年北京奥运会、2009 年建国 60 周年、2010 年世博会等多项激光创意项目。

Light Amplification by Stimulated Emission of Radiation（通过受激发射光扩大）的单词首字母组成的缩写词。

1916 年，著名物理学家爱因斯坦（Albert Einstein）在研究辐射时发现了激光原理，次年在《论辐射的量子性》一文中提出了受激辐射理论。他指出，在一定条件下，如果能使受激辐射继续去激发其他粒子，造成连锁反应，雪崩似地获得放大效果，最后就可得到单色性极强的辐射，即激光。

1958 年，美国科学家肖洛（Schawlow）和汤斯（Townes）将氖光灯泡所发射的光照在一种稀土晶体上时，发现晶体的分子会发出鲜艳的、始终聚在一起的强光。根据这一现象，他们提出了“激光原理”，即物质在受到与其分子固有振荡频率相同的能量激发时，会产生不发散的强光——激光。他们因此而获得 1964 年诺贝尔物理学奖。

1960 年 5 月，美国加利福尼亚州休斯实验室的梅曼（Maiman）宣布获得了波长为 0.6943 微米的激光，这是人类获得的第一束激光，梅曼因而也成为世界上第一个将激光引入实用领域的科学家。

同年 7 月，梅曼研制成功世界上第一台红宝石激光器。他在一块镀有反光镜的红宝石表面钻孔，用高强闪光灯管刺激红宝石，红光从该孔溢出后，就会产生一条相当集中的纤细红色光柱。当它射向某一点时，可使其达到比太阳表面还高的温度。

1960 年 12 月，出生于伊朗的美国科学家贾万（Javan）成功地制造出全世界第一台气体激光器——氦氖激光器。

1962 年，苏联科学家尼古拉·巴索夫和另外两组科学家几乎同时发明了半导体激光器。

1966 年，科学家们又研制成波长可连续调节的有机染料激光器。

1980 年代后期，半导体技术的发展使得更高效而耐用的半导体激光二极管出现，相关技术在小功率的 CD 和 DVD 光驱及光纤数据线中得到广泛使用。

1990 年代，高功率的激光激发原理被发现（如片状激光和纤维激光）。

2000 年代，激光的非线性得到利用；同时，蓝光和紫外线激光二极管也开始进入市场。

2009 年，中国研制出氟代硼铍酸钾（KBBF）晶体，可用于激发深紫外线激光（这一技术的应用将使每片光碟的容量超过 1TB，也可使半导体储存电路密度

大幅提高）。

此外，输出能量大、功率高且不依赖电网的化学激光器、光纤激光器等也纷纷问世。

1961 年，中国第一台激光器在中科院长春光机所研制成功。当时中国汉字中并没有激光一词，关于“Laser”的翻译多种多样，如“光的受激辐射放大器”、“光量子放大器”，音译如“镭射”或“莱塞”。命名的混乱给科学界、教育界带来极大的不便。

1964 年冬，中国第三届光量子放大器学术报告会在上海召开。会前，《光受激发射情报》杂志编辑部给著名科学家钱学森写信，请他给 Laser 取一个中文名字。钱学森回信建议命名为“激光”。这个新名词既体现了光的本质，又描述了这类光和传统光的不同，突出了受激发生、激发态等意义。这一名称受到第三届光量子放大器学术报告会与会者的一致赞同。从此 Laser 这个新生事物有了一个统一而有意义的汉语名称。

（二）激光的基本应用

由于激光具有极好（高）的单色性、亮度和方向性，所以自 1958 年发现以来，就在全球范围内得到迅速发展和广泛应用，引起科学技术的重大变化。

作为光学世界里一个年轻分支，激光的诞生不仅使古老的光学科学萌发了崭新的生命力，也使光学技术的发展提升到一个崭新的高度和空前的广度。

激光使人们能有效地利用前所未有的先进方法和手段，获得空前的效益和成果。激光的应用极其广泛，已经渗透到工业、军事、医学、测绘、通信、建筑、音乐、摄影、演出、环保等多个领域。光纤通信、激光光谱、激光测距、激光雷达、激光切割、激光武器、激光唱片、激光灯具、激光指示器、激光矫视、激光手术、激光美容、激光扫描等都是具体应用的表现。

可以毫不夸张地说，激光的产生和应用，极大地促进了生产力的发展。

（三）激光演示技术

从激光发现到发展的短短几十年中，激光演示以其丰富的技术手段和全新的表现能力，在动态视觉艺术领域的应用范围和表现魅力得到不断拓展（提升）。

1. 激光的特征

（1）定向发光。普通光源是散射发光。激光器发射的激光光束发散度极小，约0.001弧度，接近平行。若以聚光效果很好的探照灯光柱射向月球，其光斑直径将覆盖整个月球。1962年，人类第一次使用激光照射月球，虽然经过38万公里的距离，激光在月球表面形成的光斑不到两公里。

（2）亮度极高。除激光外，人工光源中高压脉冲氙灯的亮度与太阳的亮度不相上下，而红宝石激光器的激光亮度超过氙灯几百亿倍。红宝石激光器发射的光束在月球表面产生的照度约0.02勒克斯（光照度的单位）。若用功率最强的探照灯照射月球，产生的照度只有约一万亿分之一勒克斯。

（3）颜色极纯。太阳光的波长分布范围约在0.76微米至0.4微米之间，对应的颜色从红色到紫色共7种颜色。单色光源的光波波长虽然单一，但仍有一定的分布范围。如氖灯发出的红光仍含有几十种红色。激光器输出的光波颜色极纯。氦氖激光器所发射激光的波长是氪灯发射的红光波长范围的万分之二。激光器的单色性超过任何一种单色光源。

（4）能量密度极大。光子的能量以 $E=hv$ 来计算（其中 h 为普朗克常量，v 为频率）。激光频率范围为 3.846×10^{14} Hz ~ 7.895×10^{14} Hz。因为激光的作用范围极小，所以，它的能量密度很大。它短时间里聚集起大量的能量，可以用于金属切割和武器。

2. 激光器的基本构成

激光器由激发系统、激光物质和光学谐振腔三部分组成。激发系统即产生光能、电能或化学能的装置。目前的激发手段主要有光照、通电或化学反应等。激光物质是产生激光的物质，如红宝石、铍玻璃、氖气、半导体、有机染料等。光学谐振腔是用来加强输出激光的亮度，调节和选定激光的波长和方向等。

3. 激光演示及其系统

激光演示也称 Lasershow。最初的激光演示仅能产生激光光束效果、光干涉效应（Lumia）和简单的激光“莉莎”（Lissajous）图形。随着激光技术、高速扫描元件、色彩合成和控制技术特别是激光演示软件的快速发展，现在的激光演示已是日新月异，突飞猛进，远非 Lasershow 所能涵盖。新型的激光演示系统不仅能产生特殊的激光光束效果，还能演示复杂的激光动画和三维图文。

激光演示系统主要由激光器、颜色混合和调制元件、激光扫描投影器和电脑控制器及多媒体部件组成。在电脑的控制下，激光光束经过色彩合成调制器、激光扫描仪投射在空间或屏幕上，演示各种特殊的空间光束效果、二维及三维图文画面。表演的节目和图文画面由电脑软件事先或即时设计。

（1）激光器。随着激光技术的快速发展，新型的全固体激光器已经开始代替气体激光器，成为激光演示系统的新型光源。与传统的气体激光器相比较，全固体激光器效率高、结构紧凑、性能稳定、寿命长、能耗低、光束质量好。德国SCHNEIDER 和 JENOPTIK 公司已经研制出高功率（10 瓦）全固体彩色激光器并已经应用于激光演示系统。全彩色激光表演仪的激光器是由连续（CW）的红光激光器、绿光激光器、蓝光激光器，即三基色（RGB）激光器组成。其最大特点是结构紧凑，体积小，效率高，便于携带。

（2）激光扫描器。激光扫描器由 X－Y 光学扫描头、电子驱动放大器和光学反射镜片组成。电脑控制器提供的信号通过驱动放大电路驱动光学扫描头，从而在 X－Y 平面控制激光束的偏转。通常用于激光演示的光学扫描头是一种闭环检流计式的扫描头。在激光演示系统中，光学扫描的波形是矢量扫描，系统的扫描速度决定激光图形的稳定性。近年来，高速振镜扫描系统发展迅速，最高扫描速度已经达到 50000 点/秒，因此，完全能够演示复杂的三维激光动画。

（3）激光色彩控制器。激光色彩控制器用于控制彩色激光的颜色。最新的激光色彩控制器是多色声光调制器（PCAOM），能够同时控制 8 种不同的激光波长，显示上百万种颜色。与 RGB 控制器一样，它能在一幅图形内显示不同的颜色。其优越性在于仅需要一个调制器，安装简单，有较高的光通量。

（4）激光电脑控制器。激光电脑控制器是激光演示系统的核心单元，用于控制激光扫描器、色彩合成器、激光器及周边设备。激光电脑控制器的重要功能是设计和编排激光演示内容。最新的电脑控制器是采用工控机式的多功能系统，有四个独立的 X－Y 图形输出通道，可同时控制 4 个独立的光学扫描投影器，分别演示内容完全不同的激光节目，通过分光器或光缆可控制任意多个扫描投影器。它具有强大的编程功能，能编排二维和三维激光动画。采用 DSP 技术，能够实现多功能控制和复杂图形效果的编程。

（5）激光演示软件。近年来，激光演示软件技术获得了长足的发展。尽管计算机图形软件家族庞大，不断升级，但是这些软件（如 CAD）并不能用于激光演示。激光图形的输入主要采用如下几种方式：①控制图形数字板；②电脑直接编程；③用一般的图形扫描仪将图形输入电脑，用 Corel Draw 进行加工处理并将其转换成激光矢量化图形格式。在激光显示图形的生成和处理技术方面，已经开发出 BMP 和 3D MAX 图像直接转换技术。

适应应用领域的扩大和演艺市场的发展，新型激光演示系统性能可靠、操作便捷、编程简单、维护方便、配置灵活，且具有多媒体功能。

最新型的激光演示系统还具有如下功能：

——通过 RS232 接口控制激光器的功率，在激光工作参数不正常时，自动关闭激光系统。

——提供自动光盘演示、动态书写、交互控制、音乐声控表演等工作模式。

——多媒体系统控制。激光电脑装有 SMPTE、DMX、SCSI、MIDI 等多个标准接口。除控制激光演示系统外，还可以控制其周边设备，如灯光/音响、水幕/喷泉、幻灯投影、视频播放和电影机、烟机/风机、屏幕/帷幕等。利用激光电脑的时钟系统，可定时开关，并组合其控制功能，编排激光多媒体系统的演示运行时序。

——系统网络控制。通过网络接入，激光演示中心的电脑工作站可以对激光演示系统的工作状态进行远程监控、故障诊断及激光演示软件传递。

激光演示技术的进一步发展是激光电视。与电子束显示（CRT）、液晶显示（LCD）、等离子体显示（PDP）、发光二极管显示（LED）等显示技术相比，激光显示具有以下优点：第一，采用投射式成像，能实现远距离超大屏幕的显示；第二，激光束色域宽广，具有高对比度（100∶1）和色饱和能力（100%）；第三，能够在任意形状的表面显示；第四，激光能产生其他光源无法提供的特殊的空间光束效应和干涉衍射图像；第五，采用矢量扫描方式，特别适合与电脑数字控制系统相结合，充分利用电脑软硬件资源。

世界各国都在争先恐后地研制激光电视。

2000 年德国已经研制出实用化的激光投影电视产品。

2005 年，索尼斥资在爱知世博会上建起一个有 500 平方米巨幕的巨大激光影院。

2006 年三菱推出 40 英寸激光电视样机。

2007 年，索尼推出 60 英寸激光电视样机。

2008 年，三菱在美国市场推出 65 英寸、73 英寸激光电视，标志着全球消费电子企业在第四代电视显示技术——激光显示领域开始了争夺战。

中国早已开始对激光显示技术的关注。20 世纪 80 年代末，激光全色显示技术就已进入中国 863 计划。

2002 年中国在该技术领域实现重大突破，推出全固态激光显示原理样机；2003 年研制出 60 英寸背投激光显示机；2005 年推出 84 英寸背投激光显示机，140 英寸大屏幕激光显示样机也已经研制成功。

我国激光电视总体水平与国际同步，在某些关键技术（如色域覆盖率等）上处于国际领先地位，拥有多项核心技术。我国已进入国际激光电视先进行列。

二　激光演示在动态视觉艺术领域的应用

（一）激光演示的发展

自 20 世纪 60 年代初激光问世以来，激光技术的发展突飞猛进，应用广泛。激光演示就是激光技术在动态视觉艺术领域（舞台、娱乐和大屏幕显示）的新发展。它集激光、精密光机、光电控制、图像处理和多媒体等高新技术于一体，成为新型的光电显示手段，并以其出色而卓越的性能在动态视觉艺术领域有不俗的表现。

1969 年 5 月 9 日，世界上第一场红色单色激光演示在加利福尼亚奥克兰的米尔学院推出。

1970 年，西德“巴维利”国家歌剧院将激光应用于舞台演出并获得成功，开了激光应用于舞台演出的先河。

1977 年 2 月 4 日，由美国通用扫描公司和媒介系统公司成立的合资企业——内扫描公司在可容纳 310 人的波士顿海德天文馆推出了第一场全彩色激光表演——“生命之光”。

1979 年，我国国庆 30 周年庆典晚会上，首次采用激光进行天幕投射，闪烁的光束、梦幻的造型、绚丽的色彩，为节日增添了热烈气氛，给观众留下难忘的印象。

80 年代初，中国评剧院首次将激光应用于《王府怪影》一剧，成为我国在舞台演出中应用激光的先行者。虽然囿于设备条件，只使用了单色激光，但这对于中国舞台演出领域的激光技术应用，却是“燎原星火”。

激光以其高能量密度形成的高亮度、优异的方向性造成的精细成型效果、单色性赋予的亮丽色彩所带来的强大视觉冲击力，注定它拥有常规灯光所无法比拟的优势。越来越多的艺术家开始尝试在演出中使用激光，激光演示技术在欧洲、北美、亚洲得以迅速推广。

历经 30 余年的发展，激光演示技术作为一种全新的、富有强烈感染力的艺术手段日臻成熟。美国、日本、德国等激光技术发达国家出现了一批专门从事激光演示的知名公司和工作室。激光艺术家（laserist）一词诞生，一个崭新的产业由此出现。1986 年，国际激光演示协会（ILDA：International Laser Display Association）正式成立。

随着计算机多媒体技术的应用与普及，激光演示与多媒体相结合的激光多媒体技术赋予了激光演示艺术更为生动、灵活、多样、精彩的表现手法，激光束的空间变换效果更为变幻莫测，也使想象所及的任何激光动画、图案、文字都可以得到演示。

（二）激光演示的应用

随着激光技术的不断成熟与发展，激光演示在动态视觉艺术领域的应用越来越广泛，已经成为文化创意产业中极为重要的组成部分。

激光演示应用范围如下。

第一，室内：剧院舞台、电影院、博物馆、美术馆、展览馆、大型商业场所、夜总会、歌舞厅、酒吧等公众聚集空间，都可以根据场地条件采用不同的设备进行激光演示。

第二，室外：激光演示几乎不受场地的限制，旅游景区、公园、游乐场，江河湖泊、休闲广场、高大建筑、自然景区的峭壁悬崖、平坡坦岭及大型瀑布，均是激光投射的良好载体（场所）。

在雨、雾等潮湿的天气条件下，激光演示可以产生神奇的视觉效果。

第三，作为一种新型的传播媒体，激光广告已开始在国内外许多公共场所、

大型展览会馆出现。激光广告色彩艳丽、字画清晰、遥远可见，可随时更新内容；通过网络连接，可以及时发布信息，精彩的空间光束更能增强广告的宣传效果。

（三）激光演示的创新案例

以武汉楚天激光集团为代表的国内激光创意团队，携全新的激光演示进入国内动态视觉艺术领域，取得了一系列突破。近年来，他们充分发挥创意激光的优势，制作了大量绚丽典雅、精彩绝伦的激光演示节目，获得了显著的社会效益和良好的经济效益。他们成功研创的激光实景演出、激光音乐喷泉、激光水幕电影等项目，在国内外产生了广泛影响。

1. 激光剧场

激光剧场的演示集声、光、电、影、水、火、幕等于一体，成为一种特殊的艺术表演模式。主要以激光艺术、表演艺术与虚拟艺术相融合，以绚丽的动感画面，神奇、梦幻的故事情节，打造壮观、奇特的视觉盛宴，令人目不暇接，美轮美奂。

案例1　湖北利川腾龙洞《盛世腾龙》激光剧

2005年，世界特级溶洞——亚州第一/中国最大的溶洞——湖北利川腾龙洞诞生了我国第一个大型旅游演出——《盛世腾龙》激光剧。激光剧围绕龙的传奇、土家风情及美丽动人的传说，以神奇的激光展现“腾龙洞的地质形成、火山喷发、山崩地裂、斗转星移、溪水湖泊、巨龙喷火、孔雀开屏”等场景片段，演绎中华图腾龙与土家图腾白虎之间由冲突到和解，彰显了腾龙洞与龙的故事由来和中华民族融合团结的历史主题。

2006年4月，利川腾龙洞正式对外开放演出，激光营造出的高科技视觉冲击，盛况空前。梦幻震撼的演出效果使在场的游客叹为观止，流连忘返。

2007年，该激光剧目被世界国际激光演示协会（ILDA）评为“世界上最美的激光”。

《盛世腾龙》激光剧目，为腾龙洞景区带来了丰厚的回报，参观人数以每年30%的数量增加。腾龙洞景区因为创意激光的加盟，在中国众多的溶洞景区中脱颖而出（见图1）。

图1　利川腾龙洞激光剧《盛世腾龙》场景

案例2　武汉月湖知音琴台激光剧场

武汉月湖知音琴台激光剧场是中国第一例船载激光剧目。围绕着古老的知音传说和琴台文化，激光剧场运用声、光、水、烟等多种手段，展示并叙说“高山流水，过尽千帆，琴台绝唱”的美好意境（见图2）。

图2 月湖知音琴台激光剧场激光演示场景

2. 激光水幕

激光水幕是将激光演示的彩色多维立体图文和动画投射在特制的大型水幕之上。激光水幕由特制的水幕发生器将水自下而上高速喷出，水雾化后形成半圆形的屏幕。水幕作为激光的载体，具有高保真、高反射率等优点，由于水幕的特性，其画面恰似仙山琼阁，又如海市蜃楼，人物进出如同从天而降，又似腾云驾雾。其图文画面壮观、清新、奇特、艳丽。无论在公园、广场、游乐场，还是在江滨、湖边，激光水幕都最吸引人们的目光。

案例3 新加坡圣淘沙水幕电影

著名的圣淘沙（Sentosa）是新加坡本岛以外的第三大岛，凡去新加坡旅游的游客几乎都看过这场水幕电影。编导匠心独运，巧妙编排，将灯光、激光、喷泉、火焰、烟雾、音乐和演员的表演巧妙地融合在一起，迷人的美女、凶猛的怪兽、各种海洋动物及卡通形象轮番出场，激光与音乐赋予喷泉生命，激光动画偶像与男女演员翩跹共舞，演绎着曲折离奇的故事，打造出如梦如幻的世界。圣淘沙因此成为新加坡的一个旅游重点项目。（见图3）

3. 激光音乐喷泉

音乐喷泉通过千变万化的喷泉造型，结合五颜六色的彩光照明，利用音乐信

图 3　新加坡圣淘沙水幕电影

号控制喷泉与灯光的变化，喷泉与音乐同步演绎，达到声、光、色、形俱佳的和谐效果，呈现不同的主题及文化内涵。激光音乐喷泉运用特殊的空间激光光束将三维立体图文投射在密集型的喷泉上，激光光束、图文及水柱的高低都随音乐的强弱而变化，高潮迸发时排山倒海，沉寂平静时如泣如诉。激光音乐喷泉的视觉、听觉效果常令观者流连忘返。

案例 4　西安大唐芙蓉园激光音乐喷泉《齐天大圣》

该激光演示将神话故事与盛世大唐文化融合，呈现现代激光与历史积淀的碰撞，表演场面恢弘，每年吸引近 300 万参观者观赏（见图 4）。

4. 舞台激光

激光在舞台上的应用，是近年兴起的一种全新的舞台光效形式。激光丰富的色彩以及造型的多样化，是任何传统舞台灯光无法相提并论的。歌舞、戏剧、综艺晚会及名模表演舞台以激光配上多维图形，可使表演锦上添花，达到美轮美奂的效果。魔术表演配上激光，能使表演更加神秘莫测。

图4 西安大唐芙蓉园激光音乐喷泉

案例5 杭州《和平颂》舞台激光

2005年，杭州歌剧舞剧院为世界佛教论坛大会创作的大型歌舞诗剧《和平颂》从佛教诞生到传入中国的历史为线索，在表现手法上，突破了传统舞台剧的空间概念，借鉴了大地艺术的创作手段，充分发挥了多媒体的艺术效果，用激光构建了特殊场景，展示了舞台激光的震撼效果，极大地增强了舞台空间的张力（见图5）。

图5 《和平颂》表演

5. 激光艺术秀

以激光为基础，构建集人、声、光、电、影、水、幕等于一体的特殊艺术表演模式。

案例6 荆州激光艺术秀

2011年11月15日，湖北荆州古城九龙渊公园璀璨上演了大型实景激光秀“荆风楚韵”，激光与焰火交织，古代与现代融合。古城墙为舞台，九龙渊为背景，宏大的场面，梦幻般的演出，带给现场观众强烈的心灵震撼和唯美的艺术享受（见图6）。

图6 荆州古城大型实景激光秀“荆风楚韵”

6. 3D建筑皮肤

3D建筑皮肤演示运用光学投影原理，采用高亮度的光源，以虚拟技术及3D动画制作技术，将极具立体空间感的动态画面投射到高层建筑的外墙，融建筑物与投影影像于一体，虚实结合，在夜间形成具有强烈视觉冲击力的画面。

案例7 武汉中心百货大楼3D建筑皮肤秀

2012年元旦，楚天激光与华中科技大学团队共同在武汉中心百货大楼做了一场3D秀。根据载体的特性，量身设计了动感的3D投影内容，辅助现场音效，结合投影融合技术，赋予固定的建筑载体表面以魔幻、神奇的三维效果，营造出动感、立体、魔幻的三维视觉盛宴（见图7）。

图7　2012年元旦武汉中心百货大楼3D秀

7. 激光艺术球幕

球幕系统的360°全景画面，使观众能全方位地体验动感球幕的超强震撼，挑战视觉极限。在360°的球幕里，观众可以脱离立体眼镜和头盔形成立体视觉，真情实景般地体验天地翻转、地动山摇和急速运动所带来的极度眩晕感和强刺激。播放动态画面的时候会看到一个多彩的、转动的一个球体（见图8）。

图8　激光艺术球幕

8. 激光表演

以激光作为主要手段的多种表演或演示形式，有激光舞、激光魔术、激光鼓、激光琴等（见图9）。

图9　2010年上海世博会湖北馆激光琴

诸多激光创意手段，正在中国动态视觉艺术领域大放异彩。激光演示在动态视觉艺术领域有着巨大的发展空间。创意激光给文化创意产业将不断带来新的冲击和新的元素。

参考文献

周炳琨、高以智、陈倜嵘：《激光原理（第6版）》，国防工业出版社，2009。

陈家璧、彭润玲：《激光原理及应用（第2版）》，电子工业出版社，2010。
卢亚雄、余学才、张晓霞：《激光物理》，北京邮电大学出版社，2005。
龚勇清、何兴道：《激光原理与全息技术》，国防工业出版社，2010。
楼祺洪：《高功率光纤激光器及其应用》，中国科学技术大学出版社，2010。
左铁钏等：《21世纪的先进制造：激光技术与工程》，科学出版社，2007。
〔美〕杨：《光学与激光：光纤和光波导（第5版影印版）》，科学出版社，2007。
王颖、唐南、杨光富：《激光的前世今生》，重庆大学出版社，2009。
史玉升等：《激光制造技术》，机械工业出版社，2012。
程乃息：《激光在舞台艺术中的应用》，《照明工程学报》1999年第2期。
唐佩华、苗苞：《激光演示技术与设备》，《现代科学仪器》1997年第1期。
杨菲：《激光表演系统的特点》，《演艺设备与科技》2008年第1期。
何萍：《激光器在娱乐广告中的应用》，《世界电子元器件》2000年第6期。
余建华、李景镇、黄建军、卜桂学、孙一翎：《激光艺术演示》，《激光与红外》1998年第3期。
金友：《激光表演呈现新规模》，《光机电信息》2005年第8期。

The Application and Development of Laser Demonstration in the Field of Dynamic Visual Art

Fang Xuefu　Ge Jinjun

Abstract: As a new branch of optics, the invention of the laser not only germinates new vitality out of the archaic optics, but also upgrades the development of optical technique to a new height and an unprecedented breadth. Laser technique has already penetrated into all walks of life, and a bunch of burgeoning industries appear. Among which, laser demonstration constantly expands its application range in the field of dynamic visual art, with it's rich technical means and new presentation ability. This paper elaborates laser's basic principle and application, the means of laser demonstration, the application cases and the development potential of the originality of laser.

Key Words: Originality of Laser; Laser Demonstration; Dynamic Visual Art

B.17

论数字技术引发的新兴文化业态

谈国新*

摘　要： 现代科技迅猛发展，以信息技术、网络手段为代表的数字技术给中国文化产业带来了革命性变化，传统文化产业的概念正在发生变化。本文在探讨数字技术发展的基础上，对我国数字技术引发的新兴文化业态进行了研究，给出了新兴文化业态的分类，最后对几种典型的文化业态进行了实例分析。

关键词： 数字技术　文化业态　文化产业

数字技术的发展正在引发一场深刻的“文化革命”。首先，数字技术的发展极大促进了文化知识的数字化和编码化发展，使文化知识获得了更多的商品属性；其次，数字技术极大地增强了人类文化知识存储的能力，人类存储知识的形式也不再是单纯的纸张文字印刷等静止形式；再次，数字技术改变了人们创造文化知识的方式，计算机的使用和互联网的出现为人类创造了一个前所未有的文化知识网络；最后，数字技术使文化知识的传播速度大大加快，同时也使人类的文化知识迅速增长。伴随着这场“文化革命”必然会涌现出新的文化形式和内容，产生新的文化业态。这种新兴文化产业形态从旧的文化产业形态之中脱胎而来，既继承了旧的文化产业形态的某些特征，同时又具有旧的文化产业形态不具备的新的特征。新兴文化业态的“新”字可以说与科学技术的进步直接相关。日新月异的科技进步使得文化产业的业态、种类和格局发生了深刻的变革。

* 谈国新，华中师范大学教授，日本东京大学博士后，武汉大学国家文化创新研究中心研究员，中国计算机学会多媒体专业委员会委员，教育部教育信息技术工程研究中心副主任。主要从事计算机视觉、图像处理及民族文化数字化方面的研究和开发工作。本文系“211”工程三期重点学科建设“民族文化资源的保护、开发与数字化工程”资助项目。

一　数字技术

数字技术与电子计算机的发展相生相伴，它是一项借助一定设备处理各种信息（包括图像、声音、文字、影像等信息），将这些信息转化为计算机能识别的二进制符号后，运用计算机进行运算、加工、储存、传输和还原的科学技术。随着数字技术的不断发展，新的文化载体平台不断涌现，数字技术与传统文化的结合正形成新的文化业态，这种新兴文化业态又与数字技术的发展和特点密不可分。

1. 计算机运算及加工处理能力的提高，促使数字内容制作技术在近几年得到了迅猛发展

数字内容制作技术主要包括基于数字传输技术和数字压缩处理技术的流媒体技术，基于计算机图形技术的计算机动画技术，基于人机交互、计算机图形和显示等技术的虚拟现实技术等。如动漫部件库技术、游戏引擎技术、三维重构技术、数字内容内联网——互联网信息统一交换技术、数字内容版权保护技术、方便的人机交互接口技术（语音、图像、三维视觉）、数字内容的移动网络平台支持技术等。近十几年来，随着计算机运算及加工处理能力的提高，以创意为核心的、以数字化为主要表现形式的数字内容制作得到了长足的发展，为新的文化业态形成奠定了基础。

2. 数字技术具有海量存储特性

随着数字技术的发展，高清数字内容产品将成为未来消费的主流，海量存储技术就显得尤为重要。海量存储技术体现在两个方面：一是本地存储技术的进步，即无网络连接前提下的存储形态，如本地硬盘；二是网络存储，它借用互联网的高速传输将信息存储于异地的介质空间，需要使用时再通过网络连接调取信息资料，如网格技术和云服务技术等。这两种存储方式互为依托，将整个数字传输系统的存储空间推向无限大——本地存储的容量扩展为单机的任务扩展提供了可能，快速通畅的网络信息调取为信息编辑存储、传输、处理的社会化搭建了通道，使集约化的批量信息处理成为可能。

3. 数字技术具有海量的双向传输特性

在数字技术取代模拟技术成为大众传播系统的主流技术之前，大众传播总体上还是以单向传输为主的传播网络，反馈的信息流动隐匿于大众传播系统以外的渠道中。但在数字技术的管网中，信息的上行和下行几乎同时进行。模拟技术的传播系统如同单行道，回程的车流需要走另外的通道；而数字技术的信息管网是个双向道，主动发送的信息和反馈的信息在这个通道内对向而行。① 此外，数字信息传输是海量的，可以通过光纤、电缆、电磁波等中介来实现。

4. 数字技术具有高保真信号还原与展示特性

数据的压缩和还原技术是数字技术的重要内容，数字技术具有强大的融汇力量，能将文字、图像、声音等信息通过数字技术合成进行全方位融合。融合后的产品通过相关的硬件系统展现出来，如电视、计算机显示器、扬声器、投影仪、手机、印刷机等展示设备。例如数字电影和传统电影相比，存在着很多的优势：它比胶片更干净，更透彻，色彩更具有表现力，画面的清晰度更高、更具立体感；转换更加便捷，画面的失真度很小；而且能够避免胶片因光源照射导致的老化、褪色，确保影片永远光亮如新，还可以凭借充分的像素稳定性确保画面没有任何抖动和闪烁，而且观众再也看不到像雨点一样的划痕磨损现象。

二　新兴文化业态的概念及类型

业态一词来源于日本，最先主要出现在零售行业，指零售店向确定的顾客群提供确定的商品和服务的具体形态，是零售活动的具体形式。因此，文化业态就是指文化产业生产、销售、服务的形态。随着数字技术的迅猛发展，传统文化产业的概念正在发生变化，一些旧的文化业态和产业门类走向衰退，以移动多媒体广播电视、网络游戏、数字出版等为代表的新兴文化产业正在蓬勃兴起，这种新兴文化产业与以数字内容制作和新媒体传播为主的数字技术的发展密不可分。

新媒体是一个不断变化的概念，在今天网络基础上又有延伸，其他新的媒体形态，跟计算机相关的，都可以说是新媒体②。当前有人把媒体分成五种：报纸为第一媒体，广播为第二媒体，电视为第三媒体，网络为第四媒体，手机为第五媒体。如果把前三种媒体看做传统媒体的话，那么后两种媒体就是新媒体。新媒

① 于小川：《技术逻辑与制度逻辑——数字技术与媒介产业发展》，载《武汉大学学报》（人文科学版）2007 年第 6 期。

② 熊澄宇：《虚拟和现实是切不断的》，载《中国传媒科技》2009 年第 4 期。

体能消解传统媒体（电视、广播、报纸）之间的边界，消解国家与国家之间、社群之间、产业之间边界，消解信息发送者与接收者之间的边界；可以与受众真正建立联系，同时，它还具有交互性和跨时空的特点。新媒体与传统媒体最大的区别在于传播状态的改变，即由一点对多点变为多点对多点。此外，新媒体近乎于零费用信息发布，对受众多为免费，这对传统媒体造成新闻产品制作成本方面的挑战。

由数字技术所引发的新兴文化业态可以简单地分成三类：一是以数字内容为主的内容产业；二是以新媒体传播为主的传媒业；三是经由数字技术改造的传统文化业。具体分类如表 1 所示。

表 1　新型文化业态类型

技术类别	新兴文化业态	具体内容
新媒体	基于互联网的新媒体业	网站、搜索引擎，虚拟社区、BBS、网络文学、在线创作、网络杂志、网络广播、博客、播客、网络广告、网络游戏、网络电视等
	基于无线网络的新媒体业	无线门户、手机报纸、手机广播、手机短信、手机彩信、手机游戏、手机广告、手机彩铃、手机音乐、移动博客、手机电视、手机网游等
数字内容技术	数字娱乐业	数字游戏产业、数字动漫产业、数字音乐产业、数字影音、电玩设备及衍生产品等
	数字化学习	数字学习工具软件、数字学习内容产品、数字学习硬件设备、建置服务、课程服务等
	数字典藏	生物与自然、文化与生活、艺术与图像、文献与档案、地图与建筑、语言新闻与影音等
	数字艺术与设计业	数字艺术制作、数字艺术品拍卖、新媒体艺术、数字特效、设计展示等
	数字广告与增值服务业	搜索广告、展示和赞助广告、富媒体广告、分类广告、其他网络广告、电子商务
数字技术改造的传统文化业	数字广电业	数字电视、楼宇电视、数字电影、IPTV、电视点播、数字广播电视；网络广播电视等
	数字出版业	数字期刊、电子书、数字图书馆、电子数据库、数字内容资源库等
	数字演艺娱乐业	数字舞台剧、Cosplay Show、3D 动漫舞台剧、4D 影院等

1. 以数字内容为主的内容产业

内容产业主要以创意为核心的、以数字化为表现形式，实现文化创意内容的制作与运营。它主要包括：数字娱乐业、数字化学习、数字典藏、数字艺术与设计业、数字广告与增值服务业等几大类型。数字娱乐业主要以动画、漫画及游戏游艺、数字影音内容为主导，是数字技术与文化内容结合最紧密的新型业态，是文化产业发展振兴的先导产业，在促进经济发展方式转变和产业结构调整中具有重要作用。数字化学习指在研究适合中国国情的、符合教育信息化相关技术标准的教育软硬件产品基础上，设计与开发符合教育、教学规律的推进教育均衡式发展的教育信息资源及教育产品。数字典藏主要指通过数字化技术将古籍、文物、非物质文化遗产等进行数字化保存，并通过可视化技术展现与传播的一种新型文化业态，对我国民族文化的保护与传承起着重要作用。数字艺术设计就是用参数、几何算法描述出全新视觉形象，将设计师、艺术家带入一个崭新创作时代，改变传统设计观念、认识论，调动创作者的主动性、积极性，提高设计质量。数字广告与增值服务业主要以数字化广告平台及增值服务平台为依托，开展诸如搜索广告、赞助广告、富媒体广告、分类广告、其他网络广告、电子商务、文化类信息增值服务等业务的新兴文化形态。

2. 以新媒体传播为主的传媒业

以电视、广播、报纸为主的传统传媒业在传统文化产业中占据重要的地位，但随要新媒体的出现，传统传媒业受到了空前的挑战。基于互联网的新媒体业和基于无线网络的新媒体业的发展如雨后春笋，影响着人们的生活。数字化改变着文化传播的工具和形式，进而改变了文化的属性本身。博客、播客、维客、掘客等这些过去从未听说过的事物，因为数字化，被创造出来了；以互联网及无线网络为传播媒体的数字电视、数字音乐、数字游戏，一个接着一个出现在大众面前；即时通信、聚合新闻、数字社区、聊天室、同学会、同乡会、同城会等把大量毫不相干的人组合到了一起。人们既是这些文化新形式的参与者，更是这些文化新形式的创造者。

3. 经由数字技术改造的传统文化业

传统文化业很广，这里这列举三个有代表性的经数字技术改造后焕发活力的传统文化业：数字广电业、数字出版业和数字演艺娱乐业。随着有线数字、地面数字、移动多媒体广播电视（CMMB）、三网融合、高清晰度电视等为主的数字广播电视网的构建，数字广电业将迎来发展的大好机会，数字电视、楼宇电视、数字电影、IPTV、电视点播、数字广播电视、网络广播电视将走入家庭，并逐步

替代传统广电业。数字技术的发展，也已引发出版革命，出版产业在出版物的制作方式、传播渠道、传播对象和经营模式上都发生了很大改变，出版已不再局限于纸质出版物，而更多地以电子出版物的形式出现；从流通渠道来看，网络出版市场也已经形成①。数字演艺娱乐业是利用现代声、光、电等高科技表现手段，将虚幻空间与舞台表演融为一体的新兴演艺表现形式，如数字舞台剧、Cosplay Show、3D 动漫舞台剧、4D 影院等。

需要说明的是，新兴文化业态绝不是原有业态基础上的一种简单扩张，随着科学技术的迅猛发展和广泛运用，文化业态也在不断更新，且出现相互融合的态势，实现新兴文化业态在多样化基础上的深度融合。比如，动漫游戏、广播电视、出版业等与互联网融合，衍生出网络游戏、网络视听、网络出版、网络动漫、网络文学等文化新业态；广电网与移动通信网融合，衍生出手机短信和彩信、手机广播电视、移动多媒体广播电视等文化新业态；数字出版和高端印刷使图书具有了视频、音频等功能，可以按需印刷，形成了新的出版业态；等等②。这些融合不仅体现在内容层面，还体现在服务层面、网络层面、运营主体层面。

三　几种典型的新兴文化业态

新兴文化业态很多，这里重点介绍手机广播电视、数字特效、数字电视、数字舞台剧等几种典型的新兴文化业态。

1. 手机广播电视

2009 年 7 月 22 日，我国第一部文化产业专项规划——《文化产业振兴规划》由国务院常务会议审议通过，它标志着文化产业已经上升为国家的战略性产业。它提出，第七项要做好重点工作就是“积极发展移动多媒体广播电视、网络广播影视、手机广播电视等新兴文化业态，推动文化产业升级”。手机广播电视是基于手机这样一种特定的传播介质和手机使用习惯而生产和制作的电视内容，它不是将电视频道的内容进行简单的移植。在技术上要实现中国移动多媒体

---

① 梁上启、冯春英：《数字技术对出版文化的影响》，载《出版科学》2009 年第 6 期。

② 庞井君：《构建新型文化体制框架的理论思考》，《2008 年中国文化产业发展报告》，社会科学文献出版社，2008，第 64 页。

广播系统（CMMB）与电信3G技术的融合、开发相应的平台，在内容上则制作适合手机格式的广播电视节目。随着我国3G技术的推广应用，手机广播电视业也孕育着无限商机，其产业链很长。例如，发展3G、4G、移动WiMax等新兴技术，形成以3G/4G技术为特色的集终端、网络系统设备及软件、营运、增值服务于一体的移动通信产业链；开发以手机为承载平台的卡通人物形象、动漫电影、动漫flash、在线游戏等。

图1　数字特效

2. 数字特效

数字特效就是利用计算机图形图像技术实现的电影特效。数字化手段改变了传统的电影制作方式。照相现实主义的制作美学正和虚拟现实主义的制作美学相融合，由此把电影奇观推到了一个新的境界。数字特效可以完成角色和场景的制作、图像内容的处理、二维和三维特技的制作及特效镜头的合成、音频效果的编辑处理合成、动画的制作加工、字幕的制作等工作，为创作者提供了无限的想象空间，把电影人的思想从技术的束缚中解脱出来。通过数字特效，导演能够创造出原本没有的人、景、物，能复原庞大的古代建筑。自1977年美国人乔治·卢卡斯将它运用到《星球大战》，开了使用计算机技术合成电影画面的先河后，数字特效就与电影大片的概念绑在了一起。例如，票房收入上亿美元的大片《泰坦尼克号》、《指环王》、《加勒比海盗》、《哈利·波特和魔法石》、《冰河世纪》无不因为应用数字特效而叫好又叫座。图1给出的是利用粒子技术生成的外星人焚烧后身体裂变过程。

3. 数字电视

数字电视是一个系统，是指从节目源的拍摄、编辑、发射、传输到接收、显示实现全程的数字化处理，如图2所示。数字电视采用双向信息传输技术，增加了交互能力，赋予了电视许多全新的功能，人们可以按照自己的需求获取各种网络服务，包括视频点播、网上购物、远程教学、远程医疗等新业务，电视机成为名副其实的信息家电。数字电视提供的最重要的服务就是视频点播（VOD），VOD是一种全新的电视收视方式，它不像传统电视那样，用户只能被动地收看电视台播放的节目，它提供了更高的自由度、更多的选择权、更强的交互能力，传用户之所需，看用户之所点，有效地提高了节目的参与性、互动性、针对性。数字电视还提供了其他服务，包括数据传送、图文广播、上网服务等。用户能够使用电视实现股票交易、信息查询、网上冲浪等，使电视有了新的用途，扩展了电视的功能，把电视从封闭的窗户变成了交流的窗口。

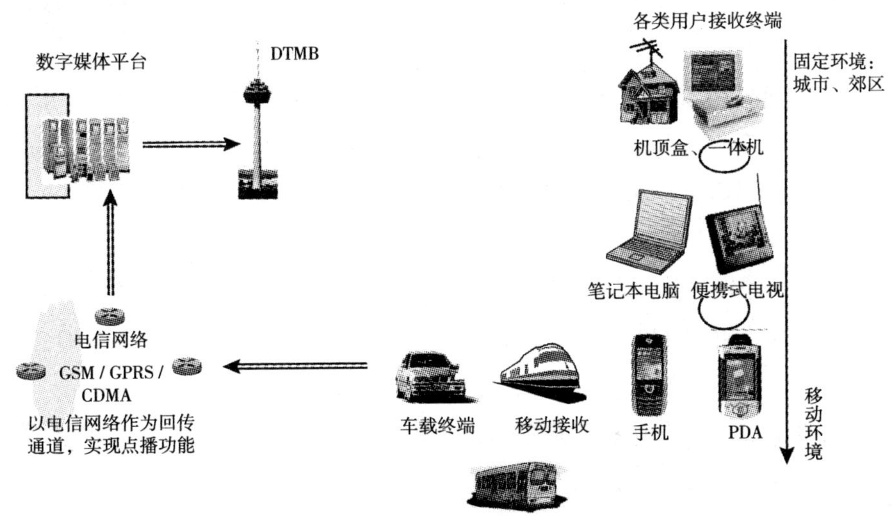

图2　数字电视系统结构

我国目前已拥有世界上用户规模最大的广播电视网，广电总局统计数据显示，2009 年全国有线广播电视用户约 1.74 亿户，其中数字电视用户达 6199 万户，付费数字电视用户 705 万户。[①] 数字电视产业链包括了节目内容、服务、运营，以及发射、传输和接收设备等，随着我国下一代广播电视网（NGB）进入实质性推进阶段，数字电视将迎来它的春天。可以预料不久的将来，我们只需坐在家中的电视机前，就能足不出户遍访名山大川，问诊名老中医，享受到远程教育、金融、购物、游戏等便捷服务。

4. 数字舞台剧

舞台剧是一种呈现于舞台的戏剧艺术，按内容它可以分为喜剧、悲剧和正剧；按表现形式可以分为歌剧、舞剧、话剧、哑剧、诗剧、木偶剧等。随着电视电影业的发展，舞台剧逐步淡出人们的视线。虽然艺术家们想通过灯光的旋、扫、闪，音效的环绕等舞台的配套设施来提升艺术的感染力，但仍难以吸引观众。在这种形势下一种新的舞台表演形式——数字舞台剧就应运而生，它通过数字技术，把舞台背景、LED 大屏和剧中人物舞台表演融为一体，利用现代声、光、电等高科技表现手段，将虚幻空间与实景故事融为一体。某些场景还可通过戴 3D 眼镜观看，使观众产生一种置身于“立体影院”的感觉。数字舞台剧使传统的舞台剧得到了重生，使一大批年轻人重新走进剧院。一些风景区也逐步把数字舞台剧作为保留节目，使民族传统文化得到了保护和传承。例如，以民歌小调、渔歌号子、拉网小调等民间音乐表现形式，将南戴河传说中的海娃和海螺仙子的凄美爱情故事搬上舞台。剧中还穿梭抚宁秧歌及抚宁太平鼓等国家级、市级非物质文化遗产节目，通过实景演绎和文化策划，使游客在愉快的体验活动中认识历史、文化等的审美价值，让游人通过视觉、听觉全方位地参与和体验，如图 3 所示。

数字技术的发展及不断升级促使文化产业结构向高技术、高集约化内容产业转型，不断创造出文化产业新的增长极。运用新技术、新手段可以改造提升图书报刊出版、广播影视等传统文化传媒产业，丰富文化生产方式与表现形式；可以产生出网络游戏、网络电视、手机报纸、手机短信等新的媒体形式，形成文化传

---

① 刘阳：《数字化改造顺利 有线电视用户预计达 1.74 亿户》，载 2009 年 1 月 15 日《人民日报》。

图3 数字舞台剧《海誓·南戴河》剧照

播新格局；可以提高内容产品质量，使其成为具有高附加值、高利润的文化产品和服务。数字技术在文化变革中的作用越来越大，它使文化生产要素在创新过程中能实现优化组合、持续创新，不断产生新的文化业态，形成有影响力的文化品牌。

Burgeoning Cultural Situations Triggered by Digital Technique

Tan Guoxin

Abstract: With the rapid development of modern technology, digital technique, represented by information technology and Internet approaches, brings revolutionary changes to China's culture industry and the concept of traditional culture industry is now changing. Based on exploration of the development of digital technique, this paper carries out a research on the burgeoning cultural situations triggered by digital technique, makes a classification of these new cultural situations and eventually gives an analysis of several typical cultural situations.

Key Words: Digital Technique; Cultural Situations; Culture Industry

文化案例篇

Cultural Case Analysis

B.18 山西省公共图书馆总分馆制管理模式的实践与探索

蔡艳青　赵继红　张瑞芳*

党的十七大以来，党和政府对文化工作给予高度重视。党的十七大提出要“在时代的高起点上推动文化内容形式、体制机制、传播手段创新，解放和发展文化生产力。要坚持为人民服务、为社会主义服务的方向和百花齐放、百家争鸣的方针，贴近实际、贴近生活、贴近群众，始终把社会效益放在首位，做到经济效益与社会效益相统一”。十七届六中全会决定建设社会主义文化强国，全会提出，满足人民基本文化需求是社会主义文化建设的基本任务。必须坚持政府主导，加强文化基础设施建设，完善公共文化服务网络，让群众广泛享有免费或优惠的基本公共文化服务。联合国教科文组织与国际图书馆联合会颁布的《公共

* 蔡艳青，山西省图书馆信息咨询部副主任，副研究馆员；赵继红，山西省艺术资料馆副馆长，副研究馆员；张瑞芳，山西省图书馆数字化工作室，副研究馆员。本文系山西省软科学研究项目“山西省公共图书馆管理体制研究”（项目编号：2009041046－05）的阶段性研究报告。

图书馆宣言》明确指出，面向社会各个阶层提供快捷、方便、优质、高效的文献信息服务，是各级公共图书馆义不容辞的责任和义务。而从目前山西省公共图书馆的整体发展水平来看，它还远远无法承担起这个重任。要改变这样的局面，就必须首先从改革山西省公共图书馆的管理体制入手。

山西省转型跨越发展战略推动图书馆管理体制的变革。2010 年，山西省委提出了实现转型发展、跨越发展，再造一个新山西的战略目标，这对于山西省的公共图书馆事业既是推动，更是挑战。如何以先进带后进、以发展促繁荣，在全省各级公共图书馆条件普遍较差的情况下，让全省广大群众共享文化发展权益，特别是让广大群众都能享受到阅读的权利，这是我们广大图书馆工作者的社会责任。总分馆制以一馆带多馆，以上带下，在一个较大的地域范围内让群众普遍享受到同样水平的图书馆文献信息服务的特点，正好适应了图书馆事业发展的这一需求。《国家“十一五”时期文化发展规划纲要》早已指出，要坚持公共服务普遍均等原则，兼顾城乡之间、地区之间的协调发展，形成公共文化服务网络。十七届六中全会要求“构建公共文化服务体系，发展现代传播体系，建设优秀传统文化传承体系，加快城乡文化一体化发展”。公共图书馆推行总分馆制，正是构建公共图书馆服务体系、形成公共文化服务网络的有效途径。经济发达地区公共图书馆率先在总分馆建设方面做了有益的探索，涌现了“苏州模式”、“东莞模式”、“嘉兴模式”、“佛山模式”等 10 多种总分馆制管理模式，大多以城市或县（区）为覆盖范围，不同程度推动了公共图书馆服务网络建设，对公共文化服务体系的协调、全面发展，起到了积极作用。山西省属于经济欠发达地区，基层公共图书馆普遍条件较差，这使得基层分馆更易于依附发展条件较好的总馆，在总馆的带动和引领下，建立省域总分馆管理模式，促进全省公共图书馆的转型跨越发展。

一　山西省公共图书馆总分馆制实践

山西省地处中部内陆，自东向西有太行山、中条山、吕梁山纵贯南北，境内沟壑纵横，自然地理条件恶劣。全省经济状况在全国处于较为落后的水平。在这样的情况下，山西省用于文化等公共事业的经费投入远远低于全国平均水平，而用于公共图书馆事业发展的经费更是捉襟见肘，市、县两级公共图书馆建设仍然

存在空白点。公共图书馆总体建设水平、服务条件与服务水平与经济发达地区甚至中部地区比，都存在很大的差距。

全省11个市，目前只有太原、大同、长治、阳泉、吕梁等6个市建有图书馆，其余5个市级公共图书馆尚属空白。据统计，截至2008年10月全省公共图书馆藏书总量为1176.4万册，人均公共图书馆藏书0.3册。2008年全省公共图书馆新增藏书22.4万册，人均增加藏书不足0.007册。同年，省图书馆总藏书264万余册，年购书经费600万元，在全国处于落后水平。6个市级公共图书馆总藏书量为168.48万册，平均每个图书馆藏书28万册，藏书最多的是太原市图书馆，藏书也仅有72.1万册，最低的是吕梁市图书馆，仅有藏书8.2万册。6个市级馆中，4个市级公共图书馆年购书经费不足10万元，最高的是太原市图书馆（35万元），最低的是吕梁市图书馆（只有4万元）。现有的县级公共图书馆，普遍存在办馆条件差、文献入藏少的问题，新书比例更小。藏书普遍陈旧，可读性不强，特别是其中有部分馆近20年未购过新书；全省县级图书馆从业人员1178人，专业技术水平不高，性别、年龄、学历、职称结构均不合理；县级图书馆中，拥有电子阅览室的馆有74家，有百余个馆是山西省文化共享工程县级支中心。全省1195个乡镇，其中561个镇、634个乡，不包括193个街道办事处。在1195个乡镇中建有乡镇图书馆的有512个，藏书106万册。全省有行政村28482个（不包括1802个社区），约建有图书室1715个。

探索一种适合经济欠发达地区、全省范围内的总分馆管理模式，实现全省图书馆事业的跨越发展，已是全省图书馆谋求共同发展的一种普遍认同的选择。山西省公共图书馆界致力于建设的总分馆体系其实是在一组图书馆之间建立起具有一定的统一管理能力，服务相对规范、联系相对紧密、可持续发展能力相对较强的图书馆共同体，该共同体可借助总馆的力量维持分馆的可持续发展，借助分馆的触角延伸总馆的服务。可以说，山西省公共图书馆总分馆管理体系建设的实质就是突破现在的体制框架，寻求一种使图书馆共同体成为可能的途径或模式。

（一）山西省公共图书馆（业务）总分馆制的建设目标

第一，在现有行政隶属关系、人事关系和经费来源不变的情况下，实行业务总分馆制，即以省馆为总馆，各市、县公共图书馆以及其他类型的图书馆为分馆，经费充裕的市级馆可设为地区分中心馆。

第二，建立山西省公共文化服务体系，健全市、县级公共图书馆服务网络，各级图书馆之间图书文献借阅“一证通用”和“通借通还”，在县域推行乡村文献流动模式，实现资源共享。

第三，实现全区域图书馆的业务协作，如联合、协作采购，联合编目，以中心带动基层，城市带动农村协同发展。

第四，整合图书馆群的文献资源、数字资源等，建设全面的集群图书馆公共服务体系。

（二）山西省公共图书馆（业务）总分馆制建设的实施方式与运行模式

依靠省政府支持与推动，经费由各级政府分担，省级图书馆进行业务主导、统一组织实施。其运行模式是：以山西省图书馆为总馆，市、县级馆作为分馆同时兼任地域分中心，指导乡镇级图书馆、农村图书室等基层服务点；同时吸收科研院（所）情报机构、学校、企业等其他系统的图书馆加入。山西省图书馆作为总馆，承担政策、规划及方案制定，图书调拨，技术管理及人员培训等责任（见图 1）。

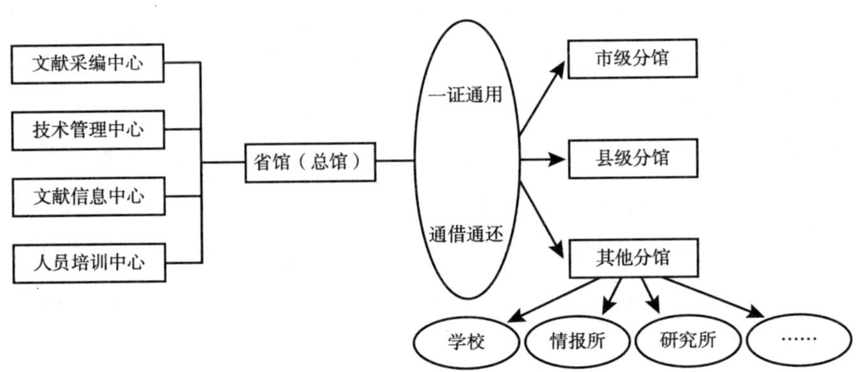

图 1　山西省公共图书馆业务总分馆运行模式

（三）山西省公共图书馆（业务）总分馆制建设过程

1. 酝酿探索阶段

2002 年山西省正式开始了文化信息资源共享的试验，同年 6 月，文化部在太原召开了全国文化信息资源共享工程试点工作会议，肯定了这一做法。这可以说是山西公共图书馆总分馆探索的最初尝试。2003 年，文化部财政部开始在全国开展“送书下乡”工程。省图书馆提出在山西省开展“送书下乡”，由省财政拨款，省图书馆具体负责操作。在省文化厅的大力支持下，经过长时间的努力，2006 年，由省文化厅与省财政厅共同开展的“环太行山吕梁山老区农村流动书库工程”正式启动，到 2010 年底，工程将向两区 59 个县 16000 多个行政村每个村送去价值 5000 元的图书及设备。全国文化信息资源共享工程在国家文化部、财政部以及省文化厅、财政厅的支持下，也将实现县市乡镇站点全覆盖。特别是文化信息资源共享工程的开展，使得一些基层图书馆从无书可读、无人可用、整日掖门闭户、门可罗雀的境地一步跨越到了现代化的网络信息时代，基层图书馆已经不再满足于共享省图书馆所拥有的数字资源，总分馆制建设正式提上议事日程。

2. 起步实施阶段

经过积极的调研考察，省图书馆在工作计划中明确提出了实施总分馆建设的目标，并进行了深入细致的研究设计。2008 年 6 月，山西省文化厅召开山西省市、县级公共图书馆馆长会议，会议特别提出：各级公共图书馆应全力做好图书馆的基本建设，提高公共图书馆的服务水平，继续推进信息资源共享工程的建设。省图书馆领导同志就总分馆制的设想与目标、规划与实施、管理与服务等向与会各市县图书馆的同志进行了介绍。2008 年 9 月总分馆数据转换开始，标志着 Interlib 系统开始启动。2009 年 1 月 13 日，山西省市级公共图书馆馆长联席会议就继续推进业务总分馆建设、构建公共图书馆服务体系等进一步做了安排，并通过了《山西省公共图书馆延伸服务——太原共识》。2009 年 6 月 15 日，山西省图书馆总分馆建设过程中第一个分馆——晋中市榆次区图书馆加入 Interlib 系统，正式接待读者。

（四）山西省公共图书馆（业务）总分馆制实施成果

山西省图书馆总分馆制实施四年来，逐步拓展服务领域，扩大覆盖面，形成了跨类型、跨层次服务模式，构建了山西省公共图书馆纵向联结市、县公共图书馆，横向联结部队、科研院所、情报机构、学校等的跨系统资源共享型总分馆模式。现已有 30 多个市、县图书馆与 4 个行业分馆（电力科学研究院分馆、晋城

科技情报所、五台山普寿寺图书馆、山西老区职院图书馆）全部采用 Interlib 集群管理系统进行管理，在统一的平台上提供技术服务；总馆负责建成了具有山西特色的数字资源服务平台，各分馆都利用平台共享数字资源，提供信息服务；总馆制定《山西省图书馆系统业务总分馆制建设实施方案》、《山西省公共图书馆总分馆流通规则》等 7 个总分馆相关业务规范及标准，并以文件的形式下发。省馆成立了全省文献编目中心，为总分馆业务标准化建设奠定了组织基础；通过对分馆人员的三次业务培训，为总分馆业务标准化建设提供了人员队伍保障。实行总分馆制以来，各分馆的读者均可在本地图书馆办理拥有借阅权限的读者证，利用读者证自行登录山西省图书馆网站的单点登录系统，通过点击数字服务平台，与总馆读者同样程度享受总馆提供的全部数字资源。总馆以《晋图论坛》为媒介，让分馆工作人员接受远程技术辅导和信息咨询。读者证在全省图书馆范围内一证通用、通借通还，读者可以在各成员馆借阅图书、报刊等文献，也可在各成员馆直接阅览，实现了“一馆办证、多馆借书，一馆借书、多馆还书”。毗邻太原市的榆次区图书馆与省馆之间的通借通还服务效果最为明显，榆次馆的读者到馆率大大提升，在地方经济和文化建设中取得显著的社会效益。

二 山西省公共图书馆总分馆体制存在的问题及现状评述

（一）实施总分馆制的过程中需要面对的问题

1. 传统体制束缚

在长期的计划经济体制下，我们形成了“分灶吃饭”的财政体制，“分级管理”的行政体制，从中央到乡镇，每一级政府都有本级财政，都有本级的人事管理权。从理论上说，每一级财政都是公共资金，是公共资金就有保障公共文化事业的责任和义务，因此就形成了各级政府都是公共图书馆的设置主体——“一级政府建设和管理一个图书馆”的现状。这种多元建设主体和多级管理单元就成为总分馆建设的体制障碍。该种体制下，在全省范围内推行总分馆制必然产生如下问题。

（1）长期以来行政上的属地管理、分级负责，造成各馆之间各自为政，缺乏密切的馆际协作。

（2）计划经济时代形成的机关作风与部分地区经济水平低下的状态，造成各馆养人重于养书的现实。

（3）图书馆工作的整体运行成本很高。基于自给自足的传统思想，各馆在藏书建设中盲目攀比，导致文献资源与设备重复购买、业务工作重复劳动、业务机构重复设置。如各馆自行编目，造成联合书目数据库中数据的混乱，增加了读者书目检索的难度。

（4）区域内图书馆事业发展的不平衡，不利于区域内图书馆的整体发展。没有统一的图书馆法约束，在一个较大的区域范围内，图书馆建设主体众多，建设主体对图书馆的认识、重视程度、财力状况往往就决定它负责的图书馆的状况，易造成同一个区域内图书馆发展的不平衡。山西省地区经济水平的悬殊造成图书馆经费投入差别尤为明显。如忻州国家级贫困县较多，经济投入无法与阳泉、运城、临汾相比，只能维持人员经费。

（5）城乡公共图书馆服务水平的巨大差异。各级政府对图书馆在重视程度、经费投入、人员准入、工资待遇等方面，城乡差异十分明显。

2. 客观条件制约

（1）经费支持问题。各级公共图书馆总体建设水平、服务条件与服务水平与经济发达地区甚至中部地区比，存在很大的差距。对图书馆的经济投入与经济发达地区比尤为悬殊，2008 年深圳、杭州的购书经费分别为 6523.84 万元、3159.81 万元，而山西省图书馆仅有 600 万元。由于地区经济发展不平衡，以及行政领导对图书馆事业的认识水平不同，分别由不同行政区域管理的图书馆的经费收入极不平衡，各馆在事业发展上所能投入的经费差距很大。

（2）人才队伍问题。长期以来，由于对图书馆事业的认识水平较低，图书馆事业在人民群众日常生活中所占地位极度低下，使得图书馆成为养老院、福利院，缺乏拥有专业知识与技能、有足够工作热情的人员队伍。

（3）交通运输问题。虽然山西省现在已基本建起了纵贯全省的公路网，交通运输条件较以前有了很大的改善，但是由于山区地形的限制，邮政与快递业务的发展受限，图书文献通借通还成本偏高等，这客观上影响了总分馆业务的开展。

（二）山西省公共图书馆总分馆制建设现状评价

从目前的实践来看，山西省图书馆发起并积极推动的总分馆制只能称为业务

总分馆制，它与总分馆制的主要区别就在于，业务总分馆制的建设实践中，作为主馆的省图书馆对各分馆只有业务指导与建议权，而没有实际处分权，因此各馆在总分馆制的具体实践中，对于业务标准的执行与掌握就可以各行其是，统一标准的执行就相对较为困难。这对于总分馆制建设尤其是一证通用与通借通还带来了很大的障碍。

从国内外成熟的总分馆制实践来看，总分馆制主要是在一个人口相对集中、经济发展水平大体相近、交通运输条件良好、邮政快递业务成熟便捷的城市里开展的，超过这个范围的各图书馆之间基本上都是通过电子传输开展数字资源共享或者通过馆际互借的方式开展资源共享的。而从山西省的条件来看，一市一馆、一县一馆的现实，使得城市内部开展市域总分馆建设因为没有可供合作的多个图书馆而不具有可行性；在一个较广大地域范围内开展多个图书馆的总分馆制建设，又由于经济发展不平衡导致的投入不均衡、山地丘陵的阻隔造成的交通不便、邮政快递成本居高不下等因素造成了通借通还的高成本等，以下就如何使真正意义上的总分馆制建设在山西全省范围内推行，我们提出了一个全新的模式，供探讨和参考。

三　山西省公共图书馆总分馆制的创新

为了建立与山西省经济、文化与社会发展相适应的，与国际接轨的山西省公共图书馆总分馆制，创新总分馆管理模式成为研究的重点。它要求从节约成本、扩大效益出发，以资源共享、协作协调、统一标准、规范服务为目标，以政策保障、经费支持、统一管理、技术支撑、创新服务为保证，带动、引领全省各地（市）、县、乡镇、村图书馆共同发展。

在这一模式中，省、市、县三级公共图书馆都由省政府公共图书馆管理中心（可以是单独的机构，也可以是省文化厅或者文化厅下设的某一个处室）从人员、经费等方面进行集中统一管理，省图书馆作为全省文献采访、编目中心，为各馆的读者服务提供文献保障、技术支持和其他业务平台建设；作为本地区公共图书馆中心，市图书馆在自身开展读者服务的同时，对所属各县级图书馆进行业务指导、文献资源流动；县图书馆负责本行政区域内的读者服务；市县两级政府为图书馆服务提供必要的场所与设施，并负责对两级图书馆读者服务效益的监督评价并向省管理中心反馈（见图2）。这个模式的特点我们把它概括为：行政管理集中化、业务管理集群化、分馆建设网格化、读者服专业化。

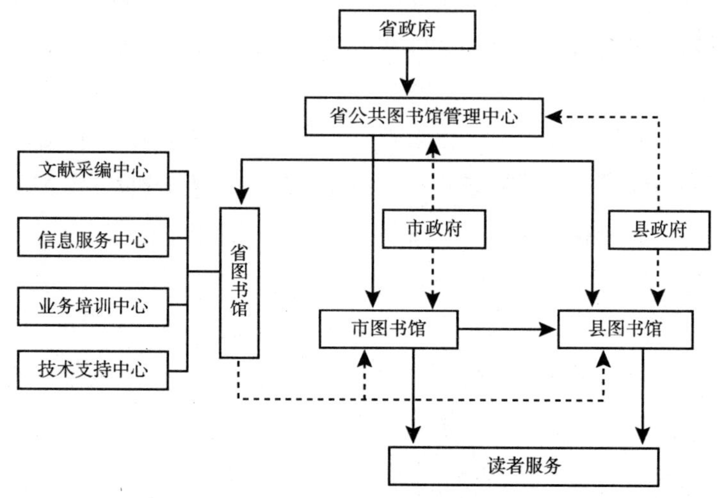

图2　山西省公共图书馆创新管理体制模式示意

（一）推进管理体制变革

过低层级的政府（实际上是过于薄弱的公共资金力量）没有提供完善的普遍均等的图书馆服务的能力，如果要使我国的总分馆建设跨越“区域性服务网络建设”阶段而继续推进，要使总分馆真正变为具有低投入、高效益特点的公共图书馆服务体系的实现形式，就必须解决“合适的管理层级”和“合适的管理单元”两大问题。因为总分馆制的核心在于建立统一采购、统一编目、统一配送、统一服务的机制，这几个“统一”是实现图书馆服务普遍均等的保证，也因此，总分馆制才被认为是形成覆盖全社会的公共图书馆服务体系的有效形式之一。要实现这几个“统一”，前提是经费管理和人员管理的统一，这已经被实践反复证实过。因此，解决总分馆建设中出现的各种问题的关键在于解决公共图书馆管理体制问题，就是通过“建设主体上移”来解决“适当的管理层级”的问题，通过“变分层管理为集中管理”来解决“适当的管理单元”问题。

就是说应该由一个专门的机构来统一管理全省各级公共图书馆建设，统筹各级公共图书馆的馆舍建设与人员、业务经费，制定统一的业务标准与服务规范，

统一进行人员绩效考核与业务管理。具体到山西省，可以由省文化行政部门设立图书馆管理中心或组建省级图书馆协会，甚至委托省图书馆来实施管理，但是前提是在全省公共图书馆系统采取银行、邮政等行业、系统的管理体制，实行自上而下的条管模式，以条管为主、条块结合的方式建立网络状的图书馆分布与管理体系。

（二）进行政府重新定位

公共图书馆是社会文化的重要组成部分，尤其是其服务的公益性，决定了公共图书馆的建设与发展必须由政府主导，政府在公共图书馆的建设与发展中，既充当建设者，又是决策者、管理者。从国内外图书馆总分馆制建设的实践来看，离开政府的主导与支持，仅靠图书馆行业的意愿，总分馆制建设就变成了无源之水、无本之木。不要说深圳、东莞等地的图书馆总分馆实践都是由政府主动发起开展的，即便苏州、杭州等由图书馆界自发实践起来的总分馆制建设，也无不是与政府部门的支持与倡导密不可分的。但是在具体的实践中，各级政府所发挥的作用有很大的不同：省级政府部门作为总分馆制的主要管理者、决策者，要承担政策制定、标准规范、业务推动、绩效考核的任务，在对图书馆工作人员进行评价的同时，也要接受社会、公众对其管理职能发挥好坏的评价。而市县乡镇等各级地方政府则主要作为图书馆事业发展的监督者，以对本地区图书馆事业发展水平、业绩与需求进行客观监督与批评的方式参与图书馆事业的发展。

从山西省的实际情况来看，各市、县（市、区）之间经济社会发展极不平衡，能够用于图书馆事业发展的政府投资贫富不均；从政府的投资意愿上来讲，也存在着积极与不积极的区别。因此，要想真正促进全省公共图书馆事业的大发展，仅仅依靠图书馆界自身的努力是远远不够的，还须要依靠各级政府的积极支持，而要让各级政府都来积极支持图书馆事业的发展，就必须积极促成《图书馆条例》的颁布实施，通过积极的政策与有力的法律武器规范图书馆的经费投入与服务。特别是为了在全省各地区之间平等普遍地开展图书馆服务，图书馆的人员经费、购书经费以及开展服务所必需的业务经费应该由省级财政统一划拨，由省级文化行政部门的图书馆管理中心或者省图书馆协会根据各市图书馆服务人口与地域范围进行统一分配。

（三）强化技术支撑

推行总分馆制建设的前提，是必须在所有参与馆之间采用统一的技术平台。从山西省图书馆界开展自动化与文化信息资源共享的实践来看，山西省各级公共图书馆各项业务工作必须在统一的平台上开展，才可以保证同类业务的推广，保证技术平台的维护，保证各项工作的开展取得最佳绩效。同时，也只有在统一服务平台的支撑下，才能在更广泛的网络体系内实现业务工作的标准化、规范化，并在条件适宜的时候实现更大范围内的总分馆制建设。

具体而言，一是图书馆统一采编合作平台。要推行图书采选标引与编目工作的集中化，由省图书馆负责构建统一服务和技术平台，规定统一的管理系统；成立全省统一的采编中心，实行统一的分编标准，统一进行采访、标引与编目工作，形成全省联合书目数据库，实现全省公共图书馆书目信息的无缝检索，推动全省文献资源的共享共建；代表全省各级公共图书馆出面协调采购数字资源，增强数字资源购买的谈判能力，共同购买数字资源使用权，实现数字资源的共建共享，提高基层图书馆的文献信息服务能力；统一布局全省的文献资源体系，形成地（市）、县馆各有侧重的文献资源布局，形成分馆文献的收藏特色；采用“浮动馆藏”管理文献资产权。各分馆只对自己当地的地方文献进行采选，将其作为特色馆藏之一部分，同时也作为全省公共图书馆藏书的有益补充。二是统一业务规范与服务标准。要在图书文献的典藏、流通等各个方面普遍采用统一的技术标准与流程，实现市县公共图书馆读者在相对较大的空间范围内无障碍享受公共图书馆的服务，真正体现公共图书馆文献信息服务的便利化、均等化，使全省图书馆的服务在统一的、较高的技术水平上运作，提升图书馆整体服务效率，降低服务成本，提高服务质量。三是图书馆自动化数字化技术平台。要打造统一的信息发布与共享平台，特别是通过文化信息资源共享工程，在全省各级公共图书馆体系内实现数字资源的广泛共享，用以弥补纸质文献收藏的严重不足。

（四）建设专业人员队伍

人员问题，是制约山西省各级公共图书馆事业发展的重要问题。在路线确定之后，干部就是决定的因素。因此，对于人员问题，要下大力气加以解决。

第一，积极推行执业资格制度。参照发达国家与地区的图书馆资格准入制度

与标准，逐步建立并完善符合山西省实际的图书馆执业资格制度，通过资格考试从源头上把好进人关。

第二，对现有人员通过多种渠道、多种方式进行业务培训。要允许现有人员在一定期限内通过参加业余学历教育、在岗培训等方式提高自身业务素质，适应总分馆制建设对图书馆工作人员的素质要求。对于那些不符合要求又不努力提高的坚决予以清退或劝其调离，实现人员队伍素质的普遍提高。

第三，开展人员异地交流。通过异地交流，实现人才的迅速成长与基层图书馆业务水平的快速提高。具体而言，就是在省馆与各市县馆之间进行经常性的人员交流，选拔省图书馆的业务骨干到市县分馆挂职锻炼，一方面向基层馆传播相对先进的现代图书馆办馆理念，直接指导基层图书馆的业务标准化建设；一方面通过实地调查研究了解各地不同的文献信息需求，提高文献采选与分配的针对性、科学性。同时，定期或不定期地要求基层馆领导与业务骨干到省图书馆来进修，接受现代图书馆理念，并充分掌握图书馆业务标准，以提升基层馆的业务标准化、科学化水平。市县馆之间也可能采取这样的方式来促进人员交流与人才成长。

（五）发挥省级图书馆作用

在山西省公共图书馆总分馆制建设实施的过程中，省级图书馆应该努力充分发挥自身行业龙头的地位和作用，以制定行业技术标准、协调行业各馆利益为己任，以推动图书馆提高服务水平、满足公民阅读权益为目标，积极担负起省图书馆作为全省中心图书馆的责任，要站位高远，又要甘当幕后英雄，为市、县、乡、村各级基层图书馆做好服务与指导，促进全省图书馆总分馆制建设，不断完善和强化以公共图书馆为主体的全省公共文化服务体系。

具体而言，省图书馆作为全省公共图书馆业务标准与技术研发的总后台，应该从具体的读者服务工作中解脱出来，集中精力，通过定期开展调查研究，确定对各市县分馆的文献采购总体方针，随时调整文献补充方向，通过文献集中采购、集中编目与图书文献的调动划拨等工作对各分馆的业务工作进行调节；负责数字资源的采购与建设，并在全省公共图书馆系统内直接规划开展数字资源共建共享工作；检查与指导以市域为基础的一证通用与通借通还，既可缩短文献流通时限，减小对图书快递业务的压力，也可避免因图书流动区域过大而带来的关于图书产权的复杂处理；开展专业性文献需求服务，加强采编业务，削弱普通外借服务，将通俗图书馆服务职能交还给市县公共图书馆；同时可以建议省图书馆管理中心随时对各市县图书馆的管理层与省图书馆的业务人员进行调整、调度，促进人员交流，促进管理层与高端业务人员在业务与管理方面的成长。市级图书馆作为市域公共图书馆总馆，对县级图书馆（分馆）的业务进行协调与指导，同时作为市域公共图书馆总书库，对通借通还的图书文献进行管理与调度。市级图书馆与县级图书馆既是省馆的分馆，同时又分别作为区域性的总馆，统一管理本地区各乡镇（街道）与村（社区）图书分馆（室）。

四 结语

公共图书馆总分馆制在国外早有成功实施的先例，在国内也形成了多种模式，但以省级馆作为中心馆，在一个较大的地域范围内开展总分馆建设的模式除了黑龙江外，在全国其他省份还很少见。我们应当通过借鉴其他成功模式的经验，结合山西省公共图书馆的现状，积极开展制度创新，以改革与创新推动图书馆事业的转型跨越发展，大胆探索一条有山西特色的公共图书馆总分馆建设之路，使图书馆事业真正满足人民群众不断增长的精神文化需求，为山西省文化强省战略的实现发挥启迪民智、传播文化的作用，在不断变革与服务中实现图书馆的自身价值。

参考文献

倪晓建：《关于变革公共图书馆管理体制的思考》，《公共图书馆》2009 年第 4 期。

张联民、涂海青：《图书馆管理体制改革探讨》，《常熟理工学院学报（哲学社会科学）》2009 年第 11 期。

李国新：《“总分馆”建设的最大障碍是体制障碍——〈覆盖全社会的公共图书馆服务体系：模式、技术支撑与方案〉读后》，《图书馆建设》2008 年第 9 期。

邱冠华、于良芝、许晓霞：《覆盖全社会的公共图书馆服务体系：模式、技术支撑与方案》，北京图书馆出版社，2008。

《第四次全国公共图书馆评估山西省图书馆自评报告》（2009 年 11 月），山西省图书馆。

《山西文化统计年鉴》（2009 年），山西省文化厅。

B.19

加快推进文化资源大省向文化强省的跨越

——安徽省文化创新实践与探索

杨 果　何长风　刘金玉*

世界文明进程中，人们在物质文明和精神文明建设上，总是不断地进行着新的探索、新的发现，同时也不断地涌现新的需求——一种“创新”实践的新需求。当今，文化事业和文化产业活动中的生产、供给和服务、消费发展到如此丰富灿烂的阶段，这也是人类社会发展进程中物质文明建设不断创新的结果。

现实社会的文化已经成为民族凝聚力和创造力的重要源泉，成为综合国力的重要因素。党和政府高度重视文化建设，特别是党的十七大提出了推动社会主义文化大发展大繁荣、兴起社会主义文化建设新高潮的重要战略任务。实现科学发展和全面协调可持续发展，已经成为全社会的共识。党的十七届中央委员会第六次全体会议强调，以改革创新为动力，发展面向现代化、面向世界、面向未来的，民族的、科学的、大众的社会主义文化，培养高度的文化自觉和文化自信。

当社会满足了人民群众的基本文化需求时，必然会出现多样化、多层次、多方面的文化新需求，这正是文化“创新”的基础。文化发展的创新之路始于对创新价值的正确认识，创新实践的硕果跃升为文化新价值。

安徽历史悠久灿烂，绵延不绝；思想文化活跃，流派纷呈；地域文化博大精深，特色鲜明。如何使安徽文化在历史的延续中呈现自己的风姿，在文明的交汇中张扬自己的精神，以继承保护文化遗产为尊，以创造新型文化为荣，是摆在我们面前的新课题。“十一五”以来，在安徽省委、省政府的坚强领导下，全省文

* 杨果，安徽省文化厅厅长；何长风，安徽省文化厅办公室（政策法规处）主任、处长；刘金玉，安徽省文化厅办公室（政策法规处）调研员。

化战线以建设文化强省、服务安徽崛起为主题，以体制机制改革为动力，以文化精品、文化展示、文化保护、文化惠民、文化产业工程为抓手，始终坚持不断适应新形势、研究新情况、形成新认识、解决新问题、开辟新境界的创新理念，在文化建设的思想观念、体制机制、内容和形式等方面开拓创新，走出了一条皖风徽韵与时代特征相融合的文化发展之路。

一　大力推进文化体制机制创新

2004年以来，安徽省扎实推进深化文化体制机制改革创新，以改革求突破，以创新谋发展。通过改革，文化活力显著增强，文化民生持续改善，文化产业快速增长，形成文化改革亮点纷呈、文化建设大步跨越的生动局面，全省上下兴起文化建设新高潮，加快推动由文化资源大省向文化强省跨越。通过创新，引领全省文化体制改革取得新突破，着力构建充满活力、富有效率、更加开放、有利于文化科学发展的体制机制，最大限度解放和发展文化生产力，推动安徽文化大发展大繁荣。

（一）狠抓转企改制，着力打造新型文化市场主体

把经营性文化单位转企改制作为中心环节、作为衡量改革是否实现突破的重要标志，按照“创新体制、转换机制、面向市场、壮大实力”的要求，推动全省401家经营性文化单位完成转企改制，核销事业编制22000多个，培育了一批有实力、有活力的文化市场主体。针对文化企业规模小、布局散、实力弱的状况，把转企改制与资源整合结合起来，积极推动文化资源向优势企业集中，先后成立了省属报业、出版、发行、演艺、广电五大龙头集团，初步形成文化产业领军阵容。省属文化企业经营性资产由改革前不足30亿元增加到300亿元。强力推进文艺院团改革，实行分类指导、逐个研究、一团一策、整合重组，全省93家院团除省徽京剧院保留事业性质、实行企业化管理外，其他全部完成转企改制，组建了52家演艺公司。转制后的院团“两个效益”大幅提升，其中省演艺集团2010年演出场次和演出收入分别增长20%、70%。

（二）突出文化惠民，着力完善公共文化服务体系

牢固树立文化民生理念，把公共文化服务体系建设纳入民生工程规划，推动

公共文化资源向基层延伸、向农村倾斜。大力实施文化惠民工程，以项目化手段、工程化措施发展文化事业，全省广播电视“村村通”、农村数字电影放映、文化信息资源共享工程等重点文化惠民项目均提前实现目标。创新文化事业单位运行机制，普遍推行三项制度改革，实施全员聘用、岗位管理、绩效考评制度，管理水平和服务质量显著提高，全省 71 家博物馆、纪念馆等免费对外开放，2008 年以来共接待观众 2850 万人次。创新公共文化服务运行机制，改进政府投入方式，实行项目资助和政府订单制，选择部分项目探索实施社会化、专业化、市场化管理，初步实现由养机构、养人员向买产品、买服务转变。创新文化产品创作生产机制，出台重点文艺项目创作生产扶持办法，促进创作要素优化组合，推出了一批既叫好又卖座的精品力作。黄梅戏《雷雨》、话剧《万事根本》等赢得广泛好评，中国农民歌会、“江淮情”等成为知名文化品牌。

（三）坚持市场导向，着力培育现代文化市场体系

围绕构建统一、开放、竞争、有序的现代文化市场体系，打破条块分割、地域壁垒，大力发展文化产品市场和要素市场，组建省文化产权交易所和版权交易中心，为文化要素自由流动搭建了新的平台，成立以来累计交易额近 3 亿元。把资本市场作为文化产业投融资的重要平台，推动国有文化企业通过公司制、股份制改造实现产权多元化，鼓励有条件的企业采取发行债券、上市融资、兼并重组等方式，实现文化产业与资本市场有效对接。把“走出去”作为重要方略，鼓励引导文化企业参与国际竞争，文化产品和服务出口到 10 多个国家和地区。

（四）发展新型业态，着力推动文化产业改造升级

把发展文化产业作为转方式、调结构的重要抓手，落实文化产业振兴规划，催生新型文化业态，全省文化产业增加值连续五年增长 30% 以上。狠抓项目、园区等文化产业载体建设，大力推动文化产业规模化、集约化、专业化发展，建成和在建的文化园区（基地）52 个，550 多个文化项目进入省重点项目库。着力推动文化与科技融合，充分运用高新技术改造传统文化产业。着力抢占文化产业发展制高点，大力培育文化创意、动漫游戏等新型文化业态，加快建设合肥、芜湖国家级动漫基地，《黑脸大包公》、《三国演义》等动漫产品畅销海内外。加快推进文化产业与旅游、休闲、制造等相关产业深度融合，芜湖方特欢乐世界集

文化元素、高新科技、休闲旅游于一体，成为我国第四代主题公园的标志，形成了新的经济增长点。

（五）转变政府职能，着力改革文化宏观管理体制

适应文化发展新形势，积极推进政府职能转变，把不属于政府职能的部分还给市场、让给企业、放给协会，推动文化行政部门由主要管微观向管宏观转变，促进工作重心由主要管理直属单位转到市场监管、社会管理和公共服务上来。按照政企政事分开、管办分离要求，科学确定文化行政管理部门职能，实现新闻出版、广电系统局社分开，局台分开，解决了过去同一机构既当裁判员又当运动员的问题。大力推进文化市场综合执法改革，将文化、广电、新闻出版等有关行政执法队伍调整归并，所有市县均成立了文化市场综合执法机构，增加执法编制500名，从体制上解决了多头多层执法、管理缺位越位等问题，实现了执法工作的法制化、科学化、规范化。整合市、县有关文化行政管理部门职能，成立文化广电新闻出版局，形成了统一高效的综合文化责任主体。

二　创新推进“徽州文化”保护

“徽州文化生态保护实验区”是文化部批准设立的中国第二个国家级文化生态保护实验区，也是我国第一个开展跨省文化生态保护的实验区。保护区域包括安徽省黄山市三区四县、宣城市绩溪县、江西省上饶市婺源县。

徽州文化生态保护实验区2008年1月正式命名挂牌。几年来，在文化部的有力指导下，在安徽省委、省政府的高度重视下，科学统筹，创新思路，积极实践，实验区建设工作稳步推进。“徽州文化生态保护的创新与实践”项目以其创新性、有效性、科学性、实践性和示范性获得第三届文化部创新奖唯一特等奖；2010年实验区建设项目入选十大“国家文化创新工程”。2011年《徽州文化生态保护实验区总体规划》获文化部批准实施。

（一）加强领导，科学规划

安徽省委、省政府高度重视徽州文化生态保护实验区建设工作，要求“把徽文化的保护、建设、利用，做实、做好”。多次召开专题会议听取保护区建设

情况汇报，研究保护区建设工作。为加强领导和协调，省政府成立了由省长任组长、分管副省长任副组长，文化、发改委、财政、国土资源、建设、旅游、文物以及保护区所在地政府主要负责同志为小组成员的“徽州文化生态保护实验区领导小组”。领导小组办公室设在安徽省文化厅，定期向省政府汇报工作进展，加强督促落实。保护区所在的黄山市、宣城市绩溪县政府分别成立了相应领导机构。

保护区设立后，省文化厅首先启动规划编制工作，组成了《徽州文化生态保护实验区总体规划》（以下简称《总体规划》）编制专家委员会，多次召开专家论证会，对规划进行了数次修改。2011 年 4 月 26 日，文化部正式批复安徽省实施《总体规划》。

《总体规划》根据保护区内不同类型的非物质文化遗产项目特点，形成 2 条文化生态发展轴、4 大保护方式、9 个文化遗产密集区、若干重点项目的整体保护格局。规划近期目标从 2009 年至 2015 年，完善非物质文化遗产保护名录体系，构建非物质文化遗产保护机制，完成重点项目的实施，全面推进徽州文化生态保护实验区建设。按照《总体规划》近期目标要求，2011 ~ 2015 年优先开展最能体现徽州非物质文化遗产特色和濒临灭绝、亟待保护的徽州民歌、祁门傩舞、徽剧、徽州目连戏、徽州三雕、徽派盆景技艺、万安罗盘制作技艺、徽墨制作技艺、歙砚制作技艺、徽派传统民居营造技艺、红茶制作技艺、绿茶制作技艺、新安医学、程大位珠算法、徽州祠祭、徽菜等 16 个重点项目的保护工作。同时，对群众基础好、市场价值高的徽州三雕、徽派盆景技艺、徽墨制作技艺、歙砚制作技艺、红茶制作技艺、绿茶制作技艺、新安医学、徽菜等 8 个项目开展生产性保护。在保护的基础上通过合理开发、利用，将其转化为经济资源，优化保护区产业结构，促进保护区文化事业和文化产业的全面发展。中期目标是从 2016 年至 2020 年，完善非物质文化遗产保护机制，建成徽州文化生态保护实验区，取得多项社会、经济成果；远期目标是从 2021 年至 2025 年，将非物质文化遗产、物质文化遗产、自然遗产融为一体，并与社会经济发展紧密结合，使徽州文化生态保护区内人与人、人与社会、人与自然和谐相处，成为经济、政治、文化、社会科学协调发展的范例。

（二）培育生态，整体保护

首先在保护机制上，保护区突破了行政区划的界线，这种跨行政区域进行文化生态保护的模式，有效地维护了徽州文化生态保护实验区在空间范围上的完整性，体现了对历史文化传统的尊重和科学保护的态度。其次在保护理念上，强化和谐共生、整体保护。坚持物质文化遗产和非物质文化遗产相融，文化生态和自然生态兼顾，传承保护和经济社会发展协调，政府主导与民众文化主体地位并重。最后在保护内容上，以无形的非物质文化遗产为核心，以有形的物质文化遗产为载体，将特定对象与当地自然环境、社会环境视为一个整体，进行系统的整体性的文化生态的保护。

黄山市出台了《“百村千幢”古民居保护利用工程》这一规范性文件，通过对古民居、古祠堂、古戏台等建筑的修复，很好地保护了传统木结构营造技艺、徽州三雕、徽州楹联匾额等一系列代表性的徽州文化遗产；同时，也对诸如徽州祠祭、徽剧、徽州民歌、目连戏等非遗项目的生存空间进行了良性的修复。通过对物质和非物质文化遗产的整体保护利用，使古村落形成“幢幢有故事、村村有文化”的良好文化生态。

（三）加强研究，活态传承

徽州文化博大精深，领域广泛。新安理学、新安医学、徽派朴学、徽州戏曲、新安画派、徽派篆刻、徽派版画、徽州工艺、徽州文书、徽派建筑等，体系完整，影响深远。安徽省注重理论研究，以科学的理论指导实践。组织多学科专家进行深入研究，加强经验总结和理论提升。依托各类文化单位、科研机构、大专院校，整合多种学术资源，成立徽州文化生态保护区专家委员会，为文化生态保护提供理论指导和专业咨询，先后举办“徽州文化生态保护高峰论坛”、“徽学徽商徽文化与安徽文化建设论坛”、“全国文化生态保护区建设研讨会”等多个理论研讨会，会议成果结集出版，为保护区建设提供了重要的理论支撑。

文化的活态传承是文化生态保护的重要内容，建立活态传承的保护机制是文化生态保护工作的根本。按照“五有”标准——有固定传承人或专门师资队伍，有固定传习活动场所，有规范的传承计划，有一定的经费投入，有一定的规模和较多传承对象，命名了黄山市歙县老胡开文墨厂、屯溪区大位小学、歙县行知中学、休宁县万安老吴鲁衡罗盘店、徽州区潜口民宅博物馆和宣城市绩溪县徽戏童子班、老胡开文墨厂、曹素功墨厂、徽厨技师学院等首批 10 个徽州文化生态保护实验区非物质文化遗产省级传习基地。扶持建立了一批博物馆（博览园）集

群。目前，保护区内共有约60家博物馆，种类包括各类专题博物馆、民间艺术馆、非遗展示馆等，如宣纸博物馆、徽墨博物馆、祁门红茶博物馆、科举文化博物馆、罗经文化博物馆、徽州木雕展示馆、楹联博物馆等，这些博物馆集展示、传承于一体，有效地保护了各个领域的非物质文化遗存。

（四）扩大宣传，全民保护

借助各类媒体，通过多种途径，广泛宣传徽州文化生态保护的重要意义，使保护意识深入人心，进一步突出民众的文化主体作用。利用文化遗产日、传统节日等，举办非物质文化遗产展览展演；结合旅游组织多种非物质文化遗产项目的体验活动，让非遗走近民众，让民众亲近非遗；邀请专家进镇入村，普及非物质文化遗产保护知识，培养全社会的保护意识。在保护区内开展非物质文化遗产进校园活动，编写乡土教材，开设兴趣班和特长班等，培养中、小学生对徽州传统文化的认同和热爱。

三　创新促进“花鼓灯”文化生态保护

安徽花鼓灯是汉民族最具代表性的民间歌舞艺术，是以中国农耕文明的主体形象出现的文化艺术形式，是淮河文化在舞蹈方面的集中体现；其50多种基本步伐、300多个单一舞蹈语言，表明安徽花鼓灯是一种高度发达的民间歌舞艺术；它有着世界上最丰富系统的舞蹈语言体系，是世界上最能用肢体语言表达复杂情节和人物情感的民间舞蹈之一，自古至今始终以华夏文明的主体形象出现，屹立在世界舞蹈文化之林。

20世纪50年代，来自安徽淮河流域的民间艺术晋京献艺，深谙艺术鉴赏之道的周恩来总理观后，击节称赞其为“东方芭蕾”——她就是“花鼓灯”！

2010年4月，温家宝总理视察冯嘴子村，在观看了花鼓灯演出后，动情地说：“我衷心希望花鼓灯越演越好，不仅演到北京、上海，而且要演到全国、全世界！”

（一）明确保护思路

“政府主导，社会参与；长远规划，分步实施；明确职责，形成合力。”以保护花鼓灯原生生态、原生形态，实现文化艺术传承为重点，不断动员越来越多的民众投入花鼓灯民俗活动和保护的工作中，形成保护花鼓灯的基本民众群体。构筑村（生态保护村）、所（传习所）、场（抵灯场）、馆（博物馆）、站（网站）五大硬件设施和温暖工程、基因传承工程、三千双百工程、理论研究工程、宣传教育工程五大工程，两个“五位一体”的花鼓灯保护格局，为花鼓灯的持续存在和发展提供尽可能完善的环境和条件，让花鼓灯融入时代生活，继续成为当地人民表达情感的一种方式。

一是以建设花鼓灯文化生态村为重点，构建保护花鼓灯原生生态、原生形态和优质基因活体传承的核心层，恢复花鼓灯民俗环境、民俗内涵和民俗传承渠道，保持花鼓灯生态相沿、形态相袭、基因相传。

二是突出专业性保护特色，构建以专家工作机制、评估机制、人才培养机制和创新开发机制为主要内容的保护内层，使花鼓灯保护工作能够在遵循其规律的前提下得到有效保护。

三是突出发挥政府主导作用，维护公共文化权益，构建包括文化发展战略机制、规划机制、经济机制和法律机制在内的花鼓灯原生态保护层，使花鼓灯保护工作成为政府的统一意志。

（二）创新文化生态村保护模式

扎实开展花鼓灯文化生态村建设，不仅初步使花鼓灯保护目标率先在花鼓灯基础较好的一个乡村实现，以物化的成果为非物质文化遗产保护树立榜样，而且为文化资源永续利用与农村可持续发展找到一条创新途径。

1. 花鼓灯文化生态村的基本内涵

花鼓灯文化生态村是指淮河流域农村具有鲜明花鼓灯文化特质及与之相依存的、保存比较完好的建筑形态和自然生态的民居村落。在这一区域内，花鼓灯民俗能在特定环境、特定时间、特定人群中继续呈现。围绕这一理念，进一步明确了建设花鼓灯文化生态村的条件，一方面，历史上花鼓灯底蕴深厚、目前有老艺人和“原汁原味”的灯班子存在、保留了部分花鼓灯生态环境特点，另一方面，有良好的自然和文化生态环境，同时要易与文化产业对接。

2. 冯嘴子花鼓灯文化生态保护村的基本情况

冯嘴子村是蚌埠市禹会区秦集镇一个自然村，它周边方圆几百里的村落号称

有“千班锣鼓百班灯”。该村毗邻天河，近望涂山，山水相连，自然风光优美。传说涂山乃大禹会诸侯所在地，禹墟至今仍保存完好，民间相传花鼓灯即源于大禹治水时代，至今仍保留着农历 3 月 28 日涂山赛灯会习俗，这些为冯嘴子村注入了深厚的人文底蕴。冯嘴子村花鼓灯历史悠久，传承谱系记载该村在明末清初即有花鼓灯活动，花鼓灯流派中影响最大的冯派就发源于此地，全村男女老少大多会跳花鼓灯，灯班子仍保持着原生态的演出特点，97 岁高龄、有花鼓灯“梅兰芳”之称的“小金莲”冯国佩至今仍在从事传承工作。冯嘴子村的突出特点就在于花鼓灯文化景观、历史文化景观和自然风光、生态环境在地域组合上的高度一致，相辅相成，这为建设花鼓灯文化生态村和发展文化旅游业提供了不可多得的元素。

3. 花鼓灯文化生态村建设成果

近几年来，冯嘴子花鼓灯文化生态村建设艺人居所、冯派花鼓灯陈列馆（在建）等建筑 700 多平方米，初步恢复了打谷场及周边生态环境，花鼓灯班子开展经常性活动和传承活动，各项民俗活动不断，已成为农民玩灯的重要场所。中国艺术研究院舞研所和中国舞协调研后认为，冯嘴子村至今保存着花鼓灯的良好传承态势，在整个中国花鼓灯艺术的传播领域中占主体和主导地位，成为花鼓灯艺术保护价值最高的生态播布区，并于 2005 年授予冯嘴子村“中国花鼓灯第一村”称号，舞蹈大师贾作光先生专门题写了村名。如今的花鼓灯文化生态村是中国艺术研究院学术研究基地、韩国木浦大学文化交流基地。花鼓灯第一村艺术团（冯嘴子村灯班子）被中宣部、文化部授予服务农民、服务基层先进集体称号，多次参加央视演出。广大农民已经开始享受花鼓灯文化生态村建设带来的成果。

（三）推进政府主导、专家指导和百姓参与三结合

1. 坚持保护方针，突出政府的主导作用

蚌埠市组建了市长领衔的市、县（区）、乡、村四级花鼓灯保护组织，颁布了《蚌埠市保护和发展花鼓灯艺术的规定》，花鼓灯保护工程列入蚌埠市“3461”计划和安徽省“861”项目，已先后投入近千万元用于花鼓灯保护。

2. 充分依靠专家的理论指导和智力支持

聘请资华筠、冯双白等一批专家学者参与花鼓灯保护工作，进一步理清了花

鼓灯保护工作思路，架构了保护体系，先后召开了三次花鼓灯高端学术研讨会，花鼓灯保护工作呈现专业化特色和学术性特点，推进花鼓灯保护的理论创新，使保护工作也取得了事半功倍的效果。

3. 充分依靠保护主体推进花鼓灯传承工作

国家对非物质文化遗产保护的持续重视、专家的靠前指导、蚌埠市在花鼓灯保护上的良好运作，以及文化保护带来的越来越明显的成果，唤醒了老百姓文化保护意识，他们逐步认识到花鼓灯的价值，开始珍视自己的艺术，变“要我保护”为“我要保护”，主动出钱、出力、出工参与保护工作，自觉保护和传承花鼓灯行动在民间艺人中蔚然成风。

（1）恢复了花鼓灯文化空间。把每年正月十五日认定为花鼓灯在社区的文化空间，恢复在这一天的闹花灯活动。把农历 3 月 28 日的涂山赛灯会认定为花鼓灯在农村的文化空间，恢复在这一天举行大规模赛灯活动。每年庙会，都有来自淮河两岸几十个灯班子自发地在山上“抵灯”。

（2）实施“三千双百”工程（即 5 年内在民间培养 1000 个兰花、1000 个鼓架子、1000 个锣鼓班子、100 个花鼓灯班子、100 个花鼓灯艺人），壮大花鼓灯的群众基础。目前全市有 21 个晨练点约 3000 人练习花鼓灯。据统计，2008 年以来已培养锣鼓班子 400 多个，鼓架子 300 多个，兰花 400 多个，民间艺人 68 名，花鼓灯班子 50 多个。

4. 加强花鼓灯保护基础工作

深入开展普查，收集实物 100 多件，记录文字 10 多万字，音像资料 28 小时，建立了以流派传承为脉络的谱系建档工作；建成了第一个单一舞种的中国花鼓灯博物馆；联合中国艺术研究院舞蹈研究所成立中国花鼓灯研究工作室，一批博士、硕士开始对花鼓灯进行纵深研究；举办了“第六届安徽省花鼓灯会”和“中国花鼓灯歌舞节”，演出了大型广场歌舞诗《好一个花鼓灯》、《欢腾的鼓乡》、《大河之约》及大型踩街活动，这对花鼓灯艺术的传承起到了重要推动作用。

经过从申报试点、开展“申遗”到两个“国字号”项目的挂牌、成立安徽省花鼓灯歌舞剧院、举办中国花鼓灯歌舞节、花鼓灯成为国家级试点、央视直播等一系列活动，“花鼓灯”被炒热了，它拉动经济社会发展的作用明显了，“花鼓灯”的影响力扩大了，“花鼓灯”的文化价值提升了，蚌埠市进一步掀起了自觉保护花鼓灯的热潮，优秀传统文化在创新中得到新发展。

四 “中国农民歌会”成为讴歌新时代、展示新农村、服务新农民的文化新品牌

中国农民歌会首创于2008年，已连续举办三届，每届都创新不断，2010年荣获文化部第15届群星奖（项目奖），成为具有导向性、示范性、代表性和极具发展潜力的公共文化服务名牌。中国农民歌会以推进新农村建设为重要内容，以广泛开展的、丰富多彩的群众文化活动为基础，以其主题好、策划新、组织细及气势磅礴、独树一帜的表现内容与形式，提升了社会主义新农村文化的价值，成为精彩无限的艺术盛会，成为8亿农民的文化盛宴，成为一个立足安徽，面向全国，专为全国8亿农民打造的文化新品牌。

（一）以文化服务农村群众为宗旨，中国农民歌会应运而生

安徽是农业大省，全省6800万人中有近60%的人在农村，文化如何服务于农民群众？面对这一重要课题，安徽省把农村文化建设作为构建公共文化服务体系的重中之重，把推进农村文化服务作为加快文化强省建设的重要举措。文化部门按照“有阵地、上等级、创品牌”的思路，大力实施文化信息资源共享工程及乡镇综合文化站、县级“两馆”建设等重点文化“民生工程”，加强各级公共文化服务阵地建设，广泛开展丰富多彩的群众文化活动，积极打造公共文化服务品牌。中国农民歌会正是在这一背景下创出来、立起来的。

1. 首届歌会气势磅礴，震撼人心

2008年适逢我国纪念改革开放30周年。1978年，安徽省滁州市凤阳县小岗村18位农民，按下红手印，首创大包干，拉开中国农村改革的序幕。30年来，党的一系列惠农政策，使中国农民的命运发生了根本改变。安徽省抓住历史机遇，倡导举办中国农民歌会，打造面向农村、服务农民的文化品牌。文化部对此高度重视和大力支持，同意与安徽省人民政府、农业部共同主办。首届歌会分为“土地情深”、“家园美好”、“乡村恋曲”、“中国农民”等篇章，表现农民对土地的热爱，赞美农民的劳动创造和美好情感。歌会主题好、策划新、组织细，气势磅礴，独树一帜，成为精彩无限的艺术盛会、8亿农民的文化盛宴。

2. 第二届歌会结构严谨，艺术精湛

2009 年适逢新中国成立 60 周年，第二届歌会以 1949 年以来“三农”题材为主线，策划了“翻身道情”、“当家做主”、“小村故事”、“希望田野”、“小康大道”五个篇章，激情歌唱 8 亿农民的喜悦与欢畅，热情赞颂当代农村的改革与发展，尽情书写金色田野的富饶与美好，唱响勤劳致富之歌、幸福希望之歌、科学发展之歌、时代艺术之歌。

3. 第三届歌会做足“农”味，突出新作

2010 年，第三届中国农民歌会乘势而上，围绕“幸福之歌”的主题，策划了“山水欢歌”、“花海赛歌”、“丰收放歌”、“大地新歌”四个篇章，展示了新农民新风采、讴歌了新农村新成就、抒发了新时期新期待。在演唱各地经典农歌、民歌外，加大了时代新歌的分量，表现大学生村官的《乡路上的青春》、表现农民工生活的《快乐打工的男孩女孩》、歌颂沈浩事迹的《做人》以及新创主题曲《幸福之歌》等，表达了中国农民的幸福感受、幸福创造和幸福追求。

（二）精心策划、精心组织，中国农民歌会越唱越响

1. 唱农民、唱农村，农民唱、大家唱

唱农民、唱农村，歌唱农民的劳动、情感和创造，歌唱新农村建设的发展和成就，歌唱农民对未来生活的美好向往，是中国农民歌会的主旋律。农民唱、大家唱，是中国农民歌会的表现形式。每届中国农民歌会的演出阵容都由全国农民歌手、专业歌手、获奖歌手、著名歌手和群众演员组成，提升了农民歌会的艺术品质，扩大了农民歌会的影响力。

2. 创新歌、唱新歌、留新歌、传新歌

一是三届歌会创作了一批新歌，如《中国农民》、《小村故事》、《幸福之歌》等；二是重新整理、编配了一批经典农歌；三是传唱了一批新歌，如《小康之路》、《总书记来到咱小岗村》、《想起那一年》等，一批新歌已成为众多农村文化活动的必选曲目。

3. 全国性、创新性、参与性、系列性

全国性。一是歌会的内涵力图反映国家意志和国家精神；二是歌会的艺术品质力图达到国家级水准；三是歌曲选择面向全国，风格涵盖不同地域、不同民族；四是歌手选择面向全国。前两届歌会节目来自全国近 20 个省（区、市），

第三届扩大到近30个省（区、市）。

创新性。一是主题创新。首届歌会策划了“希望的田野”主题，歌颂改革开放、歌颂美好家园、歌颂和谐新农村。第二届歌会策划了“小康大道”主题，展示新农村、描绘新生活、讴歌新时代。第三届中国农民歌会将主题提炼为“幸福之歌”。二是形式创新。首届歌会为晚上广场演出，690名演员用画板组成的背景台拼成歌会会标、手印、乡村民居、大草原、黄土高坡、剪纸、过年等巨幅画面，并用多种道具参与演出，气势恢弘，震撼人心。第二届歌会是剧场演出，舞台为农林牧渔多彩实景，灯光和舞台实景相互映衬。第三届歌会是白天广场演出，梯田、流水、小桥、竹林、民居等乡村实景构成舞台，“赛歌”氛围浓郁，牧歌、山歌、茶歌、秧歌、花歌、酒歌、情歌、新歌等，你方唱罢我登场，相互唱和。

参与性。一是现场参与。每届歌会组织社会各界广泛参与，有当地农民群众、小岗村大包干带头人、农民科技致富先进典型，有沈浩、吴仁宝、郭凤莲等全国十大名村代表，有袁隆平等农业科技专家、全国农业产业化龙头企业代表、国内外知名涉农企业代表。二是投票参与。每届歌会都组织相关评选活动。首届歌会在中安在线网站发起“我最喜爱的民歌评选”，网友通过论坛、博客、跟帖等形式热情参与。第二届歌会组织了全国“唱农民、唱农村”群众最喜爱的歌曲评选，主要由农民和基层群众投票，最终评选出60首歌曲。第三届歌会广场舞调演、小戏调演、诗文大赛等多项活动通过现场观众投票评奖，让农民共享改革成果，共唱幸福之歌，共度欢乐时光。

系列性。中国农民歌会已经形成以开幕式为龙头，活动多项、形式多样、演出多场、覆盖多点、持续多日的特色。首届歌会策划了“金色的田野”安徽农民画·画农民作品展、“田野欢歌”全省联动演出、农村题材电影放映月、全省优秀剧目百场巡演、全省民营文艺表演团体优秀剧（节）目展演等。第二届歌会举办了全国“唱农民、唱农村”群众最喜爱的歌曲评选活动、“欢唱的布谷鸟”全省联动演出等，6000人参加、10万群众观看的安徽花鼓灯会大巡游与歌会一歌一舞，相得益彰。第三届歌会围绕“幸福”主题，组织了“幸福节拍”农民广场舞调演、“幸福流韵”农村题材小戏调演、“幸福华章”三农题材诗文大赛、“幸福图景”三农书画作品大赛暨获奖作品展、“幸福大地”安徽全省17市流动舞台车联动演出以及“群众离不开的好干部”沈浩学习活动等。

五　充分发挥科技和人才资源优势，推动合肥文化与科技融合创新

美国著名历史学家、政治学家、社会学家麦克高希在《世界文明史》著作中贯穿了一条主线，这就是——“每一种文明都是以一种新的占主导地位的文化科学技术的引入为开端的”。印刷科技、电子及通信科技、计算机及数字信息科技……都为文明、文化的新发展创造了新空间，开启了世界文明、文化进步的新时代。

当前，文化与科技融合成为推动文化创新的有效机制。加强文化与科技的融合，成为促进文化机构科研和业务发展、推动文化创新的重要手段。合肥市充分发挥科技、人才资源丰富的比较优势，把推动二者之间的融合发展作为加速文化产业崛起、提升文化产品竞争力的有效支撑，为合肥建设国家创新型城市和实施文化强省战略提供了重要推动力量。

（一）合肥推进文化与科技融合创新的主要做法

近年来，合肥坚持政府引导，以企业为主体，以体制机制创新为核心，以平台建设为载体，以人才为根本，以政策创新为保障，畅通文化与科技融合发展的通道，借助科技优势助推文化产业大发展。

1. 在定位上，明确将文化产业打造成为支柱产业

“十一五”时期，合肥市委市政府大力实施“文化强市”战略，锐意改革、克难创新，重点关注文化科技创新的效率和效益，文化建设全面快速发展，为全市经济社会跨越赶超提供了强有力的文化支撑。五年间，文化产业增加值增幅连年超过30%，2009年达115.62亿元，占全市GDP的5.5%，占全省总量的近1/3；2010年突破150亿元，占全市GDP的5.6%；到“十二五”末，全市文化产业增加值将达到500亿~600亿元，占全市GDP的8%~10%，成为重要支柱产业之一。

2. 在路径上，不断增强文化科技自主创新能力

始终坚持人才资源是第一资源，通过开展拔尖人才选拔培养工程、产业创新团队建设工程、海外高层次人才引进工程、高端人才柔性引进工程，不断强化人

才队伍建设，增强原始自主创新能力。推动文化体制机制创新，强化政策创新，先后出台促进现代服务业发展、推进文化强市若干意见等政策措施，在财政、税收、金融、土地等方面给予重点扶持，仅高新区每年即设立5000万元发展基金，扶持软件、动漫和服务外包产业的发展。

3. 在抓手上，强力推进科技基地和示范工程建设

紧紧抓住国家创新型城市试点、科技创新试点市和合芜蚌自主创新综合试验区建设的历史机遇，以增强自主创新能力为核心，大力推进科技基地和示范工程建设。打造创新服务基地，加快建设“一中心三基地”（科技创新公共服务和应用技术研发中心、科研集群基地、孵化基地、产业基地），组建语音信息等一批研究院。举办中国（合肥）自主创新要素对接会、“庐州创游”2010中国（合肥）国际数码娱乐嘉年华等大型科技与文化会展，为产业创新提供产学研对接平台。

4. 在载体上，以企业为主体促产学研用相结合

强化企业创新主体地位，培育和发展综合实力强、发展后劲足、竞争优势明显的文化企业，不断增强企业对科技成果的吸纳和转化能力。强化外来企业引进，放宽文化投资领域和条件，南京1912、中南卡通、北京幸星、开心网、左岸影城、万达影院、华谊兄弟电影院线等一大批全国知名的文化企业落户合肥。支持企业做大做强，中国合肥非物质文化遗产园充分挖掘历史文化资源，积极推动非物质文化遗产的传承、创新与发展。推动产学研用相结合，主动服务院（校）企合作，科大讯飞以其世界领先技术，打造集声音标本收集和交易、听觉体验、科普教育于一体的“全球音谷”，在全国独树一帜。

（二）合肥推进文化与科技融合创新的典型案例

经过几年的实践，合肥涌现出了一批“文化+科技”型的企业和项目，这批企业和项目在文化产业激烈竞争的格局中逆市飞扬，取得了很好的业绩。

科大讯飞——科技支撑文化发展的典范。该企业是一家专业从事智能语音及语言技术研究、软件及芯片产品开发、语音信息服务及电子政务系统集成的国家级骨干软件企业。2010年，国家智能语音高技术产业化基地落户合肥，科大讯飞语音产业基地正式启用。

动漫基地——文化与科技融合的新阵地。2007年国家动漫产业发展基地落户合肥，以动漫制作、网络游戏、影视特效、手机游戏、虚拟现实、影视制作和服务外包等产业为主要发展方向。2010 年产值达 36.1 亿元，预计全部建成后可容纳动漫企业 600 家，年制作时间 50000 分钟，产值 180 亿元，合肥数字动漫产业集群初具规模。

合肥非遗园——民族文化的经典传承。整个项目以“传承民族文化，弘扬民族精神”为宗旨，融现代光电、虚拟技术于一体，开展各种展示、演绎、旅游等文化体验项目，涵盖民俗餐饮、神话影视、古陶瓷、佛艺、楚汉砖雕、非遗动漫等 19 个子项目、上百种业态，力求打造一个以中国传统文化为主题的文化产业园。它是“安徽省文化产业示范基地”、“中国改革开放三十年改革与创新示范单位”、“中国创意产业园区最具品牌价值和投资价值园区”。

全球音谷——声音创意的文化艺术区。整个项目集声讯研究、语音合成、声音识别、声音搜索、标本建库共享、听觉体验、软件开发、创意孵化和衍生服务等于一体，是声讯高端研究和承接声讯产业转移基地，并力求打造成为荟萃全球声讯前沿科技的战略性新兴产业集聚区、创意文化及旅游观光的科技时尚体验区、世界最大的高科技声音创意文化艺术区。

（三）进一步加快推进文化与科技融合

在文化大发展大繁荣的新形势下，国家越来越重视科技对文化产业和文化事业发展的推动作用，积极运用包括科技在内的多种资源，促进文化产业和文化事业的跨越式发展。合肥市牢牢把握这一趋势，抢抓和分享国家文化产业大发展带来的机遇和成果。

1. 牢牢把握历史机遇

国家将推动文化产业科技进步摆到了相当突出的地位，科技型文化企业将受到社会更多的关注，在融资、纳税等国家政策上或能得到更多的引导与扶持，发展环境将变得更为宽松，这将为科技型文化企业特别是中小企业解决资金短缺、人才匮乏等问题，以及实现良性发展提供坚实的保障。相关方面要把握这一机遇，深刻认识到科技进步在推动文化产业跨越式发展中的作用和地位，改变原有的观念和认识，理清发展思路，帮助企业争取优惠政策，促进文化企业发展，为推动合肥文化与科技融合创新发展做好必要的思想和能力准备。

2. 加快创新体制机制

文化与科技融合的深度决定文化产业发展的速度和文化产品供给的丰度。在对待文化与科技融合发展上必须做到“两个为主”：即文化产业层面的文化与科技融合，必须坚持以企业为主；文化事业层面的文化与科技融合，坚持以市场为主。即要坚持以市场为导向，以科技和资本为纽带，打造“政、产、学、研”联盟，培育和引进一批拥有自主知识产权和文化创新能力的高科技文化龙头企业集团，使其具备独特的市场主体优势，提升文化企业综合竞争力和发展活力。

3. 搭建深度融合发展平台

文化与科技融合发展需要一个平台发挥承载和服务的作用。大力发展文化科技融合产业园区、产学研合作基地等特色产业基地园区，积极鼓励旧工业区、旧村和旧城区改造与文化产业园区建设相结合，龙头企业和重大项目相结合，规划建设一批文化产业园区和基地，加强文化产业公共技术、服务、信息平台建设，引导和促进文化产业集群化发展，形成一批特色产业集群。深入推动文化产业与科技、金融、旅游、装备制造、信息、商贸、教育、建筑等相关产业的深度融合，打造文化产业发展的新引擎。

4. 完善融合发展的政策体系

文化产业科技实力的提升，必须依靠政策的科学引导。要积极完善文化与科技融合发展引导政策，加快推进文化产业科技专项发展战略规划等政策的制定、实施。要进一步完善文化与科技融合发展扶持政策，健全政府文化建设投入机制，建立多元化投融资体系，为加快文化强市建设提供财力支持。当前，要针对中小科技型文化企业的发展，进一步制定细化有关政策措施，逐步化解融资难等问题，更好地激发中小科技型文化企业的市场活力。

5. 注重高端文化人才队伍建设

高端文化人才短缺是当前合肥市文化与科技“两张皮”的重要原因。为此，应加强各类专业人才培养和引进机制的建立，打造文化产业的高科技人才群。要改进培养方式，拓宽培养渠道，整合高等院校、科研院所及社会力量等资源，加紧推进文化科技人才的培养；推出更多的优惠政策以吸引国内外高层次科技人才，尤其是投资、资本运作、经营管理类高层次人才，不断营造有利于发挥各类人才才智的生存发展环境，完善科技人才考评管理机制，建立文化产业人才数据库和个人科技事业提升计划。探索造就一支适应合肥文化产业发展需要的文化创意创作人才、文化产业经营管理人才和复合型人才队伍。

六　整合传统文化资源，推进文化产业创新发展

从2005年至2011年，“中国国际徽商大会”已连续举办了7届。每一届徽商大会都有“文化产业发展论坛”同时举行，在徽商大会还专设了“徽”味十足的安徽各地域文化和文化产业展区……人们自然就把徽商大会和安徽文化、安徽文化产业联结在了一起——徽文化、徽商经济、安徽传统历史文化资源、安徽文化产业、安徽从文化大省向文化强省迈进——由此形成一组创新文化产业结构的“主题词”。2010年第六届徽商大会上，有318个文化产业重点招商项目，总投资达165.25亿美元（折合人民币1157亿元），项目数和总投资规模分别较上年增长22.3%和88.3%。文化产业招商项目重点突出、门类齐全、结构优化、布局合理、发展势头强劲。实际签约项目共计82个，总投资215.13亿元，协议引进资金200.47亿元。

2006年，安徽首次将文化产业作为独立板块参加徽商大会赴港招商，取得丰硕成果。2009年安徽赴港进行经贸交流活动，文化产业招商中有30个项目现场签约，投资总额37.5亿美元，协议引进资金23.6亿美元。投资总额和协议引进资金较上次赴港推介会分别增长150.3%和113.1%。2010年赴港招商时在文化产业项目推介会上，文化产业项目签约投资总额37.5亿美元。

从安徽来说，“徽文化”、“徽商”、“徽商精神”以至“徽学”等词所体现的文化和经济内涵，都是典型的历史传统文化或地域文化资源，的确可以与安徽文化产业的发展进行有机整合。用一句简单的话来说，那就是安徽传统文化中的“存量资源”，与安徽文化产业的“动量资源”相“链接”、相“整合”，即使在“边缘化”的交叉点上也可以形成一定的安徽文化和文化产业发展的新项目、新空间，实现文化与经济的双赢。

“徽商”与安徽文化产业的有机“整合”，就是一种很有智慧的原创性的策划和实践，也可以说是一种具有高价值的战略性选择，还可以说是传统历史文化资源与现代文化产业相结合、具有广阔发展前景的典型案例。从2006年第二届开始，徽商大会成功推出了文化产业方面的市场化、资本化系列活动，就是很好

的明证，也充分体现和贯彻落实了安徽“十一五”规划中“努力把文化资源优势变为文化产业优势”的理念。

“徽商”说到底是一种历史性的传统文化“资源”，是安徽可选择、可利用、可整合、可开发的一项“品牌”性历史文化资源。其实，“中国国际徽商大会”就是充分有效地利用、开发“徽商”这类历史文化资源的典型成功案例，它与安徽众多历史文化“资源”中创意的选择、立项的策划、具体项目的经营、人才和人力资源的创造性作用、把握未来趋势与商机、各媒体的互动造势以及安徽高层决策能力等，都是密不可分的。

“中国国际徽商大会”这一非常成功的典型案例，可以说是安徽文化和文化产业建设和发展的一部分，或者说，是安徽文化产业运营中的一个创新优质项目资源，还可以说，是安徽文化和文化产业一个创造性的、可供进一步综合开发利用的、促进安徽新崛起的优质文化“渠道和平台”。

文化产业的竞争力，部分取决于对文化资源的开发能力、文化创新能力和相关人才的创造力。文化资源是文化产业发展的命脉之一。关于“徽商”与安徽文化产业这一课题，完全可以进一步做纵深的探讨。特别是要发挥文化产业资源的软性力量，真正形成强势的综合竞争力。进一步对安徽省文化资源做深入调研、全面分析，以为长期开发设定边界条件，对优势领域进行选择，对省内不同地区文化产业发展进行科学规划布局，实现不同区域的不同功能整合，培植主导产业，为长期开发打好经济基础，实现文化产业持续快速增长。

七　推动“十二五”安徽文化大发展大繁荣

经过“十一五”的锐意开拓，安徽文化实现了超常规发展，具有明显的探索性和阶段性特征。但是，安徽在文化创新实践与探索的道路上依然面临诸多问题：一是文化改革面临许多新问题。群众文化需求多元多变，文化热点焦点增多。互联网等新兴媒体飞速发展，使先进文化引领难度进一步加大，如何加快转变文化发展方式、如何提升公共文化设施的绩效和品牌、如何提高文化产品竞争力、如何构建文化人才高等教育体系等，亟待探索。二是文化建设的布局和结构不尽合理。全省公共文化服务水平城乡差距大、地区不平衡。读书看报、进行公共文化鉴赏、参加公共文化活动等现阶段基本文化需求难以得到保障，基础性文化设施数量不足，布点不均，有空白、有落差，建设标准偏低，公益性不到位、均等性欠平衡、基本性难满足、便利性有差距。

“十二五”期间，针对发展中存在的问题，安徽需要实施四大文化创新发展战略：

一是公共文化服务体系建设创新战略。推动公共文化服务产品、结构、功能、品牌升级，提升公共文化服务的品质和层次。

二是精品艺术创作生产创新战略。整合资源，突出特色，集中攻关，重点投入，加强对重点剧（节）目创作生产的指导和协调。

三是文化遗产保护创新战略。树立“今天的建设就是明天的文物，今天的精品就是明天的遗产”理念，强化历史责任，传承传统文化，创造新型文化。

四是文化产业推进创新战略。创造条件，积极引导，结合资源特色和发展基础，以大聚集催化大产业，以大策划实现大发展，提升文化产品影响力、吸引力、竞争力。

主要从以下几方面着手：

——大力发挥龙头带动优势。推动安徽出版集团建成大型跨国文化传媒集团，推动报业、出版、发行、演艺、广电集团等建成全国一流的大型文化企业。形成以五大集团为龙头，各类骨干文化企业快速健康成长，文化皖企军团跻身全国第一方阵、阔步走向世界的强劲态势。

——着力推动文化产业集约发展。重点发展广播影视制作、新闻出版发行、文化创意等文化支柱产业。依托区域中心城市，规划建设 30 个左右科技含量较高、带动能力较强的省级文化产业园区和产业基地。

——充分发挥重大工程和重点项目的带动作用。加快组织实施一批成熟度高、成长性好，具有先导性、示范性和产业拉动作用的重大工程和重点项目。紧紧抓住国家批准设立皖江城市带承接产业转移示范区的难得机遇，在皖江示范区培育 2～3 个文化产业发展核心区域，积极融入“中国长三角文化创意产业带”。

——以科技为动力促进文化产业转型升级。运用数字、网络等高新技术促进文化创意等新兴文化业态发展，推动文化产业升级，使新兴文化业态成长为全省经济发展的增长点和文化繁荣的新亮点。

——切实加强文化市场建设。建立健全门类齐全的文化产品市场和文化要素市场，促进文化产品和生产要素的合理流动。

——造就一批在全国有影响的文化拔尖人才，一批富有改革精神的文化创新人才，一大批横跨文化、经济、科技等领域的文化领军人物。

另外，要坚持产业带动，做大做强演艺娱乐、网络、会展、工艺美术生产、艺术品交易等文化产业，优化结构，提升规模，延伸产业链；坚持园区带动，立足于资源特色、产业基础和交通区位等条件，打造若干特色文化产业板块，形成一批综合实力强、发展后劲足、竞争优势明显的国有龙头文化企业群；坚持科技带动，加快文化和科技融合，积极运用高新技术改造和提升传统文化产业，大力发展文化创意、动漫和游戏等战略性新兴文化产业，为文化产业的发展注入新的动力；坚持旅游带动，加强文化与旅游的深度结合，共兴共赢，积极开展有地方特色的文化旅游活动，打造文旅相结合的知名演艺产品。

文化，是人类认识和改造自然活动的历史积淀。安徽悠久的历史文化是一代代安徽人智慧的结晶，是最宝贵的精神财富。它起源于创新，又依靠创新而发展，其发展本身就是一个不断创新的历程。创新是文化的灵魂和生命，是文化发展和进步的关键。一种缺乏创新意识的文化不能代表先进文化的前进方向，文化只有根据社会和时代要求不断创新，才能永葆生机与活力。安徽文化之所以能够绵延不绝、历久弥新，就在于安徽文化传统中始终蕴含着一种生生不息的思想活力和创新精神。在当代，安徽文化唯有创新，才能更好地代表先进文化的前进方向，蓬勃向上、繁荣发展；唯有创新，才能更好地贴近实际、贴近生活、贴近群众，不断满足人民群众日益增长的多层次、多形式、多样化的精神文化需求；唯有创新，才能不断增强安徽文化的发展活力和竞争实力，在激烈的文化竞争中捍卫自身的利益，科学发展，加快转型，奋力崛起，兴皖富民。

B.20
北京文化创新的探索和实践

常　林*

“十一五”期间，北京市文化局坚持以邓小平理论和“三个代表”重要思想为指导，以科学发展观为统领，紧紧围绕构建社会主义和谐社会的目标，围绕构建和谐社会首善之区和“人文北京、科技北京、绿色北京”建设理念，在北京市委和市政府的领导下，解放思想、实事求是、与时俱进、开拓创新，在文化创新方面进行了有益的探索和实践。

一　深化文化体制改革

在2003年6月文化体制改革试点工作开始前，北京市文化局有下属单位51个。近年来，通过实施分类改革，采取“转、并、调、撤”的方式，减少了37个，保留了首都图书馆、文化艺术活动中心等公益事业机构7个（其中含2009年新成立的北京市非物质文化遗产保护中心，2010年新成立的北京市文化局资产监管事务中心）和需要保护的京剧、昆曲、交响等6个文艺院团及北京画院。

1. 对差额拨款事业单位区分两类情况实施改革

第一类，对发展比较成熟的差额拨款事业单位和1个全额事业单位，实施转企改制。我们相继完成了北京儿艺等5个艺术表演团体转企改制。北京儿童艺术剧院股份有限公司由北京青年报社参与，形成媒体控股的模式；北京歌舞剧院由首旅集团控股成立了北京歌舞剧院有限责任公司，实现了与旅游的有机结合。中国木偶艺术剧团转企改制为由民营资本控股的艺术院团，实现了体制上的重大突破。中国杂技团与中国银泰投资有限公司联合组建中国杂技团有限公司。全额事业单位北京市演出公司转制成为由国有资本控股的演出公司。通过转企改制，这

* 常林，北京市文化局政策法规处（文化产业处）处长。

些单位解除了原有体制的束缚，整合了优势资源，形成了富有活力的文化产品生产经营机制，文化生产力的巨大能量得到释放，实现了社会效益和经济效益的双丰收。

第二类：对发展不成熟的差额拨款事业单位，暂时保留事业体制，实行市场化运行。主要是京剧、昆曲、交响乐、评剧、曲剧、河北梆子（目前正在进行转企改制）6个文艺院团。主要原则是：保证人员基本收入；政府支持事业发展；院团努力服务社会，提升自身生活水平。

2. 对自收自支事业单位和企业采取转企改制和撤并方式进行改革

自收自支文化单位原有23家，已全部完成了改革；企业2家，也已全部完成改制。第一类，对发展比较成熟的自收自支事业单位实行转企改制。北京市对外文化交流公司转制成为由国有资本控股的有限责任公司。中山公园音乐堂通过引进北京保利影剧院管理有限公司的增量资本完成了改制工作。长安大戏院于2009年3月完成转企改制，转制成为北京长安大戏院有限公司。北京文化艺术音像出版社已于2009年底前完成转企改制工作，转制为国有企业。

第二类，对原有管理关系不顺畅和长期处于停业状态的自收自支事业单位予以划转撤销。根据2003年中央关于进一步治理党政部门报刊的有关精神，将《新剧本》编辑部和音乐周报社分别划转给北京文化艺术基金会和北京日报报业集团。将局机关幼儿园交给航天万源实业公司管理。撤销了因拆迁停业近20年的广和剧场、吉祥戏院和西单剧场的事业单位编制。

第三类，对自收自支企业实施改制，建立现代企业制度。顺利完成北京市电影公司、北京市电影器材公司改制工作，对北京市电影公司进行现代企业制度改造。2009年1月9日，北京市电影股份有限公司正式成立。

3. 整合资源，推动组建北京演艺集团

2008年，我们在认真调研的基础上，提出了将北京儿艺等9个已完成改制的分散的企业有机整合在一起，组建北京演艺集团，注册资金1.5亿元。经市委市政府批准，目前北京演艺集团已挂牌成立。此项改革，提升了产业集中度。

4. 对保留事业体制的文化单位重点进行内部调整

压缩规模，降低公共财政投入成本。对公共财政投入的全额事业单位通过压缩合并将9个单位压缩成3个。将北京市少年儿童图书馆并入首都图书馆。对北京市戏曲艺术职业学院、北京市艺术研究所和北京市文化艺术干部学校进行合并。将机关信息中心、老干部活动站并入机关事务管理服务中心。重组北京大型文化活动办公室和北京群众艺术馆，成立北京文化艺术活动中心。首图和北京文化艺术活动中心增加了指导全市图书馆和文化馆（站）的建设规划和业务发展的专业行政职能；北京市文化设施运营管理中心变更调整为北京市文化局资产监管事务中心，调整负责范围，对局属事业性文化资产进行管理。

二　构建公共文化服务体系

“十一五”期间，北京市文化局按照中央精神和北京市委、市政府关于加强公共文化服务体系建设的有关要求，重点在演出、电影、文化活动和图书馆服务等领域加大投入，提高建设标准和投入效益，提升服务能力和服务水平，兼顾城乡之间、区域之间的协调发展，形成了实用、便捷、高效的公共文化服务网络，形成了结构合理、发展均衡、网络健全、服务优质、覆盖全社会的比较完备的公共文化服务体系，保障了全市人民群众的基本文化权益和需求。

1. 增加公共文化建设财政资金投入，重点向基层倾斜

几年来，为进一步完善首都的公共文化服务体系建设，市财政不断增加对基层的文化资金投入，2006 年投入公共文化建设资金 2.22 亿元，2007 年投入 4.37 亿元，2008 年投入 5.1 亿元，2009 年投入 6.19 亿元，2010 年投入 3.92 亿元，五年累计投入资金合计 21.8 亿元。

其中，经过认真调研，找准基层群众文化需求的重点，以举办奥运会为契机，为街道乡镇和社区行政村配备了一系列重要文化设备，为丰富基层群众的文化生活提供了条件。其中：配备演出灯光、音像设备 19 套，流动舞台演出车 21 辆，流动图书捐赠车 20 辆；为街道乡镇文化站配备了 315 套灯光、音像设备，3859 套数字电影放映设备，315 辆数字电影放映车。为所有街道、乡镇文化中心各支持一套 25 万元的广场演出用灯光音响设备；同时为各区县配备流动演出舞台车 1 辆、图书捐赠车 1 辆、奥运文化广场演出设备 1 套；改造远郊区县 10 个剧场并建设 10 个文化广场；2009 年，给每个文化活动室 5000 ~ 15000 元活动经费，给每个区县文化设施维护费 100 万元，给每个街道文化信息共享维护费 1 万元。同时，加强制度建设，在支持基层的资金下拨方面摸索出“明确目标—项目调研—出台标准—区县申报—专家审核—资金扶持—跟踪指导—资金检查”

的系列化工作模式，使工作环环相扣，保证了资金使用和活动的效益最大化。

“十一五”期间，北京市加大公共图书馆建设投入力度。从2005年到2009年，全市县级以上公共图书馆全年总经费从16893.1万元增加到22981.2万元，增长率36%；年度购书经费从3726.4万元增加到4486万元，增长率20.4%。由于以上财政投入及政策支持，“十一五”期间，北京市公共图书馆购书经费得到保障，全市县级以上公共图书馆2009年总藏书量达到15786095册，比2005年增长了41.8%。截至2009年底，全市人均购书费达到2.65元，人均藏书0.9册。2009年，全市18个区（县）所有参评的公共图书馆全部获得全国一级馆称号。街道（乡镇）图书馆实现全覆盖。

2. 加强文化设施建设，提高服务水平

“十一五”期间，文化设施建设成效显著，文化设施资源逐步丰富。北京市基本形成了市文化艺术活动中心、区（县）文化馆、街道（乡镇）文化服务中心和社区（行政村）文化室（多媒体综合文化中心）四级公共文化设施服务体系和网络，基本实现了街道（乡镇）文化服务中心和社区（行政村）文化室（多媒体综合文化中心）全覆盖的目标。截至2010年底，拥有区（县）文化馆19个，街道（乡镇）文化站317个，社区文化活动室2398个，以农村的综合数字影厅为依托，集文化信息、报刊阅览、文艺演出、数字电影放映等于一体，建成3884个行政村多媒体综合文化中心，基本实现了北京市农村基础文化设施全覆盖的目标。

为了加强运营管理、提高公共文化设施服务水平，北京市文化局与市发改委联合颁布了《北京市基层公共文化设施建设标准（试行）》。该标准明确了基层公共文化设施应具备演出放映、信息阅览、交流培训和活动健身等综合文化服务功能。这些设施建成后，成为基层群众参与公共文化活动的重要平台，保障了基层群众的基本文化权益。

建成以首都图书馆为中心，23个区（县）级图书馆（含4个区级少儿图书馆）为地区分中心，319个街道（乡镇）图书馆、4165个社区（村）图书室为服务终端的公共图书馆服务网络。市委、市政府对文化信息共享工程加大投入，工程建设进入了全面发展的阶段，截至目前共建设各级共享工程分中心、区（县）支中心和基层服务点4295个，提前两年完成共享工程行政村基层服务点的全覆盖，形成了“国家中心——北京市分中心——区县分中心——基层中心——基层服务点”五级网络体系。并在此基础上，指导和推动全市公共图书馆积极开展政府政务信息公开工作，整合多方资源，建设跨系统的综合文化信息服务平台，深入调查研究，追踪先进技术，科学推进信息入户工作。

3. 构建覆盖城乡的演出服务体系

秉承服务全民、努力使全体市民平等享受文化权益的理念，逐步加大了公益性演出的投入力度，大力构建了覆盖全市的惠民演出体系，打造了多项公益性演出品牌项目，包括面向农村地区的“文艺演出星火工程”和“周末场演出计划”、面向城区的“百姓周末大舞台”和“百姓大戏节”、面向未成年人的“民族艺术进校园”和“打开艺术之门”、面向弱势群体的“走进长安戏曲之门”和“让低收入群体进剧场看戏”。针对城市弱势群体，北京市文化局实施了文化扶贫工程，向低收入弱势群体提供无偿的文化服务，让市民平等享有文化权益。2011 年，采取政府购买的方式，专门请包括残障人士、孤寡老人、外来务工人员等在内的弱势群体，走进国家级的剧场，免费观看国家级文艺院团的高水平演出。

“文艺演出星火工程”通过政府购买服务的方式，吸引专业艺术院团进村演出，同时鼓励民营职业艺术团体和农村文艺演出团队跨地区交换演出，加强区县间的群众文化交流，提升群众业余文艺团队的创作水平和表演水平，让村民们不出村、不花钱就能够欣赏到精彩的文艺演出。目前，基本上每个行政村每年都能观看 2～3 场高水平的专业文艺演出，“十一五”期间共演出 42811 场。

“周末场演出计划”于 2006 年正式推出，旨在丰富京郊百姓的文化生活，培育京郊演出市场。演出利用郊区县闲置的室内剧场，采取政府对演出院团和剧场给予部分补贴的方式，在每周末以低票价吸引市民走进剧场观看专业演出。现在，12 个郊区县的居民只需在当地花 10～30 元，就能欣赏到一场高质量、高水准的文艺表演。“周末场演出计划”培育了京郊区县的演出市场，培养了居民购票观演的消费习惯，受到了广大郊区群众的热烈欢迎。项目至 2010 年底共演出 2956 场。

“百姓周末大舞台”是北京市文化局继“周末场演出计划”和农村“文艺演出星火工程”之后推出的又一项公益性惠民演出项目，旨在让更多的北京城区老百姓在家门口欣赏到高水平的文艺演出。演出地点选择在近年来文化局支持建设的部分城市露天剧场，由政府出资购买文艺演出和演出场地服务，在周末和节

假日免费为市民提供演出，满足了城区百姓对文化服务的需求。试运营三个月共演出118场，其中有戏曲、歌舞、曲艺、儿童剧、杂技、魔术、皮影等文艺节目。“百姓周末大舞台”的推出，与商业演出市场相互弥补、相得益彰，达到了政府满意、演出院团满意，最终使广大市民普通老百姓满意的良好效果。

“百姓大戏节”活动是2010年春节，北京市文化局推出的一项文化惠民演出项目，自大年初一持续到正月十五，政府买单，百姓看戏，旨在丰富市民文化生活。“大戏节”包括三项内容：一是在六个城区露天剧场举办与传统庙会活动相结合的演出，六天上演了72场戏曲及综艺节目；二是在远郊区（县）剧场结合“周末场”剧场开展演出活动；三是在十个区（县）的行政村举办“文艺演出星火工程”跨区县演出，其中城区露天剧场演出是“百姓大戏节”的核心部分。

“民族艺术进校园”项目是由市委宣传部牵头，北京市文化局与市教委联合推出的面向校园的艺术普及活动。主旨在向学生介绍我国优秀民族文化和国外的经典艺术。项目由政府出资支付演出团体费用，校方挑选优秀剧目进校园演出，将文化艺术的普及与中小学的德育美育相结合。针对中学生、小学生的欣赏口味，推出了适合不同年龄段的剧（节）目，活动包括戏曲曲种讲解、唱段学唱和节目表演几个部分。活动举办5年来，演出达到5000多场次，观看学生250余万人次，已成为传承中国文化、开展学生课外艺术教育的阵地和课堂。

“打开艺术之门”创办于1994年，是目前北京最有影响力、最受学生和家长欢迎的“青少年公益性艺术节”。16年来“打开艺术之门”一直秉承“高水准、低票价（10～100元）”的宗旨，艺术形式涵盖京剧、昆曲、评剧、芭蕾、相声、木偶剧等，以及夏令营、讲座等全方位互动内容。“打开艺术之门”每年平均上座率高达85%，16年来推出了800余场高水准的演出，上百个海内外的艺术团体、上千名大师名家参加演出，近百万青少年和听众通过“打开艺术之门”走进音乐与艺术的殿堂。

4. 构建覆盖城乡的文化活动体系

建设了一批户外景观剧场和文化广场。以北京市现有公园、广场资源为依托，建成了13个露天景观剧场。为满足2008年奥运会期间演出活动的需要，支持18个区县建设了26个奥运文化广场，对每个广场补助150万元资金，用于配备演出所需的灯光、音响设备，为人民群众提供了一批户外文化休闲娱乐场所，弥补了北京市文化设施的不足。

为满足农村和边远地区群众的文化需求，为各区县配备了演出服务车、电影放映车、图书借阅车和图书捐赠收集车各1辆。此外，为了保障在各种流动场所演出的质量，还为各区县配备了价值180万元、功能齐全的大型流动演出舞台车。

为培育文化活动品牌、引导全社会力量参与、丰富文化活动项目，继续指导举办好全市性的北京国际戏剧演出季、北京国际舞蹈演出季、北京国际音乐节、新年音乐会等活动。

突出地域特色，引导、扶持各区县培育品牌性的特色文化活动，如“朝阳流行音乐周”、“宣南文化艺术节”等活动，满足群众文化需要，服务当地经济和社会发展。连续两年开展了“迎奥运，我最喜欢的北京春节庙会（灯会）”活动，巩固提高了春节、元宵节、中秋节等传统民俗节庆活动的文化水平。

全市群众文化丰富活跃，圆满完成国家重点庆典任务。在软、硬件的保障下，全市群众文化权益得到了基本保障，群众文化活动丰富多彩。紧紧抓住奥运机遇，提高首都文化活动水平，成立了“奥运文化办公室”，统筹开展相关工作。2008年，成功举办了一系列城市奥运文化活动。“奥运北京——2008文化之都”展览展示等活动，受得国际奥委会高度评价。在庆祝新中国成立60周年华诞之际，首都各界5万多群众参加了12个板块的群众联欢活动，不同行业、不同领域、不同民族的群众，同心同志，营造出了喜庆热烈、绚丽多彩、举国同庆的节日氛围，充分展示了中华民族优秀文化与当代青年的精神风貌，得到了中央领导“很精彩、很震撼、很感动”的高度赞扬。2010年春节期间，举办群众文化活动172项。“五一”期间，各区县以迎世博、倡导低碳生活为主题，举办了各类文化活动和提供文化服务项目130项。在全国第十五届群星奖大赛中，北京市11个作品、项目和个人获得“群星奖”，获奖成绩在全国名列前茅。

5. 加强制度建设，规范服务标准

2007年市文化局和市发改委共同制定了《北京市基层公共文化设施建设标准》（试行）。2009年，为了支持各区县开展品牌性活动，市文化局与市财政局共同制定了《北京市文化划转事项及资金管理办法》，明确了文化活动的经费标准。2010年，我们开始研究制定基层公共文化服务规范和标准。通过建立公共文化服务需求机制、效果评价机制、投入机制、绩效考评机制和激励约束机制等

管理制度，将进一步提升基层公共文化设施服务质量和服务水平。这些政策的制定，为公共文化事业的进一步发展打下了坚实的基础。

6. 构建公共图书馆服务体系和“文化信息资源共享工程”服务网络

逐步建设以首都图书馆为中心图书馆总馆、区县级图书馆为分馆、街道乡镇级图书馆为基层馆和社区、行政村图书室为借阅点的四级图书馆服务体系，加快首都图书馆二期工程建设，进一步强化和完善首都图书馆的北京市中心图书馆的功能。截至2009年底，以首都图书馆为中心，20个区级图书馆（含4个区级少儿图书馆）、2个县级图书馆和1个燕山图书馆为地区分中心，325个街道（乡镇）图书馆、3864个社区（村）图书室为服务终端的公共图书馆服务网络已经形成，总计建成计算机联网点171个，实现了联合检索、联合编目、馆际互借和“一卡通”图书通借通还服务，直接面向社区、农村，服务基层群众，保障了公民基本文化权利。以覆盖全市的公共图书馆服务体系为依托，建设“全国文化信息资源共享工程”服务点网络，整合农村现有文化设施，通过多种渠道开展文化信息服务。建成文化信息资源共享工程各级中心、基层服务点4295个，已实现覆盖率100%，完成了文化建设“十一五”规划中规定的“基本完成全国市、县、乡镇分中心和50%的行政村服务点建设”的目标。其中，“北京记忆”数字资源网站已经开通，成为具有北京文化特色、进行网络文化服务的重要资源平台。

公共图书馆服务内容日益丰富，文化服务更加便民。自2008年起，北京市公共图书馆统一取消读者卡办证工本费、注册费和临时阅览证费，公共图书馆实现免费服务，进一步实现了公共图书馆的公益性目标。着力保障弱势群体、特殊群体公平获取文献信息的权利。通过举办品牌读书活动吸引广大市民走进图书馆。

全市共有联网图书馆140家，其中有56家成员馆开通了通还服务。“一卡通”服务有序开展。“城市街区自助图书馆”在首都图书馆广场已安装并运行，还将在全市进行推广。“城市街区自助图书馆”可以24小时全天候为市民提供图书自助借书、还书、申办借书证、续借、查询等自助服务功能，有效地提高了公共图书馆文献资源的利用率，拓展了图书馆的服务外延。

7. 健全各类群众文艺团队机构，组建文化志愿者队伍

全市共有各级政府和各类社会主办的群众文化团队和社团11074支。实现了市级有优秀品牌团队，一区一县有一总团，一街一乡有一分团，一社一村有一队伍的目标。每年参与活动的群众累计达到近千万人次。这些人员来自不同行业、不同工作岗位。为了弘扬奥运志愿者精神，借鉴奥运志愿者的成功经验，满足基层对专门文化服务队伍的需求，2009 年初，我们成立了北京市文化志愿者服务管理中心，在 18 个区县设立了分中心。目前全市在册志愿者近万人。文化志愿者可以提供 7 大类 52 个服务项目，主要包括艺术培训辅导、艺术讲座、笔会、合唱指挥、展览展示类等。2010 年春节期间，志愿者在密云县等 10 个区县开展了送“福”下乡公益活动。2010 年，根据文化部的安排，我们还将组织文化志愿者赴新疆，开展援疆工作。

三　促进文化创意产业发展

1. 文化创意产业发展基本情况

“十一五”期间，市委、市政府非常重视文化创意产业的发展，北京市的文化创意产业快速发展，已经成为北京市一个重要的经济支柱。根据北京市统计局的统计，2010 年，全市文化创意产业实现增加值 1692.2 亿元，比上年增加近 200 亿元，占全市 GDP 的比重为 12.3%。文化创意产业连续 6 年稳步增长。按现价计算，“十一五”时期，文化创意产业增加值年均增速高达 20%，在各行业中仅次于金融业居第二位；规模上次于金融业、制造业而成为首都第三大行业，这标志着文化创意产业已由培育引导期进入全面快速繁荣发展阶段，并逐步发展成为支撑首都经济发展的新兴战略产业。

2. 文化创意产业工作体系建设

北京市采取了一系列行之有效的措施，构建了七个方面的工作体系。

一是构建了北京市文化创意产业的组织领导协调推进体系。2006 年，北京市成立了文化创意产业领导小组，由市委书记任组长，市长任常务副组长。领导小组由北京市 23 个委办局组成，主要职责是决策，协调北京市文化创意产业的重大政策、重要项目、重大事项，领导小组下设办公室，办公室具体承担了推进北京市文化创意产业发展的具体工作，领导小组办公室设在市委宣传部。为了开展工作，成立了市文化创意产业促进中心，承担领导小组办公室交办的具体事务。全市各区县结合本地实际，也成立了本区县文化创意产业领导小组和办公

室，有的区县还成立了促进中心和研究中心。目前，市区两级协调开展文化创意产业工作的格局已经形成，并且发挥了非常好的引领作用。

二是构架了文化创意产业政策的支撑体系。2006 年北京市出台了《北京市关于支持文化创意产业发展的若干政策》，从人才引进、财政、税收、规划等八方面，从宏观上制定了支持文化创意产业的政策。近年来，以此为基础，相继出台了 11 个相关行业的实施细则。各区县也出台了一批支持文化创意产业的相关政策。行业政策实施办法和区域政策相结合的政策框架体系已经形成。

三是构建了文化创意产业的规划指导体系。2008 年，北京市发布了《北京市十一五时期文化创意产业发展规划》，从指导思想、奋斗目标和实施路径，做了全面的设计。18 个区县相应的文化创意产业规划、21 个聚集区涉及经济区的经济规划也基本形成。以总规划为基础，行业规划、区域规划和地区规划框架体系基本构成，这些规划可引导文化创意产业更加有序、更加健康地发展。

四是构建了文化创意产业资金的保证体系。从 2006 年开始，北京市正式设立了文化创意产业发展专项资金，每年安排 5 亿元，4 年共投入资金 20 亿元，带动了社会资本投资。建立了市文化创意产业市级集聚区基础设施发展专项资金，三年安排 3. 5 亿元，用于支持市级聚集区基础设施建设，如道路、供电、公共服务技术平台，包括引进宽带。部分区县也设立了文化创意产业发展专项资金。因此，市区两级的资金保障、引导资金投入的框架体系基本形成。

五是构建了文化创意产业投融资服务体系。为了解决中小文化企业融资难的问题，积极吸引金融机构加入文化创意产业行业中来。2007 年 11 月，北京市以文化创意产业促进会的名义与北京银行和交通银行北京分行签订了战略框架协议，积极引领金融机构、金融资本来推动产业发展。北京银行、交通银行北京分行对文化创意企业开辟贷款绿色通道，推出无形资产质押贷款试点，设立专项授信额度，建立快速审批机制。其中，北京银行每年为文化创意企业提供授信额度 50 亿元。北京演艺集团有限责任公司获得意向性贷款 10 亿元的授信额度。

六是构建了现代文化市场的服务体系。一是积极发展交易会，以引领产业发展，从 2006 年开始，北京市创办了北京国际文化创意产业博览会，把它打造成一个面对国际国内两个市场的文化经济贸易平台，为北京市的企业发展提供交易服务。二是加强知识产权保护，北京市出台了知识产权保护政策，同时大力发展中介组织，包括行业协会、文化经纪机构、演出经纪机构、画廊、艺术经理人等。不久前，市文化局与北京演出行业协会在北京大学举办了演艺经理人培训班，这是推进北京市演出市场、推进演出经纪机构发展的举措之一。三是抓发展，抓繁荣，规范市场，扫黄打非，充分发挥政府职能部门的作用，建立良好的市场秩序。

七是构建了文化创意产业人才的支撑体系。近年来，北京市在培养文化创意产业人才方面，采取了三个层面的政策，一是利用北京高校和科研院所汇集的优势，建立产学研一体化的推进机制，目前，在京的所有全国重点院校都成立了文化创意产业研究机构。北京大学率先成立了文化产业研究院，清华大学、中国人民大学、北师大等，都成立了研究机构。二是加强在职培训，这几年，推出了文化经营管理培训工程，通过在职培训，使精英管理人才脱颖而出。三是引进人才，市人事局正在研究制定北京市文化创意产业人才引进鼓励政策。

四　积极开展对外文化交流

积极实施文化“走出去”战略，促进对外文化交流与宣传，弘扬中华民族优秀文化。

——充分利用奥运会机遇，积极利用海外中国文化中心，开展了宣传北京、宣传奥运的系列文化活动，促进中国文化走向世界，打造北京外宣工作的品牌工程，树立了北京良好的国际形象。

——以春节为契机、文化为载体，在海外打造“春节品牌”。北京市文化局集中北京的文化资源，组派多个文化团组，于春节期间赴国外举办丰富多彩的活动。赴伦敦参加伦敦“中国季”活动，赴泰国参加庆祝中泰两国建交30周年和泰国王登基60周年活动，赴澳大利亚堪培拉大剧院参加澳大利亚多元艺术节的开幕演出，赴澳大利亚悉尼参加“北京风情舞动悉尼”大型文化宣传活动，赴埃及进行中国民俗文化演出和展示，赴芬兰赫尔辛基举办中国春节活动，赴阿曼参加“马斯喀特艺术节”，赴菲律宾参加第六届菲中传统文化节。

——以友好城市为突破口，拓展和加深北京市文化交流的范围和深度。在北京市的对外文化交流和宣传中，紧紧抓住了友好城市这一突破口，积极开展北京市与不同地区友好城市间的文化交流。赴古巴参加以中国为主宾国的第十届古巴国际艺术节，赴赫尔辛基参加中国文化节，赴莫斯科举办了“北京周”活动，

赴惠灵顿演出，并与《北京晚报·美食周刊》一同举办中华美食之夜活动。

——实施北京国际艺术节海外推广计划，提升北京品牌文化活动的国际知名度。选择重点国家和地区办好北京文化节、北京文化周活动。近年来，北京市在世界多个国家和地区举办了一系列北京文化节、北京文化周活动，旨在利用北京市丰富的文化资源宣传优秀文化艺术，并树立北京市良好的国际形象。

——开展“灯下亮”工程。我们加强了对北京的外籍人士和外籍机构的宣传，在京开展了一系列以“灯下亮”为主题的宣传活动。一是针对在京外籍人士，开展京味文化活动。二是利用新年音乐会、北京国际音乐节、北京国际交响乐演出季、北京国际戏剧季、北京国际舞蹈季等活动打造世界文化中心，树立“文化北京”新形象。三是借助在北京举办的重要外事活动，北京市文化局成功地在财富论坛、中国——东盟建立对话关系15周年纪念峰会、中非合作论坛北京峰会、诺贝尔北京论坛、文博会、外国使节招待会等重要外事活动上，进行文化外宣。四是开发旅游场演出和涉外参观单位，开展文化外宣。北京市文化局为外国游客打造了以梨园剧场的京剧、天地剧场的杂技和北京之夜的歌舞为主的旅游专场演出。

B.21
福建文化创新的实践与探索

宋闽旺*

文化要繁荣发展最根本的是创新，创新是文化的本质特征。近年来，福建省文化工作按照“高举旗帜、围绕大局、服务人民、改革创新”的总要求，不断深化对文化事业、文化产业的认识，积极探索文化工作改革创新、先行先试的方法和途径，取得了明显成效，有力地推动了福建文化强省建设又好又快发展。

一　福建文化创新工作的主要成效

1. 文化体制改革创新有进展

积极探索建立宏观文化管理体制，全省9个设区市有6个撤并成立地市级文化广电新闻出版局，有1个撤并成立文化新闻出版局、2个撤并成立文化与出版局。逐步推进院团改革试点工作。省文艺音像出版社、省杂技团已基本完成转企改制任务，汇总修改形成了《全省国有文艺院团体制改革总体工作方案（征求意见稿）》和《福建演艺集团有限责任公司组建方案（征求意见稿）》。联合省委宣传部发文要求各地市按中央和省委省政府精神上报各国有文艺院团改革（转制、整合、撤销、划转）名单。厦门作为改革试点城市和莆田市一道获全国表彰。大力推进省属艺术院团劳动人事、收入分配、社会保障三项制度改革。省图书馆、省艺术馆、省博物院、省美术馆作为公益性文化事业单位改革试点进行科学设岗，完成了岗位设置工作，目前正在进行绩效工资的改革，已有若干个单位兑现了绩效工资；省图书馆专业职称评聘方案获得批准，按照3∶4∶3进行，完成了全员聘任工作。加快文化市场综合执法步伐，全省9个设区市目前都挂牌成立了文化市场综合执法机构，石狮、南安、泉港、建宁、宁化、武平、漳平等

* 宋闽旺，福建省文化厅厅长。

45 个县（市、区）已组建综合执法机构。强调“人民为重、艺术为重、作风为重”，加强文化人才队伍建设，干部和专业人员的培训力度不断加大，人员结构和素质不断改善，专业技术职称评审走向正常、规范。省政府聘请艺术顾问、出台梅花奖奖励办法。省属各艺术院团 2008 年实现了“一团（院）一场”。省政府制定出台了省属艺术院团演出补贴和高雅艺术进校园、京剧低票价演出办法，加大“政府购买服务”力度。

2. 公共文化服务创新有新模式

不断探索公共文化服务内容和形式的创新，切实保障广大群众基本文化权益。福建艺术扶贫工程、村级文化协管员建设、福建省图书馆“东南周末讲坛”，福州激情广场大家唱等公共文化服务项目成为福建省公益文化事业的知名品牌。如，自 2004 年开始，由福建省艺术馆牵头组织，全省各级艺术（群众艺术馆）、文化馆共同参与的福建艺术扶贫工程，从“关注农村、关注贫困、关注教育”的社会视角，充分利用文化馆的艺术资源，针对贫困、边远地区学校的艺术教育匮乏问题进行帮扶。福建艺术扶贫工程以“四个一”突破原有文化馆工作格局，即开创一个先例，把城市资源无偿输入偏远农村；形成一种机制，把文化下乡转化扎根为乡下文化；创设一个典范，把各方力量感召到扶贫帮困的队伍中去；树立一种精神，升华文化馆专业人员的思想境界，探索实践农村公共文化服务，彰显公益性文化事业公共文化服务职责所在。福建艺术扶贫工程 2009 年荣获第三届文化部创新奖；2010 年被文化部列入国家文化创新工程；2011 年被文化部列入国家公共文化服务示范项目。2006 年，福建省结合农村基层文化建设工作实际，创造性地提出在全省近 1.5 万个行政村设立村级文化协管员，在不增加编制的情况下，通过发放津贴的方式，建立村级文化协管员队伍。村级文化协管员制度的建立，从根本上改变了以往单纯依靠“送文化”的模式，“种文化”“育文化”成为农村文化发展的日常形态。2010 年，全省农村开展文化活动 17 万多场，参与群众达 1700 多万人次。同时，在村级文化协管员的管理方面，目前已基本形成“县级文化主管部门指导、乡镇文化站管理、任务绩效考聘、服务广大村民”的农村文化协管员管理机制。2010 年，村级文化协管员培训项目获第十五届“群星奖”公共文化服务奖。“福建流动图书馆工程”也已启动。首批试点的十个县（市）级分馆与省图书馆签约，接受“福建省图书馆分馆”牌匾。“福建流动图书馆工程”不同于以往的“送书下乡”，其运行模式是以基层图书馆为基本架构，依托省图书馆图书物流、24 小时自助图书馆、数字文化资源、网络媒介等优势，在各县级公共图书馆和城市社区之间形成“总馆——分馆（流通点）”图书馆协作网络，搭建以省馆为中心，服务辐射全省基层的流动服务网络架构。此前，省图书馆已在政府机关、企业、学校、社区、监狱、部队等设立分馆或流通点，并已配备流动图书车、RFID（城市街区 24 小时自助图书馆）等服务载体，逐步构建了以群众文化需求为导向的“公共文化服务”的新模式。福建博物院迎“五一”系列展览活动推出四个展览，涉及书画、玉器、寿山石、漆器等 4 类精品展，以扶持民间收藏的宣传和服务为主线，其中大多精品来自民间大藏家。此举为福建省首创公共博物馆办展模式，实现民间藏品走进公共博物馆三赢局面，即公众欣赏到文化精品，博物馆弥补自身馆藏的局限性，收藏家从社会公众认可中获得精神愉悦。

3. 艺术生产创作有新突破

党的十七大以来，福建省深入实施舞台艺术精品战略，不断打造一批精品力作，一些作品在全国产生较大影响。其中获得“五个一工程”奖 2 项、文华大奖（含特别奖）3 项、国家舞台艺术精品工程年度资助项目 4 项，入选文化部“首届优秀保留剧目大奖”3 个（数量位居全国榜首）；7 人次获中国“梅花奖”，1 人次获文化部首次单独评选的“文华表演奖”，3 个项目、10 个节目获“群星奖”。同时，举办了全省戏剧会演、中国国际钢琴比赛、（国际）世界合唱节、“武夷奖”中青年演员比赛、福建省音乐舞蹈节、福建艺术节等。其中，第四届福建艺术节是迄今规格最高、规模最大、持续时间最长的一次艺术盛会，共举办十大系列活动、百场次演出。台湾唐美云歌仔戏团与厦门市歌仔戏剧团合作排演的大型歌仔戏剧目《蝴蝶之恋》亮相 2009 年海峡两岸民间艺术节开幕式，还作为压轴戏参加在厦门举办的第 11 届中国戏剧节，这也是中国戏剧节上首次出现两岸合作的剧目。福建省南安市蓉中村在北京人民大会堂与中国东方演艺集团举行了共建与战略合作协议签字仪式。双方将出资组建中国东方演艺集团蓉中文化产业有限公司，分步开展新农村文化艺术培训、舞台演艺项目合作、影视产业合作、影视基地开发与建设、文化品牌的延伸与附加价值建设等方面合作。由福建省文化厅和永定县共同出品的福建省首部原创歌剧《土楼》近日在福州成功首演。此前创作的大型交响乐《土楼回响》，荣获首届中国音乐奖——“金钟奖”；创作的大型原生态客家风情歌舞集《土楼神韵》，作为福建第一台剧目进入国家

大剧院演出。原创数字电影《鹤乡谣》获得了2009美国圣地亚哥第六届国际儿童电影节组委会“优秀影片奖”、2010年第十五届好莱坞国际家庭电影节唯一的“最佳外语电影制片奖”等奖项。首届福建大剧院艺术节历时50天，共推出18台大戏，举办21场演出，接待观众累计达1.7万人次，发放免费公益门票千余张，突出展示“艺术性”、“开放性”、“市场性”和“公益性”。由台湾九歌儿童剧团与福州市歌舞剧院联袂演出的儿童剧《判官审石头》在半个月的时间里，在全省九地市巡演20场，开创了福建省本土儿童剧目举办全省巡演的先例。

4. 文化遗产保护有新举措

闽南文化生态保护实验区是文化部设立的第一个国家级文化生态保护实验区，自2007年6月9日成立以来，福建在没有任何模式可参照的情况下，边实践边总结，经过4年努力，逐步形成了“保护是基础，传承是核心，交流是载体，研究是关键，分类是重点”的工作思路，取得了阶段性成果。省政府批准设立第一个省级“妈祖文化生态保护实验区”。2008年在全国第一个以省级人民政府名义依法公布了第一批省级非物质文化遗产项目代表性传承人。目前，全省共有省级非物质文化遗产项目288项，拥有国家级非物质文化遗产名录项目80项（113个子项），411名省级非物质文化遗产项目代表性传承人（其中国家级传承人88名）。在闽南文化生态保护实验区设立50个示范点（示范园区）。“南音”、“妈祖信俗”、“中国剪纸”、“中国传统木结构建筑营造技艺”入选联合国《人类非物质文化遗产代表作名录》，“中国木拱桥营造技艺”、“中国水密隔舱福船制造技艺”入选联合国《急需保护的非物质文化遗产名录》。主办的海峡两岸闽南文化生态保护研讨会，为海峡两岸首次以公开方式共同探讨文化生态保护理论、交流实践经验的会议。积极探索非物质文化遗产的生产性保护的途径和经验，于2011年6月评审并公布了福建省第一批非物质文化遗产生产性保护示范基地，泉州市木偶戏剧团等18个单位入选，涵盖了福建省13个非物质文化遗产项目。形成国家、省和市、县（区）三级文物保护的有效管理体系。2008年“福建土楼”和2010年“泰宁丹霞”分别成功列入《世界文化遗产、世界自然遗产名录》。海上丝绸之路——泉州史迹列入《中国世界遗产预备名录》。三坊七巷等4条历史文化街区入选中国历史文化名街。至目前，全省共登记涉台文物1515处，占全国涉台文物登记总数的80%以上。其中，全国重点文物保护单位50处，省级文物保护单位279处。2008年12月25日，国家文物局会同国台办、福建省人民政府在泉州举行“涉台文物保护工程”启动仪式，首批15个涉台文物保护工程项目正式启动。目前，以福建为主体的“涉台文物保护工程”进展顺利。福建省人大常委会重新修订颁布《福建省文物保护管理条例》；省政府出台了《福建省“福建土楼”文化遗产保护管理办法》。福建博物院、古田会议纪念馆等五个馆获国家一级博物馆称号。中国闽台缘博物馆开馆以来接待观众422万人（次），其中台湾同胞56万人（次）。全省文物科技保护工作得到大力推进。有2项文物考古项目获得全国十大考古新发现奖，1项考古项目获得国家文物局田野考古奖，3个文物保护项目获得联合国教科文组织亚太地区遗产保护奖、文化遗产保护杰出奖，1个项目获建设部优秀城市规划设计二等奖，3个课题项目通过国家文物局结项验收，仍有3个课题项目（含2个国际合作项目）还在顺利进展中。三坊七巷入选全国首批5个生态（社区）博物馆示范点之一，全国首家社区博物馆落户三坊七巷历史文化街区。国家水下文化遗产保护福建基地近期揭牌，标志着福建成为我国重要的水下文化遗产保护基地。

5. 文化产业发展有新办法

省级财政设立文化产业发展专项资金，每年安排3000万元扶持相关文化产业和项目建设，从2009年起至2012年设立软件产业发展专项资金，每年安排1亿元扶持省内动漫游戏等软件产业。海峡两岸（厦门）文化产业博览交易会是唯一由海峡两岸共同举办的全国性综合文化产业博览交易盛会，于2008年起开始举办，之后每年举办一届，规模逐年增大。三届海峡两岸（厦门）文化产业博览交易会累计签约项目329项、总金额超过244亿元。首届中国（莆田）海峡工艺品博览会于2006年10月底在中国·莆田工艺美术城举办。此后每年举办一届，做出了“艺博会”的品牌，有效带动了福建工艺美术行业的持续快速发展。首届中国海峡两岸茶业博览会于2007年11月在泉州开幕。之后茶博会每年在福建举办一次，弘扬了茶文化，促进了福建茶产业的对外交流和发展。推出大型山水实景演出《印象·大红袍》等一批文化产业重点项目。其中，《印象·大红袍》填补了福建省大型旅游演艺活动的空白。近期与省工商银行签署战略合作协议。省工商银行拟在未来五年内给文化重点企业提供200亿元的金融支持。在签约仪式上，省工商银行当即与全省13家文化企业签订25亿元的贷款协议。

6. 对外对台文化交流有新拓展

近年来，福建对外对台文化交流在批数和人数上有较大的增长，交流形式有

所创新，交流范围不断扩大，交流层次进一步提升，品牌效应日益突出。进一步打造“福建文化宝岛行”、闽台缘博物馆、“湄洲妈祖文化旅游节”、“海峡两岸闽南文化节”、“两马同春闹元宵”、“闽台对渡文化节暨蚶江海上泼水节”、“海峡两岸民间艺术节”等闽台文化交流品牌，扩大了福建文化在岛内的影响，增强了台湾同胞对祖地文化的认同。其中，“福建文化宝岛行”自 2007 年以来，在文化部和省政府的重视支持下，先后组织了 6 批赴岛交流项目，共涉及 18 个院团近 800 人入岛交流，翻开了闽台文化交流的新篇章。2007 年端午节以来，由省文化厅参与主办的每年一届“闽台对渡文化节暨蚶江海上泼水节”，生动再现了延续几百年的两岸对渡文化习俗。2010 年，闽台对渡文化节暨蚶江海上泼水节被确定为第三批国家级非物质文化遗产名录推荐项目。2011 年，闽台对渡文化节暨蚶江海上泼水节被第二届中国节庆创新论坛暨 2011 中国品牌节会评为“中国最具地方特色民俗节庆”。2009 年 6 月，省文化厅首次参与主办了第十八届海峡两岸（福建东山）关帝文化旅游节暨闽台水产品博览会。同年 11 月，首届海峡两岸木偶艺术节于漳州市隆重开幕，开幕式上进行了福建省首个木偶博物馆——“闽台布袋木偶馆”揭幕仪式，200 多件实物及大量珍贵的文献，清晰勾勒出漳州和台湾布袋木偶戏的形成与发展脉络。开幕式上，来自台北、高雄县、高雄市、屏东县的四大台湾顶级木偶表演团体和漳州、上海、湖南、泉州四地的木偶剧团同台演出，献演近 30 个精彩的木偶剧。同期还举行海峡两岸木偶艺术论坛。2010 年元宵节期间泉州市主办的首届“海峡两岸闽南文化节”，在以泉州的文化资源为主体的基础上，邀请台湾方面专家学者、表演团体参与，较好地反映了闽南文化全貌。2010 年 11 月上旬，由省文化厅主办的“首届闽台音乐周”活动，吸引了来自北京、上海、福建、台湾的 110 余位著名作曲家、演奏家、理论家。两岸艺术家们以音乐“直接对话”，在福州联手举办了四场高水准的音乐会，还就海峡两岸当代音乐创作、台湾室内乐作品及音乐教育等内容展开研讨。深入金马澎开展文化交流。2006 年 6 月，省闽剧院配合省经贸展销赴澎湖演出，泉州文化团直航澎湖进行大规模交流。省实验闽剧院随同福建省经贸展团赴澎湖演出，代表着大陆文艺团体首次入澎交流。特别是 2008 年 4 月，省文化厅宋闽旺厅长作为当时大陆方面赴马文化交流的最高行政领导，率领省实验闽剧院一行 60 人赴马祖参加了“2008 马祖文化节”交流活动。2009 年 6 月，时逢林则徐禁烟 170 年之际，福建人民艺术剧院以“珍爱生命，拒绝毒品”为主题的儿童剧

《爱与恨》剧组一行36人首度赴金门演出，填补了大陆话剧赴台湾地区交流演出的空白。对外文化交流持续拓展。通过“中俄文化年”、“福建文化非洲行”、配合“上海合作组织成员国会议”举办的展览、美国“中国文化节”、福建与法国诺曼底大区友好省州间文化交流等一系列大型对外文化活动以及国际南音大会唱、国际木偶节、国际钢琴节等大型文化艺术交流活动，不断扩大了福建文化在国际上的影响力。

此外，2011年7月，由福建省文化厅牵头，海峡西岸经济区四省文化部门共同签订了《海峡西岸经济区21个城市（实验区）文化战略合作协议》，为抢抓海西建设战略机遇，发挥海西区位优势，加强文化资源整合，增强文化工作融合，共谋海西文化大繁荣提供了重要的机制体制保障；重点抓好福州长乐市、南安蓉中村、上杭古田镇的“三级联创”活动的同时，结合工作实际，与福州市文化新闻出版局、五区文体局机关党委、总支、支部共同协商，开展了党组织结对加强政风行风建设、共创文明行业活动，签订了《党的建设“三级联创”活动协议书》。

近年来，福建省文化发展突飞猛进，一路高歌，成果丰硕。同时，我们也清醒地看到文化工作创新中存在的一些不足和亟待解决的问题。主要是：一是认识上还有差距。还缺乏站在新的历史起点上加快推进文化发展的高度自觉，符合科学发展观的新的文化发展理念尚未树立。二是文化建设投入还显不足。从省级到市、县、乡镇对文化的投入情况来看，尽管每年都有不同程度的增长，但各级财政仍然存在不平衡状况。三是文化立法和依法行政相对滞后。文化立法的系统性和严密性欠缺，立法上不可避免地带有部门利益倾向，职能交叉，多头管理，看似严格，实则松懈，依法行政有待加强。从福建省的情况看，整合文化、出版、文电等部门分头执法工作已基本完成，但较之于建立高效统一有序的文化综合执法体系的要求还有不少差距；文物行政执法机构不健全，全省文化文物行政执法力量薄弱，造成文化文物行政执法不规范、不到位。四是基层基础还欠牢固。部分乡镇文化站还须扩建，相当部分文化站内部设施问题急待解决。文化信息资源共享工程建设还不理想。广大城乡特别是农村群众的日益增长的多样化文化服务需求还得不到有效满足。政府购买文化服务的经费还得不到有效落实。五是文化产业实力还不强。福建文化产业发展还处于浅层次、低水平阶段，存在“小、散、弱、缺”的问题。文化产业的结构性问题仍然突出，产业结构、地区结构、

产能结构、市场结构、人才结构仍然不够合理。六是文化体制改革步伐待加快。福建省国有艺术院团的自创收入较低，目前，福建省六个省属艺术院团均未办理社会养老保险，全省相当大部分市、县艺术院团也尚未办理社保，“老人老办法，新人新办法”的举措还不够清晰。艺术院团的改革特别是人事制度改革的推进受阻。福建省各地文化市场综合执法取得较大进展，但还有一些县区相对滞后，同时执法队伍装备还不能适应要求。

二　福建文化创新的工作思路与对策建议

1. 加快文化体制机制改革创新，进一步解放和发展文化生产力

按照加大力度、加快进度、巩固提高、重点突破、全面推进的要求，进一步深化改革，形成有利于文化科学发展的体制机制。一是培育合格文化市场主体。以国有经营性文化单位转企改制为中心环节，深化文艺院团体制机制改革。全省除省实验闽剧院经中央文化体制改革领导工作小组确定为保留事业性质院团、极少数国有文艺院团划拨为事业性质研究机构外，其他国有文艺院团原则上都要转制为企业，极个别国有文艺院团可以撤销。2011 年底基本完成福建省国有文艺院团改革任务。推动已转制单位完善法人治理结构和内部运行机制，建立健全现代企业制度和现代产权制度。加快推进国有文艺院团体制改革，组建一批国有或国有控股演艺集团公司，打造一批外向型演艺企业，使之成为福建省演艺业的骨干文化企业和战略投资者。二是建立健全文化市场体系。加强文化产品和要素市场建设，不断完善现代流通体制，建立健全市场准入和退出机制，构建统一、高效、便捷的文化市场管理网络。引导重点城市群建设区域文化产品销售中心和文化物流配送中心，加强中小城市文化消费市场建设，推进网吧连锁化和游艺规模化经营和监管，加强歌舞、演艺场馆建设和监管，合理布局小城镇和乡村文化服务网点。积极建设电子票务、剧场院线等现代演艺营销体系。鼓励发展文化电子商务和连锁经营。发展人才、投融资、技术、鉴定、经纪、评估、拍卖等文化中介服务。三是健全完善文化宏观管理体制。加快转变政府职能，不断深化文化行政管理体制改革，推进政企、政事分开和管办分离，推动文化行政管理部门履行好政策调节、市场监管、社会管理和公共服务职能，建立职责明确、反应灵敏、运转有序、统一高效的宏观调控体系。巩固完善文化市场综合执法改革成果，建

立协调有序的综合执法运行机制，不断完善统一高效的文化市场监管体系。推动市、县两级组建统一的文化行政主体。加强文化产业、行业自律，完善国有文化资产管理体制和运行机制。

2. 加快构建公共文化服务体系，更好地保障人民群众基本文化权益

按照公益化、基本化、均等化和便利化的要求，以政府为主导，以公益性文化单位为平台，鼓励全社会积极参与，健全完善覆盖全社会的公共文化服务体系。一是继续抓好公共文化网络建设。进一步完善各类公共文化设施建设，推进公共文化服务体系示范区（项目）建设。继续推进文化信息资源共享工程等文化惠民工程。支持闽南文化、客家文化、妈祖文化等生态保护实验区建设。加大对贫困山区、中央苏区、革命老区和少数民族地区的文化扶持力度。在安排基层公共服务项目和红色旅游建设等方面资金和设备补助时，优先考虑福建省原中央苏区、革命老区、少数民族地区，并使之享受中西部地区的政策。统筹城乡文化资源，大力发展各类群众文化，积极推广福建“莆仙戏文明小戏活动”、“激情文化广场”等基层典型经验。二是创新公共文化服务运行管理机制。积极探索公共文化服务投入保障、服务供给、考核评价等机制改革创新。继续推进公益性文化事业单位的劳动人事、收入分配和社会保障制度改革。健全完善稳定的经费保障机制，研究制定支持和保障公共文化服务体系建设的投入办法。加强对公共文化基础设施的统筹规划和管理运营，推动资源整合和跨部门项目合作，实现基层公共文化服务设施共建共享，提升公共文化服务的效率和质量。三是持续提升公共文化机构的服务功能。进一步完善各类公共图书馆、博物馆、文化馆、美术馆、爱国主义教育基地等服务功能，免费向社会开放。进一步推进文化信息特色资源建设。开展全民读书月活动，大力倡导捐赠助读活动。四是加快推进社会主义新农村文化建设。总结推广福建农村文化协管员制度及艺术扶贫、文化低保工程等一批示范性公共文化服务项目，深入开展科技文化卫生“三下乡”等公益性文化活动。加强村级文化设施建设，建设村级文化活动室。整合资源、调动社会力量参与和支持村级文化建设，开展形式多样的送戏、送书下乡活动，培育具有地方特色的村级文化品牌，建立村级群众文化活动长效机制。

3. 加快发展文化产业，不断提升福建省文化的整体实力和竞争力

按照规模化、集约化、专业化发展的要求，加大扶持力度、加快发展步伐，推动文化产业成为国民经济支柱性产业。一是着力优化产业整体布局。充分利用

各地文化底蕴深厚、文化资源丰富和民间资本充裕等优势，加快建设具有区域特色、富有发展活力、产业优势明显的文化产业，加快文化产业特色县、镇、街、村建设。引导文化产业跨区域分工协作，建立合理有序的文化产业地域分工和布局体系。二是进一步提高文化产业集中度。积极引导特色文化产业有序聚集，发展壮大特色文化产业集群。建设一批特色明显、在区域内外有一定实力和影响的特色文化创意产业基地、园区。支持海上丝绸之路——泉州史迹及鼓浪屿、闽浙赣廊桥等申报世界自然、文化遗产，精心组织红色旅游经典线路，打造各种文化旅游品牌。三是积极促进文化与科技的有效融合。运用现代科学技术加快改造提升传统演艺、娱乐等设施和技术。大力发展文化创意、动漫游戏、数字影视、数字出版等新兴业态。建立健全以企业为主体、市场为导向、产学研相结合的文化创新体系，努力掌握一批具有自主知识产权的核心技术和关键技术。

4. 加强对文化产品创作生产的引导，更好地发挥文化引导社会、教育人民、推动发展的功能

按照思想性、知识性、艺术性、观赏性相统一的要求，加强对文化产品创作生产的引导，推出更多无愧于时代、无愧于人民的精品力作。一是坚持以社会主义核心价值体系引领文化创作生产。坚持“二为方向”、“双百方针”和“三贴近”原则，自觉把建设社会主义核心价值体系作为文化产品生产的基本价值取向和首要任务。坚持在继承优良传统中推进文化创新、在服务人民群众中推进文化创新、在吸收借鉴各国优秀文明成果中推进创新。二是大力实施文化艺术精品工程。加强文艺创作规划和统筹，推动不同内容、不同门派、不同风格、不同艺术形式的文化创新，极大丰富文化品种、样式、载体、风格，全面激发文化创造力。加强对地方特色剧种、濒危剧种的抢救保护、研究和传承，加快音乐、舞蹈等艺术门类的创新和发展。采取理论指导、政策引导、人才培养和设立文化精品创作专项经费等措施，支持鼓励文化工作者创作更多更好的文化精品。建立健全科学的文化精品评判标准和评价机制。加强艺术评论，支持重点艺术科研机构发展。三是精心打造文化创新平台。坚持“政府主导、社会参与、市场运作”的原则，充分利用与开发文化资源，变文化资源为品牌优势，打造一批代表性强、科技含量高、活动规模大的文化节庆、文化会展等品牌，培育一批具有自主知识产权的知名文化品牌，使之成为宣传推介文化、推进文化创新的有效平台。

5. 加强文化遗产保护发展

一是加强对历史文物的保护和利用。提高文物保护与利用水平。加快涉台文物保护工程建设，加强世界文化遗产和全国重点文物保护，提升省及市、县重点博物馆文物征集和展览水平，改善可移动文物藏品保护和保管保存环境，做好考古发掘和考古周转库房等建设，完善技防、消防、防雷等安全设施。省政府核定公布第四批省级历史文化名镇、名村，推荐列入第五批中国历史文化镇、名村。争取一批项目列入《中国世界文化遗产预备名录》，谋划推动闽台两地闽系红砖建筑群捆绑申报世界文化遗产。提升福建博物院和福建·中国闽台缘博物馆等各相关博物馆的对台交流功能，鼓励有条件的市、县设立涉台专题纪念馆或者在公共博物馆、纪念馆内设立涉台文物展区。把文化遗产资源优势转化为文化事业和文化产业优势。精心组织红色旅游经典线路和景点、遗址公园、世界文化遗产、文化遗产乡村、海防遗迹、涉台文物等文化遗产活动线路，打造各种文化旅游品牌。建立、健全文化遗产信息数据库。建设并完善文物调查及数据库项目（馆藏文物数据库）、第三次全国文物普查数据库、全省古籍普查数据库、文化遗产保护和安全监控平台等信息库。

二是加强对非物质文化遗产的保护和传承。深入进行非物质文化遗产资源普查和挖掘整理，积极开展成果编纂，建立非物质文化遗产和地方特色资源数据库，完善代表作名录。加强保护工作专业队伍和传承人队伍建设，逐步加大非物质文化遗产保护专项经费和传承人资助专项资金的投入力度。加强国家级和省级文化生态保护实验区建设，加强全省各地非物质文化遗产保护、传承、展示的基础设施建设。进一步推进非物质文化遗产进校园、进教材活动。逐步建立一批新的文化生态保护试验区。积极推进“中国乌龙茶制作技艺”等申报人类非物质遗产代表作名录。加大古籍保护力度。完成全省古籍普查，命名福建省古籍保护重点单位和《福建省珍贵古籍名录》，编撰《中华古籍名录（福建卷）》，建立全省古籍联合编目和地方特色数据资源库群，建设国家级古籍修复中心，完善图书馆古籍保存条件。注重有效保护和合理利用具有海西特色的传统艺术、手工技艺、民俗等非物质文化遗产，抢救和保护濒危和稀有的非物质文化遗产项目以及珍贵古籍文献。提升非物质文化遗产产业化发展水平。

6. 推进对台对外文化交流合作，不断提升中华文化的凝聚力和影响力

深入实施文化“走出去”战略，在交流合作中实现文化繁荣发展。一是深

化对台文化交流合作。提升各地举办的重点对台文化交流载体平台建设，广泛参与岛内举办的两岸重要文化交流载体平台建设。以民间信俗与宗亲交流扩大闽南文化、客家文化、妈祖文化等祖地文化影响力。继续支持福建对台文化交流先行先试，设立闽台文化交流专项补助资金，进一步提升海峡两岸文博会的规格，在闽台文化合作方面赋予福建更加灵活的政策。着力在文化艺术、动漫和网络游戏策划制作等方面深化两岸文化产业合作。在福建设立海峡两岸文化产业园区，建设一批对台文化交流与合作基地。推进闽台文化产业深度对接，培育发展产业对接专业园区和产业合作中心，促进两岸产业对接进一步集聚、提升，形成一批对台文化交流与合作基地，共同打造文化产业链。支持举办海峡两岸文博会、福建艺术节等大型文化品牌活动；扶持打造“妈祖之光”、“土楼神韵”等文化品牌。提升福建·中国闽台缘博物馆等各相关博物馆的对台交流功能，鼓励有条件的市、县设立涉台专题纪念馆或者在公共博物馆、纪念馆内设立涉台文物展区。二是拓展对港澳文化交流。健全对港澳文化交流工作长效互动机制。提高主动策划具有导向性的交流项目的比重。有效开展互访、学术交流、文艺演出、艺术展览、非遗保护、文物交流等各种形式的文化互利合作与交流。充分发挥旅港澳乡亲的作用，加强与旅港澳乡亲和港澳民间社团的联络和沟通，促进民间文化交流与合作。三是扩大对外文化交流领域。加强对对外文化交流的统筹规划，实现在艺术、文博、美术、非遗、文化教育、文化产业等广泛领域的实质性交流合作。加大对外文化贸易工作力度，大力发掘、培育有地域特色的外向型文化产品，培育潜在、新兴的文化市场。在政策扶持、信息服务、平台搭建、渠道疏通等领域推动、鼓励文艺团体赴国（境）外开展商业演出，鼓励对外文化更多以民间和商业的方式“走出去”开拓海外市场。完善和落实鼓励文化产品和服务出口的政策措施，培育外向型骨干文化企业和对外文化中介机构，加强与国外知名文化机构和文化企业合作，构建文化营销网络，开展对外文化贸易，利用各类国际性文化博览会等做好文化产品的推介和营销，努力扩大文化产品和服务出口，努力推动文化企业进入国外主流市场。

7. 切实加强组织领导，为文化改革发展提供强有力的保障

推动文化大发展大繁荣，关键在党，关键在人。一是突出抓好组织保障。建立健全领导体制和工作机制，切实把文化工作摆在全局工作的重要位置，纳入经济社会发展总体规划，纳入科学发展考核评价体系，作为评价地区发展水平、衡量发展质量和领导干部任期目标考核的重要内容。强化文化体制改革工作领导小组职能，积极指导各地及相关部门制定好地方规划和专项规划，推动发展与改革、财政、金融等有关部门落实配套政策。建立和完善科学监督体系和问责机制，加大工作督促、检查和考核力度，确保目标任务落到实处。二是加快推进文化立法和规划工作。出台公益性文化服务事业和文化产业发展专项法规（保护法、促进法等）。完善公共图书馆、文化馆、非物质文化遗产保护等管理办法。切实加大对文化发展的投入力度，刚性要求财政性文化经费支出占国内生产总值的比例。三是完善文化改革发展体制机制。健全公共文化服务投入和运行机制，制定政府对公共文化服务投入的量化标准（总量指标和专项指标），建立省、市、县、乡镇按比例分担的公共文化投入经费保障和正常增长机制，科学规划公共文化设施的建设和使用。明确界定政府在文化建设中担负的职责，加快推动文化发展结构调整和资源整合，研究建立把推进改革的行政动力转化为文化发展内在动力的机制。加大扶持和鼓励文化精品创作生产力度，建立和完善资金投入、表彰奖励、宣传评介、组织保障等工作机制。四是制定更加优惠的经济政策和配套措施。文化产业发展方面，针对国家级、省级文化产业园区、基地建设，在财税、土地等方面制定更加优惠的政策；对文化产品和服务出口，在政策性补贴、出口退税等方面实行更加优惠的措施。体制改革方面，延长对转制企业的税收优惠时限；明确允许经营性文化事业单位在转企改制中实行“老人老办法，新人新办法”。公益性文化事业建设方面，制定出台税收减免、适当提高文化捐赠扣除比例等政策措施，吸引社会资本进入。五是注重抓好人才保障。大力实施文化人才战略，以文化人才资源能力建设为核心，抓住培养、引进、使用三个环节，增加文化人才总量，优化文化人才结构，提高文化人才素质。继续深化干部人事制度改革，完善选人用人制度，形成有利于人尽其才、才尽其用的体制环境。大力加强文化系统党的建设和精神文明建设。

B.22

广东文化创新实践与探索

——广东流动图书馆发展研究报告

陈卫东*

广东省尽管是经济大省，但文化建设与其经济地位极不相称。仅以公共图书馆公共藏书为例，广东省2002年人均0.293册，低于全国0.33册的水平（超过全国人均水平的有北京、天津、上海、浙江、四川、江苏、辽宁、吉林、云南、青海等省、市），人均购书费仅有0.58元。而广东人民群众到公共图书馆的流通总人次、外借人次、外借册次均列全国第一、二位，与浙江省并驾齐驱，这凸显了三个极不适应：广东公共藏书总量与人民群众的读书需求极不适应，与广东省的社会主义精神文明建设需要极不适应，更与广东要建设文化大省的取向极不适应。我们多年实地调研发现，广东公共藏书量落后于全国的原因主要有两点：一是一些地方政府不重视公共图书馆及藏书建设，忽视其社会教化职能、信息服务保障功能，及其对经济建设、人才培养和社会稳定所起的重要支撑作用。二是广东经济发展不平衡，欠发达地区对图书馆的投入严重不足，一方面，经济发达地区的图书馆事业大踏步前进，馆舍越建越大，馆容越建越漂亮，购书费上百万元地增加；而另一方面，广东东西两翼、粤北地区的一些基层图书馆，则经费严重不足，连工资都不能全额拨给，有的全年经费仅有一万元，只能保证人头费。如南澳县图书馆，20年来没有一分钱购书经费，没买过一本书。

广东省文化厅2001、2002年度全省文化事业统计资料显示，广东地县市级公共图书馆共有130个，其中新购册数为零的2001年共有16个馆，2002年有19个馆；购书在15册至数百册不等的2001年共有29个馆，2002年达35个馆；2002年藏书建设严重滞后（1000册以下）的公共图书馆达54个，占全省130个

* 陈卫东，广东省立中山图书馆研究辅导部主任，广东图书馆学会副秘书长，副研究馆员。

公共图书馆的41.5%，比上一年34.8%还上升了6.7个百分点。2006年广东省公共图书馆人均拥有藏书不到0.3册，排全国第九位。2009年有所上升，人均藏书为0.42册，排全国第十位。据不完全统计，“十五”期间珠三角各市文化建设经费投入占全省21个地级以上市总投入的83%，而东西两翼和粤北山区各市只占17%。我国公共图书馆建设的实际是：省会城市、中心城市图书馆密集，而边远地区图书馆不足；中心城区图书馆密集，而城市边缘图书馆严重不足。以上数字说明了文献资源贫乏或极度贫乏的现象在广东经济欠发达地区尤为突出，欠发达地区公共图书馆普遍经济拮据，书刊奇缺，已形成队伍劣化、人浮于事的恶性循环，经常受到读者和传媒的尖锐批评，图书馆真是“门庭冷落鞍马稀”，少有读者光顾。在传统图书馆体制和模式下，欠发达地区图书馆经费拮据，设备落后，观念陈旧，离数字化要求越来越远。这不但严重地影响广东的形象，而且极不利于广东经济的可持续发展。

基于这种现状，广东省文化厅提出，以“大物流”概念，由广东省立中山图书馆（简称中山图书馆）牵头，搭建一个覆盖较广大地区的公共图书馆服务体系，这在一定程度上能缓解这种矛盾。

一 背景篇

（一）政协提案的提出

中国人民政治协商会议广东省委员会九届一次会议上，李昭淳、刘斯奋、陈开枝、曹淳亮等政协委员呈交第389号提案《关于建立广东省流动图书馆的建议》，获得政协会议通过。广东省文化厅粤文函［2003］47号（B）文批复同意，并“争取在将出台的文化经济政策中明确省财政给予安排每年运行的经费”。

（二）可行性研究

国内目前有在城市内部建立流动图书馆服务网络的地区，如浙江杭州、江苏苏州和广东东莞等，但广东流动图书馆这种在全省范围内将“流动服务”与“物流配送”两种理念相结合的大规模运作方式，当时国内尚无先例。城市内

的流动图书馆服务网络，固然也是构建公共文化服务体系的一个重要方面，但由于中国区域经济发展不平衡现象仍然存在，广东这种经济发达省份亦不例外，例如广东东西两翼和粤北山区的图书馆建设就普遍滞后，基层百姓读书难。一个地区的公共图书馆服务可以通过多种途径实现，包括总分馆体系、图书馆联盟、服务网络等，一种模式的建立如果抓住以下关键点：符合实际、方便读者、管理有效、成本低廉、资源共享、长期生存，那就是合理的、可操作的。从资源来看，广东省立中山图书馆已拥有国内规模最大的数字图书馆资源库群（其中包括超星电子图书 72 万种，书生之家电子图书 30 万种，期刊论文 1500 万篇，博硕士论文 60 万篇，学术会议论文 70 万篇，以及各种事实型、文献型数据库 30 多个，多媒体影视节目数百部），是项目实施强有力的资源保障；从加盟分馆基础来看，各市、县（区）公共图书馆有一定的人员和硬件设施。

（三）项目预期目标

组建广东流动图书馆正是广东建设文化大省、缩小区域间社会发展差距、努力增强广东省综合竞争力和提高全省人民综合素质的一项重要举措，是发展社会主义文化事业、公共图书馆事业，加强社会主义精神文明建设的一件实事。该项目实施以后，将使广东省公共图书馆实现整体的、超常规的、跨越式的均衡发展，有效打破条块分割，改变区域间文化配置不合理的状况，为构建合理的公共文化服务体系、解决基层群众读书难的问题探索出一种新模式。

在不改变原有各图书馆行政隶属、人事和财政关系的情况下，由广东省立中山图书馆牵头主办，与各成员馆在网络基础上开展共建共享，合理配置信息资源，大力拓展服务功能，全面推进广东省信息化发展，构建广东公共文化服务体系。建立流动图书馆集群化、自动化管理系统（Interlib），并依托每一个流动图书馆分馆，建立局域网虚拟馆藏，使之共享省馆 80 余万种全文电子图书、1000 万篇全文电子期刊。在每个流动图书馆分馆捆绑建立全国文化资源共享工程基层中心，通过网络或卫星天网，共享国家中心投递的海量数字资源。充分发挥省馆馆藏优势及网上信息优势，开展全省公共图书馆网上参考咨询服务，拓展图书馆服务新模式，建立全方位的信息咨询新机制。

二 实践篇

广东省文化厅经过充分的调研和多次论证，决定借鉴现代物流原理，以文化创新思维来构建广东公共文化服务体系并指导运作实践。以广东流动图书馆为例，在所有权不变更的前提下，由省财政每年投入500万元，逐年建设流动图书馆分馆，通过图书资源的定期有序流动，利用循环往返的文化产品供应链，交织形成广东公共文化资源流动服务网。

（一）运行模式

以建设广东流动图书馆为抓手，以网络为基础，以知识导航为动力，以资源共享为目标，围绕“建机制、创模式、育人才、出效益”的宗旨，推动全省公共图书馆事业的发展，以实现图书信息物流化、资源配置合理化、知识导航数字化、信息咨询专家化、文献信息传递网络化、文献征集协作化、人才培养制度化、管理体制契约化。一句话，就是通过总分馆的模式，整合全省资源，实现资源共享。

（二）绩效

经过充分筹备和实地调研后，由省政府投入专项资金、省文化厅直接领导，由中山图书馆主办的广东流动图书馆项目于2003年11月23日正式启动了。自2003年项目启动至2010年的七年间，该项目在广东省东西两翼和粤北山区共设立分馆67家（含花旗项目少儿图书馆2家），已基本覆盖全省欠发达地区。至2010年底，累计接待读者2569万人次，阅览图书4831万册次，外借办证10万余个，外借图书288万册次，服务网点遍布粤北、粤东、粤西等地区。各分馆每年进行一次图书剔旧和更新，广东流动分馆自动化管理系统得到进一步推广和完善，各项业务数字均为2004年的数倍，超出预期，赢得基层群众的好评和社会的关注，取得了显著的社会效益。

七年内，广东流动图书馆项目共完成了组织运送书架1040个、电脑150台，验收上架新书约86万册；流动更换图书近二百万册次，图书丢失、损坏率低于5‰，馆际调拨数据约二百万条。广东流动图书馆建设的推进，一定程度上解决

了欠发达地区人民看书难的问题，为推动基层经济与文化发展发挥了积极的作用。更为重要的是，流动图书馆的示范效应，带动了基层图书馆本身管理水平、服务能力的提高，促进了图书馆事业的发展。2004～2009 年社会效益如图 1 所示。

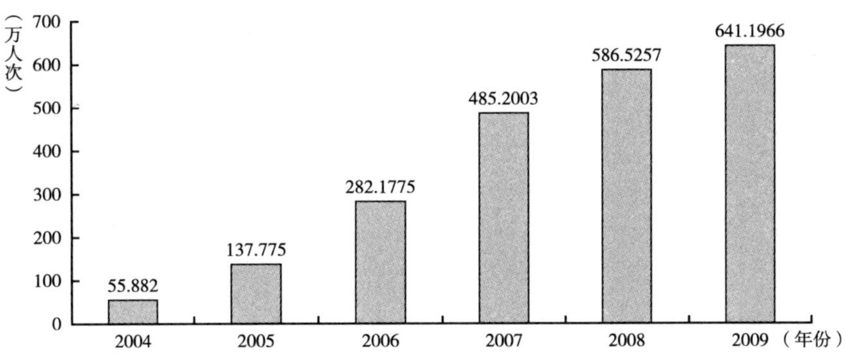

图 1　2004～2009 年接待读者人次

（三）社会效益及分馆辐射效应

1. 增强流动图书馆的辐射力，提高全民文化素质

随着广东流动图书馆读者的增多和媒体的宣传报道，“广东流动图书馆”项目的知名度也在不断提高，社会各界对图书馆有了一个全新的认识，读者数量直线上升。各分馆抓住这个时机，充分利用分馆效应来提升其他服务窗口的效益，不断增强流动图书馆的辐射力。成为“广东流动图书馆”成员后，各分馆新书拥有量大幅提升，有效地解决了长期以来各市县图书馆购书经费紧缺、藏书量少、图书陈旧的问题，使广大基层读者通过“流动图书馆”这个文化信息资源共享平台，可以在最短的时间、近距离地读到最新、最全的文化科技书刊，有效地提高了广大读者的思想道德素质和科学文化素养。

2. 推动各分馆积极复制流动理念，向镇、村二级建立延伸流动服务点，初显成效

按流动图书馆的要求，每分馆每年需根据自身条件，在基层设立三个乡镇村流动服务点。2010 年广东流动图书馆延伸服务基本情况调查表显示，全省各分馆所设乡镇村基层服务点累计 534 个，其中包括村级服务点 262 个，镇级服务点

103 个，学校服务点 57 个，拥军服务点 45 个，企业服务点 24 个，社区服务点 28 个，监狱服务点 2 个，其他 13 个，超出了项目原定预期目标。

3. 队伍得到了健康发展

项目的最终目标，是使基层图书馆拥有自己的专业技术队伍，能在现代化技术的潮流中解决本身的业务发展问题。设立流动图书馆后，各分馆都把它当成是锻炼队伍、培养人才的基地，把全馆最精英的业务骨干安排在这个窗口，通过业务培训，使分馆管理员业务素质在潜移默化中得以提升，逐渐适应了现代图书馆的要求，另外主管部门也破例为图书馆增加编制。

4. 有为而有位，流动图书馆带来喜人效益，促动政府重视并加大投入

广东流动图书馆运作的最终目标，是带动基层图书馆发挥整体效益，通过项目整体的推广宣传，使百姓共享改革开放的成果，社会认可图书馆的作用，推动图书馆事业良性发展，让地方政府感受到了公共文化服务体系建设所带来的甜头，加大对图书馆的投入。这方面比较突出的例子有新兴、紫金、端州、兴宁、化州等分馆，政府投入逐年增加。新兴分馆还在 2010 年荣获中共中央宣传部、文化部、国家广电总局、新闻出版总署四部委联合授予的先进基层单位光荣称号，其购书经费从 2002 年的 2 万元，递增到 2010 年的 20 万元，在全县建立了近五十个基层服务点。

三　创新篇

广东流动图书馆工程在广东省文化厅“三个流动”构建全新公共文化服务体系的工作思路指导下，走出了一条文化创新之路。

（一）服务理念创新：首创公共图书馆延伸服务“图书物流模式”

省馆与图书供应商、物流公司合作，进行科学规划、管理与物流控制，根据实际需要，将新书通过物流公司从图书发行地直接配送到广东流动图书馆各个分馆。每年流动更换一次图书，按照合理的、预定的流动路线，以最低成本把新书流通至本地区下一个分馆。这种图书物流模式，在图书流动规模、流动半径、流动时间和人力安排、成本计算上，均应用了现代物流管理理念，不但有效实现了广东省内信息资源共享，而且还实现了流动图书馆服务效益最大化、服务效率最

大化，同时以最少的成本产生最大化图书利用效率。这一模式能较好解决全省公共文化事业单位普遍存在的区域间发展不平衡、事业经费不足、资源配置不合理、服务水平较低等问题。

（二）服务手段创新：实现扁平化管理

在管理上，广东流动图书馆突破了省、市、县（区）三级“分灶吃饭”的财政制度的束缚，省财政直接拨给省馆专项购书费，由省馆统一按照各地的需要购置图书、设备，直接用物流配送到分馆所在地，直接面向基层群众提供优质信息资源。这种模式不需经过其他任何中间环节，所拨经费全部直接用于县级基层民众。在这之前，省馆研究辅导部虽然也有业务指导的功能定位，但那种流于理论、空泛的业务指导，缺乏切入点，很难得到基层的认同和肯定，也起不到很好的实际效果。广东流动图书馆项目的实际运行，在省馆和基层图书馆之间搭建起了一个资源共享和沟通顺畅的平台，使得业务辅导和指导工作事半功倍。其具体做法是省馆研究辅导部专人通过网络负责分馆运作和日常管理，如设备故障、系统中断、数据问题、条形码错误、防盗仪失灵、电脑维护、打印机损坏、读者投诉等，另外流动图书馆负责设点调研、物流运输、人员培训、图书挑选、图书验收、协调书商、流动路线安排、组织工作队等。

远程网络管理模式：项目实施中，流动图书馆各分馆统一配置视频设备和耳机，省馆工作人员利用网络通信工具，可以随时随地“零距离”为各分馆提供远程业务辅导，及时了解各阅览室开放情况，实时解答基层馆的业务难题，极为方便地收发各种工作简报、文件、图片、照片、应用软件等。省馆直接指导县馆的业务，大大加强了省馆与遍布全省各地的基层图书馆之间的业务联系与交流；同时设立投诉监督电话、电子邮箱及投诉 QQ 号码，有效建立与各地读者的沟通渠道。这种扁平化管理突破了省、市、县、乡镇多级图书馆的层级管理体制，实现了业务管理的最高效率与最大效益。

（三）服务内容创新

在图书货源组织和整合上，根据各地所处地域经济特点，选购图书；与信息资源共享工程省中心合作，在各分馆推广共享工程信息资源；在乡镇服务点与农家书屋开展合作共建。

（四）管理机制创新：制度管人，制度管事

广东流动图书馆项目是庞大的系统工程，不同于以往公共文化服务体系的管理机制，也不同于一个城市的公共文化服务体系运行机制。广东流动图书馆利用制度进行规范管理，省馆与分馆所在地政府文化主管部门、市（县）图书馆三方签订合作协议，通过契约保证服务质量，保证县各馆本身业务建设的稳步发展，如办馆经费、购书费和人员的保障等。同时，广东流动图书馆统一制订了《广东流动图书馆借阅规则》、《广东流动图书馆管理条例》，建立健全年会制度、表彰制度、培训制度、业务上报系统、工作简报制度等，使一切运作在制度下进行，在一定程度上保证了基层图书馆工作人员的数量，保障了基层图书馆发展的基本条件，推动了基层图书馆事业的发展。

（五）科技手段创新：引入自动化管理系统，推动全省公共图书馆事业上一个台阶

广东流动图书馆于2005年引入Interlib集成管理系统，将其改良后在全省分馆免费推广使用。这对于欠发达地区图书馆来讲，无疑可大大提高工作效率，改变手工操作的落后局面，打破了图书馆各自分离的局面，将区域内图书馆群作为一个整体进行管理，从而达到资源共建共享、合理配置和图书馆之间互相合作的目的。基层馆在熟悉系统之后，统一了一馆之内的管理体制和借阅规则，大大方便了读者，也提高了县馆的业务管理水平。

七年来，广东流动图书馆以实践向中国图书馆界证明了它是成功的、有效的，因为它实实在在地改变了广东经济欠发达地区图书馆事业的落后面貌，为基层图书馆注入了一股新的活力，培养了一支技术过硬的业务队伍，营造了一个融洽和谐的基层图书馆大家庭，搭建起了一个覆盖省、市、县、乡镇、村的公共图书馆服务体系。广东的广大图书馆工作者立足岗位、埋头苦干，用群体的智慧和力量探索出了适合广东省情的流动图书馆发展模式。

四　文化创新成果

（一）基本建成省、市、县、乡镇、村五级公共图书馆服务体系

截至2010年底，广东流动图书馆建成市县级流动图书馆分馆65个，乡镇村

流动服务网点500个以上，基本形成省、市、县、乡镇、村五级公共图书馆（室）辐射服务体系，形成共建、共享、统一协调和管理的运行机制，在一定程度上改变了财政“分灶吃饭”造成的资源重复订购、重复建设及图书馆事业发展缺少统一规划的局面，全省公共图书馆事业得到可持续的发展。

（二）建立起省馆与县馆之间的远程业务辅导网络

通过视频管理、邮件沟通、工作简报交流、业务上报系统等管理手段和方法，省馆与基层图书馆之间搭建起一个高效率、低成本的沟通平台。这既方便了省馆对各分馆进行业务指导和服务跟进，又便于获得读者的监督和投诉信息，对于提高服务效率很见成效。

五　媒体报道

新华社内参以“广东创建‘流动图书馆’实现图书资源共享”为题撰写专访并上报中央（2006.5.10），时任湖北省委书记的中央政治局委员俞正声批示：“广东的办法好”。陈至立、孙家正、周和平等领导分别在新华社内参上作出重要批示，充分肯定了广东省立中山图书馆的服务新模式，并专门召开会议推广广东流动图书馆经验。中央电视台《文化体制改革启示录》专题摄制组2006年3月专程前来广东实地拍摄流动图书馆的运作，7月11～14日，中央电视台一台在黄金时段连续四晚播出《文化体制改革启示录》。《人民日报》在华南新闻头版头条以“广东：文化‘流’到穷乡僻壤”（2005.7.12）、“文化广东惠百姓”（2006.6.13）等为题连续采写了报道；《中国文化报》以“广东省创新思维促进文化事业发展——流动，才能盘活”为题在头版头条进行报道（2005.2.1）。广东卫视、《南方日报》、《羊城晚报》、《广州日报》以及广东省内许多地方的电视、报纸媒体均专题报道过广东流动图书馆项目。

六　社会影响及获奖

“广东流动图书馆”项目启动以后，产生了较大的社会效益和社会影响，基于对广东流动图书馆项目的信心，美国花旗银行这只“凤凰”在广东的土地上生出了两只金蛋：投资一百万元建设龙门花旗少儿图书馆和新兴六祖少儿图书馆，为期三年，目前项目已结束并移交给广东省立中山图书馆纳入广东流动图书馆管理体系；2010 年 2 月由民间组织注册成立的纯公益机构“小蜜蜂文化传播有限公司”与中山图书馆合作，寻求在广东省边远山区以中小学为对象设立“小蜜蜂图书馆”，10 年内设立 1000 家图书馆（室），让百万农村青少年受惠；2011 年，广州市 7 所外资银行联手捐资，与广东省立中山图书馆进一步合作，在广东的边远农村援建学校图书馆。

2007 年广东流动图书馆项目先后获得两项全国大奖，一项是文化部创新奖特等奖，另一项是全国文化艺术“群星奖”。2011 年 2 月广东流动图书馆项目入选“文化部全国文化干部教育培训教材”之《文化建设案例选编》，成为其中第二章“公共文化服务”中唯一的公共图书馆建设案例。

七　“广东流动图书馆工程及其延伸服务”项目结题

2011 年 5 月 5 日上午，受文化部文化科技司委托，广东省文化厅在广东省立中山图书馆主持召开文化部科技项目“广东流动图书馆工程及其延伸服务”项目验收会。

验收会由验收委员会主任委员、原中国国家图书馆副馆长、广东图书馆学会名誉理事长谭祥金教授主持，项目负责人周国昌、陈卫东作结题汇报。项目组首先播放了《筚路蓝缕，以启山林——广东流动图书馆历程回放》纪录片，并向专家们提交汇报材料，播放汇报幻灯片，向专家组详细介绍项目概况、绩效、社会影响、媒体报道、创新亮点、取得成果、获奖情况以及项目的不足和今后设想等。验收委员会在听取了项目组结题汇报后，一致给予项目高度肯定和评价。验收委员会认为：

第一，该项目创立了中国公共图书馆发展的崭新模式，突破了现有分级财政体制和图书馆管理体制的制约，加强了农村与基层公共图书馆服务，充分保障民众文化权益，为我国公共图书馆的发展和改革提供了先进经验和成功范例，具有独创性和先进性。

第二，项目实施以来，服务惠及全省各地，深受民众喜爱，已成为民众文化生活中的重要组成部分，社会效益十分显著，受到广大民众和各级政府的高度评价。

第三，该项目已经在全省范围内建立了良好的公共图书馆人才与资源发展基础和技术与服务平台，运行与管理方式先进科学，具有很强的可持续发展性。

验收委员会专家一致认为该项目出色地完成了各项任务，实现了既定目标，同意通过验收，并在《文化部科技创新项目验收证书》上共同签署了意见。

至此，广东在公共文化建设方面，走出了一条文化创新之路，开拓了具有岭南特色的公共图书馆发展模式，为实现区域的总分馆制打下了坚实的实践基础、创造了现实条件、培养了一支技术过硬的基层图书馆队伍。

B.23
辽宁文化创新实践与探索

邢　军*

近年来，辽宁文化工作高举中国特色社会主义理论伟大旗帜，以改革创新为动力，在科学发展中前行。

一　国有文艺院团体制改革取得明显成效

辽宁省委、省政府认真贯彻中央关于深化文化体制改革的一系列重要指示精神，按照加大力度、加快进度、取得实质性进展的总体要求，以体制机制创新为重点，加快推动国有文艺院团体制改革，取得了明显成效。

（一）基本情况

辽宁省共有国有文艺演出院团61家（省直4家，市、县级57家），经文化部批准，辽宁芭蕾舞团、辽宁歌剧院、沈阳京剧院3家保留事业编制。目前，已经完成转企改制37家（省直1家，市县级36家），占全省国有文艺院团总数的64%；待转企改制21家（省直1家，市县级20家），占全省国有文艺院团总数的36%。

（二）主要做法及取得的成果

1. 思想发动，提高认识

我们针对专业艺术院团的特殊性，加大调研力度，先后多次深入艺术院团召开改革座谈会，学习中央有关领导的讲话及关于院团改革的相关文件精神，提高了转企院团干部职工对改革重要性和必要性的认识。同时广泛听取院团干部职工的意见和建议，先后六次召开院团转企工作会议，进行思想发动，答疑解惑，使

* 邢军，辽宁省文化厅人事处副处长。

广大干部职工认清了改革是促进艺术院团发展的必然趋势，消除了“等一等、看一看”的想法，为推进改革提供了思想保障。

2. 破解难题，出台政策

依据国家和省委、省政府颁布的有关文件，根据辽宁省院团改革的实际情况，为加大力度、加快速度推进院团改革，2011 年初辽宁省文化厅草拟了《关于加快全省国有文艺院团体制改革的若干意见》，在省委、省政府的大力支持下，在省有关部门的努力配合下，4 月 11 日省委、省政府办公厅转发《省文化体制改革工作领导小组关于加快全省国有文艺院团改革的若干意见》，该意见中对人员安置主要采取四种方法：一是从事舞蹈、杂技、戏曲武功、管乐等特殊艺术表演专业工作满 25 年的人员，允许提前退休，并享受事业单位退休人员待遇；二是对不适合在新企业工作、确需分流的人员，可根据其素质和自身条件，安排到其他文化事业单位或安排到社区文化活动中心工作；三是转企单位人员，改变事业身份，与企业签订劳动合同，对其退休待遇“事企差”问题，采取加发补贴的办法解决，所需费用由企业和社保共同承担；四是对自愿辞去公职的人员，一次性发给辞职金，对解除人事劳动关系人员，参照辽人发［2006］2 号支付补偿金。

财政支持：按照“扶上马送一程，能送多远送多远”的精神，在事业发展项目上给予支持，总量不低于原有财政补助经费的总体额度，并给予适度增长。同时，政府应为转企院团配备相应的演出设备和演出场所，通过购买演出场次、奖励艺术人才等措施，提高转企院团在市场中的竞争力。

3. 试点先行，引导改革

辽宁省开展文化体制改革试点工作以来，首先确定了沈阳、营口、铁岭等试点城市进行国有文艺院团的转企改制。沈阳市作为首批国家文化体制改革综合试点城市，在全省改革中提前迈出了一步，全部完成了国有文艺院团的转企改制任务。2009 年 7 月，营口市被确定为辽宁中部城市群文化体制综合改革试点市，营口市文艺院团“不留壳、不借壳、不造新壳”的改革模式，为辽宁及全国文艺院团的改革提供了宝贵的经验。铁岭市在稳妥推动改革、妥善安排分流人员、完成改革任务后，又于 2011 年 3 月份整合了四个市、县两级艺术剧团，组建了铁岭演艺集团有限公司，创新了改革发展思路，为全面推进改革提供了可借鉴的经验。

4. 抓好落实，推进改革

辽宁省《关于加快全省国有文艺院团体制改革的若干意见》下发后，辽宁省文化厅与省委宣传部联合召开了全省文化体制改革工作会议，省人社厅、省编办、省财政厅的领导出席会议并讲话，全面部署了文化体制改革任务，力争2011年底前全部完成辽宁省国有文艺院团的转企改制任务。为了使改革工作落到实处，辽宁省文化厅成立了推进文化体制改革督查小组，会同省委宣传部一起，分两个督察组，对各市国有文艺院团的改革落实情况进行督查，并积极指导各市解决转企过程中遇到的困难和问题。同时文化厅文化体制改革工作领导小组办公室还要求各市在每月的10日和25日前上报改革进展情况统计表，及时掌握各市院团改革进展情况，为加快推进院团改革提供有效依据。2010年9月份，辽宁省以辽宁大剧院为龙头，整合沈阳、大连八个城市的十二家剧场，组建了中国辽宁剧院联盟。剧院联盟通过搭建信息交流平台、票务网络销售平台、项目合作经营平台，实施联演联销的联盟形式，加大对优秀剧目的宣传力度，扩大演出经营领域，逐步培养引导广大人民群众的文化消费习惯，进一步扩大了演艺产业发展的市场空间。2011年，辽宁省还加快推进辽宁演艺集团整合全省演出资源，打造剧团、剧目等市场要素一体化运营的国内知名演艺集团；推进沈阳杂技演艺集团公司整合东北杂技演艺资源，组建北方杂技有限公司；推进沈阳评剧院整合中部城市群优质评剧资源，组建跨区域的评剧院团，进一步做大做强辽宁的演艺产业。

5. 改革成果，日趋显著

文化体制改革促进了艺术生产力新的解放。辽宁演艺集团有限公司的成立，极大地激发了广大职工创作演出的积极性，如创作了《女儿风流》等一批优秀剧目。2010年国内外演出近700场，实现营业收入3200万元，同比增长了14.29%。营口市艺术剧院有限责任公司于2009年9月份成立后，按照市场机制高效有序运行，截至2010年底，演出78场，实现演出收入90余万元，与没改革前全年“三团”总收入44万元比翻了一番。

二　公共文化服务体系建设取得明显成效

（一）文化信息资源共享工程进村入户成效显著

根据省委、省政府《关于推进辽宁省文化信息资源共享工程进村入户工作的通知》，辽宁省从2008年10月到2010年底，在文化部的扶持下，投入资金近

亿元，用两年时间，基本实现了文化信息资源共享工程进村入户，覆盖了全省所有自然村。依托乡镇综合文化站、村文化活动室及农村计划生育中心户、农业科技协会组织，共设立了6万多个服务点，机顶盒已经全部投入使用。各市使用机顶盒的用户达到224万户，其中以推送式点播机顶盒（Push VOD）为主，同时包括数字双向点播机顶盒（VOD）、准视频点播机顶盒（NVOD）等。全省226万农户可通过有线电视收看共享工程节目。在国家中心无偿提供总计时长2840小时视频资源的基础上，辽宁省投入2000万元，有针对性地建设了一批适合农民群众需要的农业科技、法律知识、地方文化、中小学教辅等专题资源，共1460小时，文化共享工程资源总量达到了4300小时。目前，文化共享工程进村入户作为省委省政府实施的惠民工程，已在全省农村生根、开花、结果，成为辽宁农村公共文化服务体系建设的一个亮点，在一定程度上解决了农民利用科技信息难、看电影难、看戏难的问题，满足了广大农民群众多样化的信息需求。2011年5月10日，中共中央政治局委员、中宣部部长刘云山同志在省委、省政府主要领导陪同下到辽宁省图书馆视察了共享工程进村入户工作，观看了进村入户成果展，听取了工作汇报，浏览了点播式机顶盒共享工程栏目及内容。刘云山同志对辽宁的模式及做法给予了高度评价，他说："辽宁利用'广电模式'大力推广文化信息资源共享工程的做法，具有很强的示范意义，应大力推广。我们建设公共文化服务体系，要把更多的资源投向基层，深入推进重点文化惠民工程，让文化发展的成果更多地普及人民群众。"

（二）乡镇综合文化站建设成果喜人

近年来，辽宁省在全省范围开展了乡镇文化中心建设，5年共投入资金约1.2亿元，建成181个建筑面积为600～800平方米，集图书阅览、文艺演出、影视放映、展览培训、科学普及、文体娱乐及老年、少儿活动等多种功能于一体，具有综合性、示范性和导向性的乡镇文化中心，进一步加强了乡镇文化阵地建设，深受广大农民群众的欢迎。2008年以来，国家发改委、文化部在全国实施了乡镇综合文化站建设工程，辽宁省有640个乡镇被列入《国家"十一五"乡镇综合文化站建设规划》，建设标准为每个300平方米。国家先后分四批下拨辽宁省640个乡镇综合文化站建设项目补助资金，总计达7680万元，省政府也采取措施进行了相应的配套。目前，已有302个项目建成并投入使用，其余338个项目正在建设中，总体进展顺利。大连市投入资金4390万元，其中市财政投入2400余万元，完成了所有乡镇综合文化站建设，新建乡镇综合文化站69个，面积均在500平方米以上，有的达到3000平方米，实现了“一乡一站”目标。同时，省政府又投入资金2100万元，为400余个文化站集中配送了音响、投影仪、大屏幕等活动设备及图书、书架。目前，全省乡镇综合文化站的设施条件有了明显改善，公共文化服务能力显著增强，真正成了本地区村民参与活动的文化中心。

（三）实施了群众文化培育“火种”工程

自2009年开始，辽宁省在全程范围实施了以“百馆千站万村”培训为主要内容的群众文化培训“火种”工程，通过举办培训班的方式，重点对全省100个县（区）文化馆长、942个乡镇文化站长及万名村文化管理员进行系统培训。目前，已经完成10个市，培训文化馆长及乡镇文化站长1700余人。至2011年底，完成剩余4个市共500余名馆长、站长的培训。之后，计划用4年时间，完成万名村文化管理员或协管员的培训。

（四）组织开展全省性主题活动

2009年，省委宣传部等有关部门举办了“振兴之歌”群众性歌咏活动；2010年，省委宣传部等11个部门在全省开展了“红诗辽宁”群众性诗歌咏诵活动；为进一步丰富农民群众的文化生活，省文化厅于2009年6月至8月，举办了辽宁省首届农民文化艺术节，先后举办了全省非物质文化遗产展示、广场节目会演、农民歌咏会演、皮影戏会演、农民画及剪纸展览、戏剧曲艺会演等大型主题活动，仅各市、县就为广大农民群众举办各类文化活动600余场，深受广大农民群众欢迎，社会各界反响热烈。2010年9月，省文化厅举办了第八届艺术节，“县县有活动，天天有演出”是本届艺术节群众文化活动的一大亮点。在活动覆盖上，充分发挥县（区）的主观积极性和资源优势，县以上演出及活动达350余项，创全省历年群众文化活动之最。自9月3日至9月29日，全省观看群众文化演出及参与活动的群众达200万人次。2011年8月底，“大地情深”辽宁省群众文化专场晚会在北京天桥剧场隆重上演，多位部级领导出席观摩，文化部部长蔡武给予了高度评价；同年9月16日，辽宁省首届群众文化节在沈阳市于洪

和谐广场隆重开幕。省委书记、省人大主任王珉及省长陈政高出席开幕式，这在辽宁省群众文化历史上还属首次。群众文化节期间，省、市、县（区）举办较大型群众文化活动500余项，参与演出的群众文化演员及基层文化骨干达10万余人，受益百姓200余万人。

三　努力净化社会文化环境，推进网吧连锁经营取得明显成效

2009年以来，辽宁省在全面推进网吧连锁经营、加强网吧管理整治方面进行了积极探索，取得了明显成效。网吧经营秩序进一步规范，经营效益有新的提高，社会反映普遍较好。

（一）目前辽宁省网吧连锁的基本情况

目前，全省共有连锁网吧管理公司8家，其中省级连锁管理公司7家，全国连锁公司1家。全省网吧6577家，均为连锁网吧，其中联通网苑吸收加盟网吧2212家，绿云1206家，东方二十一1210家，动力先锋721家，太平洋565家，中录时空352家，任逍遥272家，浩森39家。连锁网吧四统一中的统一服务规范、统一形象标识、统一计算机远程管理目标已经实现，由于统一财务管理情况比较复杂，仍在反复探索研究之中，力争尽快拿出符合实际的解决办法。通过这一年多的努力和深化管理，全省连锁网吧总的情况是好的，这主要体现在三个方面。

一是网吧场所数量明显减少。整合连锁网吧的初期，全省共有网吧场所8049家，截止到2011年7月15日，全省网吧总量6577家，经过近三年的连锁整合，辽宁省的网吧场所总量有了明显的下降，对比整合初期下降18.3%，对比整合中期下降11.3%。网吧场所从平均5000人一家下降至每6500人一家。

二是网吧场所的经营秩序明显好转。网吧未连锁前，网吧场所普遍存在“小、乱、散、差”的特点，网吧场所卫生条件差、藏污纳垢，未成年人进入情况普遍。网吧连锁之后，辽宁省的网吧场所经营条件明显改善，同时网吧场所接纳未成年人的现象得到明显遏制。2010年和2011年暑假期间，辽宁省文化厅市场处集中对各市网吧场所进行了暗访，共检查网吧场所近600家，网吧场所的经

营状况和经营秩序显著提高。2010 年 10 月《辽宁日报》采取暗访等形式对辽宁省网吧场所进行调查后，以《网吧连锁之后》、《网吧连锁——一个脱胎换骨的转变》等文对辽宁省的网吧连锁情况作连续报道，对辽宁省网吧连锁成果给予肯定。

三是网吧管理日趋规范化、制度化、现代化。辽宁以召开全国连锁经验交流会为契机，以规范网吧经营秩序为内容，以寒暑假、双休日和节假日为重点，加强对网吧场所的监管。2010 年以来，辽宁就加强网吧场所的秩序管理、安全管理、未成年人管理和技术管理等先后下发了 5 个通知，各市在此基础上建立和完善了网吧场所的各项管理制度措施，逐步形成了网吧管理的长效机制。连锁管理以来，辽宁省按照文化部的要求对全省网吧场所实行技术管理措施，不仅有效地解决了管理人员严重不足的问题，同时也建立了非法网络文化产品黑名单，在网吧内有效屏蔽有害信息和非法游戏。

（二）推进网吧连锁所采取的措施

1. 建章立制，研究制定深化措施

2010 年 4 月全国网吧连锁经验交流会议召开之后，着眼网吧市场的长远建设、健康运行，全面规范全省网吧经营秩序，省文化厅先后联合省直有关部门下发多个文件，为深化网吧连锁提供政策支持。2010 年 7 月下发《关于印发〈辽宁省进一步推进全省网吧场所连锁整合的实施意见〉的通知》、2010 年 9 月下发《关于进一步规范网吧场所换证程序 开展 2010 年换证审核工作的通知》、2011 年 5 月下发《辽宁省文化厅关于进一步加强网吧场所管理　规范网吧场所审批变更程序的通知》，从多个方面对规范辽宁省网吧经营秩序、深化网吧连锁进行了谋划，并明确了每项工作完成的时间节点、要达到的质量标准。坚持严控总量、调整存量、优化结构，着力推动现有网吧经营连锁化，提升网吧服务水平和行业形象；加强监管，着力改善网吧市场的外部环境，促进网吧向农村、外来务工人员集聚及黑网吧整治有力、管理比较规范的地区发展；简化连锁网吧审批变更程序，积极拓展连锁网吧增值服务。2011 年的文件明确要求：2011 年继续执行不新批一个单体网吧的政策。各地要在本地区网吧不增加的基础上，积极探索适合本地区网吧连锁发展的新模式，着力解决网吧连锁过程中出现的重点和难点问题。

2. 明确责权，发挥连锁企业作用

全省网吧实现连锁加盟之后，省文化厅适时出台了《辽宁省网吧连锁经营认定管理暂行办法》，加大对连锁经营企业的管理力度，明确连锁企业所承担的责任，赋予其应有的权利，把二者有机地统一起来，激发连锁企业的内在动力。在责任上，强调连锁网吧要承担社会责任、经营责任；通过不断加强内部管理和指导服务，帮助解决经营中的实际问题，带动加盟网吧共同赢利。在权利上，要求连锁企业参与年检审核，对加盟门店实施流动监督检查制度，要求连锁企业对加盟门店每月不少于一次抽检，要求其对所加盟门店的管理逐步常态化、正规化。

3. 完善机制，从严网吧变更登记

为进一步加强对网吧场所的监管，保障已经取得的压缩效果不出现反复，省文化厅于2011年下发《辽宁省文化厅关于进一步加强网吧场所管理　规范网吧场所审批变更程序的通知》，重新设计网吧场所变更设立程序，要求各市在办理网吧场所变更事项时，由连锁企业统一向市文化局申报，并向省厅申请全省统一编号后，方能申领许可证。为彻底摸清网吧准确家数，省文化厅通过网吧监管平台，对全省网吧场所作逐一梳理，严格审查网吧的各种经营要件，废除“浮照”，经过半年的努力工作，一次性减少网吧场所800余家。

4. 加强技管，丰富监管手段

在推进连锁工作的同时，还同步建立了辽宁省网吧监管平台，利用该平台建立非法网络文化产品黑名单，在网吧内有效屏蔽有害信息和非法游戏。2010年，辽宁省监管平台有效封堵了非法游戏、外挂、私服、网站等类型信息总计1607729次，成功封堵了暴力游戏、危害国家安全游戏——《生化危机》、《沉默都市》、《命令与征服：将军》等20多款；封杀色情游戏和网站“都市迷情”等总计1.1万次，年度游戏报警12010次，网瘾报警1341081次，URL报警241947次。2011年6月，省网吧监管平台正式接入全国网吧监管平台。

5. 严格执法，加大违规处罚力度

严格执行文化部《关于加大对网吧接纳未成年人违法行为的处罚力度的通知》，加大对接纳未成年人的违法行为的处罚力度。2011年上半年，全省共出动执法人员64186人次，检查网吧场所54147家次，受理举报509次，立案调查1453件，警告1345家次，罚款3034700元，责令停业整顿1256家次，吊销许可证2家。省文化厅于2011年8月组织对各市网吧场所进行交叉互检，厅市场处对沈阳、大连、鞍山、锦州、营口、辽阳、铁岭等市的160余家网吧进行暗访抽检，从检查结果看，90%以上网吧场所经营有序，无未成年人进入情况。

6. 强化行业自律与社会监督

充分发挥行业协会的作用。2010年4月，协会成立以来，充分发挥其在政府与网吧企业之间的桥梁和纽带作用，先后发布了《辽宁省网吧行业自律宣言》、《辽宁省网吧行业标准》等多个行业自律文件。2011年5月组织召开全国部分城市网吧连锁高峰论坛，在引入连锁网吧经营模式和宣传辽宁省连锁网吧发展上作出应有的贡献。网吧社会义务监督员队伍进一步壮大，监督实效不断提高，2010年底，辽宁文化厅联合省关工委对在网吧监督工作中发挥突出作用的“五老”义务监督员进行了表彰。

结 束 语

文化创新的征程是漫长和艰辛的，辽宁能够在文化创新中取得成绩，是省委、省政府高度重视文化工作，重点推进文化建设的结果。近年来，文化创新的实践证明，必须紧紧围绕解决人民群众日益增长的文化需求这条主线，必须紧紧围绕破解体制机制难题，最大限度解放文化生产力，调动全社会力量参与、支持文化建设，真正意义上的文化复兴才能到来。

B.24
山东文化创新与实践

山东省文化厅文化科技与法规处

近年来，在文化部指导和省委、省政府领导下，山东省文化工作积极引入创新机制，在公共文化服务、艺术创作与演出、文化遗产保护传承、文化市场、文化产业等方面取得了显著成就，形成“文化信息资源共享工程”、“文化市场网络监控平台”、“泉城大舞台”、“青岛音乐之城”、“山东文博会”、“世界儒学大会”、“泰山方特文化科技园”、“曲阜三孔文化旅游”等一大批享誉海内外的文化品牌。2008～2011年，山东共有1个项目获得文化部创新奖，3个项目获得山东省科学技术奖，2个项目入选国家文化创新工程，11个项目入选文化部文化科技创新项目。其中，山东省文化厅和山东省图书馆共同承担的“山东省文化信息资源共享工程”项目荣获2009年第三届文化部创新奖、2009年度山东省科学技术二等奖，入选2010年国家文化创新工程，是山东文化创新的代表项目。

为推进文化创新工作，山东省文化厅率先在国内设立了省级文化创新奖项，于2008年、2010年组织开展了两届评选。全省各地各单位推荐、选送参评项目155个，涵盖公共文化服务、体制机制创新、文化资源整合、文化遗产保护传承、艺术演出、文化市场、对外文化交流、文化科技、艺术理论与教育等专业领域。经评审，“潍水文化生态保护实验区建设”、“山东省网吧监控平台运行模式创新”等17个项目获奖。这17个项目是山东文化工作最新创新成果，具有较强的创新性、实践性、示范性，是在山东省乃至全国极具推广价值、叫得响的文化品牌。为了更好地宣传、推广山东文化创新成果，引领文化领域创新活动，省文化厅编辑、出版了《山东省文化创新奖集萃》一书，并编印了《文化创新摘报》内刊9期，深受各界欢迎。

山东省文化创新奖的评选，在全省文化领域产生了巨大影响，极大地激发了文化工作者的创新热情，推动了文化各领域各方面的创新活动，为加强山东文化创新建设，增强文化发展活力，提升文化工作管理与服务水平，奠定了坚实的基础。2010 年 4 月，日照市文广新局开展了首届文化创新奖评选、表彰，这是我国首个市地级文化创新奖，共有 5 个项目获奖。

为深入贯彻十七届六中全会精神，不断提高全社会文化创新意识，引导和激励全省文化领域加强创新，加快提高文化产品质量和管理服务水平，进一步增强山东文化软实力，2011 年省文化厅提出申请，在省文化厅两届文化创新奖的基础上，以省政府名义设立山东文化创新最高奖。省政府领导对此高度重视，根据省领导指示，省文化厅、省人社厅、省财政厅修订了《山东省文化创新奖励办法》，报请省评比达标表彰工作协调小组研究批准，适时报送全国评比达标表彰工作协调小组审批后，予以公布实施。

当前，山东正在全面实施“十二五”规划，大力加强文化强省建设，加快转变经济发展方式，调整优化经济结构，推进山东半岛蓝色经济区和黄河三角洲高效生态经济区两大国家战略的实施。同时，第十届中国艺术节将于 2013 年在山东举办，为山东省区域文化创新发展提供了历史机遇。根据“十二五”文化发展战略的要求，山东“十二五”期间文化创新的工作重点是，加强文化科技创新，鼓励、扶持全省先进文化创新典型，发挥创新项目的示范、引领作用，以国家文化创新工程为高端平台，重点在指导文化艺术实践、成果转化推广和宣传上做文章，推动文化内容形式、体制机制和传播手段的创新，使创新活动渗透到文化艺术生产、流通、服务和管理等各个环节，促进文化事业和文化产业的繁荣发展。在创新奖评选和项目推介方面，侧重十艺节精品演出和服务运营机制创新、山东文化强省建设、黄河三角洲高效生态经济区文化建设、山东半岛蓝色经济区文化建设、文化产业科技发展五大重点领域。

以下将山东省文化创新优秀案例予以简介。

一　山东省文化信息资源共享工程管理服务平台运行模式创新

完成单位：山东省图书馆，获第一届山东文化创新奖。

山东是全国文化信息资源共享工程唯一的一个示范省。该成果以全省文化信

息资源共享工程平台为依托，数字图书馆和资源镜像站为核心，互联网和卫星为主要传输途径，网络流媒体分发为主要传输手段，基层一站式服务平台及公益网吧、视频剧场和网上图书馆为服务终端，建立起覆盖全省城乡、较完善的省市县乡村五级网络体系和综合性公共文化运行服务体系，辐射全省9万多个乡村、社区，年服务人次超过5000余万人次，大大满足了市、县、乡镇（街道）、村居、学校、部队、企事业单位各类人群的文化娱乐需求、技术需求和生活需求，实现文化信息资源在全省的共建共享。该项目的创新性有：

——利用卫星传输、互联网建立起覆盖省市县乡村的天网地网合一的传输网络体系，实现文化信息资源共享工程与数字图书馆的有机结合、海量数字资源在全省共享工程网络中共享共用。

——建立了“山东省网上图书馆共享服务平台”，共整合了35万种电子图书、1500多种在线电子期刊、3300多万篇期刊全文数据、2000多部共享工程视频节目、60多万条联合书目数据，具备了资源分发、在线阅读、信息检索、视频点播、参考咨询等功能。

——针对广大农村的需求，整合多个分散的、异构的、不同数据格式的数据库，开通“山东新农村网上图书馆”，传输农业科技电子图书20000多种、涉农电子期刊1500多种，其资源容量相当于一个小型图书馆，基本上满足了广大农村获取知识、获取信息的基本需求。

——建立“山东文化共享工程流媒体分发点播系统”，整合包括地方戏、老电影、农业科技、知识讲座等在内的多媒体视频节目9200余部，通过网络智能分发的方式，供9万多个基层站点免费使用。

——根据农村特点，在全省基层点安装部署“共享工程一站式服务平台”，解决了基层点访问共享工程资源途径分散、用户计算机操作能力较低、信息资源不易查找的实际困难，方便了村镇群众使用。

——在全国率先建成网络流媒体直播系统，采用先进的CDN＋P2P技术，实时播出6路视频节目，开通了共享工程宣传、电视直播频道、农村实用技术、山东地方戏曲等4个频道。

——部署全省共享工程信息浏览监测平台，快速了解基层文化需求和热点，及时提供和采购急需和受欢迎的文化信息资源。

2008年12月该成果通过了省科技厅、省文化厅组织的省级科技成果鉴定。

由来自全国文化共享中心、国家图书馆、山东大学、山东师大等单位的著名专家组成的鉴定委员会认为，该项目在运用计算机网络技术、数字图书馆技术以及个性化服务方面创新性明显，总体技术达到国内领先水平。

二　山东省网吧监控平台运行模式创新

完成单位：山东省文化市场网络管理监控中心，获第一届山东文化创新奖。

山东省网吧监控平台建设是利用高新技术远程自动监管网吧经营单位的一项新举措。全省 1 万多家网吧、61 万多台网吧计算机终端，通过省监控中心监控软件管理端和网吧客户端相交互，省、市、县三级联网并层级负责，实现全省快速有效的网络文化监督管理功能，技术上在全国范围内处于领先地位，具有较强的示范意义。

该成果在运行模式上创新性显著：一是观念和理念创新，网吧远程监管突破了原来网吧单纯依靠人力进行管理的观念，解决了原来发现问题难、查处行动慢的问题，大大提高了网吧管理的效率和效能。二是内容和形式的创新，在内容上“净网先锋”监控软件具有强大的网络监管功能，能及时更新全省网吧运营情况，自动屏蔽违规游戏和非法网站，发现问题时能对网吧内任意一台电脑终端实现远程截屏、关机和重启操作；在形式上开了全国文化市场远程监管的先河，“一只鼠标”代替了大量人力，“一张屏幕”将全省网吧尽收眼底。三是方法和手段创新，实现省、市、县三级联网监管，坚持完善监控通报制度和网吧查处反馈制度，充分利用信息交流功能，提高网吧监控的时效性。四是服务方式创新，开通监控平台增值功能，提供青少年温馨提示和便民服务，携手共建绿色网吧。

网吧监控平台运行以来，通过创新模式，平均每年共抽查违规网吧 2000 余家，禁止违规游戏 300 余万次、屏蔽非法网站 1800 余万次、查出超时经营 100 余万次。各市文化市场稽查队积极按照通报要求对网吧进行查处，采取电话督导、现场指导等多种方式，对不在线网吧和擅自卸载监控软件的行为依法处罚。通过信息交流和远程控制方式及时对安装违规游戏和登录违法站点的网吧和网民进行警告，责令网吧业主彻底删除违规游戏，并在发现登录违法站点的顾客后立即予以制止。经过各级文化市场主管部门的不断努力，现在网吧在线率和软件安装率不断上升，越来越多的网吧和网民被纳入全省远程监管的范围，各种违法违规案件大大减少。

三　新世纪电影城院线连锁经营模式

完成单位：山东省电影发行放映公司，获第一届山东文化创新奖。

新世纪电影城是山东省电影发行放映公司按照全新现代企业制度和国际标准化院线体系建设并运营的覆盖全省 17 市的连锁影城。该项目通过全新的院线体制、科学的布局设计、规范的标准化服务，为观众打造新概念、现代化的时尚多厅影城，走品牌连锁经营发展的道路。新世纪电影城在院线连锁经营发展过程中，实现了三个方面的创新。

一是体制机制创新。按照《公司法》建立产权清晰的现代股份制企业，员工改变了过去政治意义上的“主人翁”与经济意义上的“主人”角色混淆不清的情况，极大地增强了工作积极性和责任感；通过内部管理机制的创新，建立一套适合企业自身发展的、科学的现代企业管理体系，合理利用内部资源，从而保持影城发展的核心竞争力。

二是现代院线连锁经营管理模式创新。以“新世纪”为品牌的院线连锁影城实行统一品牌商标、统一服务标准、统一管理流程，统一会员刷卡；同时通过院线连锁经营，加快了市场扩张速度，降低了拓展成本，扩大了品牌宣传效应。

三是连锁影城设计建设理念创新。按照国际流行的现代多厅影城理念，开创了山东影院选址建设在商场的历史，创新了影城的设计理念，与过去传统电影院相比变化是革命性的。

通过院线连锁经营的创新，形成以“山东新世纪电影城”为品牌的、覆盖全省十七市（地）的现代化多厅院线连锁影城经营模式，成为山东电影文化的一面旗帜，“看电影到新世纪”已成为人们的共识。现拥有山东自主产权、自主品牌、自主经营的影城 17 家，银幕 100 多块，总坐席 10000 多个，年观众人次达到 600 万，年票房约 1 亿元。新世纪影城在全省同行业中居于龙头地位，在全国电影业中也成为较具竞争力的院线连锁影城企业，极大地提升了山东电影在全国的竞争力和影响力。

四 繁荣小剧场话剧艺术探索

完成单位：山东省话剧院，获第一届山东文化创新奖。

为了更进一步推动小剧场话剧的繁荣，更好地服务大众、丰富人民群众的文化生活、推广话剧艺术，山东省话剧院积极探索，加强艺术生产和艺术实践创新，盘活省话剧资源，增强话剧人活力，发挥小剧场话剧艺术与观众之间的“零距离”效应，推精品剧目，促普及剧目，做大做强山东话剧事业，取得了令人瞩目的优异成绩。该成果在繁荣小剧场话剧的艺术探索和实践上，做了以下创新性工作：

——成功举办两届小剧场话剧节，积极引进国内优秀话剧院团，开展小剧场话剧艺术交流与合作，利用山东话剧深厚的文化底蕴，逐步把小剧场话剧节打造成全国一流的话剧节，并成为省内知名文化品牌。两届小剧场话剧节共演出一百余场，观众5万余人，演出收入50万元，扩大了山东话剧在全国的影响力。

——组建《齐鲁晚报》青年话剧团，打造小剧场话剧品牌。剧院与《齐鲁晚报》合作，利用《齐鲁晚报》的社会影响、宣传优势，依托报业与企业的关系，利用企业的资金实力以及话剧院优秀的演艺资源，探索一条文艺、媒体、企业合作共赢的新路子。

——开展经典话剧进校园活动，普及、推广小剧场话剧艺术。剧院时刻牢记自身的公共文化服务职能，以推广高雅艺术来服务于大众，推出了受大学生和中小学生欢迎的经典剧目和童话剧，增加了青少年对话剧艺术的了解，提高了青少年艺术素养，也培养了青少年观众对小剧场话剧的兴趣，共演出一百多场。

——打造亲子剧场。亲子剧场就是利用周末、节假日的黄金时段，专门为儿童和家长演出的一种时尚而又独具特色的小剧场话剧。亲子剧场采取积极科学的创作模式，鼓励采用“项目制”运作方式，创新话剧院艺术生产和艺术作品销售，推动小剧场话剧艺术生产创新。两年来，成功上演了《灰姑娘》、《海的女儿》、《白雪公主》、《卖火柴的小女孩》等11台剧目，演出600余场，观众10万多人，这项品牌演出活动，有助于以小朋友为中心的家庭与学校、社会的广泛联系，推动少年儿童素质教育，促进儿童戏剧繁荣发展。在2008年汶川大地震之后，亲子剧场剧组马上组织人员，加班加点排演了儿童剧《丑小鸭》赴四川北川地震灾区慰问演出，为灾后心灵受创的儿童送去一份温暖，历时7天，为灾区小朋友演出儿童剧和他们喜爱的节目，是地震灾区第一次面向孩子的儿童剧专题演出。

五　泉城文化社会办创新实践

完成单位：济南市文化局、济南艺术创作研究院，获第一届山东文化创新奖。

泉城文化社会办创新实践是由济南市文化局结合新时期山东省会城市和泉城文化发展组织实施的一项重大创新工程。本项目以“泉城文化社会办”活动为载体与起点，设计与建构“政府对国有文化与社会办文化的合力驱动机制”，深化、丰富泉城文化活动内涵，在运作方式上，致力于保证各个参与者在追求自身利益的同时，能够实现“泉城文化社会办”的整体目标，从而为“泉城文化社会办”的可持续发展提供动力。该成果主要创新点有：

——首次把政府引导、促使国有文化与社会办文化开展各方面的合作作为活动理念，以机制创新开辟了一条在国有文化与社会办文化之间实现资源整合与共享、协调发展的路子，为国家相关政策的制定提供了经验和依据。

——首次把所策划的文化项目从求取赞助型公益性文化项目拓展为各类公益性文化项目与文化产业项目，把活动内涵界定为促使国有文化与社会办文化合作共赢，而在运作方式上避免单一活动视角的偶然性、盲目跟风性，对全国同类文化活动实现良性发展具有重要的借鉴意义。

——首次把文化事业与文化产业项目通过一个品牌活动平台凝聚在一起，提高了工作效率，降低了行政成本。

——在致力于把“泉城文化社会办”打造成品牌活动的同时，以同一运作理念打造了很多“泉城文化社会办”子品牌，创造了一个品牌体系，如“齐鲁国际动漫艺术展”等都是全国的知名品牌。

“泉城文化社会办”自开展以来，以“项目洽谈会”为标志，已连续成功举办六届。济南市文化局直属的三十几个事业单位、对其有业务指导关系的其他文化单位、省内外甚至港台有名的国有大企业、私营文化企业、学校、社区等很多社会力量都参加了实践。累计推出各类文化项目1700余项，涉及金额14亿元，呈现出规模不断扩大、社会效益与经济效益逐年稳健上升的态势，为我国省会城市及大中型城市文化的科学发展提供了示范。

六 “非物质文化遗产”进校园

完成单位：济南市文化局，获第一届山东文化创新奖。

济南市非物质文化遗产进校园，主要采用以学校为活动主体、市文化局及相关单位提供支持、社会力量参与协助的方式进行。学校作为非物质文化进校园的主体单位，结合自身实际情况，规划本单位非物质文化遗产进校园的内容及进度。市文化局在充分发挥各学校积极性的基础上，对非物质文化遗产进校园进行全方位的指导，并提供人力、物力和智力支持。社会力量特别是民俗文化艺术工作者也在非物质文化遗产进校园的宣传和展示活动中发挥自身特长，在非物质文化遗产进校园活动中起到独特而重要的作用。通过开办非物质文化遗产课程和讲座、邀请民间艺人现场表演、举办各类校园民俗文化节、成立兴趣小组和学生社团、组织青少年学生参加社会民俗活动等多种方式，学校、文化部门与社会力量三方通力协作，共同推动非物质文化遗产保护工作与学生传统文化教育工作的全面结合和深入开展。

非物质文化遗产进校园，其创新性在于拓宽了非物质文化遗产保护平台，丰富了非物质文化遗产的传承和发展空间，避免了政府部门和民间艺人闭门造车的窘境，走出了一条开放式保护和传承非物质文化遗产的道路。在进校园的实施方法上，济南市文化局充分发挥各学校的积极性，根据各学校特色和实际需求，依托全市非物质文化遗产项目和人才资源，为各学校开展活动提供指导和帮助。在前期经验积累的基础上，在更广的范围内推进非物质文化遗产进校园活动的开展，促进非物质文化遗产进校园活动在广度和深度上不断发展。目前，全市大多数中小学都开设了非物质文化遗产课程，组织了各类兴趣小组和社团，涌现出一批特色教育学校。如省实验中学、纬十路小学的京剧进校园活动，得到了文化部的肯定。馆驿街小学以农民工子弟为主体，以曲艺为办学特色，将曲艺表演创造性地融入体育健身操中，收到了良好效果。

非物质文化遗产进校园，将非物质文化遗产保护融入学校教育当中，拓宽了非物质文化遗产保护和展示渠道，有效地促进了非物质文化遗产保护和传承，对

于缓解非物质文化遗产保护难、传承难具有明显作用，走出了非物质文化遗产保护的一条新路。

七　诸城市农村社区公共文化服务模式

完成单位：潍坊市文化局、诸城市文化局，获第一届山东文化创新奖。

诸城市农村社区公共文化服务模式是潍坊市文化局和诸城市文化局依托诸城“两公里文化服务圈”建设，结合当前村镇文化服务状况首次提出的创新性概念。所谓“两公里文化服务圈”就是依托社区平台，建设综合文化场所，让农民出门不到两公里就能享受到公共文化服务体系提供的优质服务。

该项目通过在诸城市乡镇和村之间建设社区服务中心，并依托农村社区服务中心这个平台，打造“两公里文化服务圈”，成功地将全市所有村庄和全部农民群众纳入了公共文化服务范围，实现了公共文化服务向农村延伸，缩小了城乡公共文化服务的差距，一定程度上打破了公共文化服务上的城乡“二元结构”。其主要创新点有：

——基层公共文化服务体系基本实现了全覆盖。打造“两公里文化服务圈”，提升了公共文化传播能力，成功地将全市所有村庄和全部农民群众纳入了公共文化服务范围。目前，诸城市 208 个农村社区的“五室一场一窗”全部建成，每个社区都达到了 3 间屋、3000 册图书、有专职图书管理员的标准要求。全市组建有 600 多支农民腰鼓队、秧歌队和舞蹈队。

——政府公共文化服务资源得到了优化配置。打造农村“两公里文化服务圈”，使市、乡公共文化资源得到了有效整合和优化配置。

——人民群众的基本文化权益得到了保障。社区文化服务站的建立，为农民群众参与文化活动、享受公共文化服务提供了极大的便利，农村文化繁荣发展的局面已初步显现。目前诸城为农村社区配备的大量图书，涉及农业科技、文学艺术、法律法规等六大类 900 多个品种，基本满足了群众发展致富的科技文化需求。全市农村社区共举办演出、展览等 6000 多场次，观看的群众达到 90 多万人次。

——加快了乡村文明进程。农民群众在享受政府公共服务的过程中，接受教育熏陶，逐渐养成了科学、健康、文明的生活方式，形成了追求富裕、文明生活的新风尚。

诸城市农村社区“两公里文化服务圈”服务模式，在实践中优化整合了文化资源，为社区居民最大限度地提供了优质文化服务，加快了城乡文明建设的进程，是我国社区文化建设的一次创新。

八　青岛市文化市场“公信文化品牌”创建

完成单位：青岛市文化局，获第一届山东文化创新奖。

青岛市文化局借鉴“海尔”、“海信”等著名企业打造服务品牌的经验和做法，创新文化市场管理思路，以解决文化市场管理政令不畅、效率低下、随意行政等问题为重点，构建统一、公正、诚信的全市文化市场管理体系，在全国率先推出文化市场“公信文化”品牌。这一品牌的基本内涵是：追求公开、公平、公正，实现信诺、信用、信誉，健全文化市场体系，促进文化市场发展。

围绕文化市场“公信文化品牌”创建，青岛市文化局实行全市文化行政部门和文化经营单位服务承诺制度，建立文化行政部门、文化经营单位和文化消费者之间互相监督、信守承诺的信用关系，实现全市文化市场良好行业信誉。通过梳理文化市场工作流程，制订全市统一的管理标准；组织实施定期量化考核，及时解决全市文化市场存在的问题；完善社会监督机制；设立“公信文化”服务窗口；实行歌舞娱乐场所和网吧许可公示制度；开设《青岛晚报·公信文化专版》；推出全市文化经营单位信用档案；实行文化市场工作问卷调查制度等措施，对全市娱乐、演出、网吧、音像、艺术品、电影等六大门类3000余家文化娱乐经营单位进行了有效管理，逐步建立了以执法为民为原则，以政府管理为主导，以严格执法为核心，以监督机制为保障的“公开透明、有效监督、公正诚信”文化市场管理体系，有力地推进了全市文化市场繁荣有序发展，为构建和谐社会营造了良好的文化市场环境，创建了具有岛城特色的全国知名文化市场管理公信品牌。

九　潍水文化生态保护实验区建设

完成单位：潍坊市文广新局，获第二届山东文化创新奖。

潍水文化生态保护实验区是山东唯一通过文化部专家组审核，并被列入国家级十大文化生态保护实验区的区域性文化生态保护项目。该实验区地缘范围包括4区、6市、2县，保护区总面积为1.61万平方公里，海域面积1400平方公里，人口867万人。

该项目通过对实验区内各类文化资源进行深入挖掘保护和有效整合，以非物质文化遗产为核心主体，以物质文化、生态文化和自然环境为依托，实现对潍水文化遗产的整体性、原生态保护利用。通过潍水文化生态保护实验区建设，维护文化生态系统的平衡和完整，增强民众保护非物质文化遗产的文化自觉，促进经济社会全面协调可持续发展。

十　青岛市文化创意产业金融服务平台建设

完成单位：青岛市文广新局，获第二届山东文化创新奖。

青岛市是我国金融业和文化产业比较发达的地区。该项目以服务于文化创意产业发展为宗旨，积极开展与各大商业银行和青岛市担保中心的合作，发挥文化创意产业协会桥梁纽带的作用，搭建“政府—银行—企业”间的绿色通道，打造面向文化企业的文化创意产业金融服务平台，为文化创意企业提供方便、快捷、一站式贷款和金融服务，有效缓解了中小文化企业融资难题。该项目运转良好，资金落实到位，成功实现了金融资本与文化创意产业的对接。青岛市由此成为全国同类城市中率先搭建金融服务平台、推动银企之间交流与合作的城市。

十一　日照市“千百重点文化工程”

完成单位：日照市文广新局，获第二届山东文化创新奖。

日照市通过重点提升1000个规范化村居文化大院的服务水平、重点培育1000名文艺骨干、重点推出500场广场文艺演出、重点组织演出500场地方小戏、重点打造100个有较高水平的庄户剧团，打造“千百重点文化工程”。该项目是基层公共文化服务体系建设的一项创新性工作，实现了基层文化建设项目财政投入模式、公共文化设施管理和服务手段、群众文化活动演出内容和形式、基层文化队伍培养机制四个方面的创新，为全省公共文化服务体系建设积累了宝贵经验。

十二　东营市网吧智能监控平台

完成单位：东营市文化市场稽查队，获第二届山东文化创新奖。

该平台集动态电子规划图、上网信息实时监控、全方位视频监控、全过程录像取证、上网环境监测等功能于一体，通过对192处中小学和392家网吧的地理信息采集，创建了新型监控信息反馈机制，实现了高效集成的网吧管理与服务模式，系统设计与技术水平居于全省乃至全国前列。

十三　泰安市文化娱乐行业服务规范管理模式创新

完成单位：泰安市文广新局，获第二届山东文化创新奖。

泰安市通过研究、实施文化娱乐行业服务规范和文化市场“十严禁”警示等配套管理制度，对文化娱乐场所从营业前到营业中和营业后及工作注意事项进行了统一细化规范，引导娱乐场所进行制度化、标准化和规范化服务管理。该服务规范的出台在全国尚属首次，对于文化娱乐场所进一步规范经营、社会各界对文化娱乐场所的各种经营服务进行有效监督、管理机关对文化娱乐场所进行依法监管，具有重要意义。

十四　烟台山近代建筑群保护管理模式创新

完成单位：烟台市文广新局、烟台山文物管理处，获第二届山东文化创新奖。

烟台山近代建筑群现为第六批全国重点文物保护单位、国家4A级旅游景区。近年来，烟台山在加强文物保护的同时，积极推进文化体制创新，在文物的合理利用、文物资源整合、文化产业发展等方面取得了显著成绩。该项目充分利用风格各异的近代建筑筹建各类陈列展览，发挥其爱国主义教育基地作用，与旅游产业有机结合开展各项旅游文化活动、打造婚庆文化产业，丰富和满足市民和游客的文化需求，在文物与教育、旅游资源的利用与整合上探索出成功的模式，创造了良好社会效益和经济效益。

十五　淄博市周村区基层文化建设“1+3”工作模式

完成单位：淄博市周村区文化新闻出版局，获第二届山东文化创新奖。

周村区大力实施一村一名社会文体指导员工程，形成了“文体指导员+文化+引领+和谐”的基层文化建设“1+3”工作模式。通过这一模式，周村区积极发挥文体指导员的“种文化”作用，夯实基层文化工作网络基点，解决了基层群众文化活动缺乏组织、引导，基层文化工作力量严重缺乏等问题，实现文化建设主体、文化活动主体、文化受益者“三位一体”。该项目总体实施效果较好，对全省基层文化建设工作有良好示范作用。

十六　山东省话剧院亲子剧场及连锁经营模式

完成单位：山东省话剧院，获第二届山东文化创新奖。

省话剧院大胆创新，由年轻演员创办了“省话剧院亲子剧场”。经过四年发展，取得了较好的社会效益和经济效益，共打造出《白雪公主》、《海的女儿》、《木偶奇遇记》等12个经典童话剧目，深受泉城儿童及家长朋友们的欢迎，每周双休日和节假日在小剧场进行童话剧演出，成为知名艺术品牌。该项目在获得第一届山东文化创新奖的基础上，大力开展演艺运营模式创新，将产业发展理念引入文化事业单位，立足儿童剧市场及品牌形象，积极开拓省内外话剧市场，已经在潍坊、东营建立了两个连锁剧场，重庆的连锁剧场也将挂牌成立，实现了省内连锁经营并逐步进行全国连锁经营的发展模式。“亲子剧场”连锁经营模式在艺术内容生产、管理运营机制、经营发展模式及体制上不断创新，以市场为导向确定演出内容，实行企业化规范管理制度，实现满足青少年文化需求和创造经济效益的双赢，为国有文艺院团走文化产业之路进行了有益的探索。

十七　非物质文化遗产普查“四个一”标准模式

完成单位：山东省非物质文化遗产保护中心，获第二届山东文化创新奖。

山东省非物质文化遗产保护中心积极创新全省非物质文化遗产普查工作模

式，在全国首次创建了“四个一”标准，即以县级为单位，完成一套普查资料汇编丛书、一个档案资料室、一个珍贵实物陈列厅、一个数据库。针对非物质文化遗产普查及验收没有现成模式和经验的情况，创造性地形成“村报普查线索、乡查重点项目、县做规范文本”的普查工作流程和普查方法，基本摸清山东省非物质文化遗产家底，并采用实物、图片、录音、录像等多种媒介保存普查成果，并被国家非遗数据库中心确定为全国试点单位。作为普查工作的成功经验，山东“四个一”标准模式被文化部在全国推广应用，取得良好效果。

附　　录

Appendix

B.25

附录一：2011 年度文化部科技创新项目简介

1. 基层多功能流动文化服务站的开发与应用

赣州市位于江西南部，简称赣南，是江西省最大的行政区，土地面积 3.94 万平方公里，总人口 907 万人，分别占江西省的 1/4 和 1/5，其中农村人口 600 多万人。如何保障广大人民群众的基本文化权益，特别是如何让偏远农村地区的农民朋友能够享受到基本的文化产品和服务，解决公共文化服务均衡性问题，是本课题探讨、研究的重点。

多功能流动文化服务站合拢时，外形为一辆箱式货车，到达目的地后，通过具有创新、发明专利的机械伸展系统，可快速地将货车箱体伸展、扩大，形成一个宽敞、舒适、实用的封闭式文化娱乐场所，一辆车具有多辆相同长度大巴车的功能，提高了文化服务站的服务效能，改善了服务站的服务环境，还可根据实际需要，自由、方便地分隔成图书阅览室、电子阅览室、文体活动室（卡拉 OK、棋牌等）、艺术培训室、电子游戏室等，还能进行数字电影放映及小型歌舞演出，一车多用；流动服务车通过巡回、流动，在每个村庄驻停数日提供服务，从

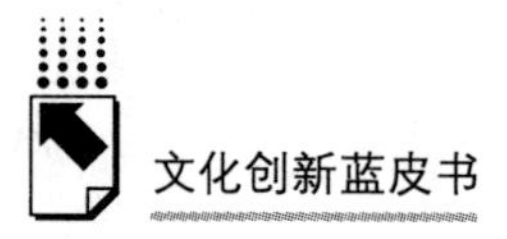

而实现常态、全天候、多功能的流动文化服务。

2. 公共文化服务体系建设中社区居民公共文化消费模式研究——以上海市为例

“增强公共文化产品和服务供给”是“十二五”规划纲要中明确指出的大力发展文化事业的重要环节。文化部在加快推进公共文化服务体系建设的工作中也作出了“加大公共文化产品和服务供给力度，广泛开展群众文化活动”的战略部署。

本课题通过对社区居民公共文化消费行为的研究，分析社区居民公共文化消费模式，明确社区居民公共文化消费需求的特点与影响因素，通过制定相应对策，提高公共文化服务供给的针对性和有效性，提高公共文化设施的利用率，提升公共文化服务能力，加快完善公共文化服务体系。

该课题的研究成果在完善公共文化体系建设理论和文化消费行为理论方面具有一定的意义。公共文化服务体系建设的主要目标是面向全体公民提供基本公共文化服务。公共文化服务是否有效满足群众的精神文化需求决定该目标是否真正实现。因此该课题通过对社区居民公共文化消费模式的研究，确立社区居民公共文化消费需求的影响因素，能够为相关政府部门、管理机构制订相应策略提供新思路、新视角。

该课题属于交叉性学科研究，突破了传统的拘泥于单一学科的视角，提升了该课题研究成果的现实解释力与预测力。该课题将采用适合于文化消费行为研究的科学方法，用实证方法对社区居民公共文化消费模式的形成与引导进行科学诠释，以期初步建立符合我国本土特色的社区居民公共文化消费行为理论。

3. 数字图书馆云平台建设及其在公益性数字文化建设中的应用研究

云计算作为21世纪初新信息技术浪潮的标志性产物，已经开始对信息产业产生重大影响。正如IT界每一项新信息技术的出现都能引起图书馆界的极大关注并推动图书馆的管理与服务升级一样，云计算在图书馆界的应用，也必将给图书馆带来全新的变化。因此，数字图书馆在经历了互联网时代、Web时代、网格时代、Web 2.0时代后，正在悄然走进云计算时代，虚拟化将成为数字图书馆未来发展的方向之一。

本课题将结合云计算架构中虚拟化、标准化和自动化的特点，研究数字图书馆云平台的建设并在此基础上构建公益性数字文化建设框架。通过研究数字图书

馆云平台中每个层次的具体技术实现有效推动和促进公益性数字文化建设的目的。同时，通过研究公共图书馆统一认证方法和资源云服务体系，结合数字图书馆服务中的业务实践和国家数字图书馆的资源内容，形成数字图书馆框架下全国公共图书馆统一认证与资源云服务模式，建立起公共图书馆统一认证与资源云服务试验平台。

通过本课题的研究，可实现利用云计算有效提高基础设施的利用率，简化基础设施的管理与维护，以更低的基础设施消耗来建设更多的数字资源、提供更多的公共文化服务。将数字图书馆云平台研究成果应用到数字文化建设中，可实现信息资源共建、共知、共享，以发挥最大的社会效益和经济效益。

4. 古籍纸张近红外光谱无损检测系统研究

纸质古籍文献的无损检测技术一直是国内外图书保存和保护机构普遍关注的课题，从 20 世纪 90 年代末开始，世界各国的相关机构就已经着手研究纸质文献的微损及无损检测技术，其手段主要有光谱分析和挥发物的色谱分析两大类。本课题研究的近红外光谱分析和检测技术是近年来发展起来的一项全新的无损检测技术，能够快速、准确、低成本地对固态、液态、粉末状的有机物样品的各种性质进行检测，目前已在食品、制药、烟草、造纸、石油化工等领域获得广泛应用。“十一五”期间由科技部组织的近红外光谱在制浆造纸领域的相关应用研究为纸张性质的无损检测技术提供了全新的思路和方向，同时也为古籍纸张的保护研究提供了新的技术手段。

本项目主要研究构建古籍纸张近红外光谱无损检测技术及其应用系统，它包括古籍纸张各项理化性质的近红外光谱预测模型的构建和模型相关性验证两部分内容。首先我们选取一些具有代表性的古籍纸张及修复用纸建立样品库，用国标规定的方法测定其理化参数，之后采用近红外光谱仪扫描纸张样品获得近红外光谱谱图，利用建模软件建立其相关性模型，并对模型进行校正，将校正后的模型整合为古籍纸张理化性质无损检测系统。通过建立该系统，在以后的古籍纸张检测中仅仅对纸张进行一次近红外谱图扫描，就能够获取古籍纸张大部分理化性质的数据，既保护了古籍的完整性，不对古籍造成任何损坏，还能够快速获得古籍保存保护状态相关的一系列理化性质的参数，这些参数不仅对于古籍的保存和保护提供了重要的依据和参考，对于古籍的鉴定也能够提供一定的借鉴。此外，本项目的研究对于今后古籍保护和鉴定工作的科学化、数据定量化发展及其相关技术的推广也有着积极意义。

5. 缩微文献长期保存保护研究

“缩微文献长期保存保护研究”课题，要解决文献缩微技术发展对缩微品本身的保存机理和环境影响，以及数字信息转模拟信息的应用标准。主要包括两部分，一是缩微胶片的保存和保护，二是数字存档技术应用研究。

第一部分：研究醋酸综合征对涤纶胶片长期保存的影响，并研制一款可自动调节的“酸性气体检测及控制装置”。

研究醋酸综合征对涤纶胶片长期保存的影响，找出长期保存胶片的更好方法，对于全国图书馆缩微品的存放和保存保护具有普遍的指导意义，对于国家文献资源总库的建设具有重要参考价值。

目前，市场上销售的气体检测装置灵敏度不高、不具备自动控制调节功能。气体酸性检测只能靠人工闻嗅，还没有成熟的气体检测及控制装置。因此，实现库房内酸性气体的科学检测及通风装置的自动调节势在必行。这项技术的研制成功，可以在很大程度上为缩微品国家母片库母片的长期保存提供技术上的保证。

第二部分：数字存档技术应用研究。

数字存档技术也称为异质备份技术，是利用缩微摄影技术将数字信息转存到缩微胶片上，将缩微影像长期保存的优点与数字信息方便利用的优点结合在一起。它是目前确保数字化文献信息安全的最有效措施之一。

近年来，国内外许多单位都已开展数字存档工作，将数字化的文档等转到缩微胶片上进行长期保存，但都没有出台能够指导实际工作的国际标准和国家标准，也没有出台可指导实际工作的规范的工作流程。因此，尽快开展这项科研项目，可以争取率先制订出能够指导实际工作的、有使用价值的标准和工作流程规范，在条件具备的时候将其转化为正式的国家标准，最后，积极推动其成为国际标准。

6. 少数民族语言数字资源建设与检索平台

新疆是一个多民族聚居的地区，自新疆改革开放以来，丰富的民族文化得到多种形式的传承，从过去主要依靠书籍转变为书籍、报刊、音像制品和数字资源等多种形式并重。在信息化时代越来越多的读者倾向于从网络获取信息和知识，因此图书馆越来越重视数字资源的建设。而当前，国内外多语种图书馆数字资源平台多针对大语种的使用，少数民族语言类的资源库较为匮乏。

新疆维吾尔自治区图书馆的“少数民族语言数字资源建设与检索平台”课题将填补图书馆界在少数民族语言数字资源研究方面的空白。该项目将通过浏览器模式来实现少数民族文献出版物的在线检索和阅读，资源采集以及平台搭建采用图片格式和国际化的编码标准，对形成的多文种出版物资源进行数字化阅读与检索，能够实现民族文字数字资源在多种操作系统下的正确显示。

“少数民族语言数字资源建设与检索平台”是一个带有创新性的信息文化传承平台。民文数据库的建设在保护少数民族语言资源的基础上，推动其在各个领域的广泛应用，提高少数民族语言资源共享与处理技术，使少数民族文字的优秀资源在弘扬和维护民族精神过程中，能够起到推动新疆各民族进步与建设和谐社会的重要作用。

7. 玉树地震灾区藏文文献遗产整理保护研究

本研究在田野调查和系统梳理文献资料的基础上，主要从事以下工作：第一，首次系统梳理和总结了玉树藏族自治州以往的藏文文献遗产整理研究状况，弥补了以往没有“汇石刻文献、口传文献、纸质文献、唐卡文献于一体”的缺陷。第二，全面而科学地评估玉树地震中文献遗产受灾和文献传承人伤亡的情况，高度评价了各级党政机构在文献遗产的搜救保护、调查规划和整理研究三个方面所作的贡献，为制止谣言传播、树立新风正气的灾后重建工作提供了实据。第三，为在玉树历史上为藏族传统文化作出重要贡献的百位学者的个人文集编目著录，进而详述每位学者的生平列传和文集整理出版的学术动态。同时，对藏传佛教四大流派及其分支在该区域传播的历史渊源和现状做了全新的梳理，特别是对噶玛噶举派的分支索芒噶举与尼多噶举两派的发展演变研究更具特色，可以说弥补了该领域的学术空白。第四，科学分析了玉树文献遗产的特点和文献遗产受灾的实情，提供了九大文献保护任务和整理措施，为有关部门在玉树灾后实施文献遗产整理保护工作，乃至国家文化部和国家民委等八部委联合实施的西藏自治区古籍保护工作，提供了具有较高决策参考价值的措施建议。第五，通过古籍整理和调研双轨共进，该成果不但成为彰显“基础研究”的第一手资料，而且成为便于文献检索的工具书，还将成为具有新的理论参照价值和拓展学术视野意义的成果，远远突破了长期只整理编目、没有理论研究的单一局面。涉足藏传佛教文献遗产的整理研究工作，将有助于修复灾区人民的心灵创伤，使之走出阴影，重建和谐玉树，其积极的现实意义亦十分明显。

8. 中国艺术品市场征信体系及其建设研究

目前，由于国家信用法律法规不健全，缺少信用“基本法”，地方信用体系建设处于一种无序状态，各部门、各行业各自为政，缺乏统一的规范和协调，这使得信用信息分布在各个部门和行业，资源不能共享。我国尚未有一部关于艺术品市场的征信管理法规，缺乏对艺术品市场主体各环节信用信息的采集、披露、发布和使用的具体法律规范性操作流程，缺乏对艺术品市场征信行业统一的、具体的行业标准和服务规范，没有明确的部门来统一管理全国艺术品市场的征信业务，监管部门的责任、义务与监管方式、监管内容等基本上处于空白状态。

该课题在研究中国艺术品市场信息化与征信体系建设问题、中国艺术品市场征信体系主体、中国艺术品市场征信体系系统、中国艺术品市场征信体系建设、中国艺术品市场征信体系政策、中国艺术品市场征信体系对策等方面的基础上，初步构建我国艺术品市场征信体系的架构，规划解决艺术品市场参与者的信息不对称问题，使守信者获得回报、失信者付出成本，保证中国艺术品市场的公平和效率。通过一系列惩戒措施的实施，达到彰显诚信、惩戒失信、构建和谐社会的目的，从而为中国艺术品市场的可持续发展提供制度保障。

9. 基于微机械传感器的人体动作信息捕捉技术开发及系统研制

在三维动画的制作中，我们需要根据脚本的要求为三维模型定义运动，如使用传统的运动控制技术，这将是一项工作量巨大的工作，也是动画片生产中制约效率提高的瓶颈。为解决这一问题，近年来，国内外业界开始了应用于动画制作的运动捕捉技术的研究，已研制成功各类应用系统，并将其应用于动画片的生产中，使本来需要数月来完成的工作在应用运动捕捉技术之后只需要短短数日即可完成，从而大大提高三维动画产品的创作效率。应该说运动捕捉技术的应用是动画片制作技术的重大突破，也是今后动画制作技术发展的趋势。

本项目研究的运动捕捉是准确测量运动物体在三维空间运动状况的技术，基于分布于人体各关键部位的微机械传感器节点，获得人体运动关键点上的运动数据，通过无线蓝牙方式，将其传递至计算机，经处理得到这些点的空间坐标（X，Y，Z）值，并以此控制三维动画模型的运动。研究基于加速度传感器技术、蓝牙技术、数据实时采集与处理技术。目的是研制具有自主知识产权的国产微机械式运动捕捉系统，拥有三维动画产业化的核心技术，降低动漫产业的装备投入，形成核心竞争力，提升国内动漫产业装备水平。

10. 假唱综合识别技术体系的研究

假唱给整个文化市场的繁荣带来了极大的危害，给整个文化市场的诚信和公平竞争带来了极大的破坏。假唱的行为屡禁不止的一个主要原因就是对假唱难以进行取证，而在假唱的取证过程中，技术手段是最具说服力的。目前国内虽然已有个别针对假唱识别的技术手段，但是这些识别手段绝大多数依靠经验或者人的主观感觉，还停留在半人工半设备检测的阶段，很多还不能成为有效的取证手段。

本课题的研究目的在于提出多种识别检测的技术手段，研究解决其中的关键技术问题，使之具有很高的公平性和可信性，并能够针对各种假唱行为进行分析、识别、取证，为相关管理执法部门提供证据。主要研究内容包括以下三点。

第一，假唱综合识别技术体系的总体思想和指导方针。由于假唱识别检测是个较为复杂的系统工程，因此必须综合考虑政策和技术因素，在当前确定的政策因素指导下，首先在识别检测技术的宏观层面确定监管方、被监管方、演出场所提供方、社会大众等多方都较为认同的总体思路和指导方针，以保证后续工作的迅速与高效，也为后续的政策完善与细化提供更多的技术层面的支撑。

第二，假唱类型的研究。通过对影响假唱的主要因素的分析，给出更加详尽合理的假唱类型分析。

第三，假唱检测识别手段的研究。系统可通过综合使用不同的假唱识别手段，完成对不同假唱类型的检测取证工作。

本课题主要研究如下识别检测方法：音频特征检测识别、视音频综合检测识别、音响室（或调音台）监控系统、水印麦克风系统、无线麦克风扫描识别系统等，给出可行的技术方案。

本课题拟解决的关键问题有如下三点。

其一，完成音频特征检测识别中的难点技术，包括如下三方面：①实现音频场景分类及提取算法，②研究基于特征的音频比对技术，③建立演出场所音频特征知识库。

其二，完成视音频综合检测系统的技术方案，重点研究：①音视频的同步分析，②音视频特征匹配分析。

其三，研究、给出水印麦克风的技术方案。主要包括如下两个方面：①水印麦克风的概要设计方案，②合理的水印生成算法。

以上三点也是本课题的主要创新点。

本课题的预期目标是从系统层面出发，研究假唱识别的技术体系，给出多种识别手段的技术方案，并实现关键技术手段的原型系统，从而为演出场所监管平台提供一套通用的、先进的、可行性好的解决方案，并为文化部制定相关政策提供技术层面的参考和支持。

11. 创意产业知识管理系统及其应用研究

研究目的：为全面获取创意资源，基于设计认知对创意活动规律进行分析，提出一套支持设计创新的创意知识获取、转化、表达、存储、重用的系统管理方法。

研究方法：在宏观方面，采用社会科学研究方法，采用结构、半结构采访调查，获取创意产业知识管理以及知识需求的基本情况。在微观方面，采用口语分析、信息要求和眼动追踪等行为认知实验方法，针对创意设计的特定对象和创新过程，建立创意认知情景模型。此外，研究中还采用本体、数据挖掘、统计等方面的知识工程技术和方法，搭建创意知识管理系统。

研究内容：首先，建立创意认知模型，简洁明确地描述创意机制特征。其次，建立创意知识的概念体系，说明其基本特征、分类和关系。再次，对创意知识管理中的关键技术进行研究。通过结合知识工程理论与基于认知的信息处理方法，构建既具有严格逻辑基础，又开放动态的创意知识表达机制；构建可以识别、组织、转化各类创意资源的知识获取引擎，以及方便设计师检索、学习的知识供给技术。最后，建立创意知识管理系统，进行应用实践。

12. 多媒体非接触互动展示技术在文化展览场馆中的研究与应用

本课题重点研究的内容包括：文化展览场馆展示资源的类型分析与分类研究，展示资源的新媒体展现方式研究；与文化展览场馆展示资源相适应的音视频技术、虚拟现实技术、多媒体技术等数字化技术以及文化展览场馆总体解决方案、系统集成技术研究。

通过文献调研法了解和分析国内外多媒体非接触互动展示技术的研究现状，包括技术的发展历程与趋势分析，同时研究多媒体非接触互动展示技术目前的主要应用领域。分析研究在文化展览场合应用多媒体非接触互动技术的理论基础。通过对相关理论基础的分析，归纳总结出对本研究有指导意义的启示。

研究分析多媒体非接触互动展示技术在文化展览场馆中的具体实现过程，包

括素材的准备、信息的编辑与制作、应用系统的集成以及调试运行阶段。其中将重点阐述多媒体信息的具体制作过程以及应该注意的内容。

研究多媒体非接触互动展示的实现方案，结合现有的技术在相关文化展览场馆的应用实际，不断改进设计方法，推陈出新，设计出更为优化的多媒体非接触互动展示平台，推动文化传播。

研究非接触互动多媒体展示技术在文化展览场馆中的作用，分析多媒体非接触互动展示技术应用于文化展览场馆的设计过程，包括需求分析、初步方案设计、详细设计等。

13. 传统艺术元素在文化产业园中的应用效果研究

传统艺术元素在文化产业园中的应用效果研究由安徽省文化厅组织申报，以合肥工业大学为承担单位。项目负责人李早教授研究成果丰厚，其所掌握并运用于项目研究的集艺术学、图形学、语言学、行为学、心理学和科学技术统计学于一体的研究技术与方法，具有较高的创新性。

本项目立足于保护利用传统文化遗产、大力发展传统文化产业，以文化产业园为载体，对传统艺术元素在文化产业园中的应用效果进行研究。项目针对我国文化产业园在设计与建设中存在的问题，在研究内容和研究方法上都有新的突破。项目在建立文化要素语义本体（ontology）的基础上，通过主客观调查的方式及定量分析的方法探讨传统艺术元素在文化产业园中的应用效果，主要研究范畴包括文化产业园园区规划中的平面标识视觉传达、主题建筑场馆及空间、景观环境及设施等方面。采用的多学科交叉的研究方法目前在国内还没有先例，其中语义本体构筑、视觉图像解析、GPS 行动分析等国际领先的研究方法，对于相关领域的研究具有一定的理论借鉴意义。该项目研究成果可用于指导文化产业园的整体规划、设计实践，对于拥有广阔市场空间的文化产业园的建设与发展将起到积极的指导意义，并将为政府、相关部门解决文化产业园可持续发展问题提供决策性参考。

14. 多媒体人体信息自动播放的互动视听影像装置系统研究

多媒体互动视听影像装置系统作为人机交互产品，凭借其物理仿真、数学仿真、过程仿真的各类产品展示其良好的互动式科技手段和方法，突破触摸与人工播放视听影像内容展示，具有靠人体信息来实现自动播放效果的独特性、创新性，在新型文化产业的展示领域具有广泛的应用前景。

媒体领域中的“互动”（device）形式有多种，如 CD-ROM 的互动艺术或网络上的互动性的网站，或者是空间的互动装置艺术等。本课题的研究属于空间的互动多媒体装置艺术范畴，是动态性的多媒体互动（active multi-media interaction）显现，是一种靠人体信息来实现自动播放效果的内容展示手段和方法，从而真正达到多媒体视听影像的互动，可用于户内外展示和橱窗系统，为实现城市的现代化、多功能化的环境而提供创新展示装置系统，具有时代性和应用价值。同时，本课题也为新媒体舞台美术以及使用影像的新型展览展示等提供影像交互的多样化、模块化解决方案，从而降低为单一应用进行独立开发的成本，拓展商业应用的范围和前景。

本课题对多媒体人体信息自动播放的互动视听影像装置系统完整方案的设计，使众多互动模式，如触摸视频、人工视频播放影像产品得到延伸，为构建一个人机交互产品的系统研发奠定了很好的硬件基础。

现代计算机处理器和图形处理器的不断发展，使图形图像的处理时间能够满足实时性的需求，这为交互式媒体的发展提供了基础。但目前相关的研究还主要集中于触摸与桌面人机交互，不能满足户内外大屏幕媒体交互的需求。

本项目针对户外多媒体互动要求，提出面向室外大屏幕多媒体互动影像系统的方案，并开发可能检测用户交互行为的户外大屏幕多媒体影像装置，提供实时的展示、宣传和广告功能。所以，本课题的研发具有长远、高效的发展前景，对文化事业发展、促进文化科技进步和文化创新具有时代价值和深远的历史意义。

15. 开发引擎和软件平台 WebGame 统一开发运营平台

WebGame 是当前中国互联网最热的焦点，在业界拥有最成熟的商业模式。与以往空洞的概念不同，它拥有实实在在的盈利模式和盈利空间。从数据上来看，中国的 WebGame 出口已经成为世界第一，每年为国家创造大量的就业机会和税收。

这个市场的主力并非传统的大型游戏公司，而是由大量的小团队小公司组成，这就导致游戏的开发能力良莠不齐，开发成本和开发质量都有极大的优化空间，而且最大的问题在于目前游戏开发成本居高不下，中小公司难以承受高昂的前期成本投入，同时它们也找不到好的平台将产品推广出去。

该项目就是针对当前我国 WebGame 强大的市场盈利空间和相对不足的开发及运营能力而出现的。

本项目借助完美世界自主研发的三维动漫游戏开发引擎和软件平台（电子发展基金支持项目/中关村重点支持项目），建设基于云计算的 WebGame 统一开发运营平台。该项目的建设及投入市场，将使得国产自主研发先进游戏制作不再困难，开发团队只需通过搭积木式的制作方式即可创作出高品质游戏及其他数字文化产品，迅速抢占市场先机，同时还可借助于国内广阔的 SNS 联合运营平台迅速地把中国的游戏推广到海外市场，参与国际高端数字娱乐产业竞争，提升我国数字娱乐产品的国际市场竞争力。

该项目后台处理将采用当前国际上最先进的海量数据云计算技术，在图形运算上将在本项目已有的全球领先的 3D 图形引擎基础上，研发出性能更为强劲、显示效果更为突出的 3D 引擎技术，该技术能够模拟游戏中最真实的光影效果，出色完成各种逼真的动作设计，配合完美的仿真物理系统以及后期出色渲染能力，将给用户以强大的视觉冲击。这些关键的创新技术会经过底层封装，使最终平台使用者能够经过简单的二次开发再结合独特的创意设计便可研发出高品质的游戏，能够做到用简单易用的技术和低廉的成本开发出高品质的专业游戏。

当前由于盈利效应的吸引，越来越多本行业和其他行业公司蜂拥而至进入 WebGame 领域，加大投资力度，市场正在逐渐被充分激活，成倍增长的态势不可阻挡，行业将迅速增长，生存环境竞争将持续恶化，这必然会促使大量中小型公司寻求一体化的统一的开发平台，加快游戏开发速度，提高游戏质量，抢占市场先机，同时更需要强大的市场平台来帮助其推广产品到国内和海外市场。因此，该项目应用前景和市场十分广阔。

16. 中国文化播火工程

该项目基于全球信息技术融合发展大趋势及互联网传输的便捷性特点，采用完全自主知识产权，集成了文化部中外文化交流中心、央视国际（CNTV）、上海聚力传媒（PPTV）等业内一流机构的资源整合、运营、研发、传输等优势，打造一个可管、可控、可信的国家级对外文化传输的综合管理平台。

该平台将优秀文化资源进行整合，实现中国文化的海外传播。特别适合海外华人，履外人士，华人家属，以使馆、工作站为单位的驻外工作人员，爱好与学习中国文化历史的外籍人士。在海外可以通过电视、电脑、手机等多种方式接收和定制该平台的内容。

该项目与传统文化传播方式相比，有以下特点：

第一，以往的文化资料需要以书籍、光盘等实物方式传输，现在以全扁平网络方式传输和存储。

第二，以往文化传播活动参与人员多，受场地、节目场次、时间安排等因素影响，现在传播速度快，接收者层面更为广泛，接收更为便捷。

第三，以往文化传播多数为单向输出，无法与观众互动，现在可以在网络双向性特点基础上实现观众与节目之间的互动，这在文化教育等方面的应用尤其重要。

第四，以往直播类新闻输出，需要在海外租用播出频道落地，花费大，现在可以通过网络的方式实现。

第五，以往观众对中国的认识，对中国文化的了解，其行为和结果带有不可控性。现在我们使用的是一个统一管控的文化平台，具备唯一性、权威性的特点，与传统单一广播方式相比，该项目可实现分区域、分群组的节目管理。

第六，增值服务可商业化、可运营。

项目的核心平台既是文化传播的渠道，也可成为文化资源销售的渠道和差异化宣传的渠道；既是中国文化的载体，也可成为优秀的文化制作人的内容载体和传播载体。项目建成后，将促进影音视频制作、文化演出、互动教育等文化产业的发展；打造最权威、最及时、最精良的中国文化传播、增值业务平台；并形成国内产值上百亿元的文化产业链。能提升国家的文化形象，提高海外民众对中国文化的关注度。并且，该项目可商业化，实现可持续发展。

17. “中国形象”的海外生成——近20年国际艺术大展分析研究报告

作为国际社会的一员，当代中国基于不断增强的国家综合实力、和平崛起的发展现实，提出了以全球的战略眼光塑造“中国形象”的问题。近20年来，在海外主办的中国当代艺术展的数量已超过中国古代艺术展，这表明当代艺术正以其所蕴含的当代中国的巨大能量，在国际文化交往中发挥着重要的作用。

本课题以在海外举办的国际艺术大展作为一个平台，通过具体的展事客观地分析和呈现中国当代艺术在海外展览的成败得失。从一个侧面梳理和分析国际艺术大展对“中国形象”的海外生成，究竟发挥了哪些作用？以及如何看待这样的“作用”？如何应对这样的“作用”？在此基础上形成相应的战略思考、对策和方法，研究如何通过专业的规划营造中国的话语权，通过卓有成效地实施相关国际展览计划，让那些凸显当代中国精神的艺术创作能够登上国际平台、获得有

效的展示。

本课题主要分为资料收集和理论研究两大部分：一方面形成资料翔实的图文资料汇编。另一方面，在资料汇编的基础上，进一步形成研究报告，从理论层面反思资料所呈现的“现象”的问题所在，将其纳入近 20 年国际文化交往的宏观背景中进行思考。近 20 年国际艺术大展与“中国形象”的海外生成，其关系的实质应当是以当代意识自觉地提炼和塑造中国文化的精神感召力和认同感，从当代中国的社会实践中自主地发展出新的文化方式，以艺术为媒介在当代世界创造“中国形象”。

本课题成果预计可在专业规划和指导的层面上，为党和政府的决策服务，为国家制定宏观文化战略提供参考，以及为微观艺术体制的运行贡献力量。

18. 实验性数字博物馆信息服务协同关键技术研究与应用

英国伦敦泰特美术馆（The Tate）现当代绘画艺术的保护者瑞秋·贝克与帕特丽夏·史密森在《新艺术，新挑战》一文中指出，她们基于在泰特美术馆的经历来探索 21 世纪博物馆藏品和展品的变化情况，指出现当代艺术促使保护者在博物馆中不断增强其重要性，其与艺术家、收藏家和教育家的合作至关重要。如今，保护者已经接受了展品会随着时间而不断变化，尽管他们依旧保持作品“完整性”的守护者的姿态。数字博物馆正是基于展品保护的精神在新的、不断变化的展示科技环境下产生的。

J. F. Coates，Inc. 对未来社会趋势所做的研究认为，“通信”与“计算机”是未来改变博物馆的主导因素，此一因素势必影响博物馆的展示技术及馆内的展示行为。计算机网络媒体信息形态与非线性的参观方式，在博物馆数字化的运用将扮演着不可缺少的角色，未来的博物馆将由目前以“静态展示”为主的方式，改变成为“动态展演”，注重观众的体验和互动。

中国文化事业的发展繁荣和信息科学技术的不断突破，使得数字博物馆的发展正方兴未艾。与实体博物馆相比较，数字博物馆具有信息实体虚拟化、信息资源数字化、信息传递网络化、信息利用共享化、信息提供智能化、信息展示多样化等特点。

该项目将研究、分析数字博物馆建设的前景与趋势，探索数字博物馆建设所需的关键技术，设计数字博物馆基本构成和技术框架，研究如何建设一个直播、交互融合、实时在线的艺术与科技结合的互动展示平台，对我国文化事业的发展有着重要的示范意义，促进科技与文化艺术的交融，对我国文化科技传播、文化科技教育起到引导作用。

19. 唐卡的数字化保护及图像信息资源库建设

唐卡是我国重要的文化遗产，是研究藏族历史、民族、民俗、宗教和文学艺术等的重要实物资料。为了有效保护这一珍贵文化财富，亟须构建唐卡图像信息资源库，为唐卡研究提供科学、翔实的便捷服务，为唐卡保护提供科学依据。目前，唐卡图像还没有统一的分析框架，借鉴国内外相关研究成果以及分析其特殊性，本项目研究以下几个问题：

第一，唐卡图像的收集与整理。

第二，唐卡领域知识的获取以及图像中不同对象的识别，主要包括唐卡中的构画元素的空间关系、布局，各个实体及特殊的含义，相关的领域知识，对不同对象的分类和识别。

第三，唐卡图像视觉特征和语义特征提取与表示，包括视觉特征的提取和表示、语义特征的提取与表示。

第四，知识库的构建、设计与实现。根据人工智能的研究成果，选用适合唐卡图像的知识表示方式，完成推理机制与解释机制的设计。

第五，唐卡领域主题词表的研究。

基于唐卡图像的元数据、原始像元信息、视觉特征、图像对象、领域知识、藏汉两种文字的内容描述等，建立各类唐卡图像事实属性库、知识库，以及知识推理规则、唐卡领域检索词表等，完成一个从纵向和横向都基本涵盖唐卡内容的图像信息资源库，实现唐卡图像的记录、保存、保护以及检索利用。

20. 运用现代科技手段研究唐琴斫制工艺

中国古琴艺术作为“人类口头和非物质遗产代表作”之一，被看成东方音乐艺术的代表。唐琴代表了我国古琴斫制史的最高成就，是历代琴家梦寐以求的珍品。作为古琴文化的物质载体，古琴的内部结构是决定其音色的最重要条件，由于博物馆藏琴是珍贵文物，不可能通过剖腹了解它的内部结构，但医学上的CT扫描，使得这一难题迎刃而解。故宫藏琴曾在这方面做过一定的尝试，但是没有进一步深化。本项目先通过传统文物鉴定方法，大致给出古琴的年代范围。然后通过计算机化轴向断层扫描技术对每张古琴内部结构进行科学数据采集，然后通过计算机三维成像技术和三维计算机辅助设计模型对古琴进行虚拟复原，参

考故宫古琴的数据，综合分析，对各个朝代古琴的内部结构按照时代做排列。通过 CT 扫描内部结构，为乐器制造业的同志提供重要的参考数据。通过与各个时代标准器的对比，为古琴的年代鉴定提供重要的参考。通过镜像技术，对腹腔的铭文以及其他一些遗迹作全面的了解，让古琴的内部状况更加全面地呈现出来。通过浙江省博物馆的工作成果，为全国其他同行建立一个参考标准，为全国古琴数据库的建设提供必要的参照。该项目主要的效益是社会效益，为古琴研究人员的研究提供一个新的视角，在传统方法的基础上得到科技的支撑。

21. 湖北国家地理标志特产的非物质文化遗产地理信息系统

文化遗产（尤其是非物质文化遗产）与地理标志知识产权是当今世界普遍关注的两大热点。在世界贸易组织 TRIPS 协议所涉及的七大类知识产权中，地理标志作为一种独立的知识产权类型被作了专门章节的规定。

因为有些传统特产具有地理标志特性，并包含有文化遗产，所以有的传统特产可以作为文化遗产和地理标志的共同载体。然而，我国传统名优特产的文化遗产研究，相对薄弱，而且针对传统名优特产的地理标志保护制度，在我国实施时间不久。

本项目将系统调查湖北各种传统特产（尤其国家地理标志特产，如农产品、酒类、食品、工艺品、纺织品等广义的特产）资源分布，分析特产资源种类、生产历史、经济价值、开发现状、开发潜力等特性，分析国家地理标志特产的自然因素与人文因素，收集与整理湖北国家地理标志特产的非物质文化遗产，并充分利用 3S 技术（遥感技术、地理信息系统、全球定位系统），在计算机软硬件支持下，依据湖北国家地理标志特产的各种非物质文化遗产地理信息，按照空间分布及属性建立其地理信息系统（GIS）。

本项目将为传统特产的地理标志与文化遗产双重保护，以及传统特产的非物质文化遗产与地理标志资源的开发利用，提供科学依据与技术支撑。

22. 齐国服饰在现代纺织服装领域的传承及应用研究

我国是世界上最大的纺织品服装生产国和出口国，但我国的纺织服装业一直以来面临着产业结构不合理、企业创新能力不强的严重问题。集中表现为产品技术含量偏低，在产业的高端领域（品牌、研发设计、渠道）还没有话语权；出口大都以贴牌加工为主，缺少有较强竞争力的知名品牌。纺织服装企业要创建国际知名品牌，从国外品牌发展历史来看，势必要从中国传统的民族服饰、图案、色彩、造型等汲取灵感来源，设计出带有民族文化底蕴的产品，才能使中国的纺织服装产品真正走进国际市场并占有重要地位。

对民族文化的传承利用，首先要了解其发展及演变历史，然后才能有的放矢，灵活运用。本项目着眼于中国服饰审美文化趋向完备的春秋与战国时期，齐国作为这一时期的诸侯大国，其服饰审美对后世产生了不可估量的作用。秦统一天下后，齐国原有的染织业、服饰并没有随着一个政治实体的结束而趋向于消亡，先进的纺织技艺仍以其独特的魅力服务于后人。“冠带衣履天下”的齐国仍然是丝织业发展的中心；汉朝“三服官”的设立、丝绸的远销、帛书的开创性使用以及以地域命名的“山东绸”，都是齐国纺织技术及服饰文化对后世的影响。本项目拟对齐国服饰元素进行系统研究，提取其优秀元素，以现代审美要求通过改造与创新最终将研究成果以服饰品牌的形象展现出来，以期对我国尤其是山东纺织服装业品牌发展提供新的模式及思路。

23. 新农村建设中非物质文化遗产的传承与保护

近几年来，我国已逐步建立起比较完备的有中国特色的非物质文化遗产的保护体系，几千年来未被重视的中国传统民居的建造技艺得到了很好的研究，开创了我国传统民居研究前所未有的局面，为我国传统民居技艺的继承和发展奠定了基础。

但目前进入国家级非物质文化遗产目录的传统民居营造技艺的项目无论在数量上还是分布区域上都与我国丰富的民居文化极不相称。这就需要传统民居的研究者做更多的调查、研究和保护工作。

传统民居建造技艺非物质文化遗产具有鲜明的地域文化特色。这些传统民居不仅历史悠久、类型多样，而且具有耗能低、造价低、无污染，适合广大农村生产生活等特点。因此保护和利用好传统民居的非物质文化遗产，对于继承和发扬民族优秀文化传统具有重要意义。

我国正在全面开展社会主义新农村建设，对代表性地域的传统民居的建造工艺进行充分研究，通过对民居传统的建造技艺和现代的新农民生活方式的有机结合的研究，开创传统民居保护的新思路，为全国传统民居的传统技艺保护提供可以借鉴的经验。

有关传统民居建造技艺和传承的研究一直是学术研究领域的空白，本课题有利于填补艺术学研究的空白，对新农村建设和全国的民居研究起到一定的示范作

用，同时推动非物质文化传承人的申报工作，使传统民居营造技艺的非物质文化遗产能得到保存和延续，扩大传统民居建造技术的影响，推动村镇住宅传统可持续发展，以利于逐步建设富于地域特色、与自然和谐共存的社会主义新农村居住环境。

24. 陶胎漆器工艺研究

本项目中所涉及的“漆”指天然生漆（又称“大漆”）。我国传统漆器的制作一直遵循着材料的天然性、工艺制作的人工性。天然生漆价格昂贵、漆器制作工艺复杂，一件简单的漆器作品也要经过几十道工序。这些漆器制作的局限性加上历史原因，导致近现代传统漆艺这个曾经与人们生活息息相关的手工艺，面临着受众群体剧减、工坊倒闭、漆工艺传承后继无人的困境。但在当今世界着重环境保护、回归自然，寻求人与自然和谐发展的背景下，以天然漆为主要原材料的传统漆艺，以其材料的环保性、制作工艺的人工性、唯一性及实用与审美的完美统一，愈加引起社会的关注与重视。漆艺这门古老的手工艺，在新的历史契机下，如何发挥自身的优势扬长避短，寻找发展的空间，成为当务之急。

本项目——陶胎漆器工艺研究是将陶瓷与大漆这两种天然材料进行跨界结合。采用陶瓷胎体，突破了漆艺胎体成型工艺复杂、成本高的局限。漆艺千变万化的髹饰层，极大地丰富了陶瓷表面釉色的质感，为漆艺与陶艺的发展提供了新的方向，同时为漆器的民用化提供了一种相对可行的新途径。

陶胎漆器是漆艺与陶艺相结合的创新工艺。它承载了来自漆艺与陶艺的特色和文化内涵。陶胎漆器无论是在艺术创作，还是在产品开发的领域上都较为宽广。在开发具有山东特色的文化礼品、旅游工艺品及家居饰品等方面均有较大的空间，并成为在传统漆器消费之外的新的经济增长点。

25. 维吾尔族模制法土陶烧造技艺

维吾尔族土陶技艺对维吾尔族的历史研究具有实用价值。这门技艺对维吾尔族的审美情趣、风俗习惯等民俗学研究，也有着实际价值，对现代工艺装饰有着重要借鉴意义。对土陶技艺的展示，可以成为特色文化旅游的节目，有利于提高新疆旅游业的文化品位。维吾尔族土陶器因其造型与装饰风格独特，深受美术专业人士喜爱，成为文化人、艺术家钟爱的收藏品。通过各项保护措施的实施，濒危的维吾尔族土陶技艺得到有效的保护，通过完善已建立的保护制度和体系，探索非物质文化遗产项目的产业发展道路，可使之健康发展。

经过项目研发，可在保留原有器型、纹饰、釉色的情况下将柴草烧制的半生不熟易碎的低温土陶改造为较结实的高温陶；将纯手工制作的又厚又重的土陶改造为半机械化操作的又薄又轻的土陶，以提高产量和市场竞争力；将独具特色器型、纹饰、釉色的土陶开发为旅游产品，带动农民致富。

26. 数字化舞台技术研究

数字化舞台技术研究旨在解决长期以来舞台布景创意制作、表演艺术与高新技术结合不够的问题。传统的布景制作工艺笨重、运输、装卸、拆装耗工耗时，浪费资源、破坏环境、成本高企、艺术效果不佳，制约了歌剧艺术的普及推广和中央歌剧院业务的全面发展。

如今，电视、电影、PC、手机、电冰箱、洗衣机都已智能化，人们的生活已发生质的变化，反映精神生活的戏剧舞台，理应追随新技术的发展，采用更加智能化的手段将声、光、电、形、影、音、高端科技融于一体，将数字化科技成果转化为现实互动模式，将动漫、网络游戏虚拟的舞台场景与传统舞台实景结合，创作出更佳的视觉效果空间，不断提高戏剧舞台表演的整体艺术水平。

2009 年国际三维数字影视内容产业的兴起，令我国文化创意领域面临严峻的历史挑战和绝佳的历史发展机遇，如何发展融现代高科技和人类理想于一体的数字产业，如何突破行业、领域、学科壁垒，是摆在我们面前的紧迫问题。从智能创意、虚拟世界、高效实时交互等技术入手，整合提升传统人工操作、人力生产的文化产业发展能力，已被证明是可持续发展的道路。

数字化舞台技术研究是当今国际艺术科技领域的前沿，也是国家中长期发展规划确定的优先发展领域，党的十七大报告指出，要“运用高新技术创新文化生产方式，培养新的文化业态”。中央歌剧院在艺术发展中遇到了科技与艺术发展的问题，国内其他艺术院团同样遇到了发展问题。中央歌剧院率先实践并探索更好地结合科技与艺术、将数字化高新技术运用到舞台，具有很强的示范性和引领作用，势必将带动和引领其他艺术院团的科技创新，将为艺术院团注入新的发展动力。

利用新技术不断地提升创意设计水平，突出工程化特点，在舞台艺术、广场艺术、景观科技、主题性文化展示展演、“十二五”红色旅游产业上都将会产生巨大的市场效应、产生很好的经济效益，也定能创造出巨大的社会效益。

27. 交互式多媒体电子音乐光敏控制装置

“交互式多媒体电子音乐光敏控制装置”是将若干个传感器组合成一套全面并且功能可变的舞台演出控制系统。该系统运用“数据映射”原理，通过对传感器的触发和控制，可以实时改变整体电子音乐作品中的各个不同的表现部分。突破传统电子音乐现场演出以调制声音和声场动态变化为主要特点的局限性，突出交互式演出中“人机对话”的表现特征。

“交互式多媒体电子音乐光敏控制装置”的核心是利用“数据映射”原理和“人机互动”的技术特点，通过传感器的应用给现场演奏者以及创作者以更大的表现空间及创意可能性。例如，可以现场演奏者的位置变化、动作变化以及手势、表情等作为实时演奏作品的控制办法，使作品的声音等主要表达成分得到实时的处理和更加人性化的表达。“交互式多媒体电子音乐光敏控制装置”要解决的关键问题首先是传感器的技术开发部分，其次是传感器的功能设计和“人机互动”的数据采集与传递的技术环节与舞台表演的衔接设计，最终要通过作品创作的过程磨合两者之间的关系，确定行之有效的方案。该装置的创新之处和实际应用价值在于运用“数据映射”原理突出多媒体电子音乐的演出现场的生动性和灵活性，突出并提升多媒体电子音乐在“人机互动”方面的科技特点和科技魅力以及交互性特征。

28. 传统古丝弦原材料处理及制作工艺研究

本课题旨在挖掘和抢救民族文化遗产。丝弦的特点在于韵味悠长、苍古圆润、柔和饱满、敏感细腻等，是现代钢弦所无法比拟的。丝弦不仅在古琴上是专用品，我国诸多民族乐器上也均有广泛使用，如弓弦类乐器（板胡、二胡、四胡、中胡等），弹拨类乐器（琵琶、三弦、月弦、阮等）。特别是部分古曲及民族合奏曲和地方韵味很浓的大量曲目如果没有以丝弦为主的弦乐声部，是很难演奏出独特韵味的。

古人对琴与弦的配置极其讲究，其中南朝谢希逸在《谢希逸造弦法》中提出：“如琴重厚，宜用细弦；若琴薄怯，即用粗弦，鼓则鸣；不厚不薄，即用不粗不细弦，审其厚薄好恶施弦，必可矣。”据资料记载，至少明代人弹琴用弦已经根据每张琴之特性，上不同规格琴弦，以求达到最好音响效果。

1939 年吴景略、张子谦、庄剑承从文献取制弦之法，1943 年恢复丝弦生产。我们根据文献拜访有关专家，总结和整理出传统丝弦的制作方法，在这个基础上，通过我们的研究实践及创新来解决传统丝弦的易断、缠丝欠平、容易脱缠、音响不静、不匀等性能不够稳定，且较大程度上受温度与湿度影响，不耐用、使用成本高等问题。

29. 击弦式古钢琴研发

击弦古钢琴与现代钢琴所演奏的音乐，各有自己的声音特点，表现出不同的风格和情绪。现代钢琴的音色浑厚、明亮；而击弦古钢琴的音量小而纤细，具有一种恬淡的金属音色，有些像敲击钢片的声音特色，听起来也有其迷人之处。在演奏西方早期室内乐作品方面，有着现代钢琴不可企及和替代的声音效果。

钢琴乐器的发展与钢琴音乐创作的发展是相辅相成的。每一时代钢琴音乐的成就都与钢琴乐器的发展紧密联系着，特定作品需要特定的乐器演奏才能呈现出最美的效果。追溯钢琴乐器发展的历史，能够使我们更好地了解钢琴音乐作品的发展脉络，从而有益于我们准确地演绎不同时期、不同风格的钢琴艺术作品。因此，对击弦古钢琴历史资料的收集、整理和编译工作是非常必要的，这一工作是进一步开展钢琴艺术研究和推广钢琴音乐的重要组成部分。但是，如果没有击弦古钢琴真实、形象地展现在眼前，缺乏触键演奏和真实音响的聆听，所有一切对于击弦古钢琴的研究，由于关键硬件基础的不在场，无异于纸上谈兵。

巴洛克集中古音乐之大成，是歌剧产生、器乐体裁萌生和发展、乐器制造兴盛的伟大时代。浩如烟海的音乐，尤其是巴赫的音乐，是后来西方音乐一个取之不尽的源泉。对于这一时期音乐的演奏，需要以本真的方式，才能触碰到当时音乐的灵魂——因为那样的巴赫是纯正的巴赫。

然而，人们习惯于以当代宏大的音响和浪漫的风格这个单一的手段来演绎各种时代的音乐，而对于各时代使用怎样的乐器、风格特点如何、具体的演奏法等等毫无所知。但是，在教学和演绎巴赫的音乐，怎能同对待勃拉姆斯、拉赫玛尼诺夫等一模一样？这就好比临摹一幅凡·高的画，却坚持使用毕加索的笔法和风格，那还可能是凡·高吗？尽管历史不可能复制，我们无法也不必要回到古代。但我们需要做的是通向音乐的灵魂，我们探求音乐的真谛亦在于此。在这个条件下，研发仿古乐器和还原当时的乐队编制是十分必要的。

首先深化研究收集来的相关资料，对数据、材质、工具和工艺要求进行分析汇总。然后找出重点研发突破口，把各分项研究工作完整、紧密连接起来，制订出周详的计划和实施方案。在具体实施过程中，严密监控和试验各分项研发的实

际效果，确保各个相关联的部件配合运转、准确无误。以省时、省力、省资金为原则保证达到预期目的。

击弦古钢琴属键盘类乐器，一般由琴体部分、弦列部分、共鸣箱部分、击弦机部分和键盘部分所组成。我们将以弦列和击弦机这两部分，作为整个研究、实验过程的核心。以我们研制、修造、调试现代钢琴的技术和经验为基础，根据巴洛克时期击弦古钢琴的技术数据，对弦列和击弦机进行研发、改革。目前，我们在这方面已经做了大量的前期工作，我们有极大的信心完成整个研究项目，最终制造出一台完整的、具有专业演奏水准的、可为教学和科研使用的击弦古钢琴，并且能兼顾东西方音乐演奏需求。

击弦古钢琴不同于现代钢琴，它完全以手工方式制作和装配而成。研制这一乐器的关键只在于数据和工艺方面的要求。我们已进行了技术资料以及制作工艺的收集，并专程前往德国古钢琴研究中心进行了现场考察。目前，中央音乐学院乐器科已具备人员和实施条件。此项研究在国内首次提出，我们完全有信心和实力完成，借以弥补我国在巴洛克时期欧洲古典专业音乐教学中所必须涉及的教学设备的缺失以及填补这一科研领域的空白，为推动音乐教育的发展起到积极作用。

30. 低音胡琴和倍低音胡琴

中央民族乐团和胡雪平提琴工作室合作，共同改良研制民族低音拉弦乐器“雪平一号大胡琴”和“雪平一号倍胡琴”。其外观造型采取中国民族乐器琵琶的基本造型，接近于大提琴的结构特点，振动方式符合面板振动原理，原材料选用与大提琴基本相同的材料。面板选用白松，背板、侧板、琴头选用枫木，指板选用乌木，琴弦、琴码选用大提琴弦、码。制作工艺基本采用大提琴和倍大提琴的制作工艺。琴头采用了中国古代官吏头冠造型，弦轴采用了二胡琴轴形式，音孔采用了似两只小鸟比翼齐飞的形式，琴体侧板修饰有云头图案，使之具有了鲜明的民族特色。整件乐器结构合理，外观造型具备了中国元素，具有很浓郁的民族风格。该项目的研制可以满足民族管弦乐团合奏伴奏时的音质、音色、音域要求，可以替代现有民族管弦乐团使用的大提琴和倍大提琴作为低音拉弦声部，与民族管弦乐团形成高度契和。

B.26

附录二：2011 年度国家文化科技提升计划项目简介

1. 项目名称：城市公共文化移动服务集成平台建设研究

承担单位：上海图书馆上海科学技术情报研究所、上海市群众艺术馆

内容简介：

为了顺应移动互联网和移动计算时代的发展趋势，国内外的公共文化服务机构如图书馆、博物馆、美术馆等都纷纷推出针对移动设备的数字化信息服务，提供面向大众的具有个性化与随时随地交互能力的移动服务，进一步提升公共文化服务的效益。本项目将在充分调研与实践的基础上，结合公共文化服务的特性，为国内公共文化机构提供关于移动服务的开发指南、数据接口规范、实践样例以及开发支持城市公共文化移动服务的集成管理支撑平台。

本项目主要研发内容包括：

——广泛深入调研，归纳总结现有移动服务的主要服务内容与应用模式，和国内外城市公共文化设施移动服务现状及发展趋势，以及移动服务相关的标准、设备与系统，形成学术调研报告。

——对移动服务网站和客户端开发技术和应用现状趋势的调研，提交相应的开发指南规范，规范公共文化服务移动集成应用的开发，提升开发质量与服务效果。

——通过建立实验系统原型，经过反复测试、评估、完善，采用 Web Service 的技术框架，并参照 Linked Data 的技术理念，制订公共文化移动服务的数据交互接口规范。

——开发遵守以上指南及数据接口规范的公共文化领域的典型应用［上海中心图书馆移动服务网站，基于 Android、iOS（iPhone）系统的手机客户端应用］。

——构建城市公共文化移动服务的统一监控管理平台。采用面向服务架构（SOA）的实现方式，将应用程序的不同功能与服务通过这些服务之间定义的接

口联系起来。解决在城市公共文化移动服务过程中经常发生后台数据接口不通用、架构不通用、重复开发和兼容性问题。

2. 项目名称：全国少年儿童阅读推广服务平台

承担单位：国家图书馆、湖南省少年儿童图书馆

内容简介：

“全国少年儿童阅读推广服务平台”将依托“国家数字图书馆工程”的先进技术和软硬件基础设施，基于国家图书馆少儿图书馆的数字资源成果，充分利用全国文化信息资源共享工程和公共电子阅览室建设项目的服务渠道，在“国家数字图书馆推广工程”的体系框架下，以国家图书馆少儿馆为中心，联合各省、市、自治区少儿图书馆（室），以及公共图书馆，带动各级地、市、县少儿图书馆（室），开展少儿阅读服务，构建覆盖城乡的全国少年儿童阅读资源及活动推广的服务体系。

该平台将综合利用现代信息技术和数字图书馆技术，构建基于 Web 2.0 和新媒体的全国少儿阅读推广服务平台，广泛采集并深度整合各类少年儿童文献信息资源，构建基于网络和新媒体的少儿互动阅读社区，高效整合搜索引擎、门户网站、社交网络等网络服务，提供开放的网络服务，实现用户交互认证和鉴权、新书推荐、好书连载、读书分享、阅读指导、少儿讲座、活动策划、益智游戏、网络课堂、阅读调查、能力测评等功能。

基于该平台，国家图书馆将联合相关单位共同制定少儿阅读推广和分级阅读工作规范、探索少儿图书馆共建共享的新模式，探索少儿数字阅读服务的新机制，开展少儿数字阅读推广活动，构建覆盖城乡的全国少年儿童阅读服务体系，并建立有效的服务支撑和运行管理机制。

该平台将成为学校教育的重要补充和延伸，成为未成年人社会教育的主阵地，肩负起未成年人社会教育的重要使命。通过阅读资源推介、阅读活动推广、阅读体验交流和阅读成果展示等形式，营造少儿阅读书香社会，建设“倡导读书、组织读书、服务读书”的少儿阅读社会环境。

3. 项目名称：国家非物质文化遗产保护与传承技术体系的构建

承担单位：华中师范大学、武汉数字媒体工程技术有限公司

内容简介：

本项目将依托华中师范大学国家文化产业研究中心、国家数字化学习工程技

术研究中心和武汉数字媒体工程技术有限公司，开展相关研究。项目主要研究内容如下：①非遗资源的分类体系研究。以土家族为例，通过对土家族的非遗资源的特征进行实地分析研究，建立非遗资源的多层次类型分类体系。②资源数据采集技术标准研究。根据非遗的特性，在深入分析现行资源采集技术应用范围和技术路线的基础上，建立不同类型资源的数据采集技术标准。③多种新技术手段的融合与运用研究。对数字化技术、知识建模技术、虚拟现实技术、行为控制技术、可视化技术等进行创新，研究多种新技术手段在非遗保护与传承中的融合与运用。④非遗多媒体交互体系平台建设。对情景建模和行为交互技术、知识建模技术、动作绑定技术等进行综合分析研究，建立一套适合不同类型资源的数据记录、保存、传承工作的综合应用技术方案，构建非遗多媒体交互体系平台。⑤构建非遗保护与传承技术体系。提出构建国家非遗保护与传承技术体系的整体框架；以土家族为例，对其风俗民情进行数字化复原，全面展示土家族珍贵的非物质文化遗产。

本项目通过提出构建国家非遗保护与传承技术体系的方式和路径，将指导、规范、促进非遗资源的数字化采集和存储，促进我国非遗数字化技术的发展及应用，实现对非遗的有效保护和传承。

4. 项目名称：近现代文献脱酸关键技术集成研究与示范

承担单位：南京博物院、南京工业大学材料科学与工程学院、南京图书馆、南京澳润微波科技有限公司

内容简介：

中国近现代文献是指清代后期至民国时期（19 世纪至 20 世纪上半叶）书写或印刷的文献，记载了中国近现代社会的巨大变化，具有珍贵的史料价值和巨大的现实意义，是一批极为重要的文献。近现代是手工造纸向机械造纸和印刷阶段过渡的时期，造纸材料混杂，制浆工艺落后，用纸多为酸性化学浆纸，质量差，极易酸化。目前，酸化已成为危害近现代文献的主要杀手，全国所有近现代文献都不同程度地受到酸的侵蚀，有相当数量已经完全失去机械强度，一触即破，濒于毁灭。如果按目前近现代文献的老化速度任由其发展，近现代文献很可能在 50～100 年内消失殆尽，出现集体毁灭，假以时日，中国的文化资源将会出现“近现代文献断层”的现象。近年来，加大近现代文献保护力度的呼声与愿望此起彼伏，已引起各方人士的高度重视。

针对近现代文献酸化日益严重的局面，从保护中华民族文化资源完整的高度，文化部在 2011 年度国家文化科技提升计划选题中专门针对近现代文献亟待保护的迫切需求设立了选题——“近现代文献脱酸关键技术集成研究与示范”，经过几轮激烈的竞争和论证，最后确定由以南京博物院为研究主体，联合多家单位形成产、学、研相融合的团队承担该课题的研究任务。2008 ~ 2010 年南京博物院承担并完成了江苏省科技支撑课题“整本图书脱酸技术研究”，并取得了初步研究成果。本课题有望在国内已有研究的基础上，通过多学科合作攻关，对近现代文献酸化问题进行全面、科学、系统的研究，研制出适合我国纸质类型的、成本低廉、便于推广应用的脱酸关键技术及脱酸成套系统，建立脱酸示范基地，为今后规模化脱酸奠定基础，带动全国近现代文献脱酸工作的全面启动，为大量近现代文献的保护提供技术支撑。

5. 项目名称：中国传统绘画材料关键技术研究与应用

承担单位：中国艺术科技研究所、北京齐大森国画材料有限公司

内容简介：

“中国传统绘画材料关键技术研究与应用”由中国艺术科技研究所负责实施，预计 2013 年完成。

课题的总体目标是：运用现代科技手段检测中国画材料，在加深认识中国绘画传统材料成分和生产技术、应用技术的基础上，构建中国传统绘画材料成分谱系图，研究中国传统绘画材料生产技术与应用技术中的关键问题；并在中国传统绘画材料中试验注入新型防腐剂、添加剂，研制更富有艺术表现力、更环保与持久不变色的中国传统绘画新材料及其应用技术，以此增强中国绘画创作的活力。

该项目主要研究内容为：①运用激光拉曼、红外光谱、X 射线荧光能谱等现代分析技术，检测分析书画材料的化学成分与微观形貌特征，构建较主要、较全面的中国传统绘画材料成分谱系图。②研究中国传统绘画材料中的化学毒性，寻找含毒颜料与易变色颜料的替代品。针对传统绘画材料中某些防腐剂毒性较大的问题，实验研发新的防腐剂和防腐方法。③梳理历代中国传统绘画材质生产与应用的技术性演变及发展脉络，探索其对中国画创作产生的影响。

中国绘画材料研究是一项基础性的美术科研工作。将现代科技运用于中国画材料研究，其成果将满足当代画家的创新需求，有助于中国绘画艺术的发展繁荣。

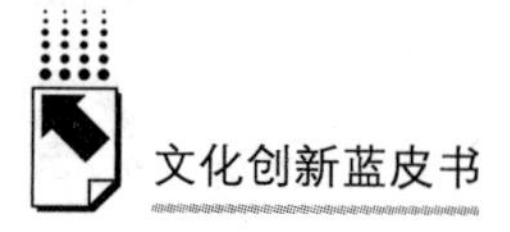

6. 项目名称：国家文化宏观决策支撑系统研究及应用

承担单位：文化部政策法规司、中国艺术科技研究所、北京中数创新技术有限公司、中国传媒大学信息工程学院

内容简介：

当前，机遇与挑战并存。世界范围内思想文化交流交融交锋更加频繁，人们思想活动的选择性、差异性不断增强，提升国家软实力、维护国家文化安全的任务十分紧迫。与此同时，文化宏观决策科学支持体系薄弱。①对重大文化发展战略和政策的前瞻性、系统性研究缺乏人力、物力、技术的科学支撑机制，影响政府宏观决策水平；②对新生文化现象缺乏敏捷反馈机制，对文化思潮缺少预见性研究，在应对突发事件或落实党中央国务院领导批示中，不能及时提出应对良策；③缺少有效信息收集和分析研究，缺少科学调研，影响政策法规的科学性、民主性、可操作性。建立文化宏观决策支撑系统，利用科技手段完善文化发展战略和重大政策研究体系，构建政府科学决策长效机制，提升文化宏观决策水平日益迫切。

现代高新科技支撑国家文化宏观决策的系统理论模型研究与基础应用要完成的总体任务：①国家文化宏观决策支持系统框架体系研究；②国家文化宏观决策支持系统基础研发与应用；③国家文化宏观决策支持系统基础数据库建设。

本课题研究的主要内容包括：

——国家文化宏观决策支持系统框架体系研究。应用决策科学，研究文化宏观决策支持系统理论模型（简称“宏观决策支持系统 DSS”），包括：国家文化宏观决策关联信息源分类及其信息采集系统模型，文化资源专项信息数据挖掘系统模型，知识库系统模型，国家文化宏观决策分析系统模型。同时，提出“重大文化发展战略、政策法规、发展规划、体制改革智能支撑体系和长效机制理论模型”和“文化现象、文化思潮、文化舆情、突发事件专家支撑体系和应对机制理论模型”。

——国家文化宏观决策支持系统基础研发与应用。研发基础“支撑平台”和“用户平台”。其中，“支撑平台”包括“基础平台”和“服务平台”。基础平台系统构件含“信息采集系统”、“信息处理系统”、“信息系统数据库”、“后台管理系统”四个部分。服务平台系统构件含“专用信息服务系统”、“用户平台服务系统”。“用户平台”系统构件包括“快速登录系统”、“用户等级管理系

统”、“搜索引擎”、“主题服务平台”和“信息安全遮码技术服务”。

——国家文化宏观决策支持系统基础数据库建设。与文化政策法规、发展规划、体制改革有关的核心数据库建设，包括部领导专用信息库、战略库、政策法规库、发展规划库、体制改革库、专题信息库、通用信息库。内含中央领导重要讲话、批示等核心文献库与相关法律、法规和政策的基础库建设。

——研究并提出国家文化宏观决策支持系统信息分类标准。包括信息源分类标准、数据库元数据标准、专题库类标准。

——基于多种方式的文化资源信息搜索引擎系统。研究多种方式的文化资源信息搜索用户平台形式，如移动平台、专线平台、新型用户平台等。开发基于主题词、关键词、图片、图像、音频信息源的搜索引擎。

——专家知识库研究。就重大文化发展战略、文化政策法规、文化发展规划、文化体制改革、文化事件应急管理支撑等国家文化宏观决策支撑服务，研究专家知识库系统，包括文化遗产、公共文化服务、文化产业、文化市场、国家文化安全、国内外文化形势、文化舆情、突发事件、文化外交、国家文化软实力等重大专题的模块化专家知识库系统。

——文化资源海量数据挖掘系统。利用海量数据挖掘技术探索不同文化资源海量数据挖掘专用技术，提出文化资源海量数据挖掘系统理论模型。

——文化资源专项信息服务决策分析系统。就用户专用信息需要，在海量数据挖掘、专家知识库基础上，研究专家决策分析系统并提出理论模型，包括重大文化发展战略、文化政策法规、文化发展规划、文化体制改革、文化事件应急管理支撑等专项信息服务。

本项目研究最终成果为：①国家文化宏观决策支持系统框架体系研究报告。②国家文化宏观决策支持系统基础平台（含支撑平台和用户平台两部分）。③国家文化宏观决策支持系统基础数据库（数字信息内容）。

7. 项目名称：分布式的中国文化对外公共文化传播与服务平台的研究及示范

承担单位：中外文化交流中心、中国传媒大学信息工程学院、无锡吧视网络技术有限公司

内容简介：

按照党中央、国务院加强对外宣传和对外文化交流，创新文化“走出去”

模式，增强中华文化的影响力和国际竞争力的总体部署，针对目前我国对外文化输出存在的方式陈旧、内容单一、效果平淡以及文化输出人才匮乏等问题，从国家的战略角度出发，以全球的视野，进行宏观顶层设计，构建具有中国文化特点且适应国外人士习惯的、内外互联互通的统一文化信息传播与服务平台。

该平台由三层构成：①位于文化部的对外文化媒资系统。以国内海量的、各种形式的文化资源为基础，按照国家的部署和所在国人士的需求，通过搜索、过滤和在线翻译校对而形成。②利用互联网的对外媒资分发系统。以我国已经建立的各驻外使领馆、中国文化中心为支撑点，采用分布式存储进行分发，达到可管、可控、可信的传播。③遍布全球的多媒体互动展示系统。以集中展示、网络传播等多媒体方式展出，通过互动交流，及时精准了解所在国人士的习惯和需求，达到最佳的传播效果。

该平台将分三步实现：①国内的雏形示范。基于文化部科技提升计划支持，在中外交流中心和中国传媒大学搭建演示系统，进行验证和优化。②国外的小规模部署。基于文化部科技支撑计划支持，选择几个典型的驻外文化中心进行实际运用，作进一步改进。③国外的大规模部署。通过文化部专项支持，分期分批在各驻外使领馆及中国文化中心实际运用。

该平台将包含五个关键技术：

舆情与数据分析技术、内容管理和过滤技术、内容分发和安播技术、互动传播和体验技术、在线翻译和校对技术。

该平台将实现三个创新：

对外文化传播理论创新、对外文化传播技术创新、对外文化传播效果创新。

8. 项目名称：基于文艺演出院线业态的服务协同共性技术研发与应用示范

（1）承担单位：中国对外文化集团公司

内容简介：

中国对外文化集团公司以其经营管理的广州大剧院等直营剧院为样本，通过其发起组建的全国第一家文艺演出院线——中演院线，联系覆盖全国16个省（区）的30多家大型演出场所，开展相关的研发和应用工作，建立并完善电子化综合性剧院和演出院线信息化服务协同平台。

在第一阶段，拟在广州大剧院开发完善剧院信息化服务协同系统，实现如下功能：①演出场所基础管理，包括演出场所基本信息、设备设施基础数据库、自

动化监控系统、物业信息。②项目管理，包括产品策划、预算结算、合同管理、项目报批、销售政策、产品调配或档期管理、行程管理、排演管理、票务销售管理等。③剧院运营管理，包括文秘、财务、人力资源管理、场地出租管理、观众服务、安全保卫、后场管理等。

在剧院信息化服务系统的基础上，开始对演出院线服务系统进行初步论证和研究，包括院线协同服务平台总体架构研究、关键技术研究及相关规范的制订和应用示范，为推进文化演出网络化协同服务及应用示范搭建良好的发展平台。

建立完善剧院信息化服务协同管理系统，是基于文艺演出院线业态的服务协同共性技术研发与应用示范的第一个层面：即对单一的文化场所实现其运营管理的信息化、自动化，有效降低剧院和演出院线的管理成本，为演出院线服务协同系统的进一步发展奠定微观的技术基础，建成部分可共享的协同服务平台。在此基础上，将进一步推进文化演出网络化协同服务及应用示范，围绕文艺演出院线的具体需求，建立与演出院线服务管理、票务处理等其他子系统协调工作的示范性技术平台，完善相应的技术标准和服务规范体系，实现文化场所、文艺团体、演出产品、观众与市场的良性互动，使院线每个成员的资源在最大限度上得以优化配置，创新文化服务模式，推动我国演出院线发展，促进演艺产业的技术升级和全链条建设。

（2）承担单位：江苏省演艺集团有限公司，东方宇阳信息科技（北京）有限公司

内容简介：

“十二五”期间，文化部将建设现代文化市场体系，全力构建基于文艺演出院线业态的服务协同体系，文艺演出院线协同服务平台就是在此背景下立项并全力推进的项目。

本项目在规范我国演出院线行业标准的同时，能够完善与创新大中城市演出场所连锁经营机制，使资源利用最大化，推动演出院线快速发展，激活演艺市场，繁荣文化活动，提高国民素质。

项目任务和目标：

本项目将基于对文艺演出院线业态的调查分析，依托云计算、数据挖掘等科技手段，构建一个真正安全、高扩展度的演出院线协同服务平台。通过构建“六库一平台”，完成本平台的研究与搭建。具体内容包括：①搭建服务于演出

院线的六个数据库，分别是流程标准库、数字乐谱库、演出信息库、演出音视频资源库、场地设备信息库和专家库。②通过调研分析，基于信息化原理总结归纳出演出院线的各种工作流程，以此为基础完成基于 BPM 业务管理系统的协同服务，包括票务协同服务、排演管理协同服务、演出院线调度协同服务、演出院线运营协同服务等系统。③完成智能搜索引擎系统构建，并将其嵌入到平台。④完成平台的搭建，并进行应用示范。

演出院线协同服务平台的成功建立，能够有效促进院线互动交流与标准化管理，完善服务协同功能，解决现有演出院线服务协同中存在的标准不一、功能缺失、集成度弱等技术问题。

9. 项目名称：三维（3D）影像数据处理前沿技术应用研究

承担单位：沈阳四维数码科技有限公司

内容简介：

三维（3D）影像数据处理前沿技术应用研究项目，是沈阳四维数码科技有限公司在自主研发的4D 真媒体技术基础原理之上，在立体数据获取、建模处理及立体显示技术体系上的重大提升课题。

4D 立体技术是数字技术与文化艺术相融合的产物，是文化艺术创作、表达、传播走向立体、真彩、智能全新技术的核心技术，可以实现人类视觉技术全面升级，让视界“立体”起来，将文化内涵真实完美地呈现，让文化充满富有生命的灵性，让人们拥有无与伦比的视觉体验，4D 立体技术是文化艺术的重新诠释和艺术解读，是文化艺术表现手段和创作模式的革新，将会推动新的文化服务模式和新的文化业态。立体视觉是人类历史上最后一次视觉产业升级的机遇，随着数码立体技术的发展与普及，伴随着 4D 系列不断成熟，文化市场将不断得到拓展，人类将进入立体视觉时代，开始新的文化体验和文化表达。

我国立体技术研究与世界发达国家基本保持同步，当前中国立体视觉技术研究在某些领域领先于国际发达国家，超过了美国和日本的现有技术。沈阳四维数码有限公司拥有多项世界先进技术专利。本公司申报文化部科技提升计划课题的意义，在于推动中国文化科技走向世界前沿，以视觉技术革命为契机，用新技术传播中华文明，提高我国文化产业国际竞争力，抢占文化传播的科技制高点，使中国成为世界第四个立体真媒体创意产业国家，用先进技术推动中华文化走向世界。

本课题研究旨在为未来无镜立体巨幕超高清成像系统的产业化进行基础关键技术开发，在公司已有的4D 技术基础上，向无镜立体超高清技术进行关键技术提升。项目研究的主要技术：①立体高清数据获取技术，②立体高清建模处理技术，③无镜立体显示技术，④主动投影技术。

本课题研究的主要成果包括：①高清多镜头立体图像获取设备样机一台，专利技术若干；②平面艺术立体高清采集设备样机一台，专利技术若干；③平面流媒体立体图像分离技术产品化软件一套，专利技术若干；④集立体信息主动加工算法、平面信息分屏处理和分布式并行运行图像编码技术于一体的产品化软件一套，处理系统样机一台，专利技术若干；⑤集无镜立体主动技术于一体的电视、LED、投影样机各一台，专利技术若干；⑥集世界首创最大的无镜立体成像系统立体显示屏幕、世界首创无镜立体数字投影系统、世界第一款超高画质无镜立体图像处理软件概念设计于一体的，世界最高清晰度的集成8K 应用数字播放系统总体“设计方案”一套。

本课题通过内核技术开发，一方面为未来无镜立体超高清成像技术研发奠定基础，拥有自主研发国际领先的超高画质无镜立体图像处理软件、操作平台软件、无镜立体图像制作压缩软件等多项无镜立体巨幕建模处理系统技术；另一方面，推动我国4D 立体影像产业的创作、加工、生产、传播和市场消费，积淀我国知识产权的立体技术研发，培养我国立体影视专业化人才，加大我国4D 立体技术的普及，实现良好的社会效益和经济效益。

10. 项目名称：快速创意可视化工具与体感技术集成研究及示范

承担单位：北京邮电大学、北京递归科技有限公司、北京文睿创想信息咨询中心

内容简介：

随着文化创意产业在我国的蓬勃发展，人民群众精神文明素质的提高，动漫游戏已经逐步发展成为我们国家经济发展和文化建设中举足轻重的内容。但是，作为文化创意产业的一项重要内容，我国的动漫游戏产品却存在创新不足、模式单一、同质化现象严重等问题。

为了促进我国网络游戏市场及产业的健康、可持续发展，进一步降低中小企业和团队进入该领域的门槛，提升国产动漫游戏内容的创意和品质，本课题将以面向数字内容创作的快速创意可视化工具为基础，对其进行优化和改进。通过研

发支持体感数据驱动的图形图像引擎，将体感设备捕捉的动作数据转化成平滑的骨骼运动数据，驱动虚拟游戏角色在游戏世界中的活动，并集成体感设备操控系统，对体感设备输入数据进行映射，从而将快速创意可视化工具与体感技术无缝结合起来，使得对快速创意可视化工具创作的网络游戏作品可以直接使用体感设备进行操控。

同时，还将使用本课题研究成果——支持体感体验的快速创意可视化工具设计制作可供示范的体感游戏创作案例。在工具和示范案例的基础上建立示范性应用，并在文化企事业单位中进行成果和技术推广，以帮助它们创作出更多的健康的数字化文化游戏产品。

11. 项目名称：基于绿色光源的舞台功能灯具研究与示范应用

承担单位：中国艺术研究院、北京星光影视设备科技股份有限公司

内容简介：

2009 年 12 月哥本哈根气候变化大会上，各国政府围绕节能减排达成“哥本哈根协议”。我国政府决定到 2020 年实现单位 GDP 的 CO_2 排放比 2005 年下降 40% ~45%，胡锦涛总书记强调，要把节能减排变成全民自觉行动。“十二五”规划已把节能减排上升为国策。

目前，国内外剧场舞台灯具基本上采用 1kW ~2.5kW 的卤钨光源灯具。它是照明行业中的用电大户。而 LED 照明具有耗电量少、光效高、寿命长、色彩丰富、可控性强、无红外辐射等特点，其显著的节能效果已被业内公认。以一个中型剧场为例，按照传统卤钨光源灯具设计，照明用电功耗将达到 650kW 左右，而采用绿色光源的舞台功能灯具，照明用电功耗不过 180kW 左右，节能幅度高达 70% 以上，同时舞台灯光系统配电容量也大幅降低，可节约大量电缆线材，由于 LED 灯具采用直通电源供电且功率小，消除了由调光可控硅产生的高次谐波对电网的污染，还可节省“谐波抑制器”的大笔资金投入！截至 2008 年，全国各省（市）拥有艺术表演场所 2000 多家，大中型剧场近 1000 家；拥有电视台 2000 多家，各类演播室达到近 5000 个。如在国内文化场馆实施“绿色环保照明工程”，即在 100 家剧场实施绿色照明方案，将省电近 5000 万千瓦时，减排 5 万吨 CO_2；由此可见，研究推广绿色光源的舞台功能灯具示范应用将产生非常可观的经济效益和社会效益，其节能减排效益十分显著！

12. 项目名称：中国青铜器铸造工艺及展示研究

承担单位：中国国家博物馆、北京大学、北京以诺视景数字艺术有限公司

内容简介：

中国古代青铜器以其别致的造型、独特的纹饰、精湛的技艺而蜚声后世，是人类文化艺术宝库中的奇珍。近十万件的国之重器，如司母戊鼎、虢季子白盘等在中国文明史和世界青铜史上都有着重要历史地位。对于它们的历史、科学和艺术价值的系统揭示始终是学界及公众关注的焦点。

然而，早期关于这些青铜重器的研究多从文献考证、器形观察入手，强调其历史传承和艺术价值的挖掘，在科学价值的挖掘以及后续展示应用方面，尚有较大差距。

基于此，本项目针对博物馆所藏的青铜重器，尤以司母戊鼎为典型器进行立项，力图在相关文献调研的基础上，对早年留存的资料进行深入整理发掘，再辅以实地考察，对国宝重器的出土流传经历、政治历史背景进行细致客观的梳理和总结，深入揭示其政治、文化、历史内涵；同时，运用如 X 荧光能谱显微镜、显微激光拉曼光谱、XRD、扫描电镜、X 光探伤、三维激光扫描等现代科技手段、从其铸造工艺、锈蚀结构、外观形貌等方面入手，探索古代青铜器的信息提取及留存新方法，做到多角度、深层次地揭示其科学内涵；为深化中国古代青铜重器的研究，以及日后制定长久保护方案提供较为完备的基础数据。最终将这些研究成果进行系统梳理、整合分析，建立关于司母戊鼎的研究数据库；并利用现代数字影视技术，以高清标准的虚拟仿真 3D 模型、动画、集成分段交互控制视频等方式探索一种博物馆科研成果传播展示的新途径。

本项目对古代青铜器在价值挖掘与评估、科技分析与保护、科学展示与成果推广等方面开展联合攻关，力求为今后国宝级文物的多学科研究、数字化展示提供可资参考的模式，尝试搭建一个古代青铜器研究和现代博物馆宣教的共享信息平台，从而深化中国国宝级青铜重器研究的内涵和外延，提升文化建设的科技水平。

B.27
附录三：2011年度国家文化创新工程项目展示

编者按：

经过文化部批准，共有“吴江市戏曲文化生态保护区建设”等12个项目获得2011年度国家文化创新工程项目立项。

立项项目代表了当前文化创新工作的成果及水平，对于促进文化艺术事业繁荣与发展具有重要的作用。

项目一

吴江市戏曲文化生态保护区建设

项目类别： 重点项目

申报单位： 江苏省文化厅

承担单位： 吴江市委宣传部、吴江市文广新局、江苏省戏剧学校

共建单位： 吴江市人民政府

戏曲文化在江苏省吴江市具有深厚的历史传统和广泛的群众基础。根据这一特点，吴江市委市政府与江苏省戏剧学校合作，创造性地提出在吴江市实施戏曲文化生态建设工程。工程拟用2年时间，通过完成各项创建任务，全面提高吴江戏曲文化保护能力和发展水平，全面形成戏曲遗存有效保护、戏曲人文生态良好、戏曲资源合理利用、戏曲精品层出不穷、戏曲文化繁荣发展、戏曲生活蜚声中外的“吴江特色”，基本形成戏曲文化事业与吴江经济社会事业深度融合、协调发展的良性格局，成为“乐居吴江”建设的显著亮点。

吴江市“戏曲文化生态保护区”拟在以下创新点上实现突破：加强戏曲文化生态保护的模式创新——项目采用全市共建、全面覆盖、综合保护、融入生活的模式，推动具有地方传统特色的戏曲文化保护。促进戏曲文化事业发展的体制创新——吴江市委、市政府高度重视戏曲文化保护和发展工作，已经基本形成党委重视、政府指导、政策推动、资金保障、责任落实、考核评估等一整套“戏曲文化生态综合保护区”创建领导和推进体制。优化戏曲文化人才培育的机制创新——吴江市主动采取“立体构建、多元集合”的办法，运用“地校合作”机制，加强戏曲文化人才培育工作，为吴江戏曲文化长期持续发展创设可靠的人才机制保障。提高戏曲文化艺术水平的措施创新——吴江市在戏曲传承和培育过程中，采取了“抓小养大”、“以点带面”、“站高看远”等多种措施，达到全市戏曲水平整体的提高。提升戏曲文化惠民服务的能力创新——吴江市充分利用戏曲文化资源，发挥戏曲艺术源于民间、植根百姓、丰富生活、促进和谐、引领社会的功能，着力普及惠民，提升服务能力：通过创编戏曲精品力作，服务中心工作；通过组织戏曲活动构筑平台，服务基层；通过巡演戏曲进村全覆盖，服务百姓。

项目二

古代龙泉青瓷呈色机制研究及在现代日用瓷中的推广运用

项目类别： 重点项目

申报单位： 浙江省文化厅

承担单位： 龙泉市夏侯文青瓷厂

共建单位： 浙江省龙泉市人民政府

龙泉窑是中国重要的物质文化遗产，龙泉青瓷传统烧造技艺被列入人类非物质文化遗产代表作名录。目前，龙泉青瓷行业进入了一个发展新阶段，同时也存在以下三个亟待解决的瓶颈问题：青瓷中不同釉色产生的深层次呈色机理探索；色釉标准的推广应用及规模化生产；对传统器型的继承与创新。

“古代龙泉青瓷呈色机制研究及在现代日用瓷中的推广运用”项目旨在通过科技创新，探索解决龙泉青瓷行业瓶颈问题的有效途径，合作推进陶瓷产业化的发展，并为龙泉青瓷传统烧造技艺这项非物质文化遗产的科技创新提供理论支持。

该项目拟在以下创新点上实现突破：利用主因子分析法和线性叠加拟合法分析 XAFS 谱，给出青瓷釉中呈色元素不同存在形式的定量比例；利用实验方法探析青瓷釉中着色基体在不同烧成温度和烧成气氛下精细结构的变化规律及其与呈色的关系；利用龙泉丰富的瓷土和釉料资源，采用现代化学分析手段，研究出适合青瓷产业化生产的胎料和釉料最佳配方，高档日用瓷和艺术瓷的生产工艺（包括原料制备，瓷胎制备，釉料制备，加彩工艺，升温曲线，窑内气氛，冷却制度等工艺参数）和技术装备，使青瓷日用瓷生产标准化；率先在陶瓷界建立青瓷色度数据库，并制订针对包括龙泉青瓷色釉在内的一套青釉系列色度标样；建立青瓷行业色度标准。通过技术创新，为改造与提升传统产业作出新贡献。

项目三

中国汉族代表性民间歌舞——安徽花鼓灯文化生态保护工程

项目类别： 重点项目

申报单位： 安徽省文化厅

承担单位： 安徽蚌埠市文广新局

共建单位： 蚌埠市人民政府

中国民间歌舞花鼓灯是中国民族民间歌舞的代表、中国汉族民间歌舞的典范之一。“中国汉族代表性民间歌舞——安徽花鼓灯文化生态保护工程”以保护花鼓灯原生生态、原生形态，实现文化艺术传承为重点，力图通过对花鼓灯文化特质及与之关联的自然生态和人文生态实行整体保护，建成有形物质文化遗产和无形非物质文化遗产相依相存，自然和文化生态环境和谐共存的文化生态保护区，在确保花鼓灯获得有效保护的前提下，促进抢救、保护、利用的有机结合和协调统一。

该项目拟在以下创新点上实现突破：运用 3D 技术等高科技手段来保护传承花鼓灯艺术，建设数字化中国花鼓灯博物馆；提出“保护花鼓灯自然形态、自然生态，实现优质基因自然传承”的核心理念，构建三层环状的保护模式；创新花鼓灯保护模式，提出并实践花鼓灯生态保护村的概念，人、自然和人文环境三大要素在一个复合体内同步得到保护，文化空间、灯班子、传习所、博物馆等同步得到建设；提出并实施花鼓灯保护的“三千双百工程”，根据不同的空间和

群体，完善、延伸和创新花鼓灯传承链；构建专业性保护机制，成立花鼓灯保护专家委员会，加强与中国艺术研究院和国家保护中心的合作，召开花鼓灯保护高端学术研讨会，集中专家的智慧，不断推进花鼓灯保护的理论创新，并产生研究成果；创新文化空间的内容，认定农历三月二八日涂山庙会为花鼓灯在农村的文化空间，认定正月十五为花鼓灯在社区的文化空间，并在这一天开展抵灯、赛灯、灯歌比赛，以及举办篝火晚会、放河灯等民俗活动，彰显花鼓灯愉悦集体、凝聚人心、和谐乡里、祈求幸福的文化内涵。通过上述努力，为花鼓灯的生存与传承寻找科学路径，为非遗保护提供示范和借鉴，为中华文化“走出去”作出贡献，为文化旅游事业发展和农民致富创造条件。

项目四

合肥推进文化与科技融合创新项目研究

项目类别： 重点项目

申报单位： 安徽省文化厅

承担单位： 合肥市发改委、文广新局、科技局

共建单位： 合肥市人民政府

在全球经济增长方式日益倚重低碳化、创意化、绿色化的背景下，推进文化与科技融合创新，已成为后金融危机时代经济增长的新趋势。合肥市不仅将推进文化与科技融合视为推动文化创新、增强文化发展活力的必然要求，也视为合肥建设国家创新型城市、实施文化强市战略的重要支撑。为了推动文化与科技、金融的深度融合，合肥市拟以合肥国家智能语音产业基地项目、合肥国家级动漫产业基地项目、中国非物质文化遗产园项目、全球“音谷”声音创意产业基地项目为典型个案，考察其发展环境及存在的问题，分析其政策需求，提炼出推动文化与科技融合的政策建议，探索出文化与科技运行的良性机制；进一步聚集创新要素，延伸文化产业链，使科技文化新兴业态成为推动合肥经济发展的重要力量。

该项目拟在以下创新点上实现突破：探索建立文化与科技融合创新的体制机制——加快文化与科技、科技与文化融合创新服务体系建设，加速推进文化与科技、金融融合的“产学研”机制建设，成立文化与科技融合创新发展情报中心；

健全完善文化与科技融合创新的政策体系——加快设立文化与科技创新互动发展资金，加快金融、人才等政策创新，加强文化产业人才队伍建设，构建支持文化与科技融合创新的政策体系；搭建文化与科技融合创新的平台——加快文化与科技融合创新平台建设，建设文化科技产业聚集区，集聚各类发展要素，提升文化产业发展水平；以科技助推文化产业发展——构建复合型文化产业链条，实现文化创意和品牌的多形态开发，充分利用数字化、网络化等信息技术，对文化产品创意进行多种开发，提升文化产品竞争力。

通过项目实施，将形成《合肥市推进文化与科技融合创新示范项目年度分析报告》，出台《合肥推进文化与科技创新融合发展的实施意见》，推动文化与科技的深度融合，充分发挥科技优势，助推合肥文化产业大发展，并为全国加快推进文化与科技融合提供示范。

项目五

“中国白”大型瓷塑艺术品工艺革新

项目类别： 重点项目

申报单位： 福建省文化厅

承担单位： 福建省德化县凤凰陶瓷雕塑研究所

共建单位： 福建省德化县人民政府

由于技术条件的制约，古代“中国白”瓷塑艺术品高度一般不超过50cm。随着经济的发展、生活水平的提高，人们对大型瓷塑艺术品的需求在不断增加。运用现代技术改造、提升传统陶瓷雕塑艺术，研发高于110cm的大型瓷塑艺术品，不仅可以保护文化遗产、为社会营造更加良好的文化艺术环境，而且对于陶瓷行业的产业升级具有重要意义，能够推动德化传统瓷塑艺术品进入一个新的发展阶段。

该项目拟在以下创新点上取得突破：在干燥方法方面，拟运用微波（旧称雷达波）干燥技术和微波场均匀技术，研制大型瓷塑艺术品坯体干燥设备，使坯体在干燥时的湿度梯度和温度梯度小，大幅度减少大型瓷塑坯体干燥时的开裂；在烧成技术方面，拟运用现代电子计算机控制、差热分析、热风搅拌等高新技术，研发特殊的专用的窑炉设备，尽量减小烧成时的各种应力，提高烧成成品

率；在配方技术方面，拟寻找增韧的新技术新方法，使大型瓷塑艺术品较易烧制，并提高烧成成品率；在工艺美术继承和发扬方面，将在继承德化传统工艺美术的基础上，进一步将其发扬光大。

通过项目实施，完成以传统人物和宗教题材为主的 1.1 ~2.2 米的大型“中国白”陶瓷雕塑艺术品；突破瓷塑艺术品大型化的瓶颈，使大型陶瓷艺术品生产正常化；带动陶瓷研发中心与陶瓷文化艺术研究示范基地建设，以高新技术推动传统产业的升级，提高陶瓷艺术品的市场附加值，使陶瓷雕塑艺术品成为弘扬优秀中华文化的重要载体。

项目六

科学与艺术创新提升陶瓷产品文化创意价值的研究

项目类别： 重点项目

申报单位： 江西省文化厅

承担单位： 景德镇陶瓷学院

共建单位： 景德镇市人民政府文化局

在科学技术迅猛发展的今天，推动文化与科技的融合，以高新科技来改造、提升传统产业，是陶瓷产业转变发展方式，实现由粗放型向集约型、由传统经济型向文化创意型转变，提升自身可持续发展能力的主要路径。

“科学与艺术创新提升陶瓷产品文化创意价值的研究”通过研发新型的低碳环保新陶瓷材料与制备工艺，集成最新的产品设计、装饰高新技术与设备，开展艺术设计技法创新研究与实践；研究科学技术、艺术设计与文化创新的相互融合，对于提升陶瓷产品品质与附加值、对于提升陶瓷业竞争力具有重要作用，为陶瓷产业的转型、升级，走新型集约化发展路子提供了理论与实践依据。

该项目拟在以下创新点上取得突破：研究开发出 1 ~2 种新型（低碳型）陶瓷新材料、新釉料及相应的制瓷工艺技术；设计建成一个支撑陶瓷产品设计、造型、装饰的高新技术新装备平台，并以科技成果为基础，开展创新艺术设计，形成若干系列日用陶瓷、陈设瓷产品新样式；研究科学技术与艺术设计及文化创新的深度融合，对于推动我国陶瓷产业的转型、升级产生的巨大作用，推进陶瓷产业发展模式的转变。

项目七

水晶骨瓷工艺文化创新

项目类别：重点项目

申报单位：山东省文化厅

承担单位：淄博泰山瓷业有限公司

共建单位：淄博市人民政府

淄博陶瓷生产历史悠久，陶瓷文化源远流长。开展水晶骨瓷工艺与文化创新项目研究，旨在充分利用“陶瓷”这一具有悠久历史的传统文化载体，传承、发展传统骨瓷技术，加快陶瓷新材质、新工艺创新步伐，提升水晶骨瓷文化内涵，推动陶瓷由传统产业向现代文化创意产业的跨越，带动淄博市经济文化又快又好发展，发挥淄博市陶瓷文化创新的示范作用，开辟中国陶瓷材质创新、工艺创新、文化艺术创新的发展思路和空间。

该项目拟在以下创新点上取得突破：

材质创新与生产工艺创新——运用陶瓷新材料技术和新型研发设备，开展水晶骨瓷材料结构研究、坯釉配方试验，研制一种既不同于骨质瓷，又不同于高石英瓷的全新瓷种，在材质创新方面探索一条新的路子。在生产工艺方面，拟采用容量湿法配料、高压注浆成型、快速烧成、瓷器美容等新工艺，力求在生产工艺方面有重大突破。

器型、装饰方法创新——利用计算机辅助数字化研究设计，开展陶瓷产品的造型、结构、画面、花色、包装等数字化设计，使水晶骨瓷在器型设计方面达到世界顶级水平。开展装饰颜料及装饰方法研究，采用无铅熔块和代金颜料，配以典雅、素净装饰，改变目前传统陶瓷大红大绿的装饰方法，争取在陶瓷装饰方法方面有新的突破。

陶瓷文化内容和陶瓷文化传播机制的创新——建成淄博国家陶瓷文化创新中心，按照高水平设计、高标准建设，打造一个集材料研制、工艺创新、数字设计、文化展示、活态传承于一体的陶瓷文化创意中心和陶瓷文化展示平台。

完善陶瓷文化创新机制——在政府文化部门的统一领导和支持下，发挥陶瓷科研、生产经营企业和文化单位的积极性，汇集陶瓷文化艺术资源，形成一种多

经济形式、多文化类别的集中统一的陶瓷文化与工艺创新机制，变单体优势为群体优势，形成高效有序的团队效应。

项目八

穿越时空的西安文化之旅

项目类别：重点项目

申报单位：陕西省文化厅

承担单位：西安曲江奇境网络科技有限公司

共建单位：西安曲江新区管理委员会

虚拟文化及旅游体验是在3D虚拟世界中进行文化及旅游体验的一种新的体验模式，它建立在现实文化及旅游景观资源的基础上，通过模拟现实景观，构建一个虚拟文化及旅游环境，使旅游者能够身临其境般进行虚拟文化及旅游活动。《穿越时空的西安文化之旅》以古都西安为背景，以曲江优质文化资源（城墙、大明宫、西安美术馆等）为基础，借助于先进科技手段，要在文化产品创造、传播与消费方面打造一个基于互联网、身临其境的文化展示与交流体验平台，使在地下的、书本中的、博物馆里的文化走出来、活起来，变为可感知、可体验、可消费的文化产品。

《穿越时空的西安文化之旅》将分期进行开发，第一期内容为3D数字城墙，其创新点包括平台创新——建设世界领先的3D虚拟现实古城墙及城市文化及旅游入口，借助于领先的Web 3D技术及VCS（Virtual Culture Solution）虚拟文化解决方案，该平台可以为网络游客提供超越时空、多人同时在线、3D环境下自由互动的体验，接近并在某些方面超越现实生活；商业模式创新——基于3D互联网打造出文化展示和体验平台，探索按照互联网产品和服务的规律开发创新的商业模式，包括基于3D数字城墙的文化旅游咨询服务以及虚拟与现实结合的文化旅游推广服务等。

随着曲江、西安的优质文化资源的开发和导入，《穿越时空的西安文化之旅》逐渐演变成一个领先的、创新的互联网文化产业聚合平台，除提高了文化资源的利用率外，还将成为文化创意人群的交流、展示平台，通过新的技术及商业模式，让西安在与其他文化城市和地区的竞争中占据先机。

项目九

中国世界文化和自然遗产历史文献研究与推广

项目类别： 一般项目

申报单位： 中国艺术研究院

承担单位： 中国范仲淹研究会

中国是联合国教科文组织《保护世界文化和自然遗产公约》的缔约国，保护中国世界文化和自然遗产及非物质文化遗产，是中国政府和人民在现代化建设中的迫切任务，也是中国社会可持续发展的必要前提。

《中国世界文化和自然遗产历史文献系列丛书》收录或存目的历史文献上起两汉，下迄近代，并按已收入的世界遗产名录项目（40 册）、正在申报的世界遗产项目（60 册）、预选地世界遗产项目（200 册）的顺序，分三大组整理、编纂、出版、发行，为中国保护世界文化和自然遗产及非物质遗产，提供了全面、系统、翔实的历史文献依据和科学研究的平台。

本项目填补了中国世界文化和自然遗产领域历史文献整理、研究、集成出版的空白；《中国世界文化和自然遗产历史文献系列丛书》（300 册 1.7 亿字），文献收集之全、编纂规模之大，堪称中国当代历史文献集成出版之最，在《保护世界文化和自然遗产公约》各缔约国中也属于首创；《中国世界文化和自然遗产历史文献系列丛书》的编纂、出版和发行，为中国世界文化和自然遗产的“真实性”、“完整性”提供了翔实的历史依据，为保护中国世界文化和自然遗产及非物质文化遗产提供了科学研究与决策的平台。

本项目属于《中国世界文化和自然遗产历史文献系列丛书》第二大组（60 册）的工作。在本项目搭建的运行机制上，项目组计划用 5 年的时间（2013. 8 ~ 2018. 8）开展第三大组（200 册）的研究、整理、编纂和出版工作。

项目十

基于数字三维城市的可视化文化社区平台开发与应用

项目类别： 一般项目

申报单位： 上海市文化广播影视管理局

承担单位： 上海如临其境科技创意有限公司

为创新文化生产、传播模式，该项目开发了基于数字三维城市的可视化文化社区平台。这一平台在实现文化资源三维数字化的基础上，利用网络技术及移动通信技术，将文化与虚拟社交网络相结合，构建一种创新性的文化推广模式，从而满足从国家到企事业单位再至公众三方面群体的文化需求。

该项目的研究任务包括：文化资源多媒体数字化——对文化资源进行数字化处理，为平台的搭建提供数据基础；文化资源三维可视化——将数字化处理后的文化资源数据，以三维方式进行可视化展示；网络文化虚拟社区搭建——文化虚拟社区主要以 VRGIS 数字三维城市景观为基础，每一个社区用户可在社区中对数字化的景点实现浏览、查询等基本功能，也可以和其他用户进行在线实时交流；移动客户端实现——包括两类不同主体的消息发送形式，一是文化部门利用 LBS 技术向公众提供文化信息及服务，二是公众利用 AR 导览技术获取更多的文化信息。其创新之处体现为基于浏览器免插件的多维数据的无缝结合、基于浏览器的多维数据的低延迟装载、大范围多维混合数据的压缩存储与读取和实时生成等方面。

该项目不仅可以实现文化产业的数字化录入及展示，在此基础上借助网络技术还可以对文化部门的产品进行数字化、建模等，将其放入虚拟社区，实现文化产业的网络展示和共享，引领文化产业的观念及技术进行新一轮的创新。

项目十一

动漫衍生产品产业化平台

项目类别： 一般项目

申报单位： 江苏省文化厅

承担单位： 无锡亿唐动画设计有限公司、无锡市动画产业基地建设领导小组办公室

动漫产业收益的 80% 来自衍生产品，但是目前很多动漫企业在实际的衍生产品开发制作过程中遇到了许多困难。比如，衍生产品的开发，需要对动画形象进行商品化二次设计与生产样品制作，而目前国内并没有可以一站式提供解决方

案的产业平台，需要动漫企业花费大量的人力物力去寻找设计与开模厂商，从而导致制作费用高企。

动漫衍生产品产业化平台旨在为中国中小动漫企业的动漫与游戏人物、场景等搭建衍生商品设计、制作平台。此平台的建立涵盖了动漫形象的二次设计开发、动漫衍生商品的开模及小批量样品生产，为中小动漫企业提供了产业化平台。

该项目从动漫公司制作的衍生商品共性入手，构建开放式衍生商品设计与样品制作中心，使动漫衍生商品制作达到系统化，可以加速动漫企业的商品化过程，为动漫企业提供产业化通道；动漫衍生产品产业化平台采取企业化管理模式，建立先进、完善的平台运行机制，通过不断提高、完善和发展平台功能，将朝着“建设成为全国最大的、设计能力最强的产业化平台，建立衍生商品设计中心、开模中心和样品制作中心”的目标推进；这一平台的创意经营理念，跳出了动漫企业经营的传统模式，为动漫企业搭建赢利平台，有利于拉长产业链，推动整个动漫产业的发展。

项目十二

中国古典文化科技演绎与展示
——大型全景式4D球幕系统《大闹天宫》

项目类别：一般项目

申报单位：广东省文化厅

承担单位：深圳华强文化科技集团有限公司

中国古典文化科技演绎与展示——大型全景式4D球幕系统《大闹天宫》是结合深圳华强文化科技集团有限公司自主研发的球幕技术与立体技术打造的4D球幕电影，是目前国内首创的大型高科技球幕娱乐项目，其所采用的球幕立体实拍和三维虚拟场景结合的技术顺应了国际上球幕制作技术的发展趋势，填补了国内技术空白，为推动我国新型主题公园项目的发展奠定了良好的基础。同时，该项目还展现与传承中国文化的核心内容，弘扬中华民族精神和中国历史文化的主旋律，充分满足了人们日益增长的文化观赏需求。

该项目包含直径22米的球幕和直径15米的升降旋转平台两大系统。球幕系

统主要由屏幕、播放系统等组成；升降旋转平台由旋转平台、升降横梁、导向立柱、配重系统、制动系统、安全保护系统、液压传动系统、紧急情况疏散系统组成。项目将重点研发曲面数字电影投影装置及方法、曲面立体电影的空间还原及呈现方法、球幕立体实拍和三维虚拟场景结合的方法、大型航拍在球幕立体电影中的应用、同步视频软件播放及控制系统、大型机械升降旋转平台技术以及特技技术等关键技术。

社会科学文献出版社

皮书系列

“皮书”起源于十七八世纪的英国，主要指官方或社会组织正式发表的重要文件或报告，并多以白皮书命名。在中国，“皮书”这一概念被社会广泛接受，并被成功运作、发展成为一种全新的出版形态，则源于中国社会科学院社会科学文献出版社。

皮书是对中国与世界发展状况和热点问题进行年度监测，以专家和学术的视角，针对某一领域或区域现状与发展态势展开分析和预测，具备权威性、前沿性、原创性、实证性、时效性等特点的连续性公开出版物，由一系列权威研究报告组成。皮书系列是社会科学文献出版社编辑出版的蓝皮书、绿皮书、黄皮书等的统称。

皮书系列的作者以中国社会科学院、著名高校、地方社会科学院的研究人员为主，多为国内一流研究机构的权威专家学者，他们的看法和观点代表了学界对中国与世界的现实和未来最高水平的解读与分析。

自20世纪90年代末推出以经济蓝皮书为开端的皮书系列以来，至今已出版皮书近800部，内容涵盖经济、社会、政法、文化传媒、行业、地方发展、国际形势等领域。皮书系列已成为社会科学文献出版社的著名图书品牌和中国社会科学院的知名学术品牌。

皮书系列在数字出版和国际出版方面也是成就斐然。皮书数据库被评为“2008～2009年度数字出版知名品牌”；经济蓝皮书、社会蓝皮书等十几种皮书每年还由国外知名学术出版机构出版英文版、俄文版、韩文版和日文版，面向全球发行。

法律声明

“皮书系列”（含蓝皮书、绿皮书、黄皮书）由社会科学文献出版社最早使用并对外推广，现已成为中国图书市场上流行的品牌，是社会科学文献出版社的品牌图书。社会科学文献出版社拥有该系列图书的专有出版权和网络传播权，其 LOGO（ ）与“经济蓝皮书”、“社会蓝皮书”等皮书名称已在中华人民共和国工商行政管理总局商标局登记注册，社会科学文献出版社合法拥有其商标专用权。

未经社会科学文献出版社的授权和许可，任何复制、模仿或以其他方式侵害“皮书系列”和（ ）、“经济蓝皮书”、“社会蓝皮书”等皮书名称商标专用权的行为均属于侵权行为，社会科学文献出版社将采取法律手段追究其法律责任，维护合法权益。

欢迎社会各界人士对侵犯社会科学文献出版社上述权利的违法行为进行举报。电话：010－59367121，电子邮箱：fawubu@ssap.cn。

社会科学文献出版社